나 는

가 해 자 의

엄 마 입 니 다

수 클리볼드

홍한별 옮김

A Mother's
Reckoning

나는
가해자의
엄마입니다

반비

추천의 말

정말 자식을 사랑한다면, 그리고 진정 그들이 행복해지기를 바란다면 좋은
사회를 만드는 길 외에 다른 길은 없다. 피해자와 가해자의 거리는 그리 멀지
않다. 이 책은 그 진리를 일깨워준다. 어둠이 깔린 시대를 보지 않는 맹목적
양육에 대해 성찰하는 독서가 되길 바란다. **조한혜정(문화인류학자)**

아이의 우울과 자살 충동의 징후를 아빠와 엄마는 보고도 해석하지 못했다.
엄마는 그 징후의 의미를 알아차리지 못한 것과, 아이가 속을 터놓을 수 있
는 사람이 되어주지 못한 것을 처절하게 자책한다. 우리에게 아이 얼굴 너머
에 있는 것을 더 민감하게 알아차리고, 빛을 비추어주고, 도움을 주라고 말
한다. 겁이 난다. 내 아이가 딜런처럼 될 수 있다는 경고 같아서. 부모, 교사,
상담사라면 불편감을 넘어서 꼭 읽어야 하는 책이다.
이임숙(아동청소년 상담가)

아이는 괴물이고, 나는 양육에 실패한 엄마일까? 좋은 엄마라고 자부했던
저자는 아이의 숨겨진 내면을 찾아가는, 아프지만 불가피한 과정을 거쳐 비
로소 사고 이후의 삶을 견뎌낼 수 있었다. 지금껏 피해자 심리를 다룬 책은
많았지만 가해자 가족이 겪을 상처를 다룬 책은 없었다. '내게는 절대로 일
어날 리 없다고 믿었던 끔찍한 일이 내게 벌어진다면?' 이 질문에 대한 답을
주는 책이다. **하지현(신경정신과 전문의)**

이 책은 어둠이다. 어둠에 뛰어든다는 것은 대단한 용기를 필요로 한다. 하지

만 저자가 위험에 뛰어든 것은 아니다. 어느 날 멀쩡한 바닥이 무너지며 갑자기 어둠 속으로 떨어졌다. 그럼에도 그는 어둠 속의 희미한 빛과 촉각에 기대어 그 어둠을 통과해나간다. 그 힘은 아이에 대한 사랑에서 나왔다. 나는 이 책에서 어떤 메시지를 읽고 싶지 않았다. 인생이란 많은 부분이 설명할 수 없기에 평소엔 살짝 가려져 있을 뿐 막막함은 본질이다. 그 막막함을 통과하는 한 인간의 모습을 보았다. 그것만으로도 대단한 책이다.

서천석(소아청소년정신과 전문의)

글쓴이가 이토록 솔직해주었으니 읽은 이도 그래야 예의겠지. 솔직히 말해서 나는 이 책을 다 읽고도 그때 콜럼바인에서 벌어진 일을 이해할 수가 없다. 멀쩡해 보였던 아이가 어떻게 해서 그런 짓을 저지르게 되었는지 알 길이 없다. 어떻게 해야 그런 일을 막을 수 있는지에 관해서도 못 배웠다. 알 만한 건 단지 그런 일을 겪은 엄마의 마음뿐. 그런데도 내가 아무 불만이 없는 건, 이 책을 읽어도 그때 콜럼바인에서 벌어진 일을 이해할 수 없으리라는 사실을 읽기 전에 이미 알았기 때문이다. 알고도 읽었기 때문이다. 악마를 어찌 이해하겠나. 그러니 우리가 이 책에서 건질 건 오직 엄마다. 이토록 경건한 무기력이 어디 있을까. 이토록 숭고한 실패가 또 있을까. 가능성의 끝까지 파본 사람만이 진정으로 가질 자격이 있는 절망. 악마가 되어버린 아들을 이해해보려고 하는 이 피눈물 나는 헛수고 앞에서 나는 삼가 옷깃을 여민다.

박찬욱(영화감독)

수의 회고록을 읽은 독자라면 누구나 그녀의 책이 무척 솔직하고 그녀의 고통이 진짜라는 사실을 알 수 있을 것이다. 그녀의 이야기는 읽기 불편하다. 하지만 뇌건강 문제와 그에 조기에 개입해서 바로잡는 것이 얼마나 중요한지에 대해 사회적인 관심을 환기시키기에 충분하다. 사람들이 그녀의 말에 귀

기울인다면, 그녀가 겪은 모든 일과, 그 일이 그녀의 삶을 송두리째 바꿔버린 것에 대해 기억한다면, 사람들은 젊은이들, 청소년들의 우울증, 그리고 그것이 수반하는 자살 충동에 더 빨리 반응하게 될 것이다. 또 그들을 사랑하고 아끼는 사람들이 삶의 다른 문제들 때문에 정신이 분산되어 있을 때 그 청소년들이 자신들 마음속에 꼭꼭 감춰두곤 하는 그 거대한 분노에 더 빨리 반응하게 될 것이다. **폴 지온프리도(전미정신건강협회 회장)**

비평가로서 이 책을 읽는 것은 쉬운 일이 아니었다. 부모로서 이 책을 읽는 것은 끔찍한 일이었다. 나는 딜런 클리볼드의 모습에서 내 아이들의 모습의 조각들을 본다. 수와 톰의 양육 방식에서 내 양육 방식의 그림자를 발견한다. 아마도 많은 부모들이 그렇게 이들 가족에게서 공통점을 찾을 것이다. 이 책의 통찰은 너무나 고통스럽지만 너무나 필요한 것이다. 피할 수 없는 모순이다.
카를로스 로차다, 《워싱턴포스트》

상상할 수 없을 정도로 자세하고, 솔직하고, 명료하고, 한마디로 눈을 뗄 수가 없다. 정직함, 사랑, 고통, 의심, 그리고 평안을 보여주는 가장 이례적인 증언이다. 공적인 가치가 높은 회고담이다. 일독을 강권한다.
브루스 페일러, 《뉴욕타임스》

이 책은 어떤 맹세와 서약 위에 씌어진 것 같은 느낌을 준다. 커다란 문제에 맞서 최대한 정직하고 완전하게 답을 찾아가리라는 서약. 이 비극을 막기 위해 부모가 할 수 있는 일은 무엇이었나 하는 문제 말이다. [……] 우리는 이 책을 통해 그녀를 연민하게 되고 공감하게 되고 또 종종 존경하게 된다. 어쨌든 이 책의 가장 궁극적인 목적은 면책이 아니라 경고의 이야기를 들려주는 것이리라. 《뉴욕타임스 북리뷰》

사춘기 자녀를 둔 부모라면 모두 읽어야 할 필독서. 영혼을 관통하는 정직함이 느껴지는 글이다. 엄청난 용기와 지성으로 씌어진 글. 고귀한 책이고 중요한 책이다. 《타임스》

상황에 따라 읽기 불편할 수도 있지만 중요한 책이다. 콜럼바인이 어떻게 일어났는지 새롭게 이해할 수 있도록 해준다. 덕분에 다른 비극들을 피하는 데 도움이 될 것이다. 《엔터테인먼트위클리》

이 이야기가 너무 무서워서 도망가고 싶을지 모른다. 하지만 클리볼드의 공감과 정직과, 또 부모들과 교육기관들이 아이들의 숨은 고통을 발견하기 위해 노력해야 한다는 메시지가 당신을 꼼짝도 못하게 잡아둘 것이다. people.com

모든 부모가 꼭 읽어야 할 책. parents.com

평범한 일상에 숨은 공포

—앤드루 솔로몬

정말로 나는 고통 너와 평생을 같이

살아야 하나—내 불, 내 침대를 같이—

아, 끔찍하게도—머리를 같이 쓰며?—

게다가 내가 먹으면 너까지 먹이면서?

—에드나 세인트 빈센트 밀레이

아이의 결함이 드러나면 언제나 사람들은 부모를 비난해왔다. 18세기에 나온 '상상주의(imaginationism)' 이론은 어머니의 마음속에 감춰진 음란한 욕망 때문에 아이가 기형으로 태어난다고 주장했다. 20세기에는 어머니가 고압적이고 아버지가 수동적일 때 동성애 성향이 생겨나고, 조현병(정신분열증)은 '아이가 태어나지 않았더라면.' 하는 부모의 무의식적 소망 때문에 발생한다고 했다. 자폐증

8

은 '냉장고 엄마'의 냉랭함 때문에 아이들이 침묵의 요새 속으로 침잠하기 때문이라고 설명했다. 지금은 물론 이런 증상들이 복잡하고 다양한 요소들에 의해 결정되는 것이지 부모의 태도나 행동 때문이 아니라는 것을 안다. 그럼에도 불구하고 우리는 여전히 살인범이 자라난 가정을 들여다보면 부모가 저지른 잘못을 대번에 알 수 있으리라 생각하곤 한다. '아이는 변할 수 있다.'는 생각은 사법제도에서도 핵심 개념이다. 그래서 청소년 범죄자는 처벌하기보다 재활에 주력한다. 이런 논리에 따르면 나쁜 어른은 회복 불가능하지만 나쁜 아이는 부정적 영향을 받았을 뿐이고, 아이의 범죄는 변하지 않는 본성 탓이 아니라 바뀔 수 있는 양육의 결과다. 이 기분 좋은 낙관주의를 통해 진실에 조금 더 다가설 수는 있겠으나 그렇다고 해서 모든 게 다 부모 책임이라는 생각은 심하게 부당하다.

범죄가 부모 탓이라고 생각하는 데에는 크게 두 가지 이유가 있다. 첫째로 심한 학대와 방치를 겪었을 때 취약한 사람이 비정상적인 행동을 할 수 있다. 취약한 아이들이 부모의 돌봄을 잘 받지 못했을 때에 약물 남용에 빠지거나 폭력 조직에 들어가거나 가정 폭력, 절도 등을 저지를 수 있다. 어릴 때 잔인한 취급을 받은 아이들은 애착장애를 흔히 보인다. 반복강박으로 자기가 겪은 폭력을 되풀이하는 경우도 많다. 다시 말해 자기 아이에게 상처를 입히는 부모들이 있다. 그렇지만 모든 문제아의 부모가 부모 자격이 없는 사람들이라고 말할 수는 없다. 특히 극단적이고 터무니없는 범죄일수록 부모 탓이 아닌 경우가 많다. 외상에 의해 촉발되었다기보다는 그보다 훨씬 깊고 복잡한 비논리에서 나온 일이다.

둘째로, 범죄가 부모 탓이라고 믿고 싶은 더욱 강력한 이유가 있다. 그렇게 생각하면 우리 집에서는 아이에게 그런 나쁜 짓을 하지 않으니 이런 재앙을 겪을 위험이 없다고 안심할 수 있기 때문이다. 나도 그런 착각을 했기 때문에 잘 안다. 2005년 2월 19일 톰과 수 클리볼드를 처음 만났는데, 당시에는 두 사람을 만나보면 문제점이 무엇인지 금세 알 수 있을 것이라고 생각했다. 나는 힘든 아이와 부모 들의 이야기를 다룬『부모와 다른 아이들』이라는 책을 쓰는 중이었고, 처음에는 두 사람이 잘못된 육아의 사례가 되리라고 생각했다. 아이가 가공할 범죄를 저지르도록 부모가 추동했으리라고 생각하지는 않았지만 그래도 부모의 이야기를 듣다 보면 뚜렷한 실수가 숱하게 드러나리라고 예상했다. 나는 속으로 클리볼드 부부가 마음에 들지 않았으면 했다. 이 사람들을 좋아하게 된다면 이 일이 두 사람의 잘못이 아니라는 것을 인정할 수밖에 없고 우리 중 누구도 안심할 수 없다는 말이 되니까. 그런데 두 사람은 정말 너무 좋은 사람들이었다. 결국 자리에서 일어설 무렵에는 콜럼바인 학살을 일으킨 정신이상은 어느 가정에서라도 나올 수 있다고 생각하게 되었다. 예측하거나 알아본다는 건 불가능했다. 쓰나미 앞에서는 어떤 대비도 무의미하듯이.

수 클리볼드가 말하기를 자신은 콜럼바인 이전에는 교외에 사는 평범한 엄마였다고 한다. 그때는 몰랐던 사실이지만, 수 클리볼드는 비극적 사건 이후에 극단적 절망 속에서 지혜를 끌어낼 힘을 찾을 수 있었다. 이런 상황에서도 사랑을 잃지 않는다는 것은 대단한 용기다. 수 클리볼드가 친구들에게 너그럽고, 천성적으로 애정이 넘치고, 다른 사람에게 관심을 쏟는 사람임을 알고 나니 이 비극을 이해하기가 더더욱 어려웠다. 처음에는 클리볼드 부부가 자기 자식과 연관 지어지기를 거부했어야 한다고 생각했다. 그렇지만 이제는 부모가 자식이 저지른 행동을 깊이 속죄하면서도 자식에 대해 변함없는 사랑을 유지하는 일이, 자식에 대한 책임을 부정하는 것보다 훨씬 더 큰 용기가 필요한 일임을 나도 알 것 같다. 아들에 대한 수의 깊은 사랑이 이 슬픈 책의 페이지마다, 구절마다 묻어난다. 이 책은 이 일이 얼마나 복잡한 문제인지를 보여주는 증거이기도 하다. 수 클리볼드는 좋은 사람도 나쁜 행동을 할 수 있고, 사람은 누구나 도덕적 혼란 속에 있으며, 무언가 끔찍한 일을 했기에 다른 행동이나 동기마저 무위가 되는 것은 아니라고 말한다. 이 책에 담긴 궁극적 메시지는 충격적이다. 내 자식을 내가 모를 수 있다는 것. 아니 어쩌면, 자식을 아는 게 불가능한 일일 수도 있다는 것이다. 두렵게 생각되는 낯선 사람이 바로 내 아들이나 딸일 수도 있다.

　"우리는 애들한테 동화를 읽어주고 세상에는 착한 사람과 나쁜 사람이 있다고 가르치죠." 내가 『부모와 다른 아이들』을 쓸 때 수가 내게 한 말이다. "지금이라면 절대 그러지 않을 거예요. 사람은 누구나 선해질 능력이 있고 또 나쁜 선택을 할 가능성도 있다고 말하겠어요. 누군가를 사랑한다면 그 사람의 선한 면과 악한 면, 둘 다를 사랑해야 한다고요." 콜럼바인 사건 무렵 수가 근무하던 사무실이 보호관찰소와 같은 건물에 있었는데, 수는 전과자와 같이 엘리베이터에 타게 되면 조금은 두렵고 불편한 기분이었다고 한다. 그런데 비극을 겪고 난 뒤에는 다른 눈으로 보게 되었다. "그 사람들이 내 아들 같다는 생각이 들었어요. 그저 어떤 이유에서인지 끔찍한 선택을 했고 처참하고 절망적인 상황에 빠진 사람들인 거죠. 뉴스에서 테러리스트들을 볼 때면 이런 생각을 해요. '저 사람도 누군가의 자식이지.' 인류애를 느끼게 되는 데에 내게 콜럼바인만큼 큰 영향을 미친 일은 없었습니다." 사랑하는 이를 여읜 사람의 공감력이 엄청나게 증폭하는 경우가 종종 있다.

다른 어떤 범죄보다도 큰 충격을 주는 범죄가 두 가지 있다. 아이들이 희생자인 범죄와 아이들이 가해자인 범죄다. 첫 번째 경우에 우리는 순진한 아이들이 희생자라는 사실을 슬퍼한다. 두 번째 경우에는 아이들이 순진무구하다고 착각했던 것을 슬퍼한다. 학교 총격 사건은 희생자도 가해자도 아이들이기 때문에 그 가운데에서도 가장 끔찍한 범죄일 수밖에 없다. 학교 총격 사건 중에서도 콜럼바인 고등학교 사건은 아직까지 전범(典範)이자 원조 격인 사례로 남아 있다. 이 사건의 가학성으로 물든 극단적 자기중심성, 무작위적인 공격, 사전 계획의 거창한 규모 등 때문에 에릭 해리스와 딜런 클리볼드를 영웅시하며 이유 없는 반항을 하는 젊은이들도 많다. 대부분 사람들은 둘을 정신병자로 보고 일부 종교집단에서는 악마주의의 상징으로 보기도 한다. 아이들이 무고한 희생자가 되는 것을 막으려고 수많은 사람들이 두 소년이 어떤 동기와 목적을 품었는지를 분석했다. 어떻게 하면 자기 아이들은 이런 범죄를 저지를 리가 없다고 확신할 수 있을까 고민하는 한층 대범한 부모들도 있다. 지피지기면 백전백승이라는데, 콜럼바인은 지금까지 알 수 없는 매복한 적이었고 평범한 일상에 숨은 공포였다.

살인자를 속속들이 알기란 불가능하다. 우리 사회는 원인이 무엇인지 누구를 원망하면 좋을지 찾으려고 한다. 희생자 가족들도 도무지 알 수 없는 '감춰진 해답'을 내놓으라고 줄기차게 요구했다. 하지만 에릭과 딜런의 부모들은 자식들의 계획을 몰랐다는 확실한 증거가 있다. 만약 알았다면 당연히 막으려고 하지 않았겠는가. 제퍼슨 카운티 치안판사 존 드비타는 두 소년을 두고 이렇게 말했다. "어떻게 그렇게 감쪽같이 속일 수 있었는지 도무지 이해하기 어렵습니다. 정말 쉽게, 아무렇지도 않게 주위 사람들을 속였다는 것이죠." 사람들은 대개 자식은 부모가 가장 잘 안다고 생각한다. 그런데 아이들은 의외로 자기 속마음을 아주 잘 숨길 수 있다. 희생자 가족은 인간의 본성을 알아볼 수 있고, 내면의 논리를 감시할 수 있고, 비극적 사건의 패턴을 예측할 수 있다는 미심쩍은 원칙을 바탕으로 소송을 제기했다. 뭔가 빠져 있는 정보들을 찾으면 일어난 일을 돌이킬 수 있으리라고 생각했다. 장폴 사르트르는 이렇게 말한 적이 있다. "악은 현상이 아니다." 또 "악의 원인을 안다고 물리칠 수 없다."고 했다. 덴버 인근 지역에서는 사르트르를 많이 읽지 않는 모양이다.

에릭 해리스는 살해 성향 반사회적인격장애였던 것으로 보이고, 딜런 클리볼드는 자살 성향 우울증 환자였던 것으로 보인다. 서로 다른 광기가 두 소년에게 상보적인 필요조건이었던 듯하다. 해리스가 이끌지 않았다면 딜런의 우울증이 살인으로 이어지지는 않았을지도 모르고, 한편 에릭도 딜런을 끌어들일 수 없었다면 그만큼 추진력을 얻지 못했을지도 모른다. 에릭의 악의도, 딜런의 묵종도 충격적이다. 딜런은 이런 글을 썼다. "자살에 대해 생각하면, 이번 생만 끝나면 어디로 가든 내 자리를 찾을 수 있을 것 같다는 희망이 생긴다.─나는 드디어 나 자신과 세상과 우주와의 전쟁을 멈추게 될 것이다─내, 마음, 몸, 모든 곳, 모든 것이 **평화**[에 이를 것]─나 자신─내 영혼(실존)." 딜런은 "무한한 현실에서 무한한 방향으로 뻗어나가는 영원한 고통"을 겪는다고 썼다. 딜런의 일기에 가장 많이 나오는 단어는 **사랑**이다. 에릭은 이런 글을 썼다. "어떻게 감히 너와 내가 같은 종이라고 생각하지? 하늘과 땅 차인데? 넌 사람이 아냐. 넌 로봇이야. [……] 내 성질을 건드린 놈은 나랑 마주치면 죽음이야." 에릭의 일기에는 대학에 가서 여자아이들을 꾀어 방으로 데려와 강간하는 상상이 적혀 있다. 다음에는 "소다캔 따듯이 목을 따고 싶다. 어리고 약한 신입생을 잡아서 늑대처럼 갈기갈기 찢고 목을 조르고 머리를 깨부수고 턱을 뜯어내고 팔을 꺾고 누가 신인지 보여줄 거다." 에릭은 실패한 히틀러였다. 딜런은 실패한 홀든 콜필드였다.

수 클리볼드는 아들의 죽음이 사실 자살이었다는 점에 몰두한다. 자살을 깊이 연구한 칼 메닝거는 "죽이고 싶은 욕구, 죽임을 당하고 싶은 욕구, 죽고 싶은 욕구" 세 가지가 합해져야 자살이 일어난다고 했다. 죽이고 싶은 욕구가 다른 사람을 향하는 일이 일반적이지는 않지만 그래도 퍼즐을 풀려면 이 조각을 반드시 살펴보아야 한다. 에릭 해리스는 죽이고 싶었고 딜런 클리볼드는 죽고 싶었고, 두 사람 다 자기들의 경험에 신(神)적인 속성이 있다고 생각했다. 둘 다 학살을 통해 자기들이 신이 될 것이라고 썼다. 과대망상과 미숙함은 평범한 청소년의 특성이기도 하다. 콜럼바인고등학교에서 난사가 끝을 향해 치달을 즈음 식당에 숨어 있던 한 사람은 살인범 중 한 명이 이렇게 말하는 것을 들었다고 한다. "오늘 세상이 끝날 거야. 오늘이 우리가 죽는 날이야." 자기를 외부세계와 동일시하는 유아적 사고다. G. K. 체스터튼은 "한 사람을 죽이는 사람은 한 사람을 죽이는 것이다. 그러나 자기 자신을 죽이는 사람은 모든 사람을 죽이는 것이다. 적어도 자기 입장에서는 온 세상을 없앤 것이므로."라고 썼다.

정신질환에 시달리는 사람들을 옹호하는 입장에서는 대부분의 범죄가 정신병과 무관하고 대부분의 정신질환자들이 범죄를 저지르지 않는다는 점을 지적한다. 콜럼바인 사건을 정신질환의 결과물로 생각한다는 것은 어떤 의미일까? 사람들은 범죄를 저지르면 문제를 겪기 때문에, 혹은 도덕적 기준에 어긋나기 때문에 범죄 충동을 억누른다. 어떤 물건을 훔치고 싶다는 생각이 든 적이 있을 것이다. 이따금 누군가에게 분노가 치솟아 죽이고 싶다고 생각한 적도 있을 것이다. 그렇지만 학교에서 잘 알지도 못하는 아이들을 죽이고 인질극을 벌이지 않는 이유는 벌을 받을까 봐 겁이 나거나 도덕 교육을 받았기 때문이 아니다. 건강한 정신에는 그런 생각이 아예 떠오르지 않는다.

딜런은 우울했지만 조현병이나 외상후스트레스장애(PTSD), 양극성장애 같은 정신의학 진단기준에 들어맞을 만한 병은 없었다. 사고장애가 있었다고 해서 딜런이 벌인 행동의 사악함이 줄어드는 것은 아니다. 이 책이 훌륭한 점은 딜런의 행동을 합리적으로 설명하려 하지 않는다는 점이다. 수 클리볼드는 이 일을 집단 괴롭힘이나 학교, 아들의 건강 상태 탓으로 돌리지 않는다. 쉽게 설명할 수 없음을 받아들여야 한다는 수 클리볼드의 최종적인 결심이 드러난다. 클리볼드는 '악'과 '병' 사이의 확정할 수 없는 경계를 명료하게 밝히려고 애쓰지 않는다.

난사 사건 직후에 시카고에 사는 목수 한 사람이 리틀턴에 와서 십자가 열다섯 개를 세웠다. 딜런과 에릭을 포함해 죽은 사람 모두에게 한 개씩이었다. 사람들은 다른 십자가와 다를 바 없이 에릭과 딜런의 십자가에도 꽃을 놓았다. 그런데 희생된 학생의 아버지인 브라이언 로보가 해리스와 클리볼드의 십자가를 없애버렸다. "살인자를 십자가로 기리다니 예수가 우리를 위해 한 희생을 싸구려로 만드는 일"이라고 말했다. "성서에도 회개하지 않는 살인자를 용서하라는 말은 없다. 회개하지 않는 자는 용서하지 말라고 성서는 가르친다." 기독교 교리를 이렇게 해석하는 것에 무리가 없는 것은 아니지만, 로보의 말은 살인범의 죽음을 애도하는 것은 용서와 다름없고 용서는 범죄의 잔학함을 은폐한다는, 흔한 오해를 바탕으로 한 것이라 설득력 있게 들리기도 한다.

수 클리볼드는 아들에 대한 용서를 구하지 않을 뿐 아니라 그런다는 건 감히 상상도 하지 못한다. 무슨 일이 벌어지고 있는지 자기는 몰랐다고 말하면서도 그렇기 때문에 잘못이 면제된다고 주장하지는 않는다. 자기가 몰랐기 때문에 아들과 세상을 저버린 셈이 되었다고 한다. 엄청난 범죄를 저지른 사람은 차라리 죽는 게 최선일 수도 있지만, 그렇다고 하더라도 아이의 죽음은 부모의 절망이다. 이 애도의 책을 통해 수는 대신 참회하려 한다. 미움이 사랑을 사라지게 할 수는 없다. 실제로 미움과 사랑은 늘 같이 간다.

처음 만났을 때, 수가 1999년 4월 20일 콜럼바인고등학교에서 무슨 일이 벌어지고 있는지 알았던 그 순간에 대해 이야기했다. "리틀턴의 모든 엄마들이 아이가 안전하기를 기도하고 있을 때 나는 우리 아이가 남을 더 해치기 전에 죽게 해달라고 기도해야 했어요." 수는 이렇게 말했다. "이 모든 일이 사실이고, 우리 아이가 살아남아서 재판을 받고 사형 판결을 받는다면 어떻게 될까. 두 번 아이를 잃을 수는 없는 일이었어요. 그 전까지 해본 적이 없는 간곡한 기도를 했습니다. 아이가 스스로 목숨을 끊게 해달라고요. 그러면 적어도 애가 죽고 싶었다는 것을 알 테고, 경찰의 총에 맞고 죽었다면 결코 답을 알 수 없을 의문들이 남지 않을 테니까요. 그때는 그럴 수밖에 없었을지도 모르지만, 나중에는 그렇게 기도한 것을 얼마나 후회했는지 모릅니다. 내가 내 아들이 스스로 목숨을 끊기를 바랐고 실제로 그 일이 일어났다는 것에 대해서요."

그 주말에 나는 클리볼드 부부에게 딜런이 지금 이 방에 같이 있다면 무얼 묻고 싶냐고 물었다. 톰은 이렇게 말했다. "대체 무슨 생각을 하고 있었는지, 대체 무슨 짓을 하고 있다고 생각했는지 묻고 싶어요!" 수는 잠시 바닥을 내려다보고 있더니 조용히 입을 열었다. "나를 용서해줄 수 있겠냐고 묻고 싶어요. 엄마이면서도 그 아이 머릿속에 무슨 일이 벌어지고 있는지 몰랐던 것에 대해서, 그 아이를 도와주지 못했던 것에 대해서, 속을 터놓을 수 있는 사람이 되어주지 못한 것에 대해서요." 5년 뒤에 수에게 이런 이야기를 했던 것을 기억하냐고 물었다. 수는 이렇게 말했다. "이 일이 일어났을 때 처음에는 '아이를 낳지 않았더라면, 아예 결혼도 하지 않았더라면.' 생각하곤 했어요. '오하이오주립대학교에서 톰을 만나지 않았더라면 딜런은 태어나지 않았을 것이고, 이 끔찍한 일도 일어나지 않았겠지.' 하고요. 그렇지만 시간이 지나면서 내 아이들을, 바로 그 아이들을 낳은 것이 다행이라는 생각이 들었어요. 이런 아픔을 겪긴 했지만, 그래도 내 아이들에게 느끼는 사랑이 내 삶에서 가장 큰 기쁨이었으니까요. 제가 말하는 아픔은 제 아픔이지 다른 사람들의 아픔은 아니에요. 하지만 제 아픔은 받아들였습니다. 삶은 아픔으로 가득하고 이 아픔은 제 것이지요. 딜런이 태어나지 않는 것이 세상에는 더 좋은 일이었다는 것을 알아요. 그렇지만 저에게는 그렇지 않아요."

보통 누군가를 잃는 일은 한순간 벼락처럼 닥치지만, 수는 밀려오는 파도처럼 반복적으로 상실을 경험했다. 아들의 죽음. 내가 생각하던 아들의 모습에 대한 상실. 아들의 어두운 면을 알아보지 못했기 때문에 무너져버린 자기방어. 살인자의 어머니라는 낙인을 제외한 모든 정체성의 상실. 삶이 이치에 따라 돌아가고 옳은 일을 하면 무시무시한 결과를 피할 수 있다는 근본적 신념의 상실. 슬픔을 비교한다는 것은 무의미하고, 수 클리볼드의 슬픔이 리틀턴의 모든 상실보다도 충격적이었으리라고 말할 수는 없다. 그렇지만 수 클리볼드는 자기 자신이 자기 아들을 전혀 몰랐다는 사실을 깨닫는 고통과 아이가 다른 사람들에게 입힌 피해가 안겨준 고통을 구분하는 불가능한 일에 매달렸다. 수 클리볼드는 아이를 잃은 슬픔, 다른 아이들이 죽었다는 슬픔, 세상을 더 밝게 해줄 행복한 아이를 기르지 못했다는 슬픔과 싸운다.

부모는 어린 아이들이 들고 오는 사소한 문제들을 해결해주며 기쁨을 느낀다. 그러다가 아이에게 내가 해결할 수 있는 능력을 넘어서는 문제들이 생기기 시작하면 안타까운 상실감을 느끼게 된다. 누구나 겪는 이런 실망감이 이 책에는 엄청나게 확대된 규모로 담겨 있다. 수 클리볼드는 스스로에게 천성적으로 다른 사람을 기분 좋게 해주는 기질이 있다고 말하는데, 이 책을 쓰기 위해서는 그런 성향을 버려야 했다. 수 클리볼드의 책은 딜런에게 바치는 책이며 변명에 빠지지 않으면서 정신건강에 대한 인식 확대와 연구를 촉구하는 책이다. 도덕적이고, 결연하고, 위엄 있는 모습으로 수 클리볼드는 가늠할 수 없는 고독에 도달했다. 이런 경험을 한 사람은 없을 것이다. 그러므로 어떤 면에서는 수 자신이 알 수 없는 존재가 되었다. 딜런이 그랬듯이. 자기 경험을 글로 쓰면서 수는 보통 사람들은 가늠할 수 없는 사람이 되었다.

오비디우스는 이런 금언을 남겼다. "고통을 반기라. 고통에서 배움을 얻을 터이니." 하지만 이런 고통은 선택할 수 있는 것이 아니다. 피하려 한다고 피할 수 없다. 고통이 다가올 때 불평을 할 수는 있지만 고통더러 떠나달라고 할 수는 없는 일이다. 수 클리볼드는 희생자가 된 것에 대해 결코 불평하지 않지만 수의 글을 읽다 보면 욥을 떠올리게 된다. 욥은 "우리가 하느님께 복을 받았은즉 화도 받지 아니하겠느냐?" 반문하며, "내가 두려워하는 그것이 내게 임하고 내가 무서워하는 그것이 내 몸에 미쳤구나. 나에게는 평온도 없고 안일도 없고 휴식도 없고 다만 불안만이 있구나."라고 탄식한다. 나중에는 "내가 말하여도 내 근심이 풀리지 아니한다."라고 말한다. 이 책은 수 클리볼드가 욥처럼 바닥을 알 수 없는 지옥에 떨어져 안락과 영영 이별한 이야기를 들려준다. 수가 아무리 이야기를 해도 이 슬픔을 달랠 수는 없음을 인지한 것이 가장 마음에 남는다. 수는 슬픔을 달래려는 시도조차 하지 않는다. 이 책은 마음을 편하게 만들려고 쓴, 카타르시스 효과를 노린 기록이 아니다. 오직 자신의 고통을 동력으로 삼아 세상에서 그녀 자신이나 그녀의 아들, 그리고 그 아들이 죽인 희생자들이 겪은 고통을 줄어들게 하려는 기록, 즉 수용의 이야기이자 투쟁의 이야기일 뿐이다.

알 수 없는 것을 이해하려고 애쓰는 데에 바친 16년

1999년 4월 20일, 에릭 해리스와 딜런 클리볼드는 총과 폭탄으로 무장하고 콜럼바인고등학교에 갔다. 두 사람은 학생 열두 명과 교사 한 명을 살해하고 스물네 명에게 부상을 입힌 다음 스스로 목숨을 끊었다. 역사상 최악의 학교 총기 난사 사건이었다.

딜런 클리볼드는 내 아들이다.

그날 일어난 일을 되돌릴 수만 있다면 내 목숨을 바칠 것이다. 그 날 죽은 사람 한 명의 목숨과 내 목숨을 바꾸자고 하더라도 기꺼이 그렇게 할 것이다. 하지만 그런 일은 있을 수 없다는 것도 안다. 내가 무슨 짓을 하고 무슨 말을 하더라도 학살을 속죄할 수는 없다.

그 끔찍한 날 뒤로 16년이 흘렀다. 그 열여섯 해를, 나는 아직도 여전히 알 수 없는 일을 이해하려고 애쓰는 데에 바쳤다. 어떻게 창 창한 아이의 삶이 그렇게 한순간에, 바로 내 눈앞에서, 재앙으로 바 뀔 수 있는가 하는 문제 말이다. 전문가들, 우리 식구들, 딜런의 친구들, 그리고 누구보다도 나 자신에게 묻고 또 물었다. 내가 대체 무얼 놓친 건지, 어떻게 그걸 놓칠 수 있었는지. 내가 쓴 일기를 들추고 또 들추었다. 법의학자처럼 엄밀하고 철저하게 우리 가족의 삶을 파헤치고 일상적 사건이나 대화를 곱씹어보며 내가 놓친 단서를 찾았다. 뭘 놓친 걸까? 어떻게 했어야 할까?

처음에는 압도적인 수치감과 공포, 슬픔만큼이나 강렬한, 알고자 하는 원초적 욕구에 따른 개인적인 이유에서 답을 찾으려 했다. 그런데 내가 쥐고 있을지 모르는 조각들이 많은 사람들이 풀려고 절박하게 매달리는 퍼즐의 열쇠가 될지도 모른다는 생각이 들었다. 내가 배운 것이 다른 이들에게 도움이 될지도 모른다는 희망이 생기자, 내 이야기를 공개하는 일이 힘겹더라도 피해서는 안 될 일이라고 생각하게 되었다.

지금 내가 서 있는 자리와, 콜럼바인 이전에 우리 가족이 전형적인 미국 중산층 가정처럼 보였을 때에 내 생각 사이에는 하늘과 땅 차이가 있다. 폐허 속에서 10년 넘게 찾아 헤매다 보니 내 눈이 뜨였다. 딜런에 대해서나 그날 그 사건이 있기까지의 일들에 대해 몰랐던 것들을 보게 되었을 뿐 아니라 이렇게 알게 된 것이 콜럼바인 밖의 세상에도 미치는 의미가 있으리라는 것을 깨달았다.

그날 일어난 학살에서 내 아들이 한 끔찍한 역할을 내가 막을 수 있었을지는 결코 알 수 없을 것이다. 그렇지만 이렇게 했더라면 좋았으리라는 깨달음들이 있었다. 보통 가족의 삶이라는 커다란 양탄자를 이루는 실 몇 가닥 정도의 사소한 일들이었다. 사실 콜럼바인 이

전에 어느 누가 우리 삶을 들여다보았더라도, 아무리 고배율 줌렌즈를 들이댔더라도 미국 어디에서나 볼 수 있는 가정과 다를 바 없는 아주 평범한 모습밖에 보지 못했을 것이다.

톰과 나는 다정하고 관심이 많고 적극적인 부모였고, 딜런은 에너지가 넘치고 애정이 많은 아이였다. 늘 염려하며 언젠가는 정신을 차리고 제자리를 찾기를 빌어야 하는 아이가 아니었다. 우리는 딜런을 '햇살'이라고 불렀다. 딜런의 금발머리가 후광처럼 빛났기 때문이기도 했지만 딜런에게는 매사가 힘들지 않게 잘 풀렸기 때문이기도 했다. 나는 딜런이 내 자식이어서 감사하다고 생각했고 온 영혼과 심장으로 딜런을 사랑했다.

콜럼바인 이전의 우리 삶이 너무 평범하다는 점이 사람들에게는 가장 이해가 가지 않는 부분일 것 같다. 나에게는 무엇보다도 중요한 점이기도 하다. 우리 집안 형편이 어렵거나 힘들지도 않았다. 우리 집 막내는 속을 썩이는 아이도 아니었고, 그 아이가 자기 자신이나 다른 사람에게 위험하리라고는 우리도 그 아이를 아는 어느 누구도 상상하지 못했다. 이랬더라면 저랬더라면 하는 일들은 많지만 그 무엇보다도, 아들이 괜찮지 않은데도 괜찮아 보일 수 있다는 사실만 알았더라면 하는 소망이 가장 강하다.

뇌건강을 놓고 보자면, 100년 전 아이들이 전염병에 취약한 만큼이나 오늘날 아이들도 이 문제에 취약하다고 할 수 있다. 우리가 그랬던 것처럼 이런 취약함을 미처 알아차리지 못하는 경우가 너무 많다. 이 문제가 끔찍한 사건으로 분출되건 행복하고 보람 있는 삶의 가능성이 서서히 사그라들게 되건 어느 쪽이든 가슴 찢어지고 혼란스러운 일이다. 이런 취약성이 있다는 것을 자각하지 못하면 무참한 대가를 계속 치러야 할 것이다. 콜럼바인고등학교나 버지니아폴리테크닉주립대학교, 샌디훅초등학교, 캘리포니아대학교 샌터바버라 캠퍼스 등 학교 총기 사건 같은 비극뿐 아니라, 헤아릴 수 없이 많은 우리 동료, 친구, 사랑하는 사람들의 삶에서 매일 펼쳐지는 조용히 서서히 일어나는 비극들도 있다.

부모가 그 무엇보다도 받아들이기 힘든 진실, 세상에서 나만큼 더 잘 아는 부모가 없을 진실이 있다. 바로 사랑만으로는 충분하지 않다는 거다. 나는 딜런을 무한히 사랑했지만 그래도 딜런을 지키지 못했고 콜럼바인고등학교에서 살해된 열세 명도, 그 밖에 상처입고 고통 받은 사람들도 구하지 못했다. 나는 딜런이 심리적으로 악화되어가는 징후를 파악하지 못했고, 만약 내가 제대로 보았다면 딜런이나 딜런에게 희생된 사람들이 그 길을 가지 않을 수 있었을 것이다. 얼마나 큰 차이가 있었을까.

내 이야기를 최대한 충실하게 들려주면, 나는 발가벗겨진 기분일지라도, 다른 부모들이 아이들 얼굴 너머에 있는 것을 보고 만약 도움이 필요하다면 줄 수 있도록 도와줄 빛을 비출 수 있지 않을까 한다.

내 친구들과 동료들도 내 이야기를 알고 육아 방식을 바꾸었다. 부모가 제때 개입해서 엄청난 변화를 이룬 일도 있었다. 살짝 내성적으로 변한 듯한 열세 살짜리 딸의 상태를 알아차린 전 직장동료가 그런 경우였다. 직장동료는 딜런 생각을 하며 캐물었다.(그리고 묻고 또 물었다.) 결국 딸이 무너지듯 울음을 터뜨리더니 친구를 만나러 몰래 나갔다가 강간을 당했다고 고백했다. 아이는 극도의 우울과 수치와 두려움에 빠져 있었고 심각하게 자살을 생각하고 있었다.

미묘한 변화를 알아차리고 끈질기게 물었기 때문에 아이를 구할 수 있었다. 직장동료가 우리 이야기를 알았기 때문에 일이 더 나빠지지 않을 수 있었다는 것을 알고 나는 용기를 얻었다. 이 이야기를 아는 사람들이 더 많아지면 당연히 훨씬 좋으리라고 생각했다.

앞으로 나서기가 쉬운 일은 아니었다. 그렇지만 콜럼바인의 호된 시련을 통해 알게 된 사실이 도움이 된다면 다른 사람과 나누는 게 나의 도덕적 의무다. 입을 열기는 두렵지만, 그게 옳은 일이다. 더 잘 알았더라면 다르게 했을 일들의 목록은 길고도 길다. 그게 내 실패다. 그렇지만 내가 배운 것을 통해 더 많은 사람들에게 행동에 나서라고 촉구하고, 우리 아들이 저지른 것과 같은 비극뿐 아니라 다른 아이들의 감춰진 고통까지 막기 위해 무엇이 필요한지를 폭넓게 조망할 수 있으리라고 생각한다.

덧붙이는 말

1. 시작 부분에 내 일기에서 인용한 구절을 실은 장들이 여럿 있다. 콜럼바인 사건 이후에 나는 혼란과 죄책감과 비탄을 견디기 위해

수 권의 공책을 글로 채웠다. 대부분 일기가 그렇듯 내 일기도 그대로 공개할 수 있는 내용은 아니지만 이 책을 쓰는 데에 중요한 참고 자료로 삼았다. 내가 그 나날들, 몇 주, 몇 년간을 지속적으로 기록하지 않았다면 안개가 너무나 많은 것을 삼켜버려 신빙성 있는 진술을 하기 어려웠을 것이다. 일기가 사건과 사실뿐 아니라 나 자신의 변화 과정도 떠올리게 해주어 아주 유용했다.

지금 나는 콜럼바인 직후와 다른 자리에 있다. 그때와 다른 사람이 되었다고 해도 과장이 아니다. 일기에서 인용한 부분은 그 일들이 일어난 당시 내 생각과 감정을 보여주고, 본문 내용은 시간이 흐르면서 엄청나게 많이 알아보고 반추하며 갖게 된 생각을 담고 있다.

2. 프라이버시를 보호하기 위해 책에 나오는 일부 사람들의 이름과 특징을 바꾸었다.

3. 이 책을 쓰는 동안 경찰, 위협 평가, 언론 윤리, 사회학, 심리학, 정신의학, 신경생물학까지 여러 분야의 전문가들을 만나보았다. 그 분들이 넓은 마음으로 질문에 적극적으로 답해주지 않았다면 이 책을 쓸 수 없었을 것이다.

차례

2부 이해를 향해

1부

상상도 하지 못한 일

1

충격

1999년 4월 20일 오후 12시 5분.

나는 덴버 시내에 있는 내 사무실에서 장애 대학생 장학금 관련 회의에 참석하려고 준비를 하고 있었다. 그런데 책상 위 전화기에 메시지가 와 있다는 빨간 불빛이 깜박거리는 게 눈에 들어왔다.

혹시라도 회의가 취소되었다는 메시지일지 몰라 확인해보았다. 그런데 남편 톰의 긴장한 듯 거칠고 다급한 목소리가 흘러 나왔다.

"수전, 긴급상황이야! 빨리 전화해!"

그게 전부였다. 하지만 그것만으로도 알 수 있었다. 목소리 톤으로 보아 우리 아이들한테 무슨 일이 있는 게 분명했다. 파도처럼 공황이 밀어닥쳤다. 귓가에서 심장 뛰는 소리가 울렸다. 둘째 딜런은 학교에 있고 형 바이런은 직장에 있을 시간이었다. 무슨 사고라도 났나?

나는 가해자의 엄마입니다

톰이 전화를 받자마자 소리를 질렀다. "지금 이 텔레비전 소리 들어봐!" 하지만 전화로는 웅웅거리는 소리밖에 들리지 않았다. 텔레비전에 나올 정도로 큰일이 일어났다는 말인가 싶어 가슴이 철렁했다. 몇 초 전에는 혹시라도 차 사고가 났을까 봐 걱정하고 있었는데 그보다 더 큰일이라는 말이었다. 전쟁이 났나? 공습이 있나?

"무슨 일인데?" 수화기에 대고 소리를 질렀다. 수화기 너머에서는 잡음과 텔레비전에서 흘러나오는 알아들을 수 없는 소음밖에는 들리지 않았다. 마침내 톰이 다시 수화기에 대고 말하기 시작했다. 평소에 듬직한 남편이 미친 사람처럼 떠들기 시작했다. 뒤죽박죽 쏟아져 나오는 단어들이 연결이 되지 않았다. "총잡이 [⋯⋯] 총격 [⋯⋯] 학교."

톰이 뭐라고 하는지 알아듣기가 힘들었다. 딜런의 절친인 네이트가 몇 분 전에 집에서 일하던 톰에게 전화를 걸어 "딜런 집에 있어요?"라고 물었다고 한다. 애들이 당연히 학교에 있을 시간에 이런 전화가 온 것도 놀랄 일이었는데, 네이트가 전화한 이유를 들으니 최악의 악몽이 실현되는 듯했다. 딜런이 다니는 콜럼바인고등학교에서 총을 든 남자들이 사람들에게 무차별적으로 총을 쏘고 있다는 것이었다.

그런데 그게 전부가 아니었다. 네이트 말이 총을 쏘는 사람들이 검정색 트렌치코트를 입었다고 했다. 우리가 딜런한테 사준 것과 비슷한.

"놀라시게 하려는 건 아닌데요. 검정 코트 입고 다니는 애들을 제가 다 아는데 딜런하고 에릭만 안 보여요. 오늘 아침 볼링 수업에도 안 왔고요."

톰은 떨리는 목소리로, 네이트 전화를 끊고 나서 딜런의 트렌치코트를 찾느라 온 집 안을 다 뒤졌다고 말했다. 말이 안 되지만 코트를 찾을 수만 있으면 딜런이 무사하리라는 확신이 들었다고 한다. 하지만 코트를 찾지 못했고 톰은 제정신을 잃고 있었다.

"지금 집으로 갈게." 내가 말했다. 공포로 몸이 마비되는 것 같았다. 끊는단 말도 없이 전화를 끊었다.

마음을 조금이라도 가라앉히려고 애쓰면서 동료에게 회의를 취소해달라고 부탁했다. 사무실에서 나오는데 손이 덜덜 떨려 왼손으로 오른손을 붙들고야 겨우 엘리베이터 버튼을 누를 수 있었다. 엘리베이터에 점심 먹으러 나가는 사람들이 함께 타서 서로 가벼운 잡담을 나누고 있었다. 나는 내 이상한 행동을 이렇게 설명했다. "콜럼바인고등학교에 총격이 있대요. 집에 가서 아들이 무사한지 보려고요." 동료 한 사람이 집까지 태워다주겠다고 했다. 입에서 말이 나오지 않아 나는 고개만 흔들었다.

내 차에 올라타자 머리가 빙빙 돌았다. 라디오를 켤 엄두는 나지 않았다. 사고를 안 내고 차를 몰기만 해도 다행이었다. 우리 집까지 40킬로미터 남짓 달리는 동안 머릿속에는 이 한 가지 생각밖에 없었다. '딜런이 다치면 어쩌지.'

아까 들은 파편적 정보를 계속 머릿속에서 굴렸다. 그럴 때마다 두려움으로 가슴이 조였다. 코트가 다른 데 있을 수도 있지. 나는 생각했다. 딜런 사물함에 있을 수도 있고, 차에 있을 수도 있고. 애 코트가 제자리에 걸려 있는 게 이상하잖아. 그렇지만 평소 흔들림 없이 듬직한 남편 목소리가 히스테릭하게 들렸다. 전에는 한 번도 그런 모습을 본 적이 없었다.

집에 가는 길이 영원처럼 느껴졌다. 마치 내가 슬로모션으로 이동하는 것 같았다. 머릿속은 빛의 속도로 핑핑 돌고 귓속에서 심장이 둥둥 울리는데도. 아무 문제도 없다는 결론이 나게끔 퍼즐을 맞춰보려 애썼지만 내가 아는 얼마 안 되는 사실에서는 안심할 구석을 찾을 수가 없었다. 만일 딜런에게 무슨 일이라도 일어난다면 나도 끝장날 것은 분명했다.

운전하면서 나는 소리를 내서 혼잣말을 하며 주체하지 못하고 울음을 터뜨렸다. 나는 분석적인 성격이라 스스로를 이런 말로 달래려고 했다. 아직 충분한 정보가 없어. 콜럼바인고등학교는 학생이 2000명이 넘는 엄청 큰 학교야. 혼란스러운 상황이라 네이트가 딜런을 못 찾았겠지만 그렇다고 해서 딜런이 다쳤거나 죽었다는 건 아니니까. 톰이 공황상태라고 해서 나까지 그렇게 되지는 말아야 해. 공포가 계속 파도처럼 밀려왔지만 나는 계속 괜한 걱정이라고, 아이가 어디에 있는지 모르는 부모들은 다 지금 나 같은 심정일 거라고 스스로를 달랬다. 아무도 안 다쳤을 수도 있어. 우리 집 부엌에 들어가면 딜런이 냉장고를 뒤지고 있다가 나를 보고 웬 호들갑이냐고 놀리겠지.

그렇지만 이런저런 끔찍한 시나리오가 자꾸 떠오르는 것을 막을 수가 없었다. 톰이 학교에 총을 가진 사람들이 있다고 했다. 핸들을 잡은 손에 땀이 차는 것을 느끼며 나는 톰이 내 앞에 있기라도 한 듯 고개를 저었다. 총이라니! 딜런이 총을 맞았기 때문에 어디에 있는지 아무도 모를 수도 있었다. 학교 건물 어딘가에 다치거나 죽어 쓰러져 있거나, 갇혀 있어서 연락이 안 되는 건지도 모른다. 인질로 잡혀 있을지도 모른다. 그 생각을 하니 너무 끔찍해서 숨을 제대로 쉴 수가 없었다.

그런데 한편으로 뱃속에서 또 다른 불안감이 기웃거렸다. 톰이 에릭 해리스 이야기를 하는 것을 듣고 덜컥 겁이 났다. 딜런이 심각한 말썽을 부린 적이 딱 한 번 있는데, 에릭과 같이 벌인 일이었다. 나는 다시 고개를 흔들었다. 딜런은 어릴 때부터 쾌활하고 다정한 아이였고 차분하고 분별 있는 청소년으로 자랐다. 그 일을 통해서 많이 배웠을 거라고, 나는 불안을 다잡았다. 이제 다시는 어리석은 일에 끌려 들어가지 않을 거야.

들끓는 머릿속에서 수십 가지 무시무시한 시나리오들이 돌아가는 가운데, 학교에서 벌어지는 끔찍한 사태가 혹시 나쁜 뜻 없이 계획한 졸업 장난이 걷잡을 수 없이 이상하게 굴러가 그렇게 된 건 아닐까 하는 생각도 들었다.

한 가지는 확실했다. 딜런이 총을 갖고 있을 리는 없었다. 톰과 나는 총기에 대해 확고하게 반대하는 입장이고 콜로라도 주에서 총기를 숨겨 지니고 다니기 쉽게 법을 개정하려 한다는 말을 듣고 다른 주로 이사 가려는 생각까지 했다. 딜런이 아무리 터무니없이 어리석

나는 가해자의 엄마입니다

은 장난을 계획했다고 하더라도 장난으로라도 진짜 총을 들고 학교에 나타날 일은 없었다.

40킬로미터를 온갖 생각들을 하며 달렸다. 한순간에는 딜런이 다치고 상처를 입어 도와달라고 외치는 모습이 나를 덮쳐오고, 그다음 순간에는 행복했던 순간들이 떠올랐다. 어릴 때 딜런이 생일 케이크의 초를 끄는 모습. 뒷마당 조그만 풀장에서 형과 미끄럼을 타며 신나서 까르륵 웃던 모습. 죽기 직전에 지난 삶이 주마등처럼 떠오른다고 하더니, 그날 집으로 가는 차 안에서는 내 눈앞에 우리 아들의 삶이 영화처럼 펼쳐졌다. 소중한 장면 하나하나가 가슴을 찢어놓으면서 동시에 절박한 희망으로 가슴을 채웠다.

그날 집으로 가는 지옥과 같은 길이, 불가능한 것을 받아들여야 하는 남은 일생의 과업을 시작하는 첫걸음이었다.

* * *

집에 오자 공황상태가 한 단계 더 올라갔다. 톰이 자신이 알게 된 사실들을 쏟아내듯 말했다. 학교에 총격이 있고, 딜런과 에릭을 아직 찾지 못했다. 심각한 일이 벌어지고 있다. 톰이 큰아들 바이런에게 전화했고 바이런이 조퇴하고 바로 집으로 오겠다고 했다.

톰과 나는 넋을 잃고 자동인형처럼 집 안을 서성거리며 돌아다녔다. 극도의 흥분 상태라 가만히 있을 수도 없었고 어떤 일도 손에 잡히지 않았다. 우리 집 고양이들은 눈을 휘둥그레 뜨고 놀란 듯 구석에 웅크리고 있었다.

톰은 없어진 코트에만 매달리고 있었다. 나는 딜런이 볼링 수업에 안 왔다는 네이트의 말 때문에 혼란스러웠다. 오늘 아침 시간 맞춰 일찍 집에서 나갔는데. 다녀오겠다고 인사도 했는데. 그 생각을 하자 그 인사의 의미에 생각이 맴돌며 머물렀다.

그날 아침, 4월 20일 아침, 동이 트기 전에 내 시계 알람이 울렸다. 나는 출근 준비를 하면서 시계를 봤다. 딜런이 아침에 일찍 일어나기 싫어하는 걸 알기 때문에 아침 6시 15분 볼링 수업을 듣겠다고 했을 때 톰도 나도 말렸었다. 하지만 딜런이 고집했다. 재미있을 거라고. 볼링도 좋아하고 친구들하고 같이 신청한다고. 한 학기 동안 지각하지 않고 잘 갔다. 좀 늦은 적은 있지만 거의 맞춰 갔다. 그래도 내가 신경을 써야 했다. 딜런이 꼬박꼬박 알람을 맞춰놓긴 해도 볼링 수업이 있는 날에는 내가 아래층에서 소리쳐서 불러야 잠자리에서 일어나곤 했다.

그런데 4월 20일 아침에는 내가 아직 옷 입고 준비하는 중에 딜런이 쿵쿵거리며 계단을 내려와 안방 앞을 지나 현관으로 가는 소리가 들렸다. 깨우지도 않았는데 이렇게 일찍 일어나서 준비를 마친 게 뜻밖이었다. 후다닥 내려오는 품새가 빨리 나가려고 서두르는 것 같았다. 조금 더 자도 늦지 않을 시간이었는데도.

우리는 늘 하루 일정을 공유하기 때문에 내가 안방 문을 열고 몸을 내밀어 딜런을 불렀다. 집 안이 캄캄해서 아무것도 안 보였지만

나는 가해자의 엄마입니다

현관문 열리는 소리가 들렸다. 어둠 속에서 우리 아들이 날카롭고 또렷한 목소리로 "안녕." 하는 소리가 들렸고 곧 현관문이 쾅 닫혔다. 내가 복도 불을 켜기도 전에 벌써 나가버리고 없었다.

어쩐지 불안해진 나는 침대로 가서 톰을 깨웠다. 딜런의 그 한마디에 전에 들어보지 못한 날카로운 가시가 든 것 같았다. 냉소가 어렸다고 할까, 누구와 싸우던 도중에 나를 맞닥뜨리기라도 한 것 같은 느낌이었다.

얼마 전에도 딜런이 힘든 상태라는 느낌을 받은 일이 있었다. 이틀 전인 일요일에 톰이 나에게 이렇게 물었다. "요즘 딜런 목소리 좀 이상하지 않아? 평소보다 좀 날카롭고 새된 것 같아." 톰은 엄지손가락과 가운뎃손가락으로 자기 성대를 가리키며 말했다. "딜런은 긴장하면 목소리가 높아져. 요새 뭔가 신경 쓰는 게 있나 봐." 아들들에 대한 톰의 직관은 늘 정확했다. 그래서 딜런과 무슨 일이 있는지 대화를 좀 해보자고 했다. 고등학교 졸업이 다가오니 불안할 만도 했다. 3주 전에는 딜런이 합격 통보를 받은 대학 가운데 가장 가고 싶어 하는 곳인 애리조나대학교를 다 같이 구경하러 다녀왔다. 딜런이 아주 독립적인 아이이기는 하지만 늘 우리와 같이 살았으니 다른 주에 있는 대학에 진학하러 집을 떠나는 일이 만만하게 여겨지지는 않을 것이다.

그렇더라도 딜런이 인사할 때 목소리가 경직된 듯 들려 불안했고, 늘 하던 대로 잠깐 멈춰서 오늘의 계획을 알려주지 않았다는 사실이 계속 신경 쓰였다. 톰과 걱정을 나눈 이후 아직 딜런과 함께 이야기를 나눌 기회가 없었다. 딜런이 주말 내내 친구들하고 노느라 바빴기 때문이다. "일요일에 당신이 한 말이 맞는 것 같아. 딜런한테 뭔가 고민이 있나 봐." 나는 비몽사몽인 남편에게 말했다.

톰은 자리에 누운 채로 나를 안심시켜주었다. "오늘 딜런이 집에 오면 바로 이야기할게." 톰은 집에서 일하기 때문에 딜런이 학교에서 돌아오면 보통 둘이 함께 신문 스포츠면을 보고 간식을 먹곤 했다. 나는 마음을 놓고 평상시처럼 출근 준비를 했다. 내가 퇴근하고 왔을 때에는 톰이 딜런한테 무슨 일이 있는지 알아본 후이리라 생각하니 마음이 놓였다.

그렇지만 부엌에 서서 네이트의 전화 내용을 생각하며 우리가 가진 정보의 조각을 짜 맞추려니 그날 아침 딜런이 나가면서 인사할 때의 딱딱하고 무미건조한 음색과 아침에 일찍 나갔는데도 수업에 빠졌다는 사실이 떠올라 철렁했다. 아침 일찍 누구를 만나서 커피라도 마시기로 했을까. 어쩌면 누군가를 만나 신경 쓰이는 문제를 의논하려던 참이었을지도 모른다. 그랬더라도 볼링 수업 시간 내내 대체 어디에 가 있었을까?

그래도 그 전화가 오기 전까지는 아직 내 세상이 무너지기 전이었다. 톰이 부엌으로 달려와 전화를 받았다. 변호사가 건 전화였다. 그 전까지 나는 딜런이 위험한 상황일지 모른다는 것, 다쳤거나 아니면 뭔가 아주 어리석은 일을 해서 곤란한 지경에 처했을지도 모른다는 가능성 때문에 떨고 있었다. 나는 그제야 톰은 딜런이 변호사가 필요한 일을 저질렀을 가능성까지 고려하고 있음을 깨달았다.

나는 가해자의 엄마입니다

딜런이 3학년[콜럼바인고등학교는 4년제다.—옮긴이] 때 에릭과 같이 문제를 일으킨 적이 있었다. 그때 우리는 정말 큰 충격을 받았다. 반듯하고 바른 우리 아이, 한 번도 걱정을 끼친 일이 없던 아이가 주차장에 주차된 밴의 유리창을 깨고 영상장비를 훔쳤다. 그래서 딜런이 보호관찰을 받게 되었다. 형사처벌을 받지 않는 대신에 다이버전 프로그램이라고 하는 재교육 프로그램을 완수해야 했다. 사실 딜런은 이 프로그램을 아주 훌륭하게 따라와서 정해진 기간보다 일찍 마칠 수 있었다. 아주 드문 일이었고, 상담사가 딜런을 극찬하기도 했다.

다들 그 일을 너무 심각하게 생각하지 말라고 했다. 딜런은 착한 아이고, 십대 남자아이들은 아주 훌륭한 아이라도 엄청나게 바보 같은 실수를 저지르곤 하지 않느냐고들 했다. 하지만 전적이 있기 때문에 사소한 말썽 한 번만 부려도—예를 들어 학교 난간에 면도 크림을 발라놓는다거나—중죄로 취급되어 실형을 살 수 있다는 경고를 들었다. 그래서 톰은 딜런이 말썽과 연관이 있을 수도 있다는 암시를 듣자마자 유명 변호사에게 연락을 취해놓은 것이었다. 마음 한편에서는 톰이 학교에서 벌어지는 일이 딜런과 상관이 있으리라고 생각했다는 게 믿기지 않으면서, 다른 한편에서는 고마운 생각도 들었다. 톰이 걱정에 휩싸인 상태에서도 대책을 마련해놓을 정신이 있다니 다행이었다.

사람들이 실제로 다쳤다거나, 내 아들 때문에 다쳤을 수도 있다는 생각은 아직 들지 않았다. 그저 딜런이 어리석게 짓궂은 장난에 한몫 끼는 바람에 다이버전 프로그램을 마치고 얻은 두 번째 기회를 생각 없이 날려버리고 앞날에 화를 자초한 것은 아닌지 걱정했을 뿐이다.

그런데 그 전화가 훨씬 더 나쁜 소식을 전해주었다. 톰이 연락한 변호사 게리 로조가 보안관 사무소에 연락하고 나서 톰에게 전화를 걸어 생각지도 못한 일이 사실임을 확인해주었다. 서로 상충하는 정보들이 있어 아직 모든 게 확실하지는 않지만, 콜럼바인고등학교에서 총격 사건이 벌어지고 있는 것은 사실이라고 했다. 지방검사실에서 게리 로조에게 총기 소지자 가운데 한 명이 딜런으로 보인다고 했다. 그래서 경찰이 우리 집으로 출동했다는 것이다.

전화를 끊은 뒤에 우리는 충격과 공포로 멍한 상태로 마주 보았다. 믿을 수가 없었다. 그게 사실일 리가 없었다. 그런데 사실이었다. 가장 무참한 악몽도, 집으로 오는 길에 머릿속에 떠올려보았던 최악의 시나리오조차도 이제 드러나기 시작한 현실에 비하면 아무것도 아니었다. 딜런이 위험한 상황이거나 뭔가 철없는 짓을 해서 문제에 휘말렸을까 봐 걱정했는데, 딜런 때문에 사람들이 다치고 있다니. 그런데 그게 실제였다. 실제로 일어나고 있는 일이었다. 그렇지만 우리가 들은 말을 도무지 머리로 이해할 수가 없었다.

그때 톰이 학교 안으로 들어가야겠다고 말했다.

내가 소리쳤다. "안 돼! 미쳤어? 그러다 죽으면!"

톰은 흔들림 없는 눈으로 나를 보더니 이렇게 말했다. "그게 뭐?"

우리가 서로 마주 보고 있는 동안 우리 주위를 빙빙 돌던 정신없는 혼란이 순간 딱 멈추었다. 잠시 뒤 나는 입술을 깨물고 고개를 돌렸다. 톰의 말이 옳았다. 톰이 죽더라도, 적어도 지금 벌어지는 일을 막으려고 톰이 최선을 다했다는 것만은 알게 될 터였다.

한 시가 조금 지났을 때, 나는 덜덜 떨리는 손으로 언니에게 전화를 걸었다. 우리 부모님은 돌아가셨지만 언니와 남동생이 있었다. 두 사람은 나와 다른 주에 서로 가까운 곳에 살았다. 지금까지 살면서 좋은 일이 있을 때나 나쁜 일이 있을 때나 내가 가장 먼저 연락하는 사람이 언니였다. 언제나 언니가 나를 챙기고 보살펴주었다.

언니 목소리를 듣는 순간 그나마 붙들고 있던 평정마저도 무너져 내려 울음이 터져나왔다. "학교에 끔찍한 일이 있어. 딜런이 누구를 다치게 했는지 딜런이 다쳤는지 모르겠어. 딜런이 거기 있대." 언니가 무슨 말을 해도 내 울음을 그치게 할 수는 없었다. 언니는 남동생과 다른 식구들에게 연락하겠다고 했다. "우리가 네 옆에 있을 거야." 언니가 단호한 말투로 말하고 전화를 끊었다. 다른 전화가 올지 모르니 전화를 붙들고 있을 수는 없었다. 그 뒤 몇 년 동안, 언니가 얼마나 많이 필요하게 될지, 그때는 상상할 수 없었다.

큰아들 바이런이 도착했을 때에 나는 제정신이 아닌 상태로 뭐라도 하려던 시도마저 다 접고 부엌 조리대 앞에 앉아 행주에 얼굴을 묻고 흐느끼고 있었다. 바이런이 내 어깨에 팔을 두르는 순간 몸에 남아 있던 기운이 모조리 빠져나가면서 무너져 내려 바이런이 내가 쓰러지지 않도록 붙들어야 했다.

"어떻게 그럴 수가 있니? 딜런이 어떻게 그럴 수 있어?" 계속 이렇게 물었다. 무얼 어쨌다는 건지는 몰랐다. 바이런도 나를 품에 안은 채로 믿기지 않는다는 듯 조용히 고개를 저었다. 더 할 말이 없었다. 마음 한구석에서는 '나는 엄마야.' 하고 생각했다. 어떻게든 나를 추슬러서 바이런을 위해 강해져야 하고, 강한 모습을 보여야 한다고 생각했다. 하지만 아들 품에 인형처럼 축 늘어져서 힘없이 우는 것 말고는 아무것도 할 수가 없었다.

경찰이 왔다. 경찰이 우리를 집 밖으로 데리고 나가더니 주차장 진입로에서 기다리라고 했다. 맑고 따뜻하고 아름다운 날이었다. 마침내 완연한 봄이 왔구나 생각하게 만드는 그런 날이었다. 다른 상황이었다면 기나긴 콜로라도의 겨울을 무사히 났다며 기뻐할 날이었다. 그런데 화창한 날씨가 내 뺨을 후려갈기는 것 같았다. "뭘 찾는 거죠? 뭘 원하는 거죠?" 나는 계속 물었다. "우리가 도울 일이라도 있나요?" 마침내 경관 한 사람이 폭발물이 있는지 우리 집과 세입자 집을 수색하고 있다고 말해주었다.

폭발물에 대한 이야기는 그때 처음 들었다. 경찰도 그 이상은 이야기해주지 않았다. 우리는 경찰관을 대동하지 않고는 집 안에 들어갈 수도 없었다. 톰도 학교 안으로 들어갈 수 없었고 다른 어디에도 갈 수 없었다. 나중에 아무도 학교에 들어갈 수 없게 통제되었었다는 것을 알게 되었다. 응급처치 요원들조차 딜런과 에릭이 죽어 희생자들 시신 사이에 쓰러지고 난 한참 뒤에야 건물 안으로 들어갔다.

집 밖 햇볕에 서서 기다리고 있자니 SWAT 특공대 제복과 방탄조끼를 입은 경관 서너 명이 눈에 들어왔다. 그 사람들을 보니 무섭다기보다 어리둥절한 생각이 들었다. 이 사람들이 왜 학교가 아니라 우리 집으로 온 걸까? 특공대원들은 영화에서 봤던 대로 몸을 숙이고 권총을 쥔 양팔을 죽 뻗은 채로 현관을 통해 우리 집에 들어갔다. 우리가 딜런을 집 안에 숨겨놓았다고 생각하는 걸까? 아니면 톰이나 내가 위험인물이라고 생각하는 걸까?

초현실적인 상황이었다. 나는 매우 또렷하게 이런 생각을 했다. '우리가 이런 상황에 처하리라고 누가 상상이나 했을까.'

우리는 몇 시간 동안 겁에 질린 짐승처럼 집 앞을 서성였다. 바이런이 그때는 담배를 피울 때라, 뭐라고 항의하지도 못하고 줄담배만 줄창 피우는 모습이 보였다. 우리가 아무리 물어도 경찰은 우리를 상대하려 하지 않았다. 무슨 일이 일어난 것인지? 어째서 딜런이 용의자라고 하는지? 총 든 사람이 몇 명이나 있었는지? 딜런은 어디에 있는지? 무사한지? 아무도 대꾸하지 않았다.

긴급 상황이 이어지다 보니 시간이 뒤죽박죽되었다. 방송사와 경찰 헬리콥터가 머리 위에서 요란스레 맴돌았다. 원룸 독채에 세 들어 사는 우리 세입자 앨리슨이 생수와 시리얼바를 가져다주었지만 먹을 수가 없었다. 우리가 화장실에 가면 무장 경관 두 명이 화장실 문 밖에서 보초를 섰다. 경관이 우리를 지키려고 그러는 건지, 우리가 용의자라 그러는 건지 알 수 없었다. 어느 쪽이든 섬뜩한 일이었다. 나는 평생 한 번도 불법적인 일을 해본 적이 없었고, 또 내 아들을 겁내야 할 일이 생기리라고는 단 한 번도 상상해본 일이 없었다.

시간은 느릿느릿 흘렀고 우리는 여전히 진입로에서 서성이고 있었다. 어떤 이야기도 나눌 수 없었다. 우리 집 주위를 둘러싼 로키 산맥 구릉을 볼 때면 나는 늘 마음이 안정되곤 했었다. 톰과 나는 세상에서 가장 아름다운 곳에 살고 있으니 다른 데로 여행가고 싶은 생각이 안 든다고 말하곤 했다. 그렇지만 그날 오후에는 깎아지른 암벽이 냉정하고 준엄하게만 보였다. 우리 집을 둘러싼 형무소 담벼락 같았다.

고개를 들었는데 우리 집 쪽으로 걸어오는 사람이 보였다. 주디 브라운이었다. 딜런의 어릴 적 친구 브룩스 브라운의 엄마다. 딜런이 학교에서 일어난 사건과 관련이 있다는 소문을 듣고 놀라서 찾아온 것이었다.

나는 주디를 보고 놀랐다. 딜런과 브룩스가 초등학교 1, 2학년 때 친하다가 고등학교에 오면서 다시 만났는데, 둘이 아주 가깝게 지내지는 않았다. 애들이 초등학교를 졸업한 뒤에는 주디를 만난 일이 손에 꼽을 정도였다. 몇 주 전 학교 행사에서 만났을 때 다정하게 이야기를 나누기는 했지만 애들 학교 행사 말고 주디와 따로 만난 일은 없었다. 이런 상황에서는 더군다나 주디를 어떻게 대해야 할지 알 수 없었다. 나 자신이 너무 혼란스러운 상황이어서 왜 왔냐고 묻지는 못했지만, 이런 민감한 순간에 주디가 나타난 게 이상하게 여겨졌다. 우리 집 벽돌 길 위에 앉아 있던 내 양옆에 주디와 앨리슨이 앉아 나에게 물이라도 좀 마시라고 권했다. 톰과 바이런은 생각에 잠긴 표정으로 집 앞에서 서성였다. 우리 모두 파편적인 생각을 그러잡으려고 애쓰고 있었다.

내 머릿속은 혼란의 소용돌이였다. 우리가 들은 정보와 내가 내 삶에 대해, 내 아들에 대해 아는 것을 끼워 맞출 수가 없었다. 딜런 이야기일 리가 없었다. 우리 '햇살', 착한 아이, 늘 내가 좋은 엄마라고 느끼게 만들어주던 아이. 딜런이 의도적으로 다른 사람을 다치게 했다는 게 사실이라면, 대체 딜런의 삶 어디에서 그게 나온 걸까?

마침내 담당형사가 우리를 한 명씩 따로 만나고 싶다고 말했다. 톰과 나는 기꺼이 협조하고 싶었다. 대체 무슨 일이 일어나고 있는지를 알기 위해 우리가 할 수 있는 일이 있다면 뭐라도 하려고 했다.

형사의 차 앞좌석에 앉아 면담을 했다. 지금 생각하면 어처구니없지만, 그때만 해도 경찰이 딜런에 대해 생각하는 게 모두 잘못임을 설명하고 이 모든 혼란을 바로잡을 수 있을 것이라고 진심으로 생각했었다. 우리가 이미 삶의 새로운 단계에 들어섰다는 사실을 그때는 몰랐다. 내가 알던 상태의 삶으로 돌아갈 수 있으리라고 생각했다.

나는 떨리는 손을 진정시키려고 꽉 쥐었다. 형사는 심각하고 강압적인 태도로 단도직입적으로 물었다. 집에 무기가 있나? 딜런이 무기나 폭발물에 관심을 보였나? 형사의 질문에 고개를 저을 수밖에 없었다. 톰이나 나는 총을 지녀본 적이 없었다. BB탄 총이 동네 남자아이들 필수품일 때도 우리는 최대한 그 유행에 굴복하지 않으려고 버텼다. 결국 사주게 되었을 때에는 아들들에게 안전 수칙을 직접 적고 서명하게 시켰다. 한동안 과녁 맞추기 연습을 하고 노는 듯하더니 딜런이 중학생 나이쯤 되자 BB탄 총도 모형비행기, G.I.조 피겨 등 어릴 때 갖고 놀던 다른 장난감들과 함께 차고 선반으로 올라갔다.

그러다가 작년에 딜런이 크리스마스 선물로 권총을 사줄 수 있냐고 물었던 일이 생각났다. 느닷없이 지나가는 말처럼 한 소리였다. 나는 놀라서 왜 권총을 갖고 싶냐고 물었고 딜런은 사격장에 사격 연습하러 다니면 재미있을 것 같다고 했다. 내가 총기에 절대 반대라는 걸 딜런도 아는데 왜 이런 말을 했을까 싶어 깜짝 놀랐다. 이곳 시골 지역에는 사냥이나 사격장 사격을 오락으로 즐기는 사람이 흔하기는 했지만. 총이 나한테는 극도로 낯선 물건이어도 우리가 사는 동네에서는 문화의 일부이고 콜로라도의 이웃이나 친구들 중에는 오락용 총기 사용에 열광하는 사람들이 꽤 많다. 아무리 졸라도 우리 집에 총을 들여놓는 것은 내가 절대 허락하지 않았을 테지만, 주변 문화가 그러니 딜런이 총을 사달라고 하는 게 특별한 위험 신호로 여겨지지는 않았다.

나는 딜런에게 옛날에 가지고 놀던 BB탄 총을 찾아보자고 했다. 딜런은 "엄마!" 하는 듯한 표정으로 웃으며 눈을 흘겼다. "전혀 다른 거거든요." 딜런이 말했다. 나는 확고하게 고개를 흔들었다. "왜 총이 필요한지 모르겠다. 아빠나 내가 어떻게 생각하는지 알잖아. 곧 열여덟 살이 될 테니 정말 갖고 싶으면 네가 직접 구하렴. 하지만 내가 총을 사주는 일은 절대로 없을 거야."

딜런은 고개를 끄덕이더니 웃으면서 말했다. "네, 그러실 줄 알았어요. 그냥 한번 물어본 거예요." 강하게 조른 것도 아니었고 거절한다고 화를 내지도 않았다. 그 뒤에는 총 이야기를 더 꺼내지 않길래 나는 딜런이 전에 크리스마스 선물로 받고 싶다고 이야기했던 다른 터무니없는 것들과 같은 부류이겠거니 생각했다. 고출력 자동차나 글라이딩 수업을 원한다고 했을 때에도 정말 우리가 그 말을 들어주리라고 생각하지는 않았을 것이다.

형사는 이런 것도 물었다. 딜런이 폭발물에 관심을 보였나? 나는 폭죽 이야기를 하는 줄 알고 이렇게 대답했다. 딜런이 좋아해요. 여름방학에 폭죽 판매대에서 아르바이트를 했을 때 급료 대신 폭죽을 받은 적도 있다.(콜로라도에서는 폭죽 판매가 합법이다.) 그래서 집에 폭죽이 많은데, 딜런이 안전하게 차고 고무통 안에 보관해놓았다. 딜런은 7월 4일 독립기념일에 폭죽을 쏘아 올리며 즐거워했다. 나머지 날에는 차고 고무통 안에 잊힌 채로 잠자고 있었다. 딜런은 이것저것 모으기를 좋아했다. 나는 프로판 가스통이나 파이프 폭탄에 대해서는 들어본 적이 없어 형사가 나한테 무얼 묻는지 잘 몰랐다.

형사의 차 앞좌석에 앉은 나는 겁에 질리고 기죽은 상태였지만 그래도 최대한 성실하게 질문에 답하려고 애썼다. 형사가 집에서 총기 카탈로그나 잡지 같은 것을 본 적이 있냐고 물었을 때 갑자기 잊고 있던 어떤 기억 하나가 떠올랐다. 날마다 오는 광고 우편물 더미 사이에 총기 카탈로그가 몇 개 **있었다**. 그때에는 아기 옷이나 노인용 의료장비 카탈로그나 마찬가지로 아무 관심도 두지 않고 바로 쓰레기통에 버렸다. 그런데 딜런이 쓰레기통에서 카탈로그 하나를 꺼냈다. 자기 큰 발에 맞는 튼튼한 작업용 군화가 필요한데 그 카탈로그에 마음에 드는 게 있다고 했다. 거기에도 딜런의 발에 맞는 사이즈가 없다는 것을 알게 된 뒤에 나는 다시 카탈로그를 버렸다. 결국 딜런이 군용 물품 판매점에 가서 한 켤레를 샀다.

형사가 그럼 그렇지 하는 눈으로 나를 보는 것 같았다. 갑자기 방어적인 심정이 되어 나는 하루에도 이런 카탈로그가 수도 없이 오기 때문에 누구 앞으로 온 건지 굳이 확인하지 않았다는 말을 늘어놓으며 경관을 납득시키려고 애썼다. 내 말을 들으면 나를 이해할 거라고 생각했다. 나는 논리적으로 문제에 접근하고 생각을 명료하게 전달하는 데에 재능이 있다. 내가 파악하는 현실이 실제와 동떨어져 있다는 사실을 그때 아직 몰랐고 그 뒤로도 시간이 좀 더 지나기 전까지는 깨닫지 못했다.

경찰이 최근에 어떤 일들이 있었는지 물었고 나는 떠오르는 대로 대답했다. 몇 주 전에는 애리조나대학교를 둘러보러 갔었다. 딜런이 합격한 학교 가운데 가장 가고 싶어 하는 곳이라 일단 가서 정말 잘 맞는 곳인지 확인해보기를 바랐다. 딜런이 턱시도를 멋지게 차려입고 프롬 파트너와 함께 어색하게 웃으며 카메라 앞에 포즈를 취한 것이 고작 사흘 전이었다. 그런 아이가 어떻게 그런 일을 저질렀다는 것일까.

하지만 아무 대답도 들을 수 없었고, 아무 희망도 품을 수 없었다. 질문이 끝났다. 형사의 차에서 내리는데 내가 터져서 수천 조각으로 쪼개진 파편이 성층권까지 흩어질 것만 같았다.

아직도 집에 들어갈 수 없었다. 톰과 바이런은 여전히 집 앞에서 왔다 갔다 하고 있었다. 경관 한 명이 폭발물 처리반을 기다리고 있다고 알려주었다. 그 말을 들으니 더욱 두렵고 혼란스러웠다. 집에서 폭탄을 찾고 있다는 건가? 딜런이 아는 누가 우리 집에 폭발물을 설치했나? 아무리 물어도 아무도 대답해주지 않았다. 정확히 어떤 일이 벌어졌는지 몰라서인지, 아니면 우리가 용의자이기 때문인지 알수 없었다.

우리는 계속 집 밖에 나와 있었고 텔레비전 뉴스도 볼 수 없었기 때문에 아마 리틀턴에 사는 누구보다도, 아니 세상 어느 곳에 있는 사람보다도 정보에 깜깜했을 것이다. 그때는 지금처럼 휴대전화가 흔하지 않았다. 톰이 업무용으로 하나 갖고 있긴 했지만 사방의 사암 절벽 때문에 우리 집은 통화가 안 되는 지역이었다. 우리 집 전화는 경찰이 사용하고 있었다. 당황하고 겁에 질린 채로 아들을 위해 기도하는 것 말고는 아무것도 할 수 없었다.

우리는 해가 드는 계단에 앉거나 주차된 차에 기대어 무작정 기다렸다. 주디가 옆으로 왔다. 주디는 낮은 목소리로 에릭이 만든 폭력적인 웹사이트가 있다는 사실을 알려주었다. 나는 딜런 걱정으로 갈피를 못 잡고 있던 터라 처음에는 왜 그런 이야기를 하는지 얼른 납득이 가지 않다가 문득 무슨 말인지 알게 됐다. 주디는 전부터 에릭의 상태가 온전치 않고 위험하다고 생각했던 것이다.

"왜 나한테 얘기 안 했어요?" 나는 놀라서 물었다. 주디는 경찰에 알렸다고 말했다.

집 전화가 계속 울렸다. 이모에게서 전화가 왔다고 형사가 나를 불렀다. 이모가 리틀턴에서 총격이 있다는 이야기를 듣고 전화했다고 말했다.(아직 딜런의 이름이 방송에 나오기 전이었다.) 이모님 건강이 좋지 않아서 솔직히 말하기가 겁이 났지만 곧 어떻게든 아시게 되리라는 생각이 들었다.

나는 최대한 차분하게 말했다. "최악의 상황일 수도 있으니 마음 단단히 잡고 들으세요. 집에 경찰이 와 있어요. 경찰은 딜런이 관련 되어 있을 수 있다고 해요." 이모가 말이 안 된다고 반박하시길래 방 금 한 말을 그대로 되풀이했다. 몇 시간 전에만 해도 생각할 수도 없 었던 일이 벌써 비참한 새로운 현실로 굳어지고 있었다. 안과 검진대 에 앉았을 때 의사가 렌즈 도수를 높여갈수록 흐릿하던 형체가 점 차 글자나 숫자로 바뀌는 것처럼, 엄청난 공포가 조금씩 내 초점 범 위 안에 들어오기 시작했다. 여전히 모든 게 혼미했지만 두 가지는 뚜렷하게 알 수 있었다. 이 혼란이 조금씩 걷히리라는 것, 또 그러고 나면 내가 도무지 감당할 수 있을 것 같지 않은 진실이 드러나리라 는 사실이었다.

나는 이모에게 또 연락하겠다고 하고 학교에서 오는 소식을 들을 수 있도록 전화를 끊었다.

그림자가 길어지면서 시간은 점점 더 느리게 흘렀다. 톰과 나는 뒤죽박죽의 혼란 상태에서 속삭이듯 이야기를 나눴다. 딜런이 관련 되었다는 것을 받아들일 수밖에 없었지만 딜런이 자기 자유의지로 총을 쏘았으리라고는 도무지 생각할 수가 없었다. 어쩌다 보니 범죄 자하고 엮였거나, 아니면 범죄 집단에 연루되어 강제로 낀 것이리라. 누군가가 우리를 다치게 하겠다고 협박해서 우리를 지키려고 어쩔 수 없이 따라갔을지도 모른다는 생각도 했다. 아니면 그냥 순전한 장난이나 연극이라고 생각하고 따라갔다가 나중에야 진짜 실탄이 들어 있다는 걸 알게 되었을지도 모른다.

나는 딜런이 다른 사람을 해치는 일에 자발적으로 참여했다고는 도무지 생각할 수 없었고 그렇게 믿고 싶지도 않았다. 우리가 사랑하는 다정하고 엉뚱한 장난꾸러기 아들이 누군가에게 속았거나, 협박을 당했거나, 강요받았거나, 아니면 약에 취하지 않고는 그랬을 수 없는 일이었다.

나중에 딜런 친구들도 왜 이런 일이 벌어졌는지 당시에 비슷한 방식으로 설명해보려 했었다고 나에게 말했다. 누구도 딜런이 자발적으로 그랬다고는 생각할 수 없었다. 딜런이 실제로 어느 정도의 역할을 했는지, 마음속의 분노와 소외감, 절망의 깊이가 어느 정도였는지는, 이후 몇 달이 흐르기 전에는 아무도 몰랐다. 알게 된 뒤에도 우리가 알고 사랑한 아이와 그날 딜런이 한 일을 일치시키기는 정말 어려웠다.

우리는 집 앞에서 멍한 상태로 이도 저도 못하고 붕 떠 있었다. 무력한 혼란 속에서 시시각각 희망에서 절망의 나락으로 기울어갔다. 전화가 울리고 또 울렸다. 그때 우리 집 유리 덧문이 열려서 톰이 침실에 틀어놓은 텔레비전 소리가 들렸다. 지역 뉴스 앵커가 콜럼바인 고등학교 밖에서 사건을 보도했다. 최신 소식에 따르면 스물다섯 명이 죽었다고 말하는 소리가 들렸다.

리틀턴의 모든 엄마들이 그랬겠지만 나도 아들이 안전하길 빌고 있었다. 그런데 뉴스에서 스물다섯 명이 죽었다는 말을 듣는 순간부터 나는 다른 기도를 했다. 딜런이 다른 사람들을 다치게 하거나 죽이는 일에 참여하고 있다면, 멈춰야 했다. 엄마로서 가장 힘든 기도였지만, 그래도 그 순간 내가 바랄 수 있는 최대의 자비는 내 아들의 안전이 아니라 죽음이라는 것을 알았다.

2

마지막 밤

오후 햇살이 사그라들고 어스름이 내리고 사위가 어둑해지자 딜런이 아빠와 같이 고쳐서 타고 다니는 찌그러진 낡은 검정색 BMW를 몰고 진입로로 들어와 웃으면서 저녁 뭐냐고 묻지 않을까 하는 마지막 희망은 놓아버렸다.

그날 늦게 나는 특공대원 한 사람을 붙들고 대놓고 물었다.

"우리 아들이 죽었나요?"

"네." 그가 대답했다. 그 말을 듣는 순간 이미 알고 있었던 사실이라는 생각이 들었다.

"어떻게 죽었어요?" 내가 물었다. 꼭 알아야 했다. 딜런이 경찰이나 다른 총기소지자에게 죽었나? 스스로 목숨을 끊었나? 나는 후자이기를 바랐다. 딜런이 자살했다면, 최소한 딜런이 죽기를 바랐다는 것은 알 수 있으니까. 나중에는 이 소망을 이때껏 후회했던 그 무엇보다 더 뼈저리게 후회하게 되었지만.

특공대원이 고개를 저었다. "모르겠어요." 그러고는 몸을 돌려 나를 두고 가버렸다.

* * *

내가 처음에는 딜런의 안전에, 그리고 나중에는 딜런이 죽었다는 사실에만 몰두하고 있었으니 딜런 생각밖에는 못 하는 무감한 사람이라고 생각할지도 모르겠다. 하지만 내가 나쁜 사람으로 비칠지라도 기억이 허락하는 한 사실대로 전하는 게 내 의무라고 생각한다. 그때는 아들 생각밖에 못 했던 게 사실이다.

그날 오후 시간이 흐르면서 딜런이 다른 사람을 쐈다고 의심받는다는 사실을 알게 됐지만 그 사실이 처음에는 아주 추상적으로만 받아들여졌다. 딜런이 다른 사람의 목숨을 앗아갔다고는 생각할 수가 없었다. 총격 현장에 딜런이 있었다는 사실은 받아들이게 되었지만, 딜런은 이제까지 그 어떤 사람도 짐승도 다치게 한 일이 없었다. 딜런은 절대 사람을 죽일 수 없는 사람이라고 나는 확신했다. 물론 잘못된 생각이었다. 그 점에 대해서도, 다른 여러 가지에 대해서도 나는 잘못 생각했었다. 그렇지만 그때에는 철석같이 그렇게 믿었다.

그래서 그 일이 처음 닥쳤을 때에는, 며칠이 지나도록 희생자들이나 희생자 가족과 친구들의 고통은 떠올리지 못했다. 극한 상처를

입었을 때 우리 신체가 충격을 경험하는 방식이 그러하듯이(전투 중
에 군인이 자기 팔 하나가 잘린 것도 모르고 수 마일을 달렸다는 이야기는 유명하다.)
심한 심리적 상처를 겪을 때도 비슷한 일이 일어난다. 정신줄을 놓
지 않기 위한 메커니즘이 가동되어 한 번에 조금씩, 감당할 수 있는
만큼만 머릿속에 들어온다. 엄청난 힘을 발휘해 차단하거나 왜곡하
는 방어기제다.

　몰라서 누릴 수 있었던 자비는 오래가지 못했다. 내 아들 손에 끝
나거나 망가진 삶에 대한, 그들 가족과 친구들이 겪는 고통과 상처
에 대한 괴로움이 하루도 나를 떠나는 날이 없다. 내가 살아가는 한
영원히 사라지지 않을 것이다. 어린아이를 데리고 슈퍼에 와서 시리
얼을 사는 엄마를 볼 때마다 이 예쁜 아이가 무사히 어른으로 자랄
까 하는 생각을 한다. 젊은이들이 스타벅스에서 웃으며 어울리는 모
습을 볼 때마다 저 가운데 한 명이 삶을 다 누려보지도 못하고 빼앗
기는 일이 생기지는 않을까 하는 생각을 한다. 소풍을 즐기거나 야
구를 하거나 함께 교회에 가는 가족을 볼 때마다 내 아들이 죽인
이들의 가족을 떠올린다.

　이 책을 쓰면서 나는 내 아들이 죽인 사람들의 기억을 기리고 싶
다. 그러기 위해 내가 아는 최선의 방법은 할 수 있는 한 정직하게
쓰는 것이다. 그래서 말하지만 이게 진실이다. 결국 희생자들 때문에
울게 되었고 지금도 울고 있지만, 그날에는 울지 않았다.

* * *

폭발물 처리반이 도착했을 때 우리는 아직 주차장 진입로에 서 있었다. 잠시 뒤 비가 내리기 시작해서 나와 톰, 바이런, 우리 세입자 앨리슨, 주디 브라운이 비를 피하러 현관 앞으로 갔다. 우리는 현관 앞 좁은 지붕 아래에 옹송그리고 모여 있었다. 갑자기 어둡고 추워졌다. 날씨가 바뀌자 우리의 무력함과 앞으로 일어날 일에 대한 두려움이 증폭되는 것 같았다.

반사적으로 기도를 드리려다가, 멈칫하고 평안을 구하려는 생각을 접었다. 태어나서 처음 있는 일이었다.

우리 어머니는 기독교 집안 출신이지만 아버지는 유대교를 믿는 가정에서 자라셔서 우리 남매는 양쪽 전통을 모두 따르며 자랐다. 두 종교 사이에는 뚜렷한 차이가 있지만 하느님을 자애롭고 이해하는 아버지로 생각한다는 점에서는 같다. 어릴 때부터 나는 하느님을 그런 존재로 생각하고 위안을 구했다. 그렇지만 1999년 4월 20일 저녁에 내가 누릴 수 있는 위안은 없었다. 대신에 진정한 공포를 실감했다. 눈을 들어 하느님을 보기가 두려웠다.

아이들이 태어난 뒤 매일 밤마다 아이들을 지키고 이끌어달라고 신께 기도를 드렸다. 이 기도가 아들들을 지켜주리라고 진정으로 믿었다. 아이들이 자란 뒤에는 저녁 기도를 할 때 다른 사람들의 안전까지 넣어서 빌었다. 바이런이 사춘기에 접어들 무렵에 텔레비전에서 끔찍한 뉴스를 본 적이 있었다. 십대 청소년이 교차로에서 멈춤 표지판을 훔쳤는데, 장난으로 한 일 때문에 치명적인 사고가 일어나고 말았다. 우리 애들이 자기도 모르는 사이에 다른 사람을 해칠 수도 있다는 상상이 내 최악의 악몽이 되었다. 일부러 다른 사람을 다치게 할까 봐 걱정해본 적은 없다. 큰애건 작은애건 그런 걱정을 할 이유가 전혀 없었기 때문이다. 그렇지만 애들이 처음 운전을 배워 우리 집과 시내 사이의 좁고 구불구불한 산길을 따라 달릴 때 나는 조수석 손잡이를 꽉 붙들고 애들이 철없이 어리석고 부주의한 행동을 해서 다른 사람을 다치게 하는 일만은 없기를 빌었다. 기우가 이렇듯 끔찍한 현실로 변해버리고 나자, 내 도덕적 상상력의 범위에서는 그 현실을 온전히 받아들일 수가 없었다.

믿음을 잃었기 때문은 아니었다. 하느님의 주의를 끌까 봐, 더 큰 분노를 유발할까 봐 두려웠다.

나는 늘 하느님의 계획이 나 자신의 계획과 맞추어져 있다고 상상했었다. 내가 배려와 사랑과 인정을 보이면, 열심히 일하고 할 수 있는 만큼 기부하고 좋은 딸이자 친구이자 아내이자 엄마가 되려고 최선을 다한다면, 행복한 삶으로 보상을 받으리라 진정으로 믿었다. 현관문 밖에 쫓겨난 채로, 복도 불빛이 우리 얼굴에 어두운 그림자를 드리우는 것을 보고 있자니 갑자기 부끄러움이 몰려왔다. 내가 평생 품어온 신에 대한 이해가 갑자기 순진한 허구, 낙관적 동화, 한심한 착각이었음이 백일하에 드러난 것 같았다. 지금까지 느껴보지 못한 외로움이 느껴졌다.

하지만 더 생각하거나 느낄 시간도 없었다. 경찰이 집에 들여보내주지 않으니, 지낼 곳을 찾아야 했다. 톰, 앨리슨과 나에게 집 안에 들어가 소지품을 챙겨 나올 시간이 5분씩 주어졌다. 한 사람씩 들어가야 했고 짐을 챙기는 동안 경찰 두 명이 옆에서 감시했다.

서둘러 움직이기 직전에, 내가 고통 받는 영혼들 한가운데에 서 있는 광경이 한순간 뚜렷하게 눈앞에 떠올랐다. 나이도, 체구도, 인종도 다양한 영혼들이었다. 남자인지 여자인지 잘 구분이 안 되는 사람들이 머리를 숙이고 하얗고 긴 해진 옷을 입은 채로 나타났다. 내가 알던 삶은 끝장나고 새로운 삶이 시작되었고, 기쁨이 가득하던 삶은 이제 먼 기억이 되리라는 것, 나머지 삶이 이어지는 동안은 슬픔이 나를 끌고 가리라는 것을 뼈아프도록 또렷하게 느꼈다. 바늘 같은 빗줄기가 유리 조각처럼 내 얼굴에 떨어지기 시작하자 눈앞의 광경이 사라졌다.

나를 집 안으로 데리고 들어간 경관 두 사람은 내가 짐을 싸는 동안 농구 심판처럼 가까이에 붙어 서서 내 손동작을 주시하며 언제라도 내 손을 잡아챌 듯한 기세로 지켜봤다. 머릿속이 뒤죽박죽이고 무서웠고, 누가 보는 앞에서 서랍을 뒤져 속옷과 세면도구를 찾자니 당혹스럽기도 했다. 몇 년이 지난 뒤에 우리 집에 왔었던 경관 가운데 한 명과 이야기를 나눈 일이 있었다. 그때 내가 얼마나 긴장했었는지 이야기하자 그렇게 가까이에 서 있었던 까닭은 나를 보호하기 위해서였다고 설명했다. 내가 자살 시도를 하지 못하게 하려고 지켜보고 있었다는 것이다. 나중에 그 말을 들었을 때에는 어쩐지 울컥했다.

나는 가해자의 엄마입니다

나는 짐을 싸면서 계속 웅얼거렸다. 자꾸 흐트러지는 정신을 다시 모으기 위해 쉬지 않고 혼잣말을 했다. 체계적·조직적이 되어야 할 상황이 되자 내 본모습이 다시 나왔다. "잘 때 입을 것. 잠옷. 날씨가 추워지니까. 따뜻한 겉옷. 눈이 오면 부츠가 필요할 거야." 우리 고양이 로키가 아팠기 때문에 로키 약을 챙기면서도 이런 상황에서 이게 얼마나 터무니없는 일인가 하는 생각을 했다. 우리가 기르는 코카틸 앵무새가 추운 밤공기를 견디지 못할까 봐 걱정이 되어 새장에 두를 두터운 비치타월도 꺼냈다.

아래층 벽장에서 여행용 짐을 꾸릴 때 쓰는 낡은 나일론 더플백을 찾았는데 두 개가 부족했다. 몇 달 뒤에 딜런이 학교 식당으로 폭탄을 나를 때 그 가방들을 썼다는 사실을 알게 되었다.

나는 경관 두 명을 옆에 거느리고 내 옷장 앞에 섰다. 딜런의 장례식에 입을 옷을 챙겨야 한다는 생각이 배에 날아드는 주먹처럼 나를 휘갈겼다. 아직도 이 진실로부터 벗어날 수 있었으면 하는 희망이 남아 있었다. 몇 번 깊은 숨을 쉬고 난 뒤에 나는 갈색 트위드 스커트, 흰 블라우스, 검은 울 재킷을 옷걸이 하나에 걸었다.

* * *

톰과 나는 정신없이 차에 짐을 실었다.

어디론가 가야했다. 그런데 어디로? 어떻게 이 모든 것을 끌고 다른 사람 집에 들어갈 수가 있나? 우리 집 주위 도로에는 보도차량과 구경꾼들 차가 가득했다. 우리 집 주위에 둘러쳐진 경찰 통제선을 넘어서면 이들 손아귀에 들어가게 될 것이다. 기자들과 호기심 많은 사람들 떼를 누구 집으로 끌고 간다는 말인가? 프라이버시를 포기해야 하리란 건 당연한 일이고 최악의 경우 물리적 위험에 처할 수도 있었다. 언제 떠나겠다는 기약도 없이, 아픈 동물들까지 끌고 갈 수 있는 데가 있을까? 우리에게는 도움이 절실했다. 하지만 누구에게 도움을 청해야 할까?

주디가 자기 집에서 지내라고 했다. 갈 곳이 생겼다는 것만으로도 고마워서 그러겠다고 했고 주디는 준비를 해놓겠다고 먼저 갔다.

바이런이 옷가지를 챙기러 자기 집에 갔다 오겠다고 했는데 그 말을 듣자 덜컥 겁이 났다. 바이런이 안전하게 운전할 수 있는 상태일까? 기자와 사진기자 들이 집 주위를 둘러싸고 사방에서 카메라와 음향장비를 우리 집 쪽으로 겨누고 있는 참이었다. 바이런 집에도 비슷한 일이 벌어지고 있는 게 아닐까? 사실은 바이런이 내 시야에서 사라지는 게 겁이 났다. 바이런이 자기 집은 룸메이트 이름으로 빌렸으니 물건 몇 개 챙기러 가도 별일 없을 것이라고 했을 때에야 그러라고 했다. 바이런은 잠시 뒤에 보자며 나를 안심시켰다.

차에 짐을 다 실었을 즈음 이웃 사람들 몇이 로스트비프를 싸서 들고 왔다. 다른 이웃이 보낸 선물이라고 했다. 아마 저녁거리로 준비한 음식일 듯싶었다. 그날 종일 울었지만 이웃 사람들의 친절에 또다시 울음이 쏟아졌다. 이제 몇 시간 뒤면 활기찬 공동체의 주요

　　　　　　　　　　　　나는 가해자의 엄마입니다

구성원이라는 정체성은 벗어던지고 범죄자의 부모, 공동체 파괴의 주범이라는 새로운 정체성을 갖게 될 것이다. 따뜻한 유리접시를 꼭 안고 있자니 아직도 우리에게 다정하게 대하는 사람이 있다는 사실이 아주 중요하게 여겨졌다.

이제 가야 했다. 이웃 사람들이 우리 탈출 계획을 짜주었다. 한 사람이 진입로 문을 열면 다른 사람이 자기 차로 진입로 아래쪽으로 내려가 다른 차들이 우리를 따라오지 못하게 길 한가운데를 막기로 했다. 우리가 탄 차 세 대—바이런이 가장 앞에, 그다음 앨리슨, 그다음 차에 톰과 내가 탔다.—가 이웃 사람 차를 따라갔다. 진입로 문을 지나자마자 우리는 최고 속도로 꺾어서 어둡고 구불구불한 길을 달렸다. 두려움으로 심장이 덜덜 떨렸다. 사고가 날까 봐, 들킬까 봐 겁났고 다음에 무슨 일이 일어날지 두려웠다.

마침내 톰이 차 속도를 늦추었다. 정오 이후 처음으로 우리끼리 있게 되었다. 변호사를 만나기로 한 8시 30분까지 정처 없이 떠돌았다. 혼란 속에서 톰이 언제 어떻게 변호사에게 연락을 취했는지는 알 수 없지만 우리 집 근처 편의점 주차장에서 만나기로 했다고 한다. 첩보 영화 같은 계획이라 평상시 상황이었다면 웃었을 것이다. 다시 이런 생각이 들었다. 우리한테 이런 일이 일어나리라고는 상상도 못 했어. 그렇지만 옛날 생각을 해도 조금도 마음이 달래지지 않았다. 지금 일어나는 일이 무엇이든 우리의 현실이었다. 그리고 이 일은 뭔지는 모르지만 딜런이 한 일 때문에 일어나는 일이었다.

학교에서 실제로 무슨 일이 일어났는지 우리는 아직도 거의 몰랐다. 확실히 아는 것이라고는 많은 사람들이 죽고 다친 총격 현장에 딜런이 에릭과 함께 있었고, 수사관들이 딜런이 그 일과 관련이 있다고 본다는 것뿐이었다. 우리 아들이 그날 죽었다는 것은 알았지만 딜런이 정확히 무슨 짓을 했는지는 아직 몰랐다.

천천히 차를 몰고 어둑한 교외를 돌아다니는 도중에 톰도 나도 오늘 밤을 보낼 장소를 바꾸는 게 좋겠다는 생각을 했다. 우리 동네에 있는 주디 집에서 지내면 우리가 너무 쉽게 눈에 띄일 것 같았다. 또 주디 가족이 위험해질 수도 있었다. 우리에게는 무너져 내려 울 수 있는 곳이 필요했다. 그리고 어딘가 안전한 곳, 숨을 수 있는 곳이 필요했다.

톰과 나는 아이들 부모이자 동업자이자 배우자로서 함께 복잡한 실행 계획을 짜서 수행하는 데에 익숙하다. 우리는 그 기술을 이용해 앞으로 몇 시간 동안, 나아가 며칠 동안 일어날 일에 어떻게 대처할지 생각을 해보려고 했다. 아직 딜런의 죽음을 슬퍼하는 감정적 과정은 시작하지도 못했고, 어떻게 해서 딜런이 이렇듯 무시무시한 파괴를 일으키게 되었는지를 알려고 애쓰는 일도 마찬가지였다. 이 과정을 우리가 지금까지 그랬듯이 서로 도우며 순탄하게 견디기는 어려울 것 같았다.

그날 밤에는 인간의 가장 기본적 요구 말고 다른 것에는 신경 쓸 겨를이 없었다. 어디에서 밤을 보낼 것인가. 덴버에 취재진이 넘쳐나니 호텔이나 모텔로 들어갈 수는 없었다. 접수대에서 특이한 우리 성을 말하거나 신용카드로 계산을 하겠다고 할 수도 없다. 또 이 지역을 떠날 수도 없었다. 설령 경찰이 허락한다고 하더라도, 딜런은 어쩌고?

한 가지 방법이 떠올랐다. 우리 상황에 함몰되어 있느라 우리 친구나 친척 들이 뉴스에서 이 사태를 보면서 어떻게 하고 있을지는 미처 생각하지 못했다. 그런데 톰의 이부(異父) 누나 루스와 남편 돈이 비극의 진앙지에서 차로 25분 거리에 있는 조용한 동네에 살았다. 우리와 성도 달랐다. 우리를 받아준다면, 그곳에서 지내는 게 좋을 듯싶었다.

돈과 루스와 자주 보고 지내지는 않았지만 두 사람은 늘 든든한 가족이었다. 우리가 처음 덴버 인근으로 이사 왔을 때 정착하는 데에도 큰 도움을 줬다. 딜런이 태어났을 때 병원에 찾아온 몇 안 되는 사람 중에 루스도 있었다. 그때는 아직 내가 이 동네에 아는 사람이 별로 없었기 때문이다.

좋은 분들이기도 했다. 우리 애들이 어렸을 때 온 식구가 수두와 독감을 돌려 앓으며 한참 고생한 일이 있었다. 내 생일날이었는데 몸이 너무 아파서 초인종이 울리는데 나가보지도 못했다. 겨우 몸을 끌고 아래로 내려가보니 루스의 차가 진입로를 따라 나가는 모습이 보였다. 현관문 밖 발치에, 저녁 한 상을 가득 차릴 만큼 푸짐한 직접 만든 요리들이 놓여 있었다. 초콜릿 생일 케이크와 초까지 갖추어서.

진작 두 사람을 떠올리지 못했다니 그것도 충격이었다. 내 머리에서 생각이 제대로 돌아가지 않기 때문이라고 생각할 수밖에 없었다.

톰이 조용한 거리를 따라 천천히 차를 모는 동안 나는 톰의 휴대전화로 전화를 걸었다. 길옆으로 지나가는 집들의 총총 불 켜진 창이 다정하고 아늑해 보였다. 지금쯤은 식탁에서 수프 냄비를 치우고 애들 숙제를 올려놓고 있겠지. 이런저런 평일 저녁 일상이 저 안에서 펼쳐지고 있으리라. 그렇지만 그날 밤에는, 이 동네 모든 집에서 콜럼바인고등학교에서 벌어진 끔찍한 사태를 전하는 뉴스 속보에 귀를 기울이고 있으리란 것도 알았다. 이 집들 중에는, 우리 집처럼 다시는 원래 상태로 돌아갈 수 없는 집들도 있을 것이었다.

루스가 전화를 받았을 때, 목소리에서 반가운 기색이 들려 나는 안도했다. 루스가 자기 집에 와서 지내라고 했을 때에는 고마워서 울음을 터뜨릴 지경이었다. 나는 주디에게 전화를 걸어 상황을 알린 후 고맙다고 인사했고, 톰도 바이런 아파트로 전화를 걸어 계획이 바뀌었음을 알렸다. 몇 년 뒤에 말하길 바이런이 그때 아빠 전화를 받았을 때 딜런 목소리인 줄 착각했다고 한다. 잠깐이지만 기쁘게도 딜런이 자기는 무사하다고, 엄청난 오해가 벌어졌었다고 말하려고 전화한 것인 줄 알았다고 했다. 바이런만이 아니고 우리 식구들 모두 이따금 마치 마법처럼 그날 일을 지워버릴 수 있지 않을까 하는 소망에 빠지는 순간이 있었다.

돈과 루스의 집으로 피신하기 전에 변호사를 만나야 했다. 저녁 8시 30분에 편의점 주차장에 차를 세웠다. 가랑비 속에 잠시 기다리니 곧 어떤 차가 우리 옆자리에 주차를 했다. 게리 로조가 차에서 내려 보고 있는 사람이 없는지 둘러보더니 우리 차 운전석 쪽으로 다가왔다. 나는 톰을 가로질러 창 쪽으로 손을 뻗어 게리의 젖은 손을 잡으며 인사를 했다.

게리가 비를 피해 차에 탈 수 있게 뒷문을 열어주었다. 게리는 조심스레 뒷좌석 빈 공간에 몸을 구겨 넣고 고양이 변기와 이동장 사이에 발을 놓았다. 낙타색 코트를 입은 게리의 양어깨가 김 서린 차창문과 타월로 감싼 새장 사이에 끼었다. 게리는 가까운 데로 차를 몰고 가서 이야기를 나누자고 했다. 조금 떨어진 곳에 차를 주차하고 시동을 끈 다음에 우리는 자동차 좌석에 앉은 채로 몸을 돌려 힘든 시간을 헤쳐 나가도록 도와줄 사람의 얼굴을 바라보았다.

게리의 태도는 편안했다. 게리는 전문적 경험이 아주 많을 뿐 아니라 우리를 대하는 태도에 공감이 어려 있었다. 자식을 잃은 것을 애도한다고 말하고 이 참혹한 상실을 감당해야 하는 우리 상황을 이해한다고 했다. 그다음에 게리는 딜런과 우리 가족이 어떤 사람들인지, 우리가 어떤 부모였는지 등에 대해 날카로운 질문들을 던졌다. 낮에 형사에게 이야기한 것처럼 우리는 우리가 아는 사실 전부를 말했다.

게리는 우리가 딜런의 계획을 알았는지를 확인하려 했다. 우리 답을 듣고 난 뒤에 게리는 우리가 전혀 몰랐다는 사실에 대해 "티끌만큼의 의심도" 없다고 말했다. 그 말을 듣자 안도감이 몰려왔다. 그래 봐야 세상은 조금도 달라지지 않겠지만 그래도 누군가는 우리 말을 믿어주기를 절박하게 바랐다. 우리 발밑에서 땅이 흔들리고 무너지고 있었지만 그래도 딜런이 저지른 어떤 일에 대해 우리는 전혀 몰랐다는 사실만은 여전히 확신의 영역에 있었다.

그렇지만 변호사는 심각한 표정으로 이렇게 말했다. "이 일에 대한 책임은 아들에게 있지만 아들은 죽고 없습니다. 두 분이 딜런과 가장 가까운 사람들이니 이제 사람들이 두 분을 잡으려 할 겁니다. 장례가 끝나고 나면 가족에게 증오의 불길이 쏟아질 겁니다. 아주 힘든 시기가 될 거예요. 두 분을 비난하고, 고소할 겁니다. 앞으로 몇 주 동안은 심각하게 안전에 유의하셔야 합니다."

증오의 불길. 그 뒤 몇 년 동안 이 말을 다시 떠올리게 될 일이 숱하게 있었다. 섬뜩할 정도의 선견지명이자 앞으로 벌어질 일에 대한 정확한 묘사였다.

게리는 우리가 안전하게 숨어 있는 데 도움이 될 방법들을 일러주고, 딜런의 시신을 찾아올 수 있을지 경찰에 연락해보겠다고 했다. 게리가 다음 할 일을 분명하게 설명하고 또 언제 다시 연락을 할지 확실하게 말해주어 고마웠다. 그러고 나서 우리는 게리의 차가 있는 곳으로 다시 차를 몰고 갔다. 가는 동안은 아무도 말이 없었다. 톰과 나는 게리가 한 말을 머리에 받아들이려고 애썼다.

돈과 루스가 우리를 기다리고 있다가, 우리 차가 들어올 때 바로 차고 문을 열어 다른 사람 눈에 뜨이지 않게 해주었다. 어둠 속에서 가는 빛줄기가 천천히 열려 빛나는 직사각형이 되던 모습, 차고 안으로 들어가는 일이 우주선과 도킹이라도 하는 듯 초현실적이고 SF 영화의 한 장면인 양 느껴지던 것을 결코 잊지 못하리라. 그때 나는 모든 게 강하게 비현실처럼 느껴진다는 생각을 했다. 잘못된 생각이었다. 그게 새로운 현실이었는데.

톰이 시동을 껐고 우리는 잠시 정적 속에 앉아 있었다. 깊이 숨을 들이마신 다음 차 문을 열었다. 시누이 가족에게 불편을 끼치게 되어 마음이 안 좋았고, 여기까지 위험을 끌고 들어온 것은 아닌가 걱정되기도 했지만, 사실 그때 내가 느낀 가장 큰 감정은 수치심이었다. 차에서 내리기가 힘들 정도였다.

톰의 부모님은 톰이 열두 살 때 두 분 다 돌아가셨다. 톰의 이부형이 톰을 키웠다. 루스는 그때 성인이라 따로 살고 있었다.(루스와 돈보다 루스와 돈의 딸들이 우리와 더 비슷한 또래다.) 그들을 숙모와 삼촌처럼 여길 만큼 루스 가족과 매우 가까운 사이이긴 하지만, 그래도 허물없는 사이는 아니어서 나는 늘 좋은 모습을 보여주려고 애썼었다.

돈은 농부의 아들로 천성이 너그러운 사람이다. 세상의 소금 같은 사람이라고 할까, 이웃에 살고 싶을 정도로 성실하고 착한 중서부 토박이다. 루스도 다정하고 너그럽기로 유명하다. 두 사람 다 순하고 상냥하고 인정 많은 분들이고 훌륭하게 잘 큰 딸 넷을 두었다. 그런데 나는, 어둠을 틈타 두 분의 집으로 숨어들려 하고 있었다. 범죄자의 엄마가 된 채로.

돈과 루스는 온화하고 조용히 우리를 맞아 차에서 짐을 내리는 것을 거들었다. 우리가 오고 나서 바로 바이런이 도착해 크게 마음을 놓았다. 우리는 지하방에 짐을 풀었다. 새장에서 타월을 벗겼을 때 밝은 오렌지색 뺨의 새 두 마리가 놀란 얼굴로 주위를 둘러보는 것을 보고 안도했다. 루스가 고양이 알레르기가 있어서 우리 고양이 로키와 루시는 다용도실에 두었다. 낯선 곳에 데려다 놓자 고양이들이 건조기 뒤로 들어가버렸다. 나도 그러고 싶다는 생각이 들었다.

돈과 루스가 있는 위층으로 올라갔다. 정상적인 집 안에 있기가 집 밖에서 혼란 속에 멍하니 있을 때보다 더 끔찍하다는 것을 알게 되었다. 집 앞 진입로에서 보낸 긴 시간 동안 우리는 아무 소식도 듣지 못하고 시간이 멈춘 채로 있었다. 그렇지만 돈과 루스는 미국 사람 전부가 그랬듯이(나중에 알고 보니 미국뿐 아니라 전 세계로 소식이 퍼지고 있었다.) 텔레비전에서 쉴 새 없이 흘러나오는 사건 보도를 듣고 있었다.

그래서 아무것도 모르다가 갑자기 너무 많은 정보를 듣게 되었다. 내 머릿속의 혼란만도 감당하기 힘들었는데 갑자기 텔레비전에서 쏟아져 나오는 추측과 정보가 흘러들어 더한 상태가 되었다. 우리 아들이 한 일의 끔찍한 결과를 볼 수 있었고, 어울리지 않게 교외 잔디밭에 세워진 임시 부상자 분류소를 볼 수 있었다. 학교에서 탈출한 아이들의 목소리에서 충격과 공포를 들을 수 있었고 긴급 구조원의 얼굴에서 심각한 표정을 볼 수 있었다. 이 일의 막대함에서 벗어날 방법은 없었다.

목격자들의 증언이 너무 처참해서 내 머리에서 바로 튕겨져 나가는 것 같았다. 아마 그때에, 희생자들에 대한 이야기를 처음으로 들었을 것이다. 그런데 그 부분은 기억이 나지 않는다. 나중에 극단적 고통을 겪은 직후에 이런 식으로 현실을 부정하는 경험이 흔하다는 것을 알게 되었다. 그 이후에 나는 나와 비슷한 경험을 하고 혼란스럽고 부끄러워하는 사람들과 많은 이야기를 나누어보았다. 뇌는 감당할 수 있는 한계까지만 받아들인다는 걸 알 수 있었다.

집 밖에서 뉴스를 접하지 못하고 있을 때에는 이 비극과 거리를 둘 수 있었다. 그런데 갑자기 숨이 막힐 정도로 가깝게 덮쳐왔다. 강 건너에서 화재를 보다가 지옥불 속에서 불타는 석탄에 발이 묻힌 채로 서 있게 된 것 같았다. 내가 "이럴 수가. 그럴 수는 없어. 도저히 못 보겠어."라며 끙끙거리자 루스가 얼른 돈에게 텔레비전을 끄라고 말했다. 조용해지니 그나마 조금 나았다. 그렇지만 방금 보고 들은 참담한 장면들이 사방 벽에서 메아리치듯 부딪혀 울리고 있었다.

자정이 다 되어 돈과 루스도 쉬어야 한다는 게 분명해졌다. 하루 종일 나는 슬픔으로 무너져 내릴 수 있는 나만의 공간을 원했고, 이 이해할 수 없는 상황과 내 아들의 죽음에 골몰할 수 있는 고요함이 필요했다. 그런데 그런 순간이 다가오자, 말할 수 없는 진실과 함께 남겨질 일이 너무나 두려웠다.

루스가 지하방 손님 침대에 새 시트를 깔아주고 나갔다. 바이런은 아래층 사무실에 있는 접이식 침대에서 자기로 했다. 톰과 내가 있는 방 바로 바깥쪽에 있는 방이다. 나는 담요가 바이런의 발 모양으로 굴곡진 모습이 보이도록 방 사이에 있는 문을 열어놓았다. 바이런이 거기에 있다는 것을 아는 게 나에게는 필사적으로 중요한 일이었다. 그날 밤 담요가 튀어나와 있는지 아마 백 번쯤은 확인했을 것이다.

집 안이 조용해졌고 톰과 나는 잠을 이루지 못하고 나란히 누워 있었다. 손과 어깨를 맞대고 절실한 작은 위로를 서로 전했다. 위안이 가능하지 않은 상황이었지만. 우리는 아들을 잃었다. 딜런이 죽었다. 딜런의 시신이 어디에, 어떤 상태로 있는지 우리는 몰랐다. 딜런이 스스로 목숨을 끊었는지, 아니면 경찰이나 친구 손에 죽었는지 몰랐다. 뉴스에서 무참한 보도를 듣긴 했지만 딜런이 정확히 무슨 일을 했는지는 여전히 몰랐다.

그날 밤에도 딜런이 이 충격적 사건의 중심에 있다는 생각은 받아들일 수 없는 일이어서 나는 거부했다. 대신 무수히 많은 다른 설명들을 생각해냈다. 딜런이 어떻게 총을 손에 넣었을지, 애초에 총을 왜 구했을지 나로서는 알 수가 없었다. 그래서 대신 다른 시나리오에 매달렸다. 딜런이 속아서 그 일에 끼게 된 걸까? 실탄이 아니라고 생각하고? 장난으로 시작한 일이 잘못되어버린 걸까? 아니면 어떤 협박 같은 걸 당해서 강제로 같이하게 된 걸까? 나는 설령 우리 아들이 그 사건에서 모종의 역할을 했다 하더라도 그게 누군가에게 총을 쐈다는 말은 아닐 거라고 생각했다. 톰이나 나나 딜런이 사람을 죽였을 수는 없다고 진심으로 믿었다. 그리고 그때, 그 며칠뿐 아니라 그 후 몇 달까지도 그 믿음에 매달렸다.

그 긴 밤 동안, 그리고 그 뒤 며칠 동안 딜런이 사람들을 다치게 했다는 생각이 드문드문 떠올랐다가 도무지 견딜 수 없는 생각이라 금세 머릿속에서 흩어지고 말았다. 이걸 인정하자니 지금까지도 부끄럽다. 당시에는 내가 꼭 미친 것 같았다. 실제로 여러 면에서 제정신이 아니었다.

톰이 설핏 잠이 들었길래 나는 베개에 얼굴을 묻고 소리 죽여 울

나는 가해자의 엄마입니다

었다. 태어나서 처음으로 처절하고도 처참한 슬픔의 느낌을 왜 '가슴이 찢어진다'고 표현하는지 진정으로 알게 되었다. 심장이 가슴 속에서 터지고 갈래갈래 찢기는 듯한 육체적 고통이 실제로 느껴졌다. '가슴이 찢어진다'는 말은 비유가 아니라 묘사였다.

나는 자지 않았다. 누워 있는 동안 내 머릿속에서 낮 동안 그랬듯이 파편적인 생각들이 계속 맴돌았다. 형사에게 딜런이 지난 주말에 친구들과 같이 프롬 파티에 갔었다는 이야기를 했었다. 나는 그 날 밤과 그다음 날 아침 기억을 다시 떠올렸다. 딜런이 파티가 끝나고 새벽에 집에 돌아왔을 때 나는 잠자리에서 일어나 어땠는지 물었다. 딜런은 아주 재미있었다고 했고 나한테 입장권을 사줘서 고맙다고 했다. 춤도 췄단다! 나는 우리 작은아들은 뭐든 잘하는 것 같다는 생각을 했고 그런 생각을 한 게 그때가 처음도 아니었다. 참 잘 키웠다는 생각을 하며 안방으로 돌아갔다. 그러고 나서 72시간도 채 되지 않았는데, 나는 낯선 침대에 모로 누워 있었다. 따스한 만족감이 극도의 혼란, 점점 커지는 공포, 슬픔으로 바뀌었다. 두 현실을 하나로 합한다는 건 불가능할 듯했다. 프롬 전날에는, 딜런과 아빠가 나란히 앉아서 여러 기숙사 방의 도면을 보면서 각 방의 크기를 계산해 비교해보고 있었다. 딜런은 키가 193센티미터의 장신인데다 전에 한 번도 방을 다른 사람과 같이 써본 적이 없어서 최대한 넓은 공간을 확보하고 싶어 했다. 나는 두 사람이 종이에 끄적여가며 합계 면적을 계산하는 걸 보고 웃었다. 대학 기숙사 방을 고르는 데 수학을 이용하다니, 길보디 양을 우선하는 게 어쩌나 딜런다운

지 웃음이 나왔다.

이런 기억들이 아직 따뜻하게 느껴질 정도로 가까운 일이었다. 그 기억을 떠올리니 머릿속은 더욱 혼란스러웠다. 대량살상을 벌이려고 하는 사람이 그렇게 행동할 수가 있나?

자살하려고 하는 사람들에 대해 더 많이 알게 된 뒤에야 조금씩 이해할 수 있었다. 자살하려는 사람들이 구체적인 미래 계획을 세우는 일도 드물지 않다. 죽은 사람이 최근에 차를 샀다거나 크루즈 여행을 예약해놓았다거나 했기 때문에 남은 가족들이 도무지 믿기 어려워하기도 한다. 자살 시도를 했다가 살아남은 사람들의 이야기를 통해 연구자들도 이 미스터리를 엿볼 수 있게 되었다. 어떤 경우에는 자살 경향을 감지한 친구나 가족들의 염려를 가라앉히기 위해서 일부러 이런 미래 계획을 세우기도 한다. 가까운 사람이 자해 계획을 세우고 있는 건 아닌가 의심이 가다가도, 그 사람이 크루즈 여행을 예약했다면 걱정을 내려놓게 될 것이다.

혹은 이런 계획들이 바로 자살성 뇌를 지배하는 "망가진" 논리의 징후이자 증상일 수도 있다. 그 사람이 느끼는 이중의 감정을 드러낸다는 말이다. 살고자 하는 욕망이 때로 죽고자 하는 욕망만큼 강렬하기도 하다. 자해 충동을 가진 사람은 카리브해로 휴가를 떠날 것이라는 현실과, 떠나기 전에 자살할 것이라는 현실 두 가지를 동시에 믿으며 살 수 있다.

그때에는 이런 사실은 몰랐다. 그래서 딜런이 신이 나서 대학생활 계획을 세우면서 동시에 총기 난동과 자살 계획도 세웠다는 건 말이 안 된다고 생각했다. 딜런이 원해서 참여한 게 아니라는 또 하나의 확실한 증거라고 생각했다.

그 뒤 몇 달, 몇 해 동안 나는 아들에 대해 내가 몰랐던 사실들을 수도 없이 마주하게 되었다. 판도라의 상자가 바닥이 나지 않을 듯했다. 나는 남은 평생을 내가 알던 아이와 딜런이 한 행동을 하나로 합치는 일로 보내게 될 것이었다. 그날 밤이, 내가 알던 딜런의 모습 그대로를 내 마음속에 담고 있을 수 있는 마지막 밤이었다. 사랑스러운 아들, 동생, 친구의 모습으로.

그래서 마침내 청회색 새벽빛이 지하실 창문으로 스미기 시작할 때에도 나는 여전히 이런 질문을 던지고 있었다. 처음에는 딜런에게, 그다음에는 하느님에게. 평생 나를 괴롭히고 당혹스럽게 만들고, 결국에는 내 삶의 추동력이 될 질문을. "도대체 어떻게? 어떻게 그럴 수가 있어?"

3

다른 사람의 삶

어제, 내 삶은 상상할 수 있는 최악의 악몽 속으로 들어갔다. 글

을 쓸 수도 없다.

—1999년 4월 21일 일기

이튿날 아침에는 느닷없이 다른 사람의 삶 속으로 던져진 기분이

었다.

갓 한 달 전에 오랜 친구가 덴버에 왔었다. 같이 저녁을 먹으며 어

떻게 지내는지 이야기를 나누던 중, 내가 이렇게 삶이 만족스럽기는

처음이라고 말했다. 나이가 막 쉰이 되었을 때다. 좋은 남편이 있고,

결혼하고 스물여덟 해 동안 좋을 때도 있고 나쁠 때도 있었지만 그

래도 잘 지내왔다. 바이런은 이제 완전히 독립해서 친구와 함께 살

았다. 딜런은 3학년 때 한 번 문제를 일으키긴 했지만 훌륭하게 본궤

도로 되돌아왔다. 졸업까지 남은 마지막 직선코스를 순탄하게 달리며 친구들과 어울리고 대학생활을 준비하는 참이다. 게다가 나에게 그림을 그릴 여유 시간도 생겼다. 나는 친구에게 딱 한 가지 고민이 있다면 우리 늙은 고양이 로키가 건강이 나빠진 거라고 말했다.

1999년 4월 20일, 나는 평범한 아내이자 엄마로 하루를 시작했고, 즐겁게 식구들을 얼러 직장, 집안일, 학교 등의 일과로 이끌었다. 스물네 시간 뒤에는, 역사상 최악의 학교 총기 난사 사건의 범인인 미치광이 총잡이의 엄마가 되어 있었다. 그리고 우리 금쪽같은 딜런이, 단지 죽었을 뿐 아니라, 대량학살자가 되었다.

너무나 심한 단절이라 내 머리로 도무지 받아들일 수가 없었다. 돈과 루스의 지하 손님방에서 보낸 첫날 밤에 딜런이 죽었음을 받아들이게 되었지만, 톰도 나도 딜런이 다른 사람의 목숨을 빼앗았다는 것은 아직 전혀 받아들이지 못하는 상태였다.

콜럼바인 직후 첫 며칠 동안 우리 모습에서 가장 두드러진 점은, 우리가 아직 감당할 수 없는 진실로부터 우리를 보호하는 비현실에 희한하고도 고집스럽게 매달릴 수 있었다는 것이다. 그렇지만 얼마 지나지 않아 이런 왜곡은 우리가 사랑하는 동네의 분노로부터, 우리 아들에 대해 속속 드러나는 진실로부터 더 이상 우리를 보호해줄 수 없었다.

돈과 루스의 관대함과 친절은 변함이 없었지만, 그들도 우리의 당
혹감과 슬픔 앞에서는 어떻게 해야 할지를 몰랐다. 누구라도 그랬을
것이다.

나는 거의 말을 하지 못했다. 무슨 말을 하려고 입을 열 때마다
도중에 생각이 흩어졌다. 뭘 먹어야겠다는 생각도 떠오르지 않았다.
손에 든 포크가 낯선 물건처럼 여겨졌고 루스가 요리한 맛있는 음
식 냄새를 맡으면 속이 뒤집혔다.

평생 이렇게 기운이 없었던 적이 없었다. 젖은 시멘트 속에 묻힌
듯한 상태로 시간이 흘러갔다. 내가 루스네 소파에 꿈쩍도 안 하고
누워 있으니 루스가 걱정스러운 듯 담요를 덮어준 일이 어렴풋이 기
억난다. 그러다 잠이 들더라도 아주 잠시 현실에서 놓여날 뿐이었다.
잠이 깨는 순간 딜런이 한 엄청난 일에, 그 불가해함에 처음처럼 새
롭게 온통 짓눌리는 느낌이었다. 좀비처럼 지냈다고 말하면 너무 진
부하게 들리겠지만 그때 며칠 동안의 내 상태에 가장 가까운 묘사라
고 생각한다.

정상적인 상황이었다면—아이가 죽은 일을 정상이라고 부를 수
는 없겠지만—친척들과 친구들에게 연락해 이 처참한 소식을 알렸
을 것이다. 친척들, 친구들이 모여 우리와 함께 슬픔을 나누고 기운
을 북돋아주었을 것이다. 우리는 조문객들을 맞느라 바빴을 테고
친구들이 딜런을 기리는 이야깃거리, 시, 사진 등을 들고 찾아왔을

것이다. 여러 문화권에서 오래전부터 이런 방식들로 슬픔이 닥쳤을 때 그 시기를 견뎌왔는데, 그게 어느 정도 효과가 있기 때문이다. 무엇으로도 위안을 얻기 힘든 때에 이런 일들이 조금이나마 유가족을 위로해준다. 그렇지만 딜런이 죽고 며칠 뒤 우리 삶은 정상적인 것과는 동떨어져 있었다.

우리가 아는 사람들 거의 대부분이 콜럼바인 비극이 발생한 직후에 우리 아들이 사건에 관련되었음을 알게 되었지만, 우리가 도망 왔기 때문에 아무도 우리와 연락을 할 수가 없었다. 친척들과 친구들이 그날 오후에 놀라서 우리 집으로 전화를 걸었지만 아무도 받지 않거나 우리 집을 수색하던 경찰이 전화를 받았다.

멀리 사는 친척들이나 친구들을 우리 동네로 불러 같이 지낼 수도 없었다. 이들이 묵을 곳을 어떻게 구한다고 하더라도 안전을 보장할 수가 없었을 것이다. 우리는 돈과 루스의 집에 숨어 있었기 때문에 동네 상황이 얼마나 무섭게 돌아가는지 몰랐다. 우리가 어떤 위험에 처했는지 짐작하게 된 것은, 신문에 톰과 오랫동안 연락을 하지 않고 지낸 사촌이 나온 것을 보았을 때였다. 사촌은 사람들에게 자기가 딜런을 만난 적이 없음을 공개적으로 밝히면서, 그러니 제발 살해 위협을 그만둬 달라고 간청하고 있었다. 총격 사건 뒤 48 시간 동안 우리 친척들이 언론이나 동네 사람들에게 받은 전화가 2000통이 넘는다고 한다. 물론 전부가 협박 전화는 아니었다. 사건 직후에도 도와주겠다고 손을 내미는 사람들이 있었다. 그래도 어쨌든 감당하기 힘든 일이었다. 지역 신문기자가 오하이오 주에 사시는 나의 여든다섯 살 숙모 댁에 들어가려고 하기도 했다.(숙모는 당당하게 나가달라고 요구했다고 자랑스러워하셨다. 그래도 갓 구운 쿠키 한 개는 쥐어 보냈다고 한다.)

극한 슬픔과 우리 가족에 대한 분노가 뒤섞여 들끓는 우리 동네로 소중한 사람들을 부를 수는 없는 일이었다. 그래서 우리는 고립과 안전을 택했다. 그리하여 딜런을 사랑했던 사람들의 위로도 차단한 것이다.

몇 달 뒤 발표된 경찰 기록을 보면 우리가 학살 다음 날 공식적으로 딜런의 죽음을 통보받았다고 되어 있다. 내 기억에는 그런 일이 없다. 톰도 기억에 없다고 한다. 우리 아들 시신이 부검 때문에 검시관에게 갔다는 말을 들은 기억은 난다. 그 소식을 들었을 때 딜런이 죽었다는 사실이 비로소 견고하고 실질적인 무게감으로 느껴졌다. 딜런이 홀로 차가운 금속제 테이블 위에 누워 있을 생각을 하니 견딜 수가 없었다. 딜런이 소아과에 갈 때마다 내가 곁에 있었고, 예방주사를 맞을 때마다 내가 손을 잡아주었는데. 치과 검진 때마다 한 번도 놓치지 않고 따라갔는데. 검시실에서도 딜런이 혼자 있지 않도록 같이 있어주고 싶었다.

그런 한편 톰과 나는 부검 결과에서 약물 양성 반응이 나오기를 빌었다. 약물 과용이 있었다면 그래도 어떻게 딜런이 이 잔학한 사태에 연루되었는지를 납득할 길이 생길 수도 있을 것 같았다.

죽음이 우리를 둘러싸고 위협하고 목을 조르는 느낌이었다. 톰이 딜런 없이 살 수 있을지 모르겠다는 말을 자꾸 했다. 이 말에 섬뜩

나는 가해자의 엄마입니다

한 기분이 느껴질 때에만, 마비 상태에 가까웠던 내 정신이 퍼뜩 되돌아오곤 했다. 톰도 목숨을 끊는다면 내가 버틸 수 있을까? 딜런한테 이런 일이 있었으니 이제는 내가 다른 식구들의 정서적 상태를 제대로 파악하고 있는지 전혀 확신할 수가 없었다. 어쩌면 톰도 바이런도 자살 계획을 세우고 있는지도 몰랐다. 그런 생각을 하면 미칠 것 같았다.

나도 자살을 생각했다. 내가 느끼는 슬픔과 죄책감과 수치감을 잠재우기 위한 가장 자연스러운 방법으로 여겨졌다. 이런 감정이 당연한 반응임을 나도 알았지만 그래도 무섭기는 마찬가지였다.

또 자연히 바이런에 대해서도 지나친 걱정이 솟았다. 도움이 안 되는 일이긴 했지만. 바이런이 내 곁을 떠나는 순간 불안해졌고 버려진 느낌이 들었다. 바이런에게 무언가 무서운 일이 일어날 것 같은 두려움을 떨쳐버릴 수가 없었다. 아니면 딜런이 한 일로 인한 절망감 때문에 바이런이 무언가 끔찍한 일을 저지를 것만 같았다. 그 뒤 몇 달 동안 우리 사이에서 이런 불안감은 점점 커져갔다.

바이런은 지금까지 큰 상실을 겪지 않고 살아왔었다. 평생 장례식이라고는 한 번밖에 안 가봤을 정도였다. 리틀리그 감독님이 갑자기 심장마비로 돌아가셨을 때였다. 톰이나 나나 부모님을 일찍 여의었기 때문에 죽음의 경험이 없는 바이런은 그 뒤 며칠 동안 일어날 일에 아무런 준비가 되어 있지 않을 것 같았다. 하지만 과연 준비라는 게 가능한가? 바이런이 처음으로 경험하는 상실은 너무나 막중하고 불가해해서 우리 모두가 남은 평생토록 납득하려고 애써야 하는 일이었다.

*　*　*

　돈과 루스의 집에 있을 때에는 텔레비전을 볼 수도 신문을 읽을
수도 없는 상태였지만 가끔 한 번씩은 엿보곤 했다. 방공호 안에 숨
어서 처참한 폐허를 확인하려고 작은 틈새로 밖을 내다보듯이 말이
다. 그래서 세상에 떠도는 헤드라인, 1면 기사, 톱뉴스가 외치는 소
리를 완전히 피할 수는 없었다. "리틀턴의 공포. 총격을 벌인 에릭
해리스와 딜런 클리볼드는 콜럼바인 학교의 학생이었다……."

　나는 방송에 되풀이해서 나오는 사진에 신경이 쓰였다. 딜런이 학
교에서 찍은 사진 중에서 가장 못 나온 사진이었다. 너무 못 나와서
집에 가져왔을 때 내가 다시 찍으라고 했을 정도다. 사진이 학생들
뿐 아니라 선생님조차도 괴롭힐 만한 아이처럼 보였다. 학생식당에
서 마주치면 식판을 들고 멀리 피할 것 같은 아이. 전혀 딜런처럼 보
이지 않았다. 그 사건 뒤에 나는 거의 제정신이 아니었지만 그러면서
도 뉴스에 딜런의 잘생긴 본모습이 아니라 이상한 사진이 나온다고
속상해하는 게 얼마나 말도 안 되는 일인지 알 정도는 되었다. 내 아
들이 살인자라는데, 나는 사진이 못 나왔다고 안절부절못하고 있다
니. 견딜 수 없는 감정이 몰려올 때 정신이 어떤 장난을 치는지 보여
주는 극적인 예다. 어처구니없게도 나는 딜런이 내가 기억하는 모습

그대로 텔레비전에 비치기를 원했다.

채널마다 대학살을 생생하게 전하며 딜런과 에릭이 한 살벌한 말과 행동을 들려주었다. 아이들이 사용한 무기를 자세히 설명하고 어떤 옷을 입었는지 묘사했다. 두 아이가 학교에서 어떤 경로로 움직였는지 그림으로 보여주었다. 동기가 무엇이었는지에 대해 정보가 없으니 추측만 끝없이 쏟아져 나왔다.

무수히 많은 이론이 있었다. 서로 모순되기도 하고, 이것도 저것도 들을수록 당혹스럽고 갈피를 잡을 수 없는 이야기들이었다. 신문에는 딜런과 에릭이 고스족이었다고 나왔다. 사이비종교의 일원이었다고도 했다. 트렌치코트 마피아라는 학교 폭력 조직의 일원이라고 했다. 버릇없이 제멋대로 자라 옳고 그른 것을 구분할 줄 모르는 아이들이라고 했다. 동성애자라고 했다. 학내 괴롭힘의 희생자였다고 했다. 다른 아이들을 괴롭히는 아이들이라고 했다. 총격 사건은 오래전부터 계획한 일을 냉정하게 실행에 옮긴 것이라고 했다. 아이들이 울컥해서 즉흥적으로 벌인 일이라고도 했다.

시간이 흐른 뒤에, 이 사건 직후 언론보도를 분석한 글이 많이 나왔다. 특히 두 아이에 관한 잘못된 정보가 얼마나 빨리 퍼지고 마치 사실처럼 굳어졌는지를 다루는 글이 많았다.

나로서는 끝없이 쏟아지는 추측들을 듣자니 마치 만화경을 들여다보는 것 같았다. 다른 사람들 못지않게 나도 사실을 알고 싶었다. 그런데 무슨 말을 믿어야 할지 알 수가 없었다. 새로운 정보가 계속 던져졌는데 매번 이선 것보다 더 흉측했고 그럴 때마다 우리 아들의 모습이 다르게 그려졌다. 하나같이 내가 전혀 모르는 사람의 모습이었다. 어떤 정보가 부인되거나 사실이 아니라고 확인될 때마다 정보의 배열이 달라졌고, 그러면서 내 발밑 땅도 움직였다. 나머지 사람들은 만화경이 돌아가듯 상이 바뀔 때마다 이 비극이 왜, 어떻게 발생했는지에 대한 그럴듯한 설명에 수사관들과 언론이 점점 근접해간다고 생각했을 것이다. 그렇지만 내가 보기에는 새로운 설명이 나올 때마다 내가 아는 아이의 모습에서 점점 멀어지는 것 같았다.

초기에는 콜럼바인에 대한 뉴스를 움찔하며 피했다. 말도 안 되게 부정확했고 내 아들에 대한 보도를 듣는 일이 견딜 수 없게 고통스러웠기 때문이다. 내가 반폭력과 뇌건강 문제 활동가가 된 지금은 이런 보도들이 얼마나 끔찍할 정도로 무책임한지를 알기 때문에 움찔하게 된다. 지나치게 구체적인 언론보도는 모방행동을 일으킨다. 예를 들어 살인자들이 범죄가 벌어진 동안에 어떤 차림이었는지 세세하게 묘사하고 어떤 방식으로 움직였는지를 정확히 설명하면 고스란히 따라할 수 있는 청사진을 제공하는 셈이다.

그렇지만 그때에는 모순적이고 부정확한 보도를 들으며 이 모든 일이 끔찍한 오해일지 모른다는 절박한 희망을 키웠다. 이 사실, 저 사실을 잘못 파악했다면, 이 모든 일이 사실이 아닐 수도 있지 않나. 그 뒤 몇 주, 몇 달, 몇 년 동안 내가 뼈저리게 깨우친 사실이지만 정신이 엄청난 압박을 받고 있을 때는 제정신을 유지하기 위해 착각을 일으킨다. 평소에 나는 논리적이라 오류를 잘 파악하는 편인데, 그때에는 아무리 불합리하고 턱없는 희망이라도 찾아내고 만들어내

나는 가해자의 엄마입니다

서 붙들고 매달렸다.

초기에 가장 널리 퍼진 부정확한 정보 가운데 아이들이 '왕따'였다는 말이 있었다. 이 말을 듣고 나는 깜짝 놀랐다. 사실 놀랄 일은 아닌 것이, 이게 대량살상자에 대한 가장 흔한 오해다.

딜런이 내성적이고 자의식이 강한 아이였다는 건 사실이다. 딜런은 관심의 초점이 되거나 사람들의 주목을 받는 일을 좋아하지 않았다. 사춘기를 지나면서 더 조용해진 것도 사실이다. 하지만 언론에서 보도하는 것처럼 따돌림 당하고 친구도 없는 반사회적인 유형의 아이는 절대 아니었다. 딜런은 언제나 남자아이하고나 여자아이하고나 금세 친해지고 좋은 관계를 잘 유지했다. 고등학교 때에는 딜런을 찾는 전화가 정신이 없을 정도로 울려댔다. 볼링 치러 가자거나 영화 보러 가자거나 가상야구 게임을 하자는 전화였다. 내 망가진 머릿속에서는 딜런의 사회성에 대해 언론이 잘못 파악했다면 나머지 일도 전부 착각일 수 있지 않느냐는 생각이 들었다. 언론이나 경찰에서 사실을 잘못 파악한 것이고 딜런은 폭력 가해자가 아니라 희생자일지도 모른다고.

에릭이 딜런의 유일한 친구라는 보도도 있었는데, 그것도 전혀 사실이 아니었다. 사실은 작년에 두 녀석이 말썽을 일으킨 다음에 우리가 둘이 좀 떨어져 지내라고 했고, 딜런이 에릭과 거리를 두는 것을 보고 잘되었다고 생각하던 차였다. 딜런이 죽었을 무렵 딜런의 가장 친한 친구를 꼽으라고 하면 당연히 네이트를 떠올렸을 것이다.

또 뉴스에 딜런과 에릭이 옷에 나치 상징 스와스티카를 달고 다니는 증오범죄자들이라는 보도가 나왔을 때에도 나는 기이하게도 들 뜨는 기분이 되었다. 옳은 보도일 수가 없었다. 나는 유대인 집안에 서 자랐고 바로 두 주 전에 우리 집에서 유월절 모임도 했었다. 유월 절 행사를 하는 동안 딜런이 가장 나이가 어린 식구라 네 질문을 하 기도 했다.[유월절에 집에서 예배행사를 할 때 식탁에서 가장 나이가 어린 남자가 네 질문을 하고 가장 연장자인 남자가 전례서를 읽고 답하는 풍습이 있다.—옮긴이] 나는 평생 장애인을 가르치고 사회적 약자의 권익을 옹호하는 일을 해왔고, 톰이나 나나 늘 관용과 포용을 강조했다. 우리 집에서 증오 발언을 하거나 옷에 반유대주의적 상징을 다는 일은 있을 수가 없 는 일이었다.

마찬가지로 나는 사망자와 부상자 수가 계속 바뀌고 앞뒤가 맞지 않는다는 사실에도 필사적으로 매달렸다. 당국에서 사상자 수를 확 실히 모른다면 또 다른 점에 대해서도 잘못 알았을 수 있지 않을까? 그때 나는 이런 계산에 매달리면서도 그 숫자가 실제로 무얼 의미하 는지 아직 새기지 못하고 있었다. 처참하게 죽임을 당해 영원히 가 족과 이별하고 삶과 미래를 빼앗긴 아이들과 선생님을 합한 수라는 사실을. 나는 사상자 수가 적기를 바랐다. 그러면 딜런이 한 행동이 조금이라도 덜 끔찍해지기라도 할 듯이. 이렇게 솔직하게 말하는 것 이 그날 죽거나 다치거나 상처를 입은 사람들과 가족들에게 무례를 범하는 일이 되지는 않기를 바란다. 몇 주가 더 지나고 나서야 내 머 릿속에 드리운 장막이 걷히고 딜런에게 희생당한 사람들을 위한 눈 물을 흘릴 수 있었기 때문이다. 처음에는 사랑하는 사람으로 인한 슬픔이 먼저 온다. 딜런은 내 아들이었다. 여전히 딜런이 누구를 죽였으리라고는 생각할 수가 없었다.

나는 딜런이 그 일에 어느 정도로 개입했는지 속속들이 아는 일을 피하고 싶었을 테지만, 철저한 부인으로 방어막을 치는 일을 언제까지나 지속할 수는 없었다. 신문 헤드라인을 볼 때마다, 변호사의 전화를 받을 때마다 그 일의 막대함과 심각함이 나를 덮쳐왔고 그럴 때마다 다시금 압도적인 충격을 받았다. 사망한 사람 열다섯 명에다가, 인근 병원에서 부상 치료를 받는 사람이 스물네 명이라고 했다. 중상을 입은 아이들의 상태가 지속적으로 전해졌다. 목숨을 유지하더라도 부상 때문에 평생 가는 장애를 얻을 가능성이 높다고 했다. 나는 오랜 세월 동안 장애 학생과 함께 일해왔기 때문에 그게 어떤 의미인지 너무나 잘 알았다.

머릿속이 빙빙 돌았다. 리셋 버튼을 눌러서, 딜런이 죽기 전 몇 주를 다시 살고, 지금의 결과를 바꾸어놓고, 그 일을 막을 수 있는 방법이 없다는 게 말이 되나? 자기 자식을 잃은 부모들, 자식 침대 옆에서 기도하는 부모들을 생각하면 가슴이 아렸다. 아무리 간절히 빌어도 시간을 되돌릴 방법이 없다는 걸 나 스스로에게 계속 일깨워야만 했다. 그 일을 막기 위해 내가 할 수 있는 일이 아무것도 없을 뿐 아니라, 그 일이 일어난 지금, 무얼 조금이라도 만회하기 위해 내가 할 수 있는 일 역시 아무것도 없었다.

나는 그저 내 아들을 꼭 안고 싶었다. 그리고 아들이 죽기 직전, 그 무시무시한 행동을 하기 전에 이 들을 마을 한 번익 기횔를 얻고 싶었다. 머릿속에서 생각이 빙빙 돌며, 똑같은 곳에서 시작해서 똑같은 곳에서 끝났다. "어떻게 우리 애가 그랬을 수가 있지? 어떻게 그럴 수가 있어?" 우리 앞에는 딜런이 남겨두고 간 재앙이 거대하게 가로놓여 있는데, 대체 왜, 어떤 일이 일어난 건지 알려줄 수 있는 단 한 사람은 우리 곁에 없었다.

* * *

돈과 루스는 우리에게 더할 수 없이 친절히 대했지만 두 사람도 톰이나 나, 바이런만큼 지쳐갔다. 아무리 반갑고 매력 넘치는 손님이라도 오래 머물면 짐이 될 텐데, 톰과 나는 전혀 그런 상태가 아니었다. 우리가 느끼는 슬픔과 혼란을 돈과 루스에게 전가하고 싶지 않아 최대한 눈에 띄지 않게 지내려고 했다. 돈은 뉴스를 보고 싶어 했고, 나는 도저히 뉴스를 들을 수가 없었다. 그래서 주로 지하실에서 시간을 보냈다. 몇 년 뒤에 바이런이 말하길, 몰래 울 수 있는 곳이 없어서 돈과 루스 집 바깥쪽 수풀 속에 숨어서 울었다고 한다.

밤에 편의점 주차장에서 변호사와 만나고 헤어질 때 이튿날 다시 만날 약속을 잡았었다. 변호사는 우리더러 자기 사무실로 와서 다른 직원들도 만나보라고 했다. 우리 이웃이자 가까운 친구 페기와 조지 부부가 변호사를 만난 다음 자기네 집으로 오라고 했다. 나는 머리를 자르고 가겠다고 했다.

마음대로 해도 될 때에는 나는 남자 셔츠와 청바지 차림으로 지내곤 한다. 살면서 손톱 손질을 받아본 일은 손에 꼽을 정도다. 그렇지만 직장생활을 처음 시작할 무렵에 머리를 정기적으로 자르고 손질하면 아침마다 법석을 떨지 않아도(빗질도 안 하는 날이 대부분이다.) 단정하고 전문적인 모습을 유지할 수 있다는 걸 알게 되었다. 그래서 나는 한 달에 한 번 날을 정해놓고 머리를 자르고 염색을 했다. 샤워나 양치처럼 귀찮아도 꼭 해야 하는 일로 생각했다. 그런데 그달 미용실 예약일이 바로 콜럼바인 사건 다음 날이었다.

　나는 약속을 지키기로 했다. 세상 사람들 눈에 어떻게 보일지는 생각하지 않았다. 아무 생각도 안 했다. 미용이라니, 세상에서 가장 하고 싶지 않은 일이었지만, 사실 오늘 아침에 루스가 먹으라고 준 시리얼을 넘기는 일도 하고 싶지 않기는 마찬가지였다. 내가 미용실에라도 다녀오러 돈과 루스의 집에서 잠시 나가면 두 사람이 잠시나마 자기들끼리 있으면서 좀 쉴 수 있으리라는 생각도 했다. 게다가 나로서는 의자에 앉아 가만히 있기만 하면 되는 일이었다. 내가 할 수 있는 일이 거의 없었지만 그건 할 수 있을 것 같았다.

　그리고 머리를 자르고 나면 좀 더 봐줄 만하게 된다는 점도 중요했다. 나는 차림새가 존경심을 드러내는 방식이라고 배웠다. 청바지와 낡은 티셔츠 차림이 가장 편하지만 공연장에 갈 때에는 연주자나 배우를 존중하는 뜻으로 옷을 차려입는다. 절이나 교회에 갈 때 운동복을 입고 가는 법은 없다. 며칠 뒤에 딜런의 장례식이 있을 텐데, 나는 허깨비 같은 모습으로 아들과 작별인사를 하고 싶지는 않았다.

톰이 차를 몰고 게리 로조 변호사 사무실에 갔고 직원들을 만났다. 그리하여 우리는 아들 장례 절차를 시작하기도 전에 변호사들과 함께 테이블에 둘러앉게 되었다. 지금 와 생각해보면 장례식 이전에는 법적 문제를 논하고 싶지 않다고 거절했을 수도 있었겠지만, 그때는 스스로 아무것도 할 수 없는 멍한 상태였다. 이런 식으로 법적인 문제와 사적인 생활이 나란히 놓이는 패턴이 콜럼바인 이후에 계속되어 우리는 둘 사이를 줄곧 왔다 갔다 해야만 했다. 법적 문제에 대처해야 한다는 필요가 늘 우리의 슬픔에 그늘을 드리웠다. 다행스러운 것은 우리 변호사가 윤리적이고 동정심이 있고 진심으로 우리가 잘되기를 바라는 사람이었다는 사실이다.

이날 게리가 우리의 법적인 상황을 개괄했다. 아직 소송을 제기한 사람은 없지만 곧 그렇게 될 것이라고 했다. 변호사들이 알아들을 수 없는 이야기를 하는 동안 나는 멍하게 앉아 있었다. 아직 충격상태라 사람들이 하는 말을 거의 이해할 수 없었지만 이해하려고 애쓸 생각도 들지 않았다. 변호사들이 내 앞날에 위험한 일이 닥치기라도 할 것처럼 말을 하는데, 내 생각에는 나에게 앞날이란 없었다. 내 인생은 끝났다.

그 자리에서 일어서면서 나는 게리에게 미용실 예약에 대해 어떻게 생각하는지 물었다. 어느새 나는 이미 아주 사소한 결정에 대해서도 게리의 의견을 묻게 되었다. 무슨 일을 어떻게 해야 하는지, 무얼 기준으로 행동해야 하는지 오리무중 상태였기 때문이다. 여전히 좀비 모드였다. 게리는 다정하게 이렇게 말했다. "평소에 하던 대로 하셔야 할 것 같아요. 그러는 게 좋아요." 그래서 미용실에 전화를 걸어 예약 시간을 저녁으로 옮겨 손님들이 다 가고 난 뒤에 머리를 해도 좋을지 물었다. 미용사는 그러라고 했다.

그날 저녁 톰은 나를 미용실에 내려주고 친구 집으로 먼저 가서 기다렸다. 미용사는 친절했지만 불편한 기색이 역력했다. 미용사와 내가 서로 잘 아는 사이도 아니었다. 식구들과 친구들 말고 다른 사람에게 태연한 모습을 보이려고 시도한 게 이때가 처음이었는데, 역시나 가망 없는 일이었다. 머리 자르는 일이 뭐 힘들겠냐 생각했지만 이런 최소한의 사회적 상호작용도 내가 감당할 수 있는 범위를 한참 넘어서는 일이었다. 불편해하는 미용사의 마음을 내가 풀어줄 수 있으면 좋았겠지만, 딜런이 한 일을 생각하면 미용사가 나를 정상적인 인간으로 보기는 힘들 것이라는 생각이 들었다.

가게 앞쪽 넓은 유리 너머의 어둠을 보자 몸을 숨길 데가 없는 것 같아 무서웠다. 거울 속에서 나를 보고 있는 초췌하고 넋 빠진 사람과 차마 눈을 마주칠 수가 없었다. 미용사는 긴장한 상태로 잡담을 했고 나는 형형한 조명 아래에서 몸을 움츠렸다. 잡담을 이어가다가 미용사가 희생자의 어머니 한 명도 오늘 오전에 머리를 하러 미용실에 왔었다는 이야기를 했다.

그 말에 나는 놀랐다. 그 엄마가 앉아 있던 자리에 내가 앉았을 수도 있었다. 같은 비닐 가운을 입었을 수도 있고. 우리 두 사람이 각자 아이의 장례식 준비를 위해 의무적인 몸단장 임무를 수행했다는 사실에 가슴이 떨리기도 했고 한편 무시운 생각도 들었다. 아주

짧은 순간이지만, 우리 집 차고 진입로에 서 있던 그때도 잠깐 그랬듯이 내가 애도하는 사람의 일원인 것 같은 생각이 들었다.

하지만 곧 참을 수 없는 고통이 밀려왔다. 바로 내 아들이 그 다른 엄마에게 가한 슬픔 때문이었다. 그 엄마를 가까이 느끼고 싶었고, 나는 그럴 수 있었지만, 그 엄마는 내 위로만은 결코 원하지 않을 것이었다. 잠시 이어진 듯한 느낌에 뒤이은 외로움, 슬픔, 죄책감 때문에 나는 무너질 것 같았다.

예기치 않게 내 친구 페기가 딸 제니와 같이 마중 삼아 미용실로 와주어 고마움에 정말 몸이 녹아내리는 것 같았다. 톰은 페기 집에서 페기의 남편 조지와 이야기를 나누고 있다 했다. 젖은 머리카락이 얼굴에 들러붙고 똑바로 앉을 기운도 없어 의자에 구부정하게 앉은 이런 처참한 모습으로 친구를 보니 부끄러웠다. 페기와 제니는 내가 죽을힘을 다해 버티고 있다는 걸 바로 알아보고 양쪽에서 내 손을 잡아주었고, 내가 눈물을 삼키느라 애쓰는 동안 미용사와의 대화를 대신 이어갔다.

마침내 머리가 끝났고, 평소에도 그러듯이 머리를 말리지 않고 자리에서 일어났다. 계산을 하러 가면서 현금이 얼마 없다는 것을 떠올렸다. 수표나 카드를 써서 우리 정체가 드러나는 위험을 피할 수 있도록 주디 브라운이 당장 쓸 현금을 좀 빌려주었다. 그런데 언제 은행에 갈 수 있을지 모르기 때문에 아껴 써야 했다. 그래서 미용사에게 현금 대신 수표를 우편으로 부쳐줘도 되겠냐고 물었다.

미용사의 침묵에 나는 놀랐다. 나를 믿지 못해 망설이는 것 같았다. 그러다가 미용사는 용기를 낸 듯 미용실 규정상 외상은 안 된다고 설명했다. 지폐를 뒤져 요금을 치르는데 수치심이 목을 타고 붉게 타올랐다. 나는 이 사건 이전에 미용사가 알던 사람과 다른 사람이었다. 지금은 범죄자의 엄마였다. 딜런의 행동으로 인해 내가 느끼는 나 자신만 달라진 게 아니라 사람들이 나를 어떻게 생각하는지도 달라졌다.

아직 현금 부족 문제를 어떻게 할까 생각하고 있는데, 미용사가 다른 사람들에게 내가 왔었다는 이야기를 해도 되겠냐고 뜻밖의 질문을 했다. 미용실 의자에 앉아 있는 다른 엄마의 모습과 우리가 같이 몸단장 예식을 했다는 사실에서 느꼈던 순간적인 교감이 다시 떠올랐다. 그래서 나는 어리석게도 미용사에게 상관없다고 대답했다. 어쩌면 미용사가 나와, 내 아들 때문에 찢긴 공동체 사이에 다리를 놓아줄지도 모르는 일이라고 생각했다.

이때만 해도 초기라 미용사가 언론에 이 일을 흘리리라고는 꿈에도 생각하지 못했다. 미용사는 그날 밤에 바로 인터뷰를 했다. 미용사로서는 우리를 도와주려고 마음을 쓴 것이었다. 내가 얼마나 충격을 받았는지 슬픔에 잠긴 상태인지 이야기하고, 어떤 계획이 있었는지 부모는 전혀 몰랐다고 말했다는 사실도 전했다. 그렇지만 이 기사가 나가고 갑자기 나는 마리 앙투아네트가 되었다. 다른 부모들이 학교에서 죽은 자식을 두고 오열하는 동안 나는 "나를 위한 시간"을 가진 것처럼 비쳐졌다. 이 기사가 전국적인 관심을 받았고 나는 멀게는 텍사스에서부터 날아오는 욕설 편지들을 받게 되었다.

이 기사는 언론이 이미 만들어가고 있던, 딜런이 무관심하고 이기적인 부모 아래에서 버릇없이 자란 아이라는 이야기에 딱 들어맞았다. 딜런의 BMW가 뉴스에 오르내렸다. 톰이 완전히 망가져서 운행이 불가능한 그 차를 400달러에 사서 딜런과 함께 수리했다는 사실은 쏙 빠져 있었다. 우리 집도 항공사진으로 보니 거대한 저택처럼 보였다. 끝없이 수리를 해야 하고 쥐까지 들끓는, 관리가 전혀 안 된 집을 우리가 헐값으로 샀다는 이야기는 어디에서도 찾아볼수 없었다.

이런 오해들이 나를 괴롭혔다. 나보다는 톰이 딜런을 잃은 슬픔에 먼저 빠져들었다. 딜런은 톰의 사랑하는 아들이자 가장 가까운 친구였다. 두 사람은 몇 시간이고 앉아 야구 이야기를 하고, 자동차를 고치고, 스피커를 조립하고, 체스를 두곤 했다. 톰은 딜런이 작별인사를 하지 않았다는 사실 때문에 너무나 아파했다. 우리 아들이 그렇게 끔찍한 일을 저지른 것도 저지른 것이지만, 우리에게 단 한 마디 설명도 없이 그랬다는 게 더 아팠다. 메모 한 장이라도 남겼다면, 아무리 간략한 것이라도, 달랐을 것이다.

나는 주위 사람들의 반응에 신경을 곤두세우고 있었다. 여자들이 대개 그러듯 나도 다른 사람을 먼저 생각하고 다른 사람이 나를 어떻게 생각하는지 의식하게끔 교육받고 자랐다. 나는 내가 속한 공동체에서 적극적으로 활동하며 존중받는 구성원이자 좋은 엄마로 간주된다는 사실을 기쁘고도 뿌듯하게 여기며 지내왔다. 그런데 나에 대한 비난의 기운이 조금씩 커지자 고통스러웠다.

언론에서 부모로서 우리를 묘사한 것 중에 그나마 우호적인 것이 우리가 부모로서 존재감이 없고 쓸모없고 무능하고 아무것도 모르는 사람들이라는 것이었다. 다른 곳에서는 우리가 증오로 가득한 인종주의자 아들을 알면서도 덮어주었고, 지붕 아래 무기를 쌓아놓고 있는데도 못 본 척해서 공동체 전체를 위험에 빠뜨렸다고 했다.

왜 우리를 비난하는지 이해가 가고도 남았다. 나라고 해도 그런 아이의 부모에 대해서는 끝없는 분노를 느꼈을 것이다. 내가 **그 아이**의 부모가 아니었다면. 증오했을 것이다. 당연히 부모 탓이라고 할 것이다. 그렇지만 나는 부모로서 우리를 묘사하는 두 가지 상 모두 사실이 아니라는 것도 알았다. 진실은 그보다 훨씬 더 심란하다는 것을.

* * *

4월 22일, 총격 사건 이틀 뒤, 변호사를 통해 딜런의 죽음이 자살로 판정되었다는 사실을 들었다. 검시관이 딜런의 시신을 내주겠다고 했다.

그 말을 듣자 무시무시한 새로운 문제가 고개를 들었다. 딜런의 시신을 어떻게 할 것인가? 리틀턴의 장례식장 어디를 가든 쫓겨날 것 같았다. 설령 우리를 받아주는 데가 있더라도 희생자 가족들을 분노하게 하고 욕보이고 장례식을 방해하는 일이 될 수도 있다고 생각하니 괴로웠다. 어떻게 해야 할지 알 수가 없었다.

몇 해 전에 나는 지역 대학 장례지도과 과정에 장애 학생들이 들어갈 기회를 조성하기 위한 자문위원회에 들어간 적이 있었다. 그때 장례지도과 학과장과 친분이 생겼다. 몇 해 동안 연락 없이 지내기는 했지만, 상황이 절박했고 달리 의지할 데도 없어 학과장 마사에게 연락을 했다.

전화 너머로 들려오는 마사의 목소리는 따뜻하고 염려가 어려 있었다. 안 그래도 내 생각을 하고 있었고 도울 일이 없을까 생각했지만 연락을 취할 방법이 없었다고 했다. 마사는 전화를 끊자마자 덴버에서 가장 저명한 장의사에게 연락을 했다. 그 뒤 며칠 동안 마사와 장의사 존은 우리에게 대단히 넓은 마음으로 큰 공감을 보여주었다.

처음에는 딜런의 장례식을 치를 꿈도 꾸지 못했다. 희생자들에게 조의를 표하기 위해서라도 그럴 수는 없을 것 같았다. 그렇지만 마사와 존이 다시 생각해보라며 우리를 설득했고 그 점에 대해서 지금도 고마울 뿐이다.

두 사람은 언론이나 사람들의 분노를 피해 조용히 장례식을 치를 수 있을 것이라고 했다. 그래서 친구들과 친척들 몇몇만 모여 간단히 장례식을 치를 계획을 세웠다. 바이런하고, 루스와 돈, 그리고 딜런의 가장 친한 친구 네이트와 잭의 부모들도 올 것이었다. 딜런과 바이런이 어릴 때 다니던 교회 목사님이 예배를 집전해주시기로 했다.

톰과 나는 화장 말고 다른 방법은 없다는 걸 알았다. 무덤은 훼

나는 가해자의 엄마입니다

손될 가능성이 높기도 하고, 우리가 이 동네를 떠나야 할지도 몰랐다. 딜런을 매장하고 떠난다면 딜런을 두고 떠나는 일이 되는 거였다. 나는 마지막으로 아들 얼굴을 봐야만 한다고 말했다. 마사와 존은 전문가들이 딜런 머리의 총탄 상처를 최대한 수습해 예전 모습으로 볼 수 있게 하겠다고 했다.

장례 준비 과정은 거의 기억나지 않는다. 머릿속에는 고통과 회의의 비명만이 끝없이 울려 퍼지는데도 내가 차분히 현실적인 문제에 대해 이야기하는 것을 듣고 스스로 놀랐던 일은 기억난다. 이 아이는 내 아들이었다. 내가 내 몸과 마음을 다해 기르고, 감싸고, 사랑했던 사람. 다시는 딜런의 목소리를 들을 수도 얼굴을 어루만질 수도 없다는 생각에 숨이 막혔다. 마지막 이별의 의식을 준비하기 위해 내가 가진 마지막 힘까지 끌어 모아야 했다. 딜런을 키우는 일은 끝이 났다. 이 아이를 만들어내는 데 들였던 모든 사랑과 노력이 끝이 났다. 가장 비참한 방식으로.

* * *

마치 악몽 같은 상태에서 딜런 장례식을 은밀히 준비하는 가운데, 우리 늙은 고양이 로키의 건강이 급속도로 악화되고 있음이 확연해졌고 나는 로키를 병원에 데려가는 일에 강박적으로 매달렸다. 루스는 내가 아픈 고양이를 두고 과잉 반응을 하는 것을 보고 스트레스로 완전히 무너져버렸구나 생각했다고 나중에 말했다. 우리는 루스와 돈 집에서 사흘을 보냈고 나는 기진한 데다 슬픔의 무게에 짓눌려 식탁에서 팔로 머리를 괴지 않으면 그냥 쓰러질 지경으로 약해져 있었다. 샤워를 하거나 밥을 먹을 수도 없었으니 당연히 식구들을 돌볼 수도 없었다. 그런데 로키에 대해서만은 계속해서 안달했다.

내가 운전을 하고 동물병원에 간다는 건 있을 수가 없는 일이었다. 나조차도 내가 운전대를 잡을 수 있는 상태가 아니라는 것은 인식하고 있었다. 루스와 돈은 달리 어떻게 해야 할지 몰라 그냥 체념하고 로키와 나를 차에 태우고 우리 동네 동물병원에 데려다주었다.

내가 워낙 동물에 대해 지극한 사람이기는 하나 그날 로키에 대한 나의 태도는 애완동물을 키우는 주인으로서 갖는 책임감을 넘어섰다는 생각이 든다. 리틀턴에 내가 책임을 느껴야 할 고통이 너무나 많았는데, 내가 할 수 있는 일은 아무것도 없었다. 고통스러워하는 고양이를 돌보는 일은 내가 **할 수 있는 일**이고 개선할 수 있는 상황이었기 때문에 그 일에 매달렸다.

다른 사람이 나를 알아볼까 봐 겁이 나서 옆문으로 병원에 들어갔다. 로키를 수의사에게 건네주어야 하는데, 갑자기 그럴 수가 없었다. 로키는 딜런의 고양이었다. 초등학교 3학년 때 딜런이 이웃집 고양이가 낳은 새끼들 가운데 한 마리를 골랐다. 로키는 커다란 흰 고양이로 자라 밤에 우리 식구들이 소파에 모여 앉아 「핑크 팬더」 영화를 볼 때 우리와 함께 늘어져 있곤 했다. 로키를 내어주려니 딜런

나는 가해자의 엄마입니다

을 내주는 것 같았다. 나는 울음을 삼키며 의사에게 고양이에게 할 수 있는 치료를 해달라고, 내가 데리러 올 때까지 맡아달라고 힘겹게 이야기했다. 마침내 겁에 질려 있는 고양이를 내 품에서 떼내어 수의사에게 맡겼다.

주차장으로 나와 돈과 루스의 차 안으로 몸을 숨기러 서둘러 가는데, 누군가가 뒤에서 따라오며 나를 불렀다. 돌아보니 병원 직원 한 명이 내 쪽으로 오고 있었다. 순간 나는 다가가야 하나 달아나야 하나 망설였다.

게리는 우리 자신의 안전에 유의해야 한다고 거듭 경고했다. 우리가 이 사건에 책임이 있다고 생각하고 우리가 죽기를 바라는 사람이 콜로라도나 전 세계에 무수하다고 했다. 그 전날에는 게리의 사무실로 우리에게 보내는 따뜻한 음식이 잔뜩 배달되었다. 모르는 사람이 공감과 선의의 선물을 보낸 것이었다. 게리 사무실에 우편물도 박스로 쌓이기 시작했다. 그런데 게리는 독이 들어 있을지 모른다고 음식을 못 먹게 했다. 그 뒤 몇 년 동안 물건을 배달받거나 은행에서 예금을 인출하기 위해 내 이름을 밝혀야 할 때마다 나는 바짝 긴장하곤 했다. 동물병원 주차장에서 그 순간이, 처음으로 내가 사는 동네의 누군가 앞에서 두려움으로 움츠러든 때였다.

사실은 전혀 걱정할 일이 아니었다. 조그만 여자가 팔을 벌려 나를 안아주었다. 여자는 자기도 아들을 키워봐서 사내아이들이 얼마나 믿을 수 없을 만큼 바보짓을 하는지 안다고 했다. 그 뒤에도 나에게 이런 감정을 전하는 엄마들이 많았다. 동물병원 직원은 키가 나보다 훨씬 작은 여자였지만 나는 그 사람 품에 안겨 흐느꼈고 눈물로 우리 두 사람을 적셨다. 한참 뒤에야 그 사람의 이름도 모른다는 게 떠올랐다.

너그러움을 보여준 사람은 그 여자만이 아니었다. 우리가 아직 돈과 루스의 집에 있을 때부터 오랜 친구와 이웃들이 우리에게 기댈 어깨를 내주었다. 신문에서 우리 집 입구에 친구들이 붙여놓은 벽보 사진을 봤다.

수와 톰에게
사랑해요
도와줄게요
전화해요

친근하고 소중한 사람들의 얼굴이 전선을 넘어 전파되는 자유유럽방송처럼 들렸다. 이 크고 작은 무수한 친절의 기억이 오늘날까지도 나를 겸허하게 만든다. 그렇지만 우리 친구들과 친척들은 우리에게 이렇게 한없는 사랑과 공감을 보내면서도 한편으로는 이런 생각을 하고 있었을 것이다. 대체 어떻게 했길래 아이 마음속에 그런 분노가 자라난 거야? 어째서 무슨 일이 벌어지는지 몰랐던 거야?

나도 계속 그 질문들을 하고 있었다.

나는 가해자의 엄마입니다

4

쉴 곳

4월 24일 토요일에 우리 아들을 화장했다.

마사가 우리를 차로 태워 장례식장까지 데려다주었다. 마사가 유족들을 많이 대해본 사람이라 참 다행이었다. 마사는 운전하며 편안하게 나에게 말을 걸었지만 온몸을 마비시킬 것 같은 두려움이 가면 갈수록 점점 심해졌다. 그래도 그간의 사회적 훈련 때문에 나는 온몸을 떨고 눈물을 떨구면서도 마사의 말에 무슨 말이라도 대꾸하려고 애썼다.

마사도 존도 우리가 다치거나 노출되지 않도록 하려고 정말 신경을 많이 썼다. 딜런의 장례를 치를 방은 입구가 하나고 창문이 없었으며 밖에 안내판이나 방명록 같은 것도 놓지 않겠다고 했다. 이렇게 조심했는데도 우리가 도착하기 몇 분 전에 언론사 몇 군데에서 장례식장에 전화를 했다고 한다. 그래서 우리는 겁에 질린 짐승처럼 주위를 경계하며 조심스레 안으로 들어갔다.

관 안에 놓인 딜런의 시신을 보는 고통에 대해서는 어떤 말로도 표현할 수가 없다. 딜런의 표정은 낯설었다. 나중에 바이런은 그 덕분에 덜 힘들었다고 고백했다. 그 낯선 표정 때문에 처참하고 믿기지 않는 첫 순간을 버텨낼 수 있었을 것이다. 나는 딜런의 머리를 쓸고 이마에 입을 맞추고 답을 찾으려고 딜런의 얼굴을 살폈지만 아무것도 찾을 수 없었다. 집에서 챙겨 온, 딜런이 어릴 때 갖고 놀던 동물 인형 몇 개를 딜런의 뺨과 목 옆에 놓아주었다. 바이런과 톰과 나는 서로 손을 잡고 함께 딜런의 손을 잡았다. 마침내 딜런의 곁에, 온 가족이 모일 수 있게 되었다.

쌀쌀한 봄날이라, 나는 딜런이 춥지 않게 해야 한다는 강박적이고 거의 동물적인 충동에 휩싸였다. 소매가 짧은 병원 가운 차림이라 딜런의 팔이 겉으로 드러나 있었다. 나는 얼음장처럼 차가운 딜런의 팔을 계속 문지르지 않을 수 없었다. 관 안으로 기어 들어가서 내 몸의 온기로 딜런을 감싸주고 싶었다.

마사는 한 명씩 딜런과 마지막 시간을 보내는 게 좋겠다고 했다. 바이런이 먼저 들어갔다. 장례식장 라운지에서 기다리면서 아들과 마지막 시간을 보낼 준비를 하려는데, 공황이 닥쳐왔다. 동물적 보호본능이 나를 사로잡았다. 어떻게 딜런이 불에 타서 사그라들게 내버려둘 수 있나? 나는 마음이 가라앉지 않아 벌떡 일어나서 서성대기 시작했다. 그렇다고 매장이나 납골당 같은 다른 방법을 택한다고 마음이 편해질 것은 아니었다. 나는 딜런의 시신을 훔쳐내 안전

나는 가해자의 엄마입니다

한 곳으로 데려갈 방법을 생각하기 시작했다. '이건 못하겠어.' 하는 생각이 끝없이 맴돌았다. 장례식장 라운지에는 벽난로가 있었다. 춥고 눈 내리는 날이라 나도 모르게 난로 앞으로 다가갔다. 불꽃을 보고 있다가 마침내 조금 진정할 수 있었다. 공황이 체념으로 바뀌었고, 그러자 다시 슬픔이 솟구쳤다. 나는 난롯불을 보며 생각했다. 우리 아들 몸을 이렇게 데워야 하다니 얼마나 슬픈 일인가.

그날 이후로 딜런이 나오는 같은 꿈 몇 가지를 계속 꾸었다. 딜런을 구할 수 있는 두 번째 기회가 있었는데 내가 실패하고 마는 꿈, 딜런의 웃옷을 걷어 올리자 감춰져 있던 상처가 드러나는 꿈, 내가 딜런을 보호하면서 동시에 다른 사람들을 딜런으로부터 보호하는 꿈. 그리고 내가 딱 한 번 꾸었던 특별한 꿈이 있다.

꿈속에서 나는 딜런의 피 묻은 뼈가 숲속에 흩어진 것을 본다. 나는 뼈를 하나씩 품에 모은다. 하나라도 빼앗기거나 잃어버릴까 봐 겁이 나 내려놓을 수가 없는데, 안전하게 숨길 장소가 없어 나는 끈끈한 피투성이 뼈를 꼭 끌어안는다. 불교 경전에 기사 고타미라는 여인의 이야기가 나온다. 이야기는 이 여인의 아기가 죽으면서 시작된다. 기사 고타미는 아이의 죽음을 받아들일 수 없어 의원에게 약을 달라고 하는데, 의원은 어떤 방법을 써도 아이를 살릴 수 없다는 걸 알고 있다. 의원은 기사 고타미를 붓다에게 보내고, 붓다는 아무도 고통을 겪은 일이 없는 집에서 흰 겨자씨 너덧 알을 얻어오라고 시킨다. 기사 고타미는 집집마다 찾아다니며 아기를 살릴 약이 필요하다고 한다. 많은 사람들이 겨자씨를 내주려고 했지만, 그 사람들에게 가까운 사람을 잃은 일이 있냐고 확인해보면 하나같이 그렇다고 답했다. 결국 기사 고타미는 붓다에게 돌아간다.

"겨자씨를 가져왔느냐?" 붓다가 물었다.

"아니요. 그렇지만 사랑하는 이를 잃은 일이 없는 사람은 없음을 알게 되어 제 아이를 편히 쉬도록 놓아주었습니다."

내 마음속에 딜런이 쉴 곳을 찾는 데에는 여러 해가 걸렸다. 그리고 나 자신이 쉴 곳을 찾기 위한 답을 찾는 데에는 더 오랜 시간이 걸렸다.

나는 가해자의 엄마입니다

5

불길한 예감

딜런, 네가 어디에 있든 나는 너를 사랑하고 그리워할 거야. 나
는 네가 남겨두고 간 혼란 속에서 애쓰고 있어. 이 모든 일에 대
해 네가 용서를 받을 수 있는 방법이 있다면 알려주렴. 우리에게
평화를 줄 답을 찾고 우리에게 주어진 이 삶을 살아가도록 도와
줘. 도와다오.

—1999년 4월 일기

토요일 딜런의 장례식 날 저녁에 우리는 이부자리를 개고 애완동
물들을 챙겨서 루스와 돈의 집에서 나와 우리 집으로 돌아갔다. 바
이런이 자기 차를 타고 따라왔다.

우리는 두려워하며 집으로 향했다. 아직까지도 기자들이 진을 치

고 있다고 했다. 기자들이 우리 친구들 집을 포위하고 명함과 메시지를 뿌려댄다고 했다. 한 친구는 인터뷰에 응하지 않았더니 기자가 집 진입로를 막고 있다가 볼일을 보러 외출하는 친구를 끈질기게 쫓아와 결국 경찰에 신고하겠다고 위협해서 쫓았다고 했다. 친구가 우리에게 전화를 걸어 유명 뉴스 앵커가 지금 자기네 집 거실에 앉아 있다고 속삭인 일이 한두 번이 아니었다.

대체 왜 이런 사건이 벌어졌는가 하는 하나의 질문에 온 세계가 매달리고 있음을 나도 알았다. 우리가 그 답을 주기를 기대한다는 것도 알았다. 그렇지만 우리는 아무 답도 줄 수가 없었다. 우리는 그저 우리끼리 조용히 우리 아들의 죽음과 아들이 죽이고 다치게 한 사람들의 희생을 슬퍼하고 싶었을 뿐이다. 다행히 우리가 집에 왔을 때에는 한밤중이라 아무도 없었다. 나흘 동안 대기하다가 마침내 포기하고 철수한 모양이었다.

집에 왔지만 편하지 않았다. 다시 집에 와서 딜런의 물건 가까이 있게 되면 조금 더 나아지리라고 생각했는데, 현관문을 닫는 순간 돈과 루스의 집에 있을 때보다 더 취약해진 기분이 들었다. 우리 집 통유리 창문으로 집 주위의 장려한 콜로라도 경치가 내다보였다. 이 창에는 커튼 같은 걸 친 적이 없었는데, 우리가 사는 동네에서는 굳이 프라이버시를 신경 쓸 필요가 없기도 했고 또 그 창으로 바깥 경치를 바라보기를 좋아했기 때문이다. 그런데 지금은 이 창문 때문에 무방비 상태라는 생각밖에 안 들었다. 집 안의 불을 켜면 집 밖에 있는 사람이 안을 훤히 들여다 볼 수 있었다.

나는 가해자의 엄마입니다

우리는 나가기 전 앞창에 켜놓았던 전등 불빛에만 의지해 텅 빈 집 안에서 움직였다. 톰이 손전등을 찾아냈지만 이상하게도 부엌 서랍에 넣어두었던 배터리가 하나도 남아 있지 않았다. 그래서 정전에 대비해 보관하던 반쯤 탄 양초를 켰다. 아이들이 나보다 훌쩍 커버린 지금도 나는 아이들이 어릴 때 습관대로 성냥을 제일 윗서랍에 넣어두곤 하는데, 희한하게 성냥도 배터리처럼 사라지고 없었다. 경찰이 집에서 폭탄 제조의 증거물이 될 법한 것은 모두 압수한 모양이었다.

어둠 속에서 집 안을 뒤져서 낡은 시트, 담요 몇 장, 버리려고 모아둔 신문지 등을 찾았다. 서랍을 더듬어 압정과 테이프를 찾았다. 먼저 부엌부터 처리했다. 냉장고 문을 열고 그 불빛을 이용해 의자 위에 올라가 창에 임시 커튼을 달았다. 가스레인지로 초에 불을 붙인 다음, 방마다 돌아다니며 창에 온갖 종류의 가림막을 걸어 시선을 차단했다. 이렇게 조각조각 이어붙인 고치를 완성하고 나서야 우리는 마침내 집 뒤쪽에 있는 전등 하나를 더 켰다.

바이런은 이런 준비를 거들고 난 다음 자기 아파트로 돌아갔다. 바이런을 보내기는 힘들었다. 동생과 많이 닮은 데다가 우리 성이 워낙 특이해서 바이런이 다시 정상적인 삶을 누리기는 힘들 것이었다. 게다가 바이런이 슬퍼하고 혼란스러워하는 모습이 나에게는 나 자신의 감정보다 더 무섭게 느껴졌다. 벌써 아들 하나를 잃었는데, 절망 때문에 또 하나를 잃을지 모른다는 생각에 공포에 질렸다.

내가 바이런에게 매달리는 까닭은 마이린이 곁에 있으면 네가 다시 나 자신이 될 수 있기 때문일지도 모른다는 생각도 들었다. 이 모든 일에도 불구하고, 바이런이 곁에 있을 때 나는 여전히 엄마일 수 있었기 때문이다.

이제 둘만 남겨진 톰과 나는 어둑한 방을 떠돌아다녔다. 차를 타고 집으로 오면서 나는 쫓기는 짐승처럼 숨으러 간다고 생각했다. 그런데 이제는 심하게 다쳐서 혼자 죽으러 굴로 기어들어온 짐승이 된 듯한 기분이 더 강했다. 더 이상 집이 집처럼 여겨지지 않았다. 창문을 다 가리니 집 안에서 울리는 소리도 다르게 들렸다. 갑자기 아이가 없어진 집에, 아무 소리도 들리지 않으니 마치 산소가 사라진 것 같았다. 자꾸 냉장고가 열리는 소리가 들리는 것 같았다. 딜런이 마치 우리 곁에 있는 것 같은, 그 뒤로도 몇 해 동안 계속될 환청 가운데 하나였다.

우리 집 일층에서 위쪽 중층이 보이는데 복도에 딜런의 방에서 꺼낸 가구, 책, 종이쪽 들이 흩어져 있었다. 딜런의 매트리스는 시트를 벗긴 채로 이층 난간에 기대어 세워놨다. 그 옆에 침대가 해체되어 있었다. 돈과 루스 집에 있을 때는 딜런의 물건 가까이 있고 싶은 생각뿐이었는데, 그날 밤에는 우리 둘 중 누구도 딜런 방 가까이 다가갈 힘을 낼 수가 없었다.

깨어 있는 게 너무 고통스러워 잠자리에 들었다. 침실 불빛은 켜놓았다. 우리 침실이 길에서 바로 내다보여서 우리가 불을 끄면 기자들이나 우리 집을 감시하는 사람들이 알아차릴 게 두려웠기 때문이다. 불빛 때문에 도저히 잠을 잘 수가 없자 어리석은 행동이었다

나는 가해자의 엄마입니다

는 생각이 들었다.

***

그 첫날 밤에 우리가 잠을 잘 수 있었다는 게 상상이 안 가지만, 정신이 마침내 자비를 베풀듯 꺼졌다. 그 후 몇 년 동안 깨어나는 순간이 하루 중 가장 잔인한 순간이었다. 이 모든 일이 악몽, 사람이 꿀 수 있는 최악의 악몽이었다고 생각할 수 있는 가능성이 찰나에 찾아왔다가 지나가버리기 때문이다.

집에 돌아온 첫날 아침, 톰이 손을 뻗어 내 손을 잡았다. 우리는 침묵 속에서 서로 손을 꼭 붙들고 천장을 보며 누워 있었다. 마침내 한 사람이 침대 아래로 한 발을 내렸다. 우리는 용기를 내 함께 침실에서 나갔다. 대낮에 집 안을 돌아다니며 두 아들의 사진을 보니 울컥했다. 아빠와 하이킹하고 낚시하는 사진들, 야구 유니폼을 입은 모습, 다른 가족과 래프팅 하러 갔을 때, 집 근처 바위 위에 서 있는 모습. 책상 위, 책장 위에서 장난꾸러기처럼 웃는 딜런의 얼굴이 나를 보고 있었다.

우리가 10년 넘게 살아온 정겨운 집의 거실, 함께 수도 없이 고전영화를 보고 숙제를 하고 저녁을 먹었던 곳은 전혀 다른 곳이 되었다. 프라이버시를 포기할 수는 없었겠지만 창문을 가려놓으니 바깥공간이 암울하고 불길하게 여겨졌나. 집 안에 가득 치곤 했던 맑은

아기 딜런과 함께한 눈 놀이

(클리볼드 가족 제공)

햇빛을 신문으로 가려놓으니 공중에 더러운 개 비린내가 감도는 것 같았다. 창밖 새모이통에서 새소리가 들렸지만 새들을 볼 수는 없었다.

침실에서 부엌까지 가는 것만으로도 지쳐버려, 쓰러지지 않으려고 조리대를 붙들었다. 그렇게 서 있자니 갑자기 아주 오래전에 병원에서, 딜런을 낳은 직후에 찾아왔던 불안한 한순간이 떠올랐다.

딜런은 1981년 9월 11일 새벽에 태어났다. 둘째 아들도 형처럼 시인 이름을 따서 지었다. 웨일스 시인이자 극작가 딜런 토머스의 이름을 땄다. 병원 분만실 침대 시트에는 노란 꽃무늬가 그려져 있었다. 딜런이 너무나 조용히 힘들이지 않고 나와서, 진통을 하면서 복도에서 간호사들이 속삭이는 소리를 들을 수 있을 정도였다. 딜런은 한 번 울음을 터뜨린 다음 내 품 안으로 들어왔고 불빛 속에서 눈을 가늘게 떴다.

출산의 순간에 어느 엄마가 그러지 않겠냐마는, 갓난 생명을 만나게 되어 기뻤고 첫눈에 사랑에 빠졌다. 이튿날 아침 처음으로 단둘이 있게 되었을 때 나는 딜런의 부드러운 뺨에 입을 맞추고 조그맣고 완벽한 손가락과 발가락을 경탄하며 들여다보았다. 그런데 딜런을 안고 있는 동안 한순간 마음 깊은 곳에서 불안한 예감이 느껴졌다. 몸이 떨릴 정도로 강한 느낌이었다. 마치 머리 위로 맹금이 지나가며 우리 위에 그늘을 드리우는 것만 같았다. 내 품 안의 완벽한 갓난아기를 보면서 나는 강한 예감에 압도되었다. 이 아이가 나에게 엄청난 슬픔을 안겨줄 거야.

나는 미신적인 사람이 아니다. 이런 감정은 그 전에도 이후에도 느껴본 적이 없었다. 어찌나 놀랐는지 몸이 움직여지지 않았다. 엄마의 본능일까? 건강해 보이는 내 아기에게 병이 있는 걸까? 그렇지만 검사 결과는 아무 이상이 없는 것으로 나왔고 나와 아기 모두 곧 퇴원할 수 있었다.

2주 뒤에 딜런이 젖을 먹은 뒤 잔뜩 토했고 그다음 먹은 것도 와락 토했다. 깜짝 놀라 응급실로 갔다. 의사들이 이틀 동안 관찰했지만 아무 이상이 없었다. 며칠 뒤에 나는 딜런을 다시 의사에게 보이려고 데리고 갔다. 생후 3주가 된 딜런은 창백한 데다 탈수 상태였고 출생시보다도 몸무게가 줄어 있었다. 그때는 상태가 엑스레이로 보일 정도로 심해져 있었다. 딜런은 유문협착증, 곧 위장 아래쪽이 좁아지는 병이 있다는 진단을 받았다. 의사가 큰 병원으로 가라고 했다. 상황이 심각해서 즉시 수술을 받지 않았다면 죽을 뻔했다.

딜런이 힘든 일들을 이기고 귀엽고 통통하고 볼이 빨간 아기로 돌아오자 나는 안도했다. 내가 느꼈던 불길한 예감의 실체가 이 병이었는데 이제 위기를 넘겼다고 확신했기 때문에 더 크게 안도할 수 있었다.

갓난아기 때 이 병 이후로는, 딜런이 고등학교 3학년이 되기까지는 단 한 번도 그 아이 때문에 심각하게 걱정할 일이 없었다.

6

어린 시절

공포와 믿기지 않는다는 감정에 압도된다. 내 아들을 잃었다는 슬픔, 딜런이 한 일에 대한 부끄러움, 세상의 증오에 대한 두려움. 이 고통에서 벗어날 길이 없다.

—1999년 4월 일기

나는 살면서 거의 항상 일기를 썼다. 초등 고학년 때와 중학교 때에는 작은 노트 페이지에 내 꿈과 희망을 쏟아붓고 열쇠로 잠가 숨겨놓곤 했다. 이 세상에 내가 어떤 블라우스를 입고 싶은지, 개를 데리고 어디로 산책을 가고 싶은지 궁금해할 사람은 없었겠지만. 날마다 노트 한쪽을 가득 채웠다. 언니가 더 기다리지 못하고 우리 침실 불을 꺼버리고 나면 나는 어둠 속에서 끼적였다.

고등학교 때와 대학교 때는 주로 언니와 엄마, 할아버지의 할머니께 편지를 썼다. 가끔은 시간을 내서 (엉터리) 시를 쓰기도 했다. 결혼하고 아이를 낳은 뒤에는 특별한 일을 기억하고 싶을 때, 괴로운 감정을 달래고 싶을 때마다 일기를 썼다. 두 아이의 발달 과정을 기록하는 일이 즐거웠다. 아이들이 처음으로 자기들 손을 발견한 날, 뒤집기를 한 날, 첫 걸음마를 뗀 날 등을 기록해놓았다. 아이들이 좀 더 크고 바쁜 일상을 챙기는 데 시간이 더 많이 들어가게 되면서 일기가 간략해지고 평범해졌다. "바이런 치과. 치실질 필요. 딜런 팀이 6:3으로 승리!"

콜럼바인 직후에 나는 감정을 쏟아놓기 위해 다시 글을 쓰기 시작했다. 딜런이 크리스마스 선물로 준 일기장에 썼다. 톰과 나는 늘 아이들에게 비싼 선물 살 필요 없다고 말하곤 한다. 1997년 크리스마스에는 내 양말 안에 가죽 장정의 일기장이 들어 있는 것을 보고 감동을 받았다. 1998년에는 딜런한테서 에드바르 뭉크의 「절규」가 표지에 인쇄된 일기장을 받고 좋아서 엄청 법석을 떨었었다. 나중에는 그 그림이 불길한 징조로 보였지만 당시에는 딜런이 사려 깊게도 그림과 글과 상관 있는 선물, 그러니까 나한테 딱 맞는 선물을 골랐다는 것에 감동을 받았다.

콜럼바인 직후에 나는 글을 쓰면서 일시적이긴 해도 실질적인 위안을 얻을 수 있었다. 나는 일기장을 내 아들과 아들이 한 일에 대한 복잡하고 모순적인 무수한 감정들을 담아놓는 공간으로 삼았다. 그 최초의 나날들에 글을 쓰면서 딜런이 일으킨 슬픔과 고통에 대한 무한한 비탄을 씹어 삼킬 수 있었다. 희생자 가족들에게 직접 다

나는 가해자의 엄마입니다

가가기 진에 나는 일기를 통해 그들에게 사죄하고 홀로 애도했다.

일기는 또 '기록을 바로잡는' 공간이기도 했다. 비극의 여진이 계속되는 동안에 우리는 딜런을 잃었을 뿐 아니라 딜런이 어떤 사람이었는지, 또 우리가 어떤 사람인지도 잃었다. 언론에서 쏟아져 나오는 잘못된 정보를 바로잡기는 불가능했지만, 나 혼자서만이라도 우리 이야기를 하고 싶었다. 우리를 짐승, 괴물이라고 부르는 사람들에게 일기장을 통해 조용히 대답하고 일기에서 우리 아들과 우리 가족에 대한 오해를 바로잡았다. 내 일기에는 우리를 알지도 못하면서 나무라는 사람에게 변명도 하고 화도 내는 감정들이 담겨 있다. 이런 감정이 솟는다는 게 자랑할 일은 결코 아니고 겉으로 드러내지 않아 다행이라고 생각하지만, 그 감정들이 그때에는 피할 수 없는 것이었고 내 충격과 비탄이 너무 커서 사소한 것들에 집착했었음을 지금은 안다.

또 입 밖에 내면 안전하지 않을 수도 있었던 나의 상실감을 일기에 털어놓을 수 있었다. 우리 변호사가 내가 지원 모임 같은 데에 나가면 그 모임 구성원들이 증언을 해야 될 수도 있으니, 아들을 기억하고 애도할 다른 안전한 공간을 찾아야 한다고 했다. 나머지 세상 전부가 딜런을 괴물이라 비난할지라도, 내가 잃은 것은 내 아이였으니까.

그래서 특히 초기에는 일기를 주로 기억으로 채웠다. 나중에, 어디에서 무엇이 어떻게 잘못되었는지를 알기 위해 법의학적 해석을 하듯 일기를 다시 살펴보았다. 죽은 사람을 기억 속에 갈무리하는 일이 애도 과정의 많은 부분을 차지한다. 여러 해 동안 나의 슬픔은 딜런의 삶 마지막 순간에 딜런의 머릿속에 무엇이 있었을까 하는 의문과 그저 뒤얽혀 있었다. 이 비밀을 실제로 밝히려고 한 것은 한참 뒤의 일이었다. 초기에는 그저 사랑만으로 글을 썼다.

나는 떠오르는 딜런의 기억을 모두 그러모아 일기에 적었다. 아기 때, 어릴 때, 십대 때. 딜런의 성취와 실망을 다시 떠올리고, 우리가 함께 보낸 소소하고 평범한 무수한 순간들을 생각했다. 혹시라도 잊어버릴까 이미 여러 차례 되풀이한 우리 가족 이야기, 함께 나누던 농담, 다른 사람들은 알아들을 수 없지만 우리 식구들은 웃음을 터뜨리게 만드는 말들을 적었다. 이런 걸 적다 보니 딜런이 가까이 있는 것 같았다.

내가 이런 이야기를 하면 나에 대한 비난이 더 커지리라는 것은 안다. 그런 생각을 하면 겁이 난다. 지난 16년 동안 부모로서 들을 수 있는 온갖 종류의 비난을 들어왔는데도 그렇다. 톰과 내가 딜런에게 너무 허용적이었다는 말도 들었고 너무 엄격했다는 말도 들었다. 우리 집안에서 총기에 대해 지나치게 엄격했기 때문에 이런 일이 일어났다는 말도 들었다. 딜런이 총에 익숙했다면 오히려 신비감을 느끼지 않았을 거라는 거다. 우리에게 딜런을 학대했는지, 다른 사람이 학대하도록 내버려두었는지, 안아주기는 했는지, 사랑한다는 말을 한 적이 있는지 묻는 사람들도 있었다.

물론 우리가 했던 결정들이 잘못되었나 돌아보기도 한다. 당연히 후회도 한다. 특히 딜런이 자기 자신과 다른 사람들을 해칠 위험에 처해 있다는 신호를 놓쳤다는 게 후회스럽다. 내가 그걸 놓쳤기 때문에 바로 이 이야기를 하고 싶은 것이다. 톰과 내가 아이들을 키우며 한 결정들은 모두 우리 능력이 닿는 한 신중하게 좋은 뜻으로 내린 결정이었다. 이런 이야기를 하는 건 우리 아들이나 우리 평판을 좋게 하기 위해서가 아니다. 하지만 딜런이 **어떤** 아이였는지 아는 일이, 특히 부모들이나 교사들에게 중요한 일이라고 생각한다.

15년 동안 자살과 폭력 예방을 위해 일하면서 비극으로 끝난 수많은 삶의 이야기를 들었다. 아이가 힘들어하는 것을 알았다고 말하는 부모도 있다. 울음을 그치지 않는 아기, 걱정스러울 정도로 사교성이 없는 초등학생, 무서울 정도로 화를 내고 폭력적인 십대 등. 아이가 도움을 받을 수 있도록 여러 차례 시도했지만 잘 되지 않은 경우가 많았다. 책 뒤쪽에서 이런 케이스들에 대해 좀 더 이야기하려고 한다. 힘들어하는 아이가 자신이나 다른 사람에게 위험한 존재가 되기 전에 부모나 다른 보호자들이 쉽게 도움을 줄 수 있도록 만들어야 한다. 그렇지만 여기에서 이런 가족 이야기를 하는 까닭은, 중요한 차이를 밝히고 싶기 때문이다. 문제가 있다는 것이 일찍이 드러나서 가족들을 힘들게 해온 아이? 딜런은 그런 아이가 아니었다.

딜런에게 어떤 문제가 있다는 낌새는 있었다. 그걸 놓친 건 내 책임이다. 그렇지만 요란한 경적 소리나 번쩍이는 네온사인 경고등 같은 것은 없었다. 딜런이 공원 의자에 앉아 있는 모습을 보고 자기 애들을 다른 데로 끌고 갈 부모는 없을 것이다. 오히려 딜런과 몇 마디 나누어보고 일요일에 놀러 오라고 초대할 가능성이 높다. 바로 그랬기 때문에 우리가 취약할 수밖에 없었던 것이다.

콜럼바인 사건 직후에 사람들은 신속한 판결을 내렸다. 딜런은 괴물이라고. 그렇지만 이런 결론은 훨씬 복잡한 현실을 너무 간결하게 정리해버리기 때문에 오해를 일으킬 소지가 있다. 근거 없는 믿음들이 다 그러하듯 딜런이 괴물이었다고 믿는 것에도 그럴 만한 이유가 있다. 사람들은 가까이에 악이 있다면 알아볼 수 있다고 믿고 싶어 한다. 괴물을 잘못 볼 수는 없다고. 괴물을 보면 당연히 알아보지 않겠는가? 딜런이 악마이고, 병들어 걷잡을 수 없는 상태의 아이가 바로 코앞에 무기를 모아놓는데도 생각 없는 부모가 내버려둔 경우라면, 이 끔찍한 비극이 위층 포근한 침대에 곤히 잠들어 있는 아이들과 평범한 엄마 아빠들에게는 일어나지 않을 일이라고 생각할 수 있다. 가슴 아픈 사건이지만 우리와는 먼 일이 된다. 딜런이 괴물이라면 콜럼바인 사건은 처참할지언정 이례적인 일, 마른하늘에 날벼락 같은 일이라고 여길 수 있다.

문제는 그게 사실이 아니라는 거다. 딜런이 한 행동이 괴물 같은 무시무시한 일이었긴 하지만, 딜런의 실상이 어떠하였는지는 그보다 더 파악하기 어렵다. 딜런은 만화에 나오는 악마 같은 존재가 아니었다. 이 극악무도한 참극의 배후에 있는 불편한 진실은, '좋은 가정'에서 걱정 없이 자란 수줍음 많고 호감 가는 젊은이가 그 주인공이라는 것이다. 톰과 나는 텔레비전 시청과 설탕이 많이 든 시리얼 섭취를 제한하는 적극적인 부모였다. 아이들이 볼 영화를 골라주고 책을 읽어주고 기도를 하고 안아주면서 아이들을 재웠다. 파국이 있기

딜런의 다섯 살 생일

(클리볼드 가족 제공)

전해에 일으킨 문제를 제외하고는(십대 남자아이가 흔히 저지를 법한 일이라고들 했다.) 딜런은 말 그대로 전형적인 착한 아이였다. 키우기도 쉬웠고 함께 있으면 즐거웠고 언제나 대견한 아들이었다.

딜런을 괴물로 그려 콜럼바인의 비극이 보통 사람이나 가족들과는 아무 상관이 없는 일이라는 인상을 준다면, 거기에서 얻을 수 있는 안도감은 거짓일 것이다. 나는 진실을 이야기함으로써 그런 식으로 달랠 수 없는, 더욱 무시무시하지만 중요한, 취약함에 대한 인식을 일깨우고자 한다.

* * *

나는 어릴 때부터 엄마가 되고 싶었다. 톰은 어릴 때 부모님을 모두 잃어서, 남은 가족들이 사랑으로 키워주었어도 부모님의 부재로 인한 상실감을 뼈저리게 느꼈다고 한다. 그래서 톰은 관심 많고 적극적이고 늘 옆에 있어주는 아빠가 되겠다고 굳게 결심했다. 나는 1950년대에 어린 시절을 보냈는데 텔레비전 드라마에 묘사되는 전후(戰後)의 전형적 삶의 모습과 비슷한 삶이었다. 세상이 많이 달라졌지만(그리고 내가 우리 엄마처럼 전업주부가 아니라 일주일에 나흘 일을 하기는 하지만), 톰과 나는 이와 비슷한 화목한 중산층 가정 모델에 따라 아이들을 키웠다.

우리는 확신을 가지고 아이들을 키웠다. 특히 둘째를 낳았을 때에

나는 가해자의 엄마입니다

는 자신이 붙었다. 나는 타고나기를 걱정이 많은 성격이라 늘 아이들 목에 뭐가 걸리지 않을까 염려하고, 좋은 버릇을 잘 가르치려고 법석을 떠는 편이었다. 또 한편, 나는 어릴 때부터 아이 돌보는 아르바이트를 했고 취직한 뒤에는 아이들과 어른들을 가르치는 일을 오래했다. 석사학위를 딸 때 아동발달과 아동심리 과목들이 필수였다. 순진하게도 나는 지식과 경험을 통해 단련된 직관이 있으니 우리 아이들을 잘 키울 수 있을 것이라고 생각했다. 적어도 문제를 만났을 때 어디에서 도움을 구해야 할지는 안다고 생각했다.

부모로서 우리의 자신감은 자라나는 아이들을 보면서 더 탄탄해졌다. 우리 첫째 바이런은 어릴 때 흥이 넘치는 정신없는 아이였다. 바이런을 보면 「아이 러브 루시」 시트콤의 루실 볼 캐릭터가 생각났다. 항상 뭔가 일을 벌이고 있었으니 말이다. 바이런은 식당 화장실에서 슝 달려 나와 음식이 가득 담긴 쟁반을 든 웨이트리스에게 돌진하는 아이였다. 또 겨드랑이로 방귀 소리를 내다가 접시를 쳐서 감자샐러드가 날아와 얼굴에 뭉개져 마치 케이크를 던지며 싸운 것 같은 꼴이 되고, 그래놓고는 다음 날 아침 식탁에서 똑같은 짓을 하다가 오트밀 그릇을 다시 엎는 아이였다. 악의는 전혀 없는 사내아이다운 바보짓이었다. 바이런의 장난을 보면 톰도 웃음이 터져 화도 못 내곤 했다.

에너지가 넘치는 바이런을 겪고 나니 바닥에 앉아 조용히 노는 딜런이 정말 신기했다. 두 아이 다 씩씩하고 장난꾸러기였지만 딜런은 차분히 앉아서 하는 논리적인 놀이를 더 좋아했다. 그 금도 기만

히 있지 못하고 움직이는 바이런이 품을 떠날 만큼 자란 뒤에도 딜런은 책이나 퍼즐 같은 것을 들고 자리를 잡거나 내 품 안으로 기어들어오곤 했다. 작은아들은 관찰력과 호기심이 있고 사려 깊고 유순한 성격이었다. 주위에서 일어나는 일에 관심을 갖고, 인내심도 있고 차분하고 잘 웃었다. 딜런은 평범한 일과도 재미있게 할 수 있었다. 무슨 일에든 잘 나서고 적극적이고 서글서글하고 붙임성 있는 아이였다.

그리고 머리도 좋았다. 딜런의 재능은 어릴 때부터 드러났다. 아기 때 처음 물건을 쥘 수 있게 된 직후에 밤마다 깨서 우는 일이 되풀이되었다. 밤마다 딜런을 달래려고 온갖 방법을 쓰다가, 혹시 몸에 문제가 있는지 알아보려고 소아과에 데려갔다. 의사는 딜런을 진찰한 후, 딜런이 자다가 깼을 때 혼자 놀 수 있도록 침대에 안전한 장난감이나 헝겊 책 같은 것을 넣어주라고 했다. 그날 밤, 우리는 딜런이 깨서 조용히 장난감을 가지고 놀고 책을 보는 소리를 들었다. 다 놀고 나서 딜런은 다시 잠이 들었다. 그저 심심해서 울었던 것이었다.

내 직업이 선생이다 보니 딜런의 조숙함이 더욱 신기했다. 거기에 너무 많은 의미를 부여하지 않았어야 할지도 모르겠지만, 딜런은 정말 빨리 배웠다. 3학년 때에는 종이접기에 푹 빠졌고 꽤 클 때까지 취미로 삼았다.(딜런이 처음으로 종이학을 접고 나서 일본 교환학생 친구 두 명을 우리 집에 초대했다. 그런데 그 아이들이 종이접기를 나보다도 못한다는 사실이 드러나자 딜런은 실망했다.) 우리는 종이접기 책을 많이 모았고 딜런은 일흔

번, 여든 번 정도 접어야 하는 아주 복잡한 접기도 해냈다. 손이 급하고 아직 덜 여물어 접은 면이 면도날처럼 날카롭지는 않았지만 그래도 조그만 예술작품들이 만들어졌다.

우리 친구들 집에 가면 아직도 딜런의 작품이 남아 있다. 그 참사 이후 딜런의 5학년 때 선생님이 위로차 우리를 찾아온 적이 있는데 자기의 가장 소중한 보물이라며 조그만 종이장식품들이 달린 종이접기 나무를 가지고 와서 보여주었다. 딜런이 몇 시간 동안 접어서 선생님께 크리스마스 선물로 드린 것이었다.

아기 때에는 조립식 블록 장난감에 푹 빠졌다. 조금 큰 다음에는 몇 시간이고 레고를 조립하면서 놀았다. 딜런은 꼼꼼하고 체계적이라 설명서를 그대로 따르면서 만들기를 좋아했다. 배, 성, 우주정거장 등을 섬세하게 조립해 완성한 다음 도로 다 부수어서 다시 만들었다. 딜런의 방에는 이층 침대가 있는데 톰이 아래쪽 침대 위에 널따란 합판을 올려놓았다. 완성하는 데 며칠 걸리는 크고 복잡한 구조물을 만들 공간을 따로 마련해준 것이었다. 바이런은 자기 멋대로 만들기를 좋아해서 상상력을 펼치며 창의적인 작품들을 만들어내곤 했다. 딜런은 반대였다. 가끔은 너무 완벽에 집착해서, 딱 맞는 블록이 없으면 다른 블록을 대신 써도 된다고 우리가 설득해야 했다.

우리 넷이서 모노폴리나 리스크 같은 보드게임을 할 때에도 딜런의 경쟁적인 면이 드러나곤 했다. 게임에서 지면 굴욕스러워했고 그러다 보면 화를 내기도 했다. 이기는 법만큼 지는 법을 배우는 것도 중요하기 때문에 우리는 딜런이 감정을 다스리는 법을 배울 때까지 계속 다 같이 게임을 했다. 딜런은 또 리틀야구단 활동도 했다. 야구를 하면서 딜런은 스포츠맨십을 배웠다. 딜런이 크면서 우리가 바란 대로 강한 승부욕도 가라앉았다. 하지만 돌아보면 우리가 적절히 어울려 노는 법을 가르친다는 명분으로 뜻지 않게 억지로 감정을 억누르게 만든 것은 아닌가 하는 생각이 든다.

내가 어릴 적에 워낙 겁보였기 때문에, 다른 아이들이 흔히 겁내는 것들에 대해 딜런이 대범한 것이 참 신기했다. 나와 달리 병원이나 치과에 가는 걸 무서워하지도 않았다. 처음 머리를 자를 때에도 활짝 웃으면서 앉아 있었다. 물을 무서워하지도 않고 어두운 곳에 있어도 겁내지 않았고 천둥번개도 무서워하지 않았다. 조금 더 커서 놀이동산에 놀러갔을 때에는 제일 무섭다는 놀이기구를 타겠다고 졸랐다. 나머지 식구들은 아무도 탈 용기를 못 내서 딜런 혼자 타고 우리는 아래에서 손을 흔들고 있을 때도 있었다.

톰과 나는 딜런을 '꼬마 기병대'라고 불렀는데 좌절에 굴하지 않는 능력 때문이었다. 문제를 극복할 때까지 멈추지 않았고, 무엇에 매달렸다 하면 끝을 봐야 했다. 도움을 청하기를 싫어했다. 사실 도움이 필요 없기도 했다. 딜런이 키도 크고 학습 능력도 빨리 자랐기 때문에 한 해 일찍 학교에 들어갔다. 언제나 반에서 나이가 가장 어렸고 키는 가장 큰 편에 속했다.

딜런은 친구와 같이 장난감을 가지고 노는 건 잘 못했다. 특히 욕심 많은 친구가 놀러 온다고 하면 가장 좋아하는 장난감을 미리 숨겨놓기도 했다. 아기 때에는 장 보러 갔다가 피곤해지면 계산대에서

나는 가해자의 엄마입니다

짜증을 터뜨리기도 했다. 그럴 때나 자기가 형보다 구구단을 훨씬 잘 외운다고 뽐낼 때는 마냥 예쁘지만은 않았다. 하지만 지극히 정상적인 아이였고 우리 모두 딜런을 사랑했다. 톰과 나는 딜런이 뭔가 대단한 일을 할 거라고 믿었다.

시간이 흐르면서 딜런이 스스로에게나 남들에게 자기 혼자 힘으로 잘해나간다는 확신을 주려고 했던 것에 대해 많이 생각해보았다. 딜런이 어릴 때부터 보였던 타고난 성격이었다. 어렸을 때에는 우리도 그런 면을 자랑스럽게 생각했지만, 지금 생각해보면 그래서는 안 되는 것이었을지도 모르겠다. 딜런이 삶의 막바지에 정말 도움이 필요할 때 어떻게 도움을 청해야 할지 몰랐으니 말이다.

콜럼바인 사건 이후에 많은 사람들이 나에게 다가와 자기네 이야기를 들려주고 숨겨왔던 고통을 털어놓았다. 그런데 이른바 '완벽한 아이들' 이야기가 무척 많아서 놀랐다. 과학박람회에서 상을 받고, 육상대회 메달을 휩쓸고, 최고의 음악학교에서 전액 장학금을 받은 아이들. 무언가 문제가 있다는 뚜렷한 징후가 나타난 경우도 있었다. 성적이 떨어지고 성생활이나 약물에 탐닉하고 위법행위를 저지르기도 했다. 그렇지만 워낙 빛나는 아이들이었기 때문에 부모의 레이더를 피할 수 있었다. 다른 분야에서 능력이 탁월한 만큼 부모가 자기들의 끔찍한 고통을 보지 못하게 숨기는 일도 잘했다.

내가 도대체 왜 이 책을 써서 세상의 비난과 독설을 다시 마주하려는 걸까 하는 생각이 들 때마다 나는 이 부모들을 생각한다. 딜런이야 우등생도 운동부 스타도 아니었지만, 우리는 딜런이 살다 보

면 맞닥뜨릴 수밖에 없는 역경들을 무리 없이 헤쳐나가리라고 확신
했다. 행복하고 자신 있는 얼굴로 세상을 대하면서도 수면 아래에서
는 고통스러워했던 이 아이들의 이야기를 내가 알았다면, 나도 딜런
을 다르게 키웠을까? 지난 뒤에 보면 뭐든 뚜렷이 보이는 법이지만,
그래도 내가 알았더라면 딜런이 힘들게 지낼 리 없다고 그렇게 쉽게
확신하지는 못했을 것이라고 생각한다.

톰과 나는 딜런한테는 자동조정장치가 달려 있는 것 같다고 농담
을 하곤 했다. 딜런이 다섯 살인가 여섯 살 때 나한테 목욕하는 법
을 가르쳐달라고 했다. 나는 비누수건에 비누를 묻히는 법, 특히 세
심히 닦아야 할 부분, 비눗기를 깨끗이 헹구는 법 등을 일러주었다.
세 살 더 많은 바이런은 아직도 욕조에서 노느라 바빠 잔소리를 안
하면 귀 닦는 걸 빼먹곤 했는데. 딜런에게는 단 한 번만 보여주었을
뿐인데, 내가 아무 말 하지 않아도 목욕을 마치고 수건을 걸어놓기
까지 했다.

딜런은 키우기 쉬운 아이였을 뿐 아니라 **행복한** 아이이기도 했다.
형보다는 내성적이었지만 그래도 친구를 잘 사귀었다. 우리가 애들
이 많은 동네에 산 적이 있는데 딜런이 또래 남자아이들 한 무리와
함께 자전거를 타고 동네를 누비던 게 생각난다.(아이들이 간식을 먹으러
들른 집 앞에 자전거가 잔뜩 쌓여 있는 걸 보고 어디에 있는지 알아내곤 했다.)

아이들이 좀 큰 뒤에는 딜런이 형, 형 친구들과 자연스레 어울리
는 걸 보고 신기했다. 내가 가장 좋아하는 사진 중 하나가 지금 이
글을 쓰는 책상에 놓여 있는데, 이 사진 속에서 딜런은 바이런의 팔

에 새끼원숭이처럼 매달려 있고 두 얼굴에는 함박웃음이 가득하다.

딜런이 어렸을 때 일 중에서 아직도 종종 떠오르는 일이 있다. 딜런이 열 살 때 심하게 잘못 난 이가 있어서 빼야 했다. 그런데 하필 그다음 날에 손님들이 놀러오기로 되어 있었다. 회복될 때까지 딜런과 내가 집에 남아 있어야 했겠지만, 딜런은 두 뺨이 다람쥐처럼 부푼 상태면서도 다 같이 관광하는데 자기만 빠지기 싫다고 고집을 부렸다.

퉁퉁 부어 힘들어 보이는 딜런의 얼굴을 볼 때마다 나는 움찔했지만 딜런은 하나도 빼놓지 않고 다 했다. 고카트 타기, 아이스크림 먹기, 파이크스피크 올라가는 기차 타기. 파이크스피크는 높이가 4300미터가 넘는 준봉으로 그 위에 올라가면 세상에서 가장 장엄한 풍광이 펼쳐진다. 차를 타고 여기에서 저기로 이동할 때마다 걱정스레 뒷거울로 딜런의 표정을 살피면, 딜런은 걱정을 떨쳐주려는 듯 살짝 웃음을 지었다. 나는 걱정했지만 딜런은 아주 즐거운 시간을 보내고 있었다.

여행 도중에 미국 최고 높이의 로열협곡현수교를 건널 때, 나와 다른 엄마가 겁이 나서 한 발 떼기를 주저하고 있는데 딜런이 가던 길을 깡충거리며 되돌아와서는 놀리고 달래고 격려하면서 우리를 끌고 갔다. 아직도 그 손의 감촉이 내 손에서 느껴진다.

***

톰과 나는 몇 차례 이사를 다닌 끝에 마침내 정착하고 싶은 집을 찾았다. 넓은 전망창, 높은 천장, 바로 꿈에 그리던 집이었다. 다만 관리가 너무 안 되어 있어 우리가 샀을 때에는 상태가 심각했다. 풀장에서 물이 샜고 테니스코트의 갈라진 틈새에서 잡초가 2미터 높이로 자랐다. 지붕에서는 비가 샜고 깨진 창문도 여럿 있었고, 집 안팎에 살림을 차린 얼룩다람쥐, 들쥐, 생쥐 들이 언제라도 드나들 수 있었다.

우리 수입을 고려해볼 때 무리한 선택이었지만, 주변 풍경이 숨 막힐 정도로 아름다웠다. 구릉지대의 독특한 빛 때문에 집 뒤쪽으로 솟아 있는 바위가 아침에는 불타는 주황색으로 빛나고 해질녘에는 곱고 짙은 라벤더 색으로 물들었다. 거대한 분홍색 사암 절벽 사이에서 뒤틀리고 옹이진 졸참나무, 가시투성이 선인장, 뾰족뾰족한 유카 등 사막 기후를 버티는 강인한 식물들이 자랐다.

다른 집에서 텔레비전을 보듯 나와 아들들은 우리 집 안에 앉아 창문으로 자연을 감상하곤 했다. 어치, 딱따구리, 까치, 박새 등이 우리 집 새모이통을 찾았고, 사슴 가족, 여우, 너구리도 마당에 흩뿌려놓은 씨앗을 나누어 먹었다. 한동안 뒷마당에 보브캣 가족이 산 적도 있다. 어느 날은 저녁식사를 마치고 톰이 설거지를 하다 고개를 들어보니 흑곰이 코앞에서 부엌 창문을 통해 자기를 보고 있더란다. 세 뼘도 안 되는 거리였다. 어느 날 아침에 보니 다른 곰이 우리 집 풀장 한가운데에 기분 좋은 듯 드러누워 있었다. 풀장 커버 움푹 들어간 곳에 곰이 목욕하기에 딱 적당할 만큼 빗물이 고여 있었던 것이다.

이웃 사람 한 명이 이곳이 원래 미국 원주민 부족이 겨울을 나던 땅이었다고 알려주었다. 그래서인지 이곳에는 영험한 기운이 있었다. 나는 아이들이 자연의 아름다움에 둘러싸여 안전하게 자라고 상상력을 마음껏 키워줄 곳에서 자유롭게 돌아다닐 수 있기를 바랐다. 그래서 산으로 둘러싸인 이 집을 발견했을 때 비록 상태는 낡고 엉망이었지만 그래도 우리 집을 찾았다고 생각했다.

1989년 12월 초, 딜런이 초등학교 3학년 때 이 집으로 이사했다. 친절한 이웃 사람이 차고에 처박혀 있던 낡은 미니바이크를 우리에게 주었다. 톰이 벼룩시장 광고에서 한 대를 더 찾아냈다. 톰은 아이들과 같이 미니바이크가 잘 달리도록 수리했다. 딜런과 바이런은 미니바이크를 타고 집 둘레에 길이 생길 정도로 돌아다녔다. 아이들이 마음껏 자유롭게 돌아다닐 수 있는 곳이었다. 한편 집이 워낙 외딴곳에 있어서 아이들이 다운타운에 갈 일이 있으면 미리 스케줄을 짜서 톰이나 내가 태워주어야만 했다. 자전거를 타고 친구 집에 가거나 차 타고 얼른 나가 아이스크림을 사 오거나 할 수 있는 위치는 아니었다. 외진 시골에 있다 보니 형제끼리 보내는 시간이 많았다.

딜런은 독립적인 존재로 성장하면서 스스로 자부심을 느꼈다. 열 살 때 빨래하는 법을 가르쳐달라고 해서 나를 놀라게 했다. 이런 독립심과 어릴 때부터 드러난 집념이 합해져 이겨도 무시할 수기 없는 아이였다. 딜런과 바이런을 롤러스케이트장에 데려갔던 때가 떠오른다. 나도 롤러스케이트를 잘 탄다고는 할 수 없지만 적어도 넘어지지 않고 서 있을 수는 있었다. 그래서 중심을 잡으려고 애쓰는 딜런에게 손을 잡아주겠다고 했다. 딜런은 혼자 하겠다고 손을 뿌리쳤다. 그래서 나는 난간에 기대어 딜런이 뒤뚱거리며 나아가는 것을 보았다. 딜런은 비틀비틀 몇 걸음 나아가더니 꽝 하고 바닥에 넘어졌다. 내가 도와주려고 달려가자 딜런이 손을 내저었다. "나 할 수 있어요. 엄마는 저기서 보고 있어요. 오지 마요! 안 도와줘도 돼요!"

그래서 나는 딜런이 난간 쪽으로 손발로 기어와서 난간을 붙들고 일어서는 모습을 보고만 있었다. 딜런은 그다음 또 몇 걸음 어설프게 내딛더니 넘어졌다. 나는 물러서서 조그만 아이가 굼벵이 속도로 거대한 링크를 도는 모습을 지켜보았다. 조심조심 몇 걸음, 넘어지고, 힘들게 다시 난간으로 기어오고. 링크 한 바퀴를 도는 데 얼마나 오래 걸렸는지 모르겠다. 한 시간은 걸린 것 같았다.

마침내 딜런이 비틀거리며 내가 서 있는 자리까지 왔다. 얼굴이 땀범벅이고 머리카락이 이마에 들러붙어 있었다. 청바지 아래 다리에 멍이 얼마나 들었을지 생각하니 속이 쓰렸다. 어찌나 힘들었던지 넘어지지 않으려고 벽을 붙잡고 선 딜런의 다리가 후들후들 떨리는 게 보였다. 딜런은 몸을 세우고 자랑스러운 얼굴로 나를 마주보았다.

"봤어요? 할 수 있다고 했잖아요!"

이런 일들이 있었으니 우리는 딜런이 마음먹은 것은 무엇이나 의지의 힘으로 해낼 수 있는 아이라고 생각했다. 이런 면들이 딜런에

나는 가해자의 엄마입니다

대한 믿음의 토대가 되었다. 딜런은 자신감이 확고한 아이였고 우리도 딜런을 확고하게 믿었다.

딜런은 4학년, 5학년, 6학년 동안 영재반에 속해 있었다. 거의 사립학교 같은 환경이었다. 학생 수도 적고 체스나 수학 게임을 많이 하고 개인별 맞춤 수업을 했다. 6학년을 마칠 때까지 딜런은 지적으로도 많은 자극을 받고 관심사가 비슷한 아이들과 함께 지낼 수 있어 정말 즐거워했다. 그때 느낀 자신감을 그림으로 남겨놓았다. 체크무늬 셔츠를 입은 아이가 노란색, 녹색, 자주색 산들이 있는 산맥 꼭대기에 서서 활짝 웃으며 손을 흔드는 그림이다. 딜런이 다닌 초등학교 교장선생님이 이 그림을 학교에 영구 전시할 그림으로 뽑아 금색 액자에 넣고 이름표를 달아 복도에 걸었다.

콜럼바인 사건 뒤에, 누군가가 그 그림을 망치거나 훔쳐갈까 겁이 나서 가장 좋아하는 선생님께 부탁해서 돌려받았다.

* * *

딜런이 어려서나 커서나 두드러지게 보였던 성향 가운데에 망신을 당할 위험을 지나치게 겁낸다는 점이 있었다. 이런 성향은 사춘기를 거치면서 점점 강해졌다. 톰이나 나는 자기비하를 겁내지 않고 스스로를 놀림감으로 만들기를 좋아하는 사람들이다. 하지만 딜런은 자기 실수를 가볍게 웃어넘길 줄 몰랐다. 자신이 실패에 가차 없

1991년 크리스마스

(페카리 사진)

었고 사람들 앞에서 바보스럽게 보이는 것을 싫어했다.

딜런이 여덟 살이던 어느 여름 오후, 주디 브라운네 두 아이와 같이 소풍을 간 적이 있다. 개울에서 가재를 잡고 놀다가 딜런이 미끄러운 바위 위에서 넘어져 얕은 물에 첨벙 빠졌다. 다친 데는 없었지만 딜런이 화를 냈다. 엉덩방아를 찧은 것, 다른 사람들이 웃은 것에 불같이 화를 냈다. 우리는 딜런에게 웃어넘기라고 했지만(바이런이었다면 오히려 멋들어지게 무대 인사까지 했을 것이다.) 딜런은 혼자 차로 들어가버렸고 화가 풀릴 때까지 입을 꽉 다물고 있었다. 딜런은 다른 아이들보다 무안을 훨씬 잘 타는 아이였다.

열 살 때인가 다른 주에 사는 사촌이 놀러 와서, 다 같이 말을 타러 갔다. 말을 타고 가는 도중에 딜런이 탄 말이 오줌을 누려고 걸음을 멈췄다. 우리는 어린아이들처럼 웃음을 터뜨렸다. 그런데 딜런의 얼굴이 붉으락푸르락해졌다. 시간이 갈수록 모욕감이 점점 커지는 것 같았다. 이렇게 딜런이 바이런보다 훨씬 자의식이 강하기는 했지만, 그래도 그 나이 아이의 정상적인 범주 안에 들어가는 모습들이었다.

중학교에 들어가면서 영재반 프로그램도 끝이 났다. 그 나이 아이들이 대개 그렇듯 딜런도 무리에서 튀는 일을 죽기보다 싫어했다. 딜런은 중학교에서는 똑똑한 게 좋은 게 아니라고 했다.

그래도 딜런의 성적은 좋았다. 중학교 8학년 때 수학선생님이 콜럼바인고등학교 대수학 수업을 신청해 들으면 어떻겠냐고 권했다. 딜런은 싫다고 했다. 톰, 나, 딜런이 함께 선생님을 만나서 어떻게 차는 게 좋을지 의논했다. 제때 고등학교 생활을 시작하는 것도 겁나는 일인데 1년 일찍 시작하기는 더욱 그랬고, 딜런이 콜럼바인까지 왔다 갔다 하는 문제도 쉽지 않았다. 우리는 중학교에서 수학 수업을 듣는 편이 낫겠다는 결론을 내렸다.

딜런이 잘하고 있다니 마음이 놓였다. 바이런은 청소년기에 접어들면서 쉽지 않았기 때문이다. 엄청 잔소리를 하고 챙겨야 했다. 아이들이 어릴 때부터 우리가 확실히 세워놓은 원칙이 있다. 우리나 다른 어른에게 버릇없게 말하면 안 된다는 것. 자기 방과 물건은 자기가 챙기고, 집안일을 거들어야 한다는 것. 또 안전을 위해 필요한 행동도 지켜야 했다. 선크림을 바르고, 안전운전 하고, 약에는 손대지 않는다 등. 여기에 더해 학업을 충실히 해야 한다는 것도 있었다. 그래서 톰과 나는 바이런의 고등학교 성적이(원래도 우수한 편은 아니었지만) 떨어지는 것을 보고 바이런의 방을 뒤졌고 바이런이 마리화나를 피운다는 것을 알게 되었다.

지금은 콜로라도 주에서 마리화나가 합법이다. 그러니 우리 반응이 구식이고 지나쳤다고 느껴질지도 모르겠다. 그렇지만 우리는 약이라는 건 평생 가까이 해본 적이 없어 솔직히 겁부터 났다. 전에도 바이런의 행동을 예의주시하고 있었지만, 마리화나를 발견한 뒤에는 더욱 철저하게 감시했다. 주기적으로 방을 뒤졌다. 좋지 않은 영향을 준다고 생각되는 친구들과 관계를 끊으라고 했다. 상담도 받으러 보냈다.

바이런이 엄청나게 짜증이 났을 거란 생각이 든다. 그렇지만 바이

나는 가해자의 엄마입니다

런은 전과 다를 바 없이 쾌활하고 다정했다. 재미있고 솔직한 성격이라 나는 바이런 방에서 한참 이야기를 나누며 문제가 없는지 알아보곤 했다. 우리 집에 큰 갈등은 없었지만, 그래도 톰과 나는 바이런에게 많은 관심을 쏟고 신경을 썼다. 아마 그만큼 딜런의 변화나 필요는 잘 감지하지 못했을 것이다.

이 힘든 시기 동안 딜런은 자기 할 일을 묵묵히 다했다. 말 잘 듣고 믿음직한 아들, 말썽 안 부리는 아이 역을 기꺼이 잘 하는 듯했다. 톰과 나는 바이런 문제에 골몰하고 있었기 때문에 딜런이 그런 역할을 해주기를 강하게 바랐다. 딜런의 독립성이 워낙 확고했기 때문에, 우리는 딜런이 삶의 마지막에 얼마나 간절하게 도움을 바랐는지 잘 볼 수가 없었다. 그래서 딜런이 힘들어한다는 것을 짐작도 하지 못했다.

8학년 마치고 여름방학 때부터 딜런이 호리호리하고 껑충한 모습으로 자라기 시작했다. 고등학교 입학 축하 선물로 산악지대 여름캠프를 보내주기로 했다. 야생캠프라 생활에 필요한 물품 대부분을 아이들이 지고 가야 했다. 우리가 집안일을 자기 몫보다 더 시킨다고 생각하면 바로 투덜거리는 딜런인데 캠프에서는 뭘 시키든 불평하는 일이 없었다. 딜런은 야외활동을 좋아했고 캠프 선생님들도 딜런이 다른 아이들과 잘 지낸다고 했다.

* * *

우리 애들 둘 다 어릴 때부터 야구를 했다. 어릴 때부터 청소년 때까지 야구가 두 아이를 하나로 묶어주는 끈 역할을 했다. 같이 텔레비전 중계를 보고, 신문 스포츠면을 먼저 보겠다고 싸우고, 교대로 아빠와 함께 야구 경기를 보러 갔다. 톰도 야구를 좋아해서 셋이 여름밤에 마당에서 캐치볼을 하거나 톰이 피칭 연습용으로 만들어놓은 투구판에 대고 공을 던졌다. 딜런의 방 벽에는 야구 선수들 사진이 줄줄이 붙어 있었다. 루 게릭, 로저 클레먼스, 랜디 존슨. 우리가 가장 좋아하는 영화 중에 「내추럴」이라는 영화가 있는데 로버트 레드퍼드가 야구 천재로 나오는 영화다. 둘이 어찌나 많이 보았는지 대사를 줄줄 외울 정도다.

야구가 아이들의 놀이이자 취미이기도 했지만 톰 가족과 우리 가족 양쪽 집안에서 즐기는 스포츠이기도 했다. 우리 할아버지는 젊을 때 프로 팀 입단 제의를 받은 적도 있었다.(혼자되신 어머니를 두고 떠날 수가 없어 거절했다고 한다.) 톰의 아버지와 형은 아마추어 야구단 활동을 꽤 오래 하셨다. 나도 아이들이 할아버지, 증조할아버지 때부터 즐기던 미국 정통 스포츠를 하는 게 좋았다. 그래서 딜런이 콜럼바인고등학교에 입학하고 야구부에 들어가지 못했을 때 딜런도 톰도 실망이 이만저만이 아니었다.

바이런은 매끈한 투구를 하는 오른손 투수로 자기가 싫증 날 때까지 계속 야구팀에 속해 있을 수 있었다. 딜런도 투수였는데, 왼손잡이였고 공을 대포처럼 쏴서 스트라이크를 잡으려고 했다. 강속구가 주특기라 속도를 내려고 제구가 안 되는 때가 있었다. 시간이 흐르며 투구 자세가 팔에 무리를 주기 시작했다. 딜런이 8학년 올라가기 직전 여름방학 때 톰이 두 아이 폼을 교정해줄 코치를 구했다. 그런데 레슨 도중에 딜런이 괴로워하는 것 같았다. 그러더니 갑자기 투구를 그만두고 고개를 떨구었다. 톰은 자기나 코치가 딜런을 너무 세게 밀어붙였나 싶어 얼른 달려갔다. 그런데 딜런의 눈에 눈물이 가득 고여 있었다.

"팔이 너무 아파서 못 던지겠어요." 딜런이 말했다.

톰은 깜짝 놀랐다. 그때까지 한 번도 아프다는 말을 한 적이 없었던 것이다. 알고 보니 몇 달 전부터 통증이 있었고 던질 때마다 심해졌다고 한다. 그런데도 아무 말도 하지 않았다니 딜런다운 일이었다. 의지의 힘으로 문제를 극복하려고 했던 것이다. 톰이 바로 딜런을 병원에 데려갔다. 의사가 팔꿈치 인대에 심한 염증이 있어 야구를 쉬는 게 좋겠다고 했다. 딜런은 이듬해 여름까지 쉬다가 콜럼바인 고등학교 야구부 입단 테스트를 받기 위해 다시 연습을 시작했다.

톰도 심한 관절통으로 고생하기 시작했다.(딜런이 고등학교에 입학할 무렵 톰이 류마티스성 관절염 진단을 받았고 그 뒤 몇 해 동안 무릎과 어깨 수술을 받았다.) 톰이 공을 던질 수가 없어 딜런의 연습을 돕기가 어려워져 투구 코치를 다시 불렀다. 그런데 딜런의 팔 통증이 여전히 낫지 않은 상태였다. 입단 테스트 날 두 사람의 모습이 참 볼 만했다. 딜런은 아픈 팔꿈지를 감싸 쉬었고 톰은 무릎 싱대가 너무 안 좋아 운동장으로 걸어 나가지도 못할 지경이었다.

딜런의 팔 상태가 그러니 딜런의 불합격 소식이 섭섭하기도 하고 다행이다 싶기도 했다. 딜런이 고등학교 운동부 활동을 못 하게 된 것은 실망스러웠지만, 영구적 부상을 입힐 수 있는 운동을 계속하는 것도 내키지 않았다. 우리 식구들은 실망감을 감추고 툭툭 털어버리려고 했다. 딜런은 사실 야구부에 마음에 안 드는 애들이 있으니 오히려 잘됐다고 말했다.

그렇지만 야구에 대한 열정은 식지 않았다. 프로야구에 열광하고 가끔 아빠와 직관도 갔다. 나중에는 가상야구 게임을 시작했다. 그렇지만 야구부에 들어가지 못한 게 우리 생각보다 훨씬 큰 상처였던 것 같다. 딜런의 관심사가 서서히 야구에서 컴퓨터로 옮겨갔으니 말이다.

우리 집은 콜럼바인고등학교 스쿨버스로 통학할 수 있는 범위가 아니라 톰이나 내가 딜런과 바이런을 데려다주고 데려와야 했다. 딜런이 콜럼바인에 입학한 다음에는 딜런의 독립심을 존중해주는 계획을 마련했다. 학교를 마치고 딜런이 시내버스를 타고 내가 근무하는 대학까지 와서, 퇴근 시간까지 내 사무실에 있도록 하는 방법이다. 딜런과 함께 일할 수 있어 나도 좋았다. 나는 파일 서랍 하나에 딜런의 간식거리를 가득 채워놓았다. 동료 여직원들이 집에서 만든 간식을 딜런에게 갖다주곤 해서 서랍을 열 일이 없을 때도 많았다. 딜런은 숙제를 마치고 나면 학생 라운지로 가서 텔레비전을 보거나 카페테리아에 가서 밀크셰이크를 마셨다. 가끔은 내 사무실에서 긴다리를 죽 뻗고 낮잠을 자기도 했다.

2학년에 올라간 뒤에는 캠퍼스 안에 있는 어린이집에서 자원봉사를 했다. 내가 원장과 아는 사이라 가끔 들러서 딜런이 일하는 모습을 구경하곤 했다. 예상한 모습대로 딜런은 운동장에 나와서 아이들이 줄을 서서 그네를 타도록 돌보고 있었다.

고등학교에서 아이의 교우관계나 사회적인 면들을 걱정하지 않는 엄마는 없을 것이다. 그렇지만 나는 걱정을 덜한 편이었다. 딜런은 껑다리에 괴짜(geek) 스타일이라 운동선수들처럼 사교계 위계질서의 꼭대기에 들어간 적은 없었지만, 그래도 친구관계는 좋았다. 시간 날 때마다 어울리는 친한 친구 세 명이 있었다. 주말마다 셋 중하나가 우리 집에 와 있거나 딜런이 세 집 중 한 집에 가 있었다. 딜런, 잭, 네이트, 에릭 이렇게 넷은 저마다 다른 친구들도 있었지만 그래도 가장 가까운 친구들이었다.

나는 그중에서도 네이트가 딜런과 가장 가까운 친구라고 생각했다. 네이트는 중학교 때부터 친구다. 네이트는 외아들이고 엄마와 새아버지와 같이 산다. 딜런처럼 네이트도 키가 크고 호리호리하다. 속눈썹이 길고 짙고 머리카락도 검다. 그렇지만 딜런과 다르게 네이트는 수다스럽고 신이 나서 쉴 새 없이 온갖 이야기를 다 하는 아이다. 처음에는 둘이 대부분 시간을 집 밖에서 캐치볼이나 운동을 하면서 보냈다. 네이트는 농구로 딜런을 가볍게 꺾었고, 딜런은 집에서 당구로 네이트를 눌렀다. 네이트가 자고 갈 때면 둘이서 밤늦게까지 안 자고 낭구를 치거나 비니오게임을 하거나 심야 요리 프로그램을 보고 요리를 하곤 했다.(딜런 친구들 모두 황소라도 잡아먹을 나이였지만 특히 딜런의 식욕이 대단했다. 모험심도 있어서, 친구들을 데리고 저녁 먹으러 가면 다른 아이들은 보통 치킨과 감자튀김이지만 딜런은 오징어튀김이나 오리구이 등을 용감히 시도해보곤 했다.)

네이트는 우리 집에 많이 와 있었다. 내가 장을 봐 오거나 빨래바구니를 들고 들어오면 네이트가 냉큼 일어나서 받았고, 내가 요리를 하면 맛있다고 칭찬을 했다. 나는 집에 사람이 많은 걸 좋아해서 아이들이 메뚜기 떼처럼 우리 집 부엌을 덮쳐도 전혀 불만이 없었다. 우리 집이 워낙 동떨어져 있어서 그런 일이 자주 일어나지는 않았지만.

딜런과 잭은 고등학교 신입생 때부터 친구였다. 잭의 아버지는 대학교수였다가 행정가로 전업한 분이고 엄마는 애들이 어릴 때 우리가 다니던 교회 아동부를 맡아 운영했다. 잭은 붙임성 좋고 활달하며 덩치가 좋고 얼굴이 둥글고 머리카락은 짧고 갈색이다. 잭의 집이 아이들이 온갖 엉뚱한 짓을 벌이는 중심 장소였다. 늘 바비큐 파티니 뱃놀이니 풀 파티니 하는 것들이 벌어지는 듯했고 딜런도 잭네 집에 가 있을 때가 많았다. 잭이 워낙 사교적이고 활달한 아이라 나는 딜런이 잭과 어울리면 특히 좋았다. 잭은 관심의 초점이 되기를 꺼리지 않는 성격이라, 잭 옆에 있으면 딜런도 좀 더 편하게 대화할 수 있었다.

잭과 딜런 둘 다 기술 분야에 관심이 있었다. 어느 여름에는 잭 집 근처 중고 장터에서 오래된 전화장비를 구해와 휴대용 전화기를 만들겠다고 했다.(휴대전화가 나오기 이전의 일이다.) 두 아이는 낡은 전화를 트렁크에 붙인 장치를 만들고는 엄청 자랑스러워했다. 이 장치는 우리 집 전화에 잡음이 발생하게 만드는 성과를 올렸다.

또 잭이 관심을 부추긴 덕에 딜런이 2학년 말 연극 공연 때 음향을 담당하기도 했다. 그래서 나도 「바이 바이 버디」 공연을 봤다. 공연 끝나고 음향 조정실에 있는 딜런을 보러 갔는데, 딜런이 복잡한 계기판 위의 스위치와 레버들을 자유자재로 다루는 걸 보고 감탄했다. 딜런은 그 일을 좋아했다. 몇 시간씩 리허설을 하고, 컴퓨터로 소리를 만져 친구 브룩스가 연출한 「프랑켄슈타인」 공연 사운드트랙을 만들기도 했다. 다른 아이들이 자기 공연이나 교회 행사, 소규모 방과 후 공연 등의 음향을 맡아달라고 딜런에게 부탁하기도 했다.

딜런 친구 무리 중에서 잭이 가장 먼저 여자친구를 사귀었다. 딜런은 질투 난다고 하면서도 잭의 여자친구 데번과도 친하게 지냈다. 딜런이 죽은 뒤에 데번이 나를 위해서 딜런의 사진과 이야기가 담긴 책을 만들어주었다. 데번이 얼마나 딜런을 믿고 속마음을 터놓았는지를 듣고 많이 놀랐다. 데번은 속상한 일이 있거나 다른 누군가와 다퉜을 때에 딜런을 찾았다고 했다. "딜런에게 전화를 걸거나 컴퓨터로 채팅을 했어요. 저한테는 최고의 치유법이었죠. 딜런처럼 제 얘기를 잘 들어주는 사람은 없었어요."

그다음에 에릭이 있다. 에릭도 중학교 때부터 친구다. 에릭의 아버지는 군인이었는데 전역하고 덴버 인근에 자리 잡았다. 에릭이 이사온 지 얼마 안 되었을 때 딜런과 알게 되었다. 둘이 같이 놀게 되면서 해리스 부부도 만나보았다. 에릭네 부모님과 아주 가까이 지내지는 않았지만 좋은 사람들이었다. 중학교 과정을 마치면서 딜런과 에릭 둘 다 수학 우등상을 받았다. 둘이 상을 받으러 단상으로 올라가는 모습을 보면서 나는 톰에게 둘이 콩깍지 안에 든 콩알처럼 닮았다고 속삭였다.(딜런이 훌쩍 크기 전의 일이다.)

중학교 때 딜런과 에릭은 같이 엄청나게 많은 영화를 봤고 볼링도 같이 치러 다녔다. 한번은 둘이서 공원 한쪽에서 다른 쪽으로 감자를 날리는 장치를 만들기도 했다. 자라면서 이성(異性), 컴퓨터게임, 음악, 야구와 콘서트 등에 대한 관심도 생겨났다. 고등학교에 들어가면서, 에릭은 작고 마른 편인 몸 그대로였지만 딜런은 갑자기 콩나물처럼 자랐다. 나이는 에릭이 더 위여서 딜런보다 먼저 면허를 땄다.

딜런이 다른 친구들보다 에릭과 특별히 더 친하다는 생각은 들지 않았다. 나보고 물었다면 절친은 네이트라고 했을 것 같다. 다만 에릭과 관계는 좀 더 은밀한 면이 있긴 했다. 에릭이 나한테는 네이트나 잭만큼 친밀하게 느껴지지 않았다. 에릭은 나나 톰 앞에서 늘 예의 바르고 깍듯했다. 에릭이 나에게 말을 걸거나 잭과 네이트처럼 딜런 흉을 보면서 장난치는 일은 없었지만, 어쨌든 아주 영리하고 싹싹하고 재미있는 아이였다.

에릭에 대해서는 딜런의 다른 친구들만큼 친밀한 기억이 없다는 데 어떤 의미가 있는지도 모르겠다. 어쩌면 그 차이는 그저 딜런이 죽은 뒤에 잭과 네이트가 내 옆에 있어주었고, 둘이 어른이 될 때까지 지켜볼 수 있었기 때문일 수도 있다. 네이트하고는 아직까지도 연

나는 가해자의 엄마입니다

락을 하고 지낸다. 네이트는 명절 때면 안부 전화를 하고 시내에 올 때 들르기도 한다. 여하튼 에릭을 보고 이상하다거나 불안하다고 느낀 적은 없었고, 3학년 끝 무렵 사고를 치기 이전에는 딜런과 둘이 어울리는 것에 대해 걱정해본 일도 없다. 걱정했다면 당연히 둘이 같이 어울리지 못하게 했을 것이다.

딜런은 고등학교 때 여자친구를 사귀지는 않았지만 딜런이나 친구들이나 여자아이들과도 같이 어울려 놀았다. 그 또래 아이들은 '떼로 데이트'하는 게 보통이다. 프롬 파트너 로빈은 미적분 수업을 같이 들으며 알게 됐다. 딜런이 로빈과 어울리기 시작했을 때 어떤 아인지, 가족은 어떤 분들인지 미주알고주알 물었다. 딜런은 웃으며 이렇게 말했다. "엄마, 걱정할 거 하나도 없어요. 로빈은 엄마 마음에 쏙 들 애예요. A만 받는 우등생이요." 성격이 어떻냐고 묻자 딜런은 그냥 어깨를 으쓱하고 이렇게 말했다. "그냥 착한 애예요." 며칠 뒤에 로빈을 만났는데 딜런 말이 맞았다. 귀여운 아이였다. 톰이나 나를 어찌나 편안하게 대하는지 신기했다.

딜런과 친구들이 운전을 하기 전에는 차로 데려다주고 데려와야 했기 때문에 내가 친구들이나 친구네 부모님을 볼 일도 많았다. 톰과 나는 딜런을 친구 집에 데려다줄 때는 늘 집 안까지 들어가서 친구 가족들에게 인사를 하고 서로 일정을 맞추었다. 이렇게 교류하다 보면 혹시 애들에 대해 걱정거리가 있더라도 서로 편히 이야기할 수 있을 것 같아 안심이 되었다. 걱정할 만한 일은 거의 없었지만.

딜런과 친구들이 아르바이트를 할 수 있는 나이가 되었을 때 친구들 다 차차로 블랙잭피자에서 일하게 되었다. 잭이 가장 먼저 일자리를 얻었고, 잠시 뒤 딜런, 그리고 나중에 에릭과 네이트도 합류했다. 딜런은 자기가 피자를 초고속으로 잘 만든다고 떠벌렸다. 아르바이트비가 들어오기 시작해 딜런이 은행에 입출금계좌를 만들 수 있게 도와주었다. 딜런이 죽은 뒤에 나는 입출금내역서, 급여내역, 세금 관련 문서 등이 깔끔하게 정리되어 있는 폴더를 발견했다. 딜런이 친구들 차를 얻어 타기 어려울 때에는 톰이나 내가 피자집에 데려다주고 데려왔다. 우리 둘 다 몇 시에 데리러 갈지 확인하러 전화하는 일을 즐거워했다. 그러면 딜런의 고객 응대용 전화 목소리를 들을 수 있었기 때문이다.

딜런은 학습 주제와 선생님이 바뀔 때마다 학습 열의가 불탔다 식었다 하면서 성적도 오르락내리락했다. 초등학교 때 보인 학문적 재능을 다 발휘하지 않는 것 같아 실망스러웠지만, 한편 딜런이 부담을 내려놓는 것 같아 마음이 놓이기도 했다. 어릴 때에 딜런은 완벽주의 때문에 크게 낙담하곤 했고, 이해가 가면서도 우리도 낙담할 때가 있었다. 그래서 질서정연하던 방이 십대다운 돼지우리로 바뀌어도 그런가 보다 했다. 톰이나 내가 그랬듯 딜런도 곧 자기가 잘할 수 있는 관심 분야를 찾을 것이라고 생각했다. 나도 대학원에 들어가기 전까지는 성적이 별로였으니까.

나중에 특별한 능력을 가진 아이들이 완벽주의를 같이 타고나는 경우가 있다는 걸 알게 되었다. 얄궂은 일이지만 완벽주의 때문에 이 아이들의 재능이 제대로 발휘되지 못하는 때도 있다. 보통 아이들이라면 그냥 넘길 실수나 실패라도 비현실적이고 지나치게 높은 기준을 가진 아이들에게는 큰 타격이 될 수 있다. 자존감이 떨어지고 한때 도전욕을 불타게 만들던 지적 과제에 대해 흥미를 잃게 된다. 지금 돌아보니 딜런이 완벽주의를 타고난 데다 우리가 딜런이 비현실적인 기대를 조절할 수 있도록 돕지 못한 탓에 소외감이 점점 자라났던 게 아닌가 하는 생각이 든다.

* * *

딜런은 대학에서 컴퓨터공학을 전공할 계획이었다. 아빠처럼 땜질하고 고치는 일을 좋아해서 종종 같이 작업을 했다. 스피커를 개조하고 자동차를 수리했다. 또 서로 장난치기도 좋아해서, 컴퓨터에 전원이 켜지면 개가 '부르는' 크리스마스 캐럴 따위 괴상한 소리가 나는 프로그램을 설치해놓고 서로를 놀래켰다.

고등학교 2학년 때에는 딜런이 직접 컴퓨터를 조립했다. 그 컴퓨터로 친구들과 같이 비디오게임을 하고 시각 효과나 음향 효과를 가지고 실험을 했다. 그러다가 마이크로소프트사 제품 베타테스터로도 뽑혔다. 나는 딜런을 컴퓨터 괴짜라고 부르곤 했다. 친구들과 밖에서 좀 더 많이 놀았으면 하는 바람이 있었다. 특히 하이킹, 스키, 스노보드 등에 최적화된 지형이 가까이에 있었으니 말이다. 하지만 톰도 나도 딜런이 컴퓨터에서 보내는 시간이 무조건 나쁘다고 생각하지는 않았다. 여전히 친구들과 잘 어울렸고, 우리가 같이 저녁 먹으러 가자고 하거나 영화 보자고 하면 미적지근하게나마 따라나섰다. 컴퓨터가 파괴적이고 사악한 행동의 도구가 될 수 있다고는 전혀 생각하지 않았다. 그렇게 생각했다면 아마 컴퓨터를 쓰지 못하게 했을 것이다.

사실 톰이나 나는 딜런이 컴퓨터로 무얼 하는지 들여다보지 않았다. 지금 기준으로 생각하면 너무 순진하게 보이겠지만, 그때는 다른 시대였다. 게다가 사실 그때 나는 검색 기록 같은 것을 살펴보는 방법도 몰랐다. 나 자신이 인터넷을 쓰기 시작한 지 얼마 되지 않았다. 딜런이 뭘 하는지 슬쩍 보려고 이런저런 핑계를 대며 방에 들어가보긴 했다. 한번은 딜런이 채팅방에 있었는데 내가 어깨 너머로 들여다보자 예민한 반응을 보였다. 외계어로 된 대화가 무슨 뜻인지 물어보기도 했는데, 그냥 흔한 (그리고 실없는) 애들의 대화였다. 컴퓨터를 통해 성적인 이미지를 쉽게 접할 수 있겠다는 생각은 했고 딜런도 다른 남자아이들처럼 관심을 가지리라고 생각하긴 했지만 그런 걸 보는 모습은 보지 못했다.

인터넷에 위험한 사이트들이 있다는 것을 알았다고 하더라도 딜런이 자신이나 다른 사람들을 다치게 할 것에 관심을 가지리라고는 나는 꿈에도 생각하지 못했을 것이다.

바이런은 대학에 가고 싶어 하지 않았다. 적어도 졸업하고 바로 갈 생각은 없었다. 톰과 나는 우리가 정해놓은 원칙들(집에서는 술, 마약, 담배 등을 하지 않는다 등) 때문에 바이런과 갈등을 일으키고 싶지는 않았지만, 그렇다고 제멋대로 살게 바이런을 놓아버리면 삶을 제대로 꾸려나가지 못할까 걱정이 되기도 했다.

이 문제를 두고 톰과 끝없이 의논하다가 결국 바이런과 함께 상담선생님을 만나러 갔다. 상담선생님은 바이런에게 독립해서 아파트에 살면서 일을 할 준비가 되어 있는지 단도직입적으로 물었고, 바이런은 확고하게 그렇다고 대답했다. 우리로서는 직접 부딪히며 고생하다 보면 바이런도 철이 들지 않을까 바랄 따름이었다. 상담선생님의 격려에 힘입어 바이런은 친구와 같이 시내 싸구려 아파트 한 칸을 세냈다. 두 친구는 트럭에 우리 집에서 안 쓰는 가구, 주방도구, 식료품 몇 상자를 싣고 떠났다. 나는 반신반의하면서 청소용구도 챙겨 넣었다.

형이 이사 나가자마자 딜런은 더 크고 창문도 많은 형 방으로 옮겼다. 온 식구가 함께 딜런의 방을 새로 꾸몄다. 벽장 슬라이드문을 거울문으로 바꾸어서 방이 원래보다 두 배 넓어 보였다. 딜런이 벽 하나는 검은 유광 페인트로 칠하겠다고 했다. 바이런이 쓰던 현대적인 검정색 가구와 잘 어울렸다. 딜런은 검은색 벽에 컴퓨터를 놓고 나머지 벽은 포스터로 뒤덮었다. 톰이 컴퓨터 위에 CD 따위를 올려놓을 선반을 달고 그 밑에 형광등을 달아주었다.

딜런이 방을 옮기는 모습을 보고 이제 딜런의 아동기가 끝났구나 하는 생각이 들었다. 이미 180센티미터가 넘는 장신이지만 딜런이 원래 자기 방에 있던 장난감들을 박스에 넣고 창고로 치우는 것을 보니 어쩐지 쓸쓸한 기분이 들었다. 딜런이 죽은 뒤에 한때 소중히 여기던 레고 세트가 든 상자들을 열어보았다. 대부분 원래 포장상자와 조립설명서까지, 하도 들춰봐서 너덜너덜한 상태로 남아 있었다. 창고로 치울 물건조차 꼼꼼하게 정리해놓은 모습이 어찌나 딜런다운지 가슴이 아렸다.

딜런이 형 방으로 옮길 무렵에 임시 운전면허도 나왔다. 딜런이 우리에게서 한발 멀어지는 것 같아 섭섭하기도 했지만 한편 다행이기도 했다. 딜런 친구들이 마음 좋게 딜런을 태우고 오가곤 했지만 우리 집이 친구들 집에서 좋이 15~20분은 떨어져 있어 신경이 쓰였고, 딜런이 친구들 중에 아직 운전할 나이가 안 된 게 자기뿐이라고 짜증을 내기도 했기 때문이다.

처음에는 톰이 딜런을 저녁에 텅 빈 주차장으로 데려가 운전의 감을 잡게 했다. 그다음에는 시내도로, 고속도로, 마지막으로 구불구불한 산길까지 단계를 높였다. 우리가 바이런의 새 아파트에 저녁 먹으러 처음 놀러갔다 돌아오는 길 절반은 딜런이 운전을 했다. 바이런은 '햄버거헬퍼'[제너럴밀스사의 즉석식품으로 마카로니와 소스가 들어 있다.—옮긴이] 두 통을 요리해서 자랑스럽게 내놓았다. 아무래도 저녁 메뉴에 채소가 없을 것 같아 내가 샐러드를 사갔다. 딜런은 8월부터 자동차 보험료를 낮출 수 있게 운전교습을 받았다.

바이런이 이사 나가기 전까지는 무척 힘들었지만, 바이런이 새 집에 정착한 모습을 보니 잘한 결정이었다는 생각이 들었다. "이제 딜런한테 신경을 더 많이 쓸 수 있겠네." 내가 톰에게 말했다. 신경 쓸 만한 일이 별로 없기는 하지만. 우리 둘째 아들도 이제 제자리를 찾은 것 같았다. 딜런은 어떤 규칙이 왜 필요한지 납득이 가면 대체로 늘 따르는 편이었다.

딜런이 어릴 때만큼 속을 잘 드러내고 애정 표현도 많이 하고 말도 많이 하지는 않았다. 하지만 그 나이 남자아이들이 다 그렇지 않나? 딜런이 3학년 때 문제를 일으키기 전에는 앞으로 일어날 비극을 예감할 만한 일이 우리 가족의 삶에서 한 가지도, 단 한 가지도 없었다.

7

엄마가 엄마에게

오늘 희생자 가족에게 애도 편지를 보내는 일을 시작했다. 너무나 힘들었다. 그렇게 스러진 아이들. 너무 힘들었지만 해야만 하는 일이었다. 한 엄마의 심장에서 다른 엄마의 심장으로.

—1999년 5월 일기

어릴 때부터 나는 다른 사람에게 도움이 될 때 기분이 좋았다.

우리 할아버지는 자기 회사 직원들과 자선단체 사람들을 초대해 자기 농장에서 대규모 피크닉 파티를 열곤 했다. 그럴 때면 나는 종이접시나 빈 봉지를 치우는 일을 거들었다. 학교에 들어가서는 점심 먹고 운동장에 나가 놀기보다 뒷정리하는 식당 아줌마들 거들기를 더 좋아했다. 지금도 그런다. 결혼식에 가면 "일거리 있으면 시켜."라고 말한다. 몇 번 그렇게 말하면 혼주가 무얼 나눠주거나 음료를 따

나는 가해자의 엄마입니다

르는 일 등을 시킨다.

그렇지만 콜럼바인고등학교에서 내 아들이 저지른 잔혹한 학살의 여파로 괴로워하는 사람들을 돕기 위해 내가 할 수 있는 일은 단 한 가지도 없었다.

친구들이나 교회에서는 가족들이 한자리에 모이는 게 좋겠다고 했지만, 사건 며칠 뒤부터 소송이 제기되기 시작했기 때문에 우리 변호사가 직접 대면은 하지 말라고 했다. 내 생각에도 총격 사건이 아직도 뇌리에 생생한 지금 나를 만나고 싶은 사람이 있을 것 같지 않았다.

사람들이 톰과 내가 언론을 통해 공식 입장을 밝혀야 한다고 했다. 그래서 사건 며칠 뒤에 그렇게 했다. 사죄하고 우리의 당혹감과 슬픔도 이야기했다. 그랬어도 딜런에게 희생된 이들의 가족과 살아남은 피해자들에게 직접 사죄해야 한다는 의무감이 남았다. 각 가족에게 직접 사죄의 편지를 손으로 써서 보내기로 했다.

나도 그게 몇 마디 말로 가능한 일이라고 생각할 만큼 어리석지는 않다. 하지만 그 가족들이 내 아들 때문에 겪은 고통에 대해 내가 깊은 슬픔을 느낀다는 사실을 알려야 했다. 내가 어떻게든 위안을 줄 수 있다면, 그날 딜런의 잔인함을 조금이나마 상쇄할 수 있지 않을까 하는 생각을 했다. 또 숭고한 마음은 아니지만, 내가 내 아들을 사랑하긴 했으나 나와 내 아들은 다르다는 것도 말하고 싶었다.

이 편지를 쓰는 일이 내 삶을 통틀어 가장 힘든 일이었다. 한 달이 꼬박 길렸다. 내 이름민 들이도 고통스리올 텐데, 어떻게 네가 네

마음을 전할 수가 있을까? 내 아들, 내가 낳았고 내가 목숨보다 더 사랑했던 내 아들이 그들을 고통에 빠뜨린 상황에서, 내가 어떻게 같이 슬퍼하는 동지로서 손을 뻗을 수 있을까? "내 자식이 당신 자식을 죽여서 미안해요."라고 말한다는 게 있을 수 있는 일인가?

게다가 우리 식구끼리도 의견이 충돌하여 편지 쓰는 일이 더욱 힘들었다. 톰은 편지 쓰는 것에 반대했다. 사과의 말을 보내면 법적으로 우리의 책임을 인정하는 일이 될까 걱정했다. 톰은 희생자들에 대해 아는 일, 그들이 어떻게 죽었는지 아는 일이 너무 고통스러워서 피하려고 했다.

내 생각은 달랐다. 내 편지가 아주 조금이라도 위로를 주고 그 가족들과 대화할 수 있는 문을 열어줄 가능성이 실낱만큼이라도 있다면 시도하고 싶었다. **무언가** 해야만 했다. 내 아들이 한 일 때문에 평생 고통에 시달릴 사람들에게 내 마음을 보여주어 티끌만큼의 평화라도 전할 수 있기를 바랐다.

나는 일부러 뉴스를 보지 않으려고 피해왔지만 가족들에게 편지를 쓰기 위해서는 희생자들에 대해 알아야 했다. 죽은 선생님과 아이들에 대해 알기 위해서 억지로 신문을 읽었다. 죽거나 다친 사람들을 하나로 뭉뚱그려 '희생자' 집단으로 치부해버리고 싶지는 않았다. 그 사람들이 어떤 특별하고 소중한 보물들을 잃었는지를 하나하나 알아야 했다.

희생자들의 삶에 대해 세세한 사실들을 읽어나갈수록 슬픔에 슬픔이 쌓였다. 그 아이가 무엇에 관심이 있었는지, 가족과 친구들이 그 아이에 대해 무어라고 말했는지 들으며 가슴이 찢어졌다. 얼마나 허망한 일인가. 딜런이 아무 잘못도 없는 사람들의 소중한 목숨과 이들이 마땅히 누려야 할 미래를 앗아갔다니 견딜 수가 없었다. 어떻게 딜런이 이런 고통을 가할 수 있나? 우리 집에서 자란 아이가, 어떻게 이런 짓을 할 수가 있나?

편지를 쓰다 보면 위험할 정도로 불 가까이에 다가간 듯한 기분이 들어 물러서야 할 때도 있었다. 날마다 내 앞에 놓인 일에서 가능한 한 빨리 도망가고 싶은 생각이 들었다. 그렇지만 내가 달아났다면 이 엄청난 일과의 연결고리를 놓치고 말았으리라. 콜럼바인은 피뢰침 같은 존재가 되어 오늘날까지도 모든 비판을 끌어들인다. 콜럼바인이라는 한 단어가 괴롭힘, 정신병, 방임, 총기의 위험의 상징이 되었다. 다른 사람들처럼 나도 해답을 찾아야 한다고 생각했지만 추상적인 말에 안주하고 싶지는 않았다. 콜럼바인을 그저 총기 사건, 학교폭력 사건이라고 할 수는 없다. 콜럼바인은 열다섯 명이 죽고, 스물네 명이 다친(그 가운데 일부는 심한 상처를 입었다.) 일이다.

그런데 나는 어떻게든 앞뒤가 맞는 편지를 쓰며 아들의 책임을 인정하려고 애쓰면서도, 아직도 여전히 딜런이 누군가를 죽였을 리 없다는 현실부정을 맹렬히 붙들고 놓지 않으려 하고 있었다. 편지를 쓰면서도 치명상을 입은 사람들은 딜런이 아니라 에릭의 총에 맞았을 것이라고 진심으로 믿었다. 편지에서도 딜런이 참사에서 한 "역할"이라는 표현을 썼다. 나는 그날 정확히 무슨 일이 일어났는지 몰랐고 그저 사람들이 죽거나 다쳤다는 것만 알았기 때문이다. 나는 또 "광기에 휩싸여"라는 말도 썼다. 딜런이 충동적으로 벌인 일이라고 믿었기 때문이다. 딜런이 그 일을 미리 계획하고 참여했다고는 생각할 수가 없었다. 나는 그때까지도 내 아들이 살인자라고 생각할 수 없었다. 딜런에게 살해의도가 있었다는 사실을 받아들이지 않았기 때문이다.

내가 감히 편지를 보낸 것에 대해 분노할 유가족도 있을 것 같아 두렵기도 했다. 나에게는 사랑하는 죽은 이의 이름을 입에 올릴 자격이 없다고 말할지도 몰랐다. 맞는 말이었다. 편지의 초안을 읽다가 그냥 던져버릴 뻔하기도 했다. 종이 위에 쓰인 글귀가 처절하고 딱할 정도로 형편없었다.

하지만 편지를 쓰는 것 말고는 달리 할 수 있는 일이 없었다. 딜런과 에릭이 한 짓을 되돌릴 수는 없었다. 죽은 사람을 되살릴 수도 없고 몸과 마음을 다친 사람들을 낫게 할 수도 없다. 그 비극으로부터 나나 다른 사람들이 받은 충격을 완화할 힘은 나에게 없었다. 게다가 사람들의 반응을 바꿀 힘도 없었다. 용서나 이해를 구하는 것은 아니었다. 그저 미안하다고 말할 기회를 구했다.

* * *

오늘 로보 씨가 딜런과 에릭의 십자가를 쓰러뜨렸다는 기사를 읽었다. 로보 씨를 원망하지 않는다. 희생자 가족이 지금 당장 딜런과

에릭을 받아들이기를 기대해서는 안 된다. 나라도 그러지 못했을
것이다.

—1999년 5월 일기

총격 사건 일주일 뒤에 내 남동생 필이 와서 며칠 동안 우리와 함께 있어주었다. 언니는 같이 오지 않았다. 언니의 십대 딸, 그러니까 딜런의 사촌이 이 사건 뉴스에 너무 큰 충격을 받아서 치료가 필요한 상태였다.

우리를 위로하러 오긴 했지만 필이 무슨 말을 할 수 있었겠는가. 우리는 혼란과 수치와 슬픔으로 가득한 끝없는 어스름 속에서 배회하는 그림자고 유령이었다. 나날을 변호사와 회의를 하거나, 기자들이나 우리를 해치려는 사람들을 피하기 위해 편집증적인 숨바꼭질을 하며 보냈다.

딜런의 얼굴이 사방에 있었다. 살인자. 테러리스트. 신나치주의자. 왕따. 인간쓰레기.

사건 얼마 뒤에 또 한 차례 충격적인 뉴스를 들었다. 딜런의 프롬 파트너였던 로빈이 에릭과 딜런에게 권총 세 자루를 구입해주었다는 보도가 있었다.[1]

처음 떠오른 생각은, '아, 안 돼, 로빈은 어떡하나.' 하는 것이었다. 순간적으로 어떻게 된 건지 알 수 있었다. 애들이 로빈에게 부탁했기 때문에, 로빈이 착한 아이고 두 아이를 좋아했기 때문에 부탁을 늘어순 것이었다. 조금이라도 위험한 일이라고 생각했다면 절대로

절대로 그렇게 하지 않았을 것이다. 로빈이 평생 죄책감을 안고 살아야겠구나 생각했다. 그리고 수천 번째로 또 이런 생각이 떠올랐다. 너희가 얼마나 많은 사람들에게 상처를 입힌 거니.

계속해서 여진이 밀려왔다. 그때까지도 나는 여전히 뉴스나 바깥세상에서 대체로 차단되어 있었기 때문에 불분명하게만 느끼고 있었다. 1년이 지난 뒤에야 메릴린 맨슨이 우리 지역에서 하기로 했던 콘서트를 애도의 뜻에서 취소했다는 것, 반면에 전미총기협회는 총기 사건 열흘 뒤에 콜럼바인학교에서 채 15마일도 떨어지지 않은 호텔에서 연례모임을 강행했다는 것 등을 알게 되었다.

또 끔찍한 사건 당일 주디 브라운이 나에게 알려준 에릭의 웹사이트에 대해 학교와 경찰이 이미 알고 있었다는 것도 알게 되었다. 파이프 폭탄이나 살인에 대한 글을 대놓고 올려놓은 웹사이트였다.

또 딜런이 《타임》지 표지에 "이웃집 괴물"이라는 헤드라인과 함께 실린 것도 보았다. 딜런이 흉악한 짓을 했지만 그래도 딜런을 그런 말로 표현하는 것을 보니 가슴이 찢어지는 것 같았다. 그 유명한 제호 아래 딜런의 얼굴이 인쇄되어 있는 모습은 도무지 현실 같지 않았다. 딜런이 이웃 사람들도 다 알 정도로, 아니 전 세계가 다 알 정도로 끔찍한 일을 저질렀다는 게 나에게는 여전히 믿기지 않는 일이었다.

나는 그 기사를 읽었다. 다음 날 이런 일기를 썼다.

어제 《타임》 기사를 읽다가 심한 우울감이 내려앉았다. 기사에서는

나는 가해자의 엄마입니다

딜런을 인간적으로, 착한 애가 잘못된 길에 접어든 것처럼 묘사했다. 악마로 묘사한 글보다도 더 가슴이 아팠다. 이 일이 얼마나 전적으로 말도 안 되는 일인지 뼈저리게 보여주었기 때문이다. 딜런이 그런 짓을 할 이유가 없었다. 고등학교를 떠나 새 생활을 시작하기 직전이었는데. 딜런이 우울했다고 해도 우리에게는 전혀 드러내지 않았다.

마을에 임시 조문소가 세워졌다. 대충 깎은 나무십자가 열다섯 개가 세워졌다. 딜런과 에릭을 포함해 죽은 사람 한 사람당 하나씩이었다. 딜런과 에릭의 십자가는 바로 쪼개져 쓰레기통으로 들어갔다. 어떤 교회에서 자기네 땅에 기념식수 열다섯 그루를 둥그런 모양으로 심었는데, 이 가운데 두 개가 쓰러지는 것을 경찰도 교회 사람들도 보고 있을 수밖에 없었다.

딜런과 에릭을 애도하거나 기념하기를 바라지 않는 것은 물론 이해했다. 그렇지만 억제되지 않은 분노의 폭발에 우리는 두려움을 느꼈다. 남동생은 우리 집에 온 지 며칠 만에 이웃집에 가서 자기로 했다. 동생이 우리도 자기와 같이 집에서 나가야 한다고 했다. "누나는 지금 쇼크상태라 이게 얼마나 위험한 상황인지 모르는 거야."

쇼크상태라는 말은 맞았다. 하지만 더 큰 문제는 이러거나 저러거나 상관없다는 마음이었다. 특히 힘겨웠던 어느 날 밤 톰이 지친 듯 이렇게 말했다. "걔가 우리도 죽였더라면 좋았을 텐데." 그 뒤 여러 해 동안 같은 생각을 얼마나 많이 했는지 모른다.

한 기자가 우리 집 통화 기록을 입수해 우리가 지난 몇 달 동안 통화했던 모든 사람에게 연락을 시도했다. 친구들과 친척들은 이미 질문 공세에 시달리고 있었고 이제는 세를 놓은 우리 소유의 아파트 두 채에도 기자들이 진을 쳤다. 힘들게 임대업 기반을 마련했고 세입자들이 안전하고 편안하게 지낼 수 있도록 성심을 쏟았는데, 세입자들이 단지 우리 소유 집에 세 들었다는 이유만으로 고통을 겪고 있었다. 이들을 보호할 방법을 찾을 수가 없었기 때문에 그 집들을 매물로 내놓았다.

그 지역을 떠날까 하는 생각도 했다. 하지만 세상이 우리에게 적대적인 가운데에도 친구들은 변함없이 힘이 되어주었다. 우리는 리틀턴에 10년 넘게 살았고, 사랑하는 친구들이 바로 우리 곁에 모여 힘을 주었다. 내가 과연 계속 살아갈 수 있을까 싶을 때에도, 친구들이 옆에 와서 계속 버틸 수 있게 지탱해줬다.

신이 정말로 지상의 우리를 사랑한다면 우리는 그것을 타인의 행동을 통해서 느낄 수 있다고 나는 진심으로 믿는다. 이 끔찍한 시간 동안 주변 사람들의 돌봄 덕에 우리는 버틸 수 있었다. 친구들, 가족들이 날마다 끈질기게 전화하고 안아주었다. 이웃에서는 음식을 만들어 가져다주고 다른 집에서 온 빈 접시를 대신 되돌려주는 일까지 했다. 친구들은 언론에 우리를 옹호하는 인터뷰를 하려고 했지만 자기들 말이 부정적으로 왜곡되는 것을 보고는 모든 인터뷰를 그만두고 대신 우리 집 주위를 기자나 낯선 사람들로부터 보호하려고 애썼다. 우리 집 전화가 친구들뿐 아니라 인터뷰 요청이나 낯선 사람의 전화로 불이 날 때에(하루에서 스무 통에서 서른 통 정도 전화가 왔다.) 이웃 사람이 발신자 표시 장치를 사주었다. 그 뒤에는 전화를 가려서 받을 수 있게 되었다.

사건 이후 어머니날에, 정원 가꾸기 능력자인 한 친구가 동네 묘목장 할인코너를 싹쓸이해왔다. 집에 와보니 우리 집 현관에 방치되어 있던 화분에 버베나, 피튜니아, 패랭이, 로벨리아, 마리골드 등 봄색깔이 흐드러지게 펼쳐져 있었다. 마음을 담은 아름다운 선물이었고, 내가 아직 그런 것에 감탄할 수 있다는 것 자체가 또 놀랍게 느껴졌다.

슬픔을 견디기 위해, 또 딜런의 마음속에서 어떤 일이 펼쳐지고 있었는지를 헤아리기 위해, 딜런을 알았던 사람들과 이야기를 나누어야 했지만, 그러다가 그 사람들이 법정에서 증언을 해야 하는 상황을 만들고 싶지는 않았다.(법적 의미가 있는 사안에 대해서는 아무 말도 하지 말라는 조언을 들었다. 그런데 법적인 의미가 없는 일이 없었다.) 나는 솔직한 성격이고 가까운 사람들과 내 생각을 터놓고 잘 나눈다. 변호사가 내 감정은 이야기해도 된다고 해서, 그렇게 했다. 내가 같은 이야기를 하고 또 하는데도 주위 사람들이 너그럽게 들어주었다.

나는 받기만 하고 주지 못했다. 그때만큼 다른 사람의 친절이 절실히 필요한 때가 없었지만, 고마움을 제대로 표현하지도 못했다. 그래서 끝없는 죄책감이 더 커졌다. 나는 단기기억이 거의 사라진 상태였다. 누구에게 감사를 했는지, 고맙다는 말을 하기는 했는지 기억이 나지 않았다. 나는 수첩에 적어가며 누구에게 무슨 말을 하고 무얼 했는지 기억하려고 애썼지만 그래도 감사를 받아 마땅한 사람 모두에게 제대로 감사하지 못한 것은 확실하다.

집에 돌아온 뒤 첫 번째 주말 무렵, 우리는 리틀턴을 떠나지 못할 것임을 알았다. 그전부터 딜런을 알았던 사람들, 딜런이 노히트노런을 기록한 엄청난 날을 기억하는 사람들, 딜런이 KFC 치킨 한 통을 혼자 먹은 일을 이야기하며 같이 웃을 수 있는 사람들, 딜런이 툭 던지는 농담에 배꼽 빠지게 웃어본 사람들. 그 사람들이 모두 여기에 있었고 우리와 딜런의 기억을 나누고자 했다. 그들 없이 우리가 어떻게 살겠는가?

게다가 우리가 정말 달아날 수 있을까. 딜런의 손이 만들어낸 끔찍함에서 벗어날 길은 결코 없을 것이다. 다른 곳으로 간다고 하더라도 진실로부터, 그 낙인으로부터 멀어질 수는 없었다. 어디로 가든 이 공포스러운 현실은 우리를 따라올 것이다.

* * *

뭐라도 하기 위해 혼자 집 안을 헤매다.

—1999년 4월 일기

1970년대 초에 나는 밀워키 주 정신병원에서 미술치료사로 일했다. 하루는 조현병 환자 가운데 한 명인 베티가 "그저 내 얼굴을 따라다니기가 지긋지긋할 뿐이야."라고 말하는 것을 들었다. 콜럼바인 이후 몇 주, 몇 달 동안 베티의 말이 자주 떠올랐다. 쇼크상태에서는 조금씩 회복할 수 있었지만 부정적인 감정이 압도적으로 밀려와 엄청난 슬픔, 두려움, 분노, 굴욕, 불안, 후회, 슬픔, 무력감, 고통, 절망 속에서 흔들렸다.

새로이 떠오른 감정은 아니었다. 내 사무실에서 톰의 메시지를 받았던 첫 순간부터 내 곁을 떠나지 않고 있었다. 처음에는 어떤 방어막이 이 감정들의 효과를 무디게 하였지만 이제는 방어막도 더 이상 제대로 작동하지 않았다. 시간이 지날수록 딜런이 한 행동을 직시하고 오롯이 받아들이지 못하게 막고 있던 차단장치가 무너지기 시작했고, 감정들이 에는 듯 아프게 다가왔다. 이제는 다른 사람의 고통으로부터 거리를 두거나 내 아들이 저지른 짓이 아니라고 스스로를 속일 수 없었다. 지역 신문 1면에서 희생자 장례식 사진을 보면 슬픔과 회한의 무게에 짓눌려 꿈쩍도 할 수 없곤 했다. 아무것도 할 수가 없었다.

나는 늘 효율적이고 조직적으로 살았다. 날마다 오늘의 할 일 목록을 하나씩 해치워가는 걸 무엇보다도 좋아하는 사람이다. 콜럼바인 이후 몇 주 동안은 하루에 단 한 가지 일이라도 한 날은(식기세척기에서 식기를 꺼내거나 공과금을 내거나) 괜찮은 날이었다. 직장으로 돌아갈 수도 없었지만, 내가 장애인 관련 분야에서 일하고 있기 때문에 적어도 사람들이 납득은 했을 것이다. 극단적 슬픔의 증상인 기억상실, 집중력 부족, 감정적 쇠약, 극도의 피로감 등은 외상성 뇌손상의 증상과 놀라울 정도로 비슷하다.

어떤 날은 내가 제정신을 잃는 것 같아 걱정스럽기도 했다. 어느 날 아침 침대 가장자리에 앉아 옷을 입으려고 했다. 양말 한 짝을 신은 다음 한 시간 동안 허공을 보고 있다가 나머지 한 짝을 마저 신었다. 옷을 다 입는 데 거의 네 시간이 걸렸다. 다른 날 오후에는 친구가 전화를 걸어 어떠냐고 물었다. "아무것도 안 해. 그런데 왜 이렇게 피곤하지?" 나는 정말 당혹스럽다는 듯이 대답했다. 친구는 자기도 가족을 잃은 경험이 있어 이렇게 말해주었다. "아무것도 안 하는 게 아니야. 슬퍼하고 있잖아. 그거 아주 힘든 일이야." 딜런을 잃은 것에 대한 슬픔이 나에게는 모든 일의 중심이었다. 다른 상황이었다고 해도 견디기 힘든 일일 테지만 납득이 가지 않는다는 점, 그리고 딜런이 초래한 비극에 대한 내 죄책감 때문에 더 힘겨웠다. 내 세계가 축에서 벗어나버렸다.

내가 힘들어할 때 그림에서 위안을 찾는다는 걸 아는 친구들이 미술책과 새 스케치북을 가져다주었지만 들춰볼 수도 없었다. 밝은 색 옷을 입으면 속이 뒤집어질 것 같았다. 전에는 일과 가족과 집 관리, 미술, 친구들로 가득 차 충만했던 삶이 끼익 소리를 내며 정지해버린 듯했다. 유일한 위안은 저녁 때 이웃 사람과 우리 집 주위 벼랑 길에서 긴 산책을 하는 것이었다.

5월 초, 학교에서 5월 말 예정인 졸업식에 딜런의 가장 가까운 친구들은 참석하지 말라는 결정을 내렸다.

처음에는 부당한 결정에 분노가 치솟았고 딜런의 친구들을 옹호

헤주고 싶었다. 착한 아이들이고 이 아이들도 고통을 받고 있었다. 많은 아이들이 우리를 도와주려고 연락을 해왔고 자기도 우리처럼 아무것도 몰랐다고 말했다. 몇몇은 딜런의 사진과 비디오, 딜런이 쓴 카드 등을 가지고 우리 집까지 찾아왔다. 잭의 여자친구 데번은 딜런의 사진과 딜런에 대한 기억을 적은 책을 만들어 선물했다. 사진 속에 딜런이 있었다. 활짝 웃으며 잭의 아빠를 풀에 밀어 넣는 딜런, 데번이 연 코스튬 파티에서 하와이안 셔츠에 화환을 목에 건 딜런, 잭과 장난을 치며 카메라를 보고 장난스레 엄지손가락을 치켜세운 딜런. 나는 몇 시간이고 이 물건들을 살피며 톰과 내가 기억하는 다감하고 밝은 아이가 정말 실재했음을 절박하게 확인하려 했다.

차분히 생각하니 졸업식에 대한 분노가 가라앉고 대신 우울한 체념이 그 자리에 들어앉았다. 아무리 다른 사람 일이라고 하더라도 내가 무슨 자격으로 화를 내겠는가? 지금은 특수상황이었다. 역사상 최악의 학교 총기 사건 이후에 어떻게 행동해야 할지 어디에서도 지침을 찾을 수 없을 것이다.

졸업 이후 딜런의 친구들은 끊어진 목걸이의 구슬처럼 흩어졌다. 놀랄 일은 아니지만 많은 아이들이 오랫동안 힘든 시간을 보냈다. 네이트는 이 지역을 떠나는 길에 우리 집에 들러서, 딜런을 기억할 만한 물건 하나를 가져가고 싶다고 했다. 네이트의 말에 나는 감동했고 네이트가 딜런의 선글라스를 골라서 기뻤다. 행복한 시기의 딜런을 떠올리게 하는 물건이기 때문이었다.

그런데 네이트가 우리에게 몰랐던 사실을 밀해주었다. 블랙잭피자에서 같이 일했던 어떤 남자에게 딜런이 큰돈을 건네는 걸 네이트가 보았다고 한다. 네이트가 무슨 돈이냐고 캐묻자 딜런이 권총을 사려고 한다고 말했다.

이 이야기를 듣고 우리는 놀라 말을 잃었다. 이제는 톰도 딜런이 우리에게 거짓말을 했다고 화를 냈다. 우리는 딜런이 마지막 순간에 에릭에게 끌려간 무고한 희생자라는 믿음을 놓지 못하고 있었다. 그런데 딜런이 권총을 구입하는 데 적극적인 역할을 했다는 증거가 있었다. 내 아들이 내가 생각한 아이가 아니었다는 또 다른 증거였다.

총격 사건 한 달 뒤에, 죽은 이들의 가족에게 쓴 편지를 보냈다. 우리 변호사가 사람들 반응이 어떠했는지 뉴스를 보고 소식을 전해 줬다.(나는 아직 텔레비전을 차마 켜지 못하는 상태였다.) 예상대로 반응은 천차만별이었다. 어떤 사람은 성의가 고맙다고 했다. 어떤 사람들은 화를 냈다. 어떤 사람은 내 편지를 읽지도 않고 찢어버렸다. 하나의 관점이라는 것은 없었다. 그 뒤 몇 달, 몇 년 동안 어떤 희생자 가족이 적대적으로 대할 때에 나는 모든 가족들이 다 똑같지는 않다는 것을 떠올리며 위안으로 삼았다.

그 뒤 몇 달 사이에 희생자 가족에게서 편지 두 통을 받았다. 한 통은 죽은 여자아이의 여동생이 쓴 것이었다. 우리 잘못이라고 생각하지 않는다는 동생의 편지를 읽으며 나는 슬픔과 기쁨이 뒤범벅된 상태로 울었다. 그 후 열한 달 뒤 내 생일에, 학교 도서실에서 죽은 남자아이의 아버지가 보낸 편지를 받았다. 아버지는 동정을 표하며 도움이 될 수 있는 방법이 있으면 좋겠다고 했다. 그 편지는 마치 하

　　　　　　　나는 가해자의 엄마입니다

늘에서 내려온 선물 같았다. 우리는 변호사에게 허락을 구하고 답장을 보냈다. 그렇지만 우리에게 제기된 소송이 많아서 직접 만날 수 있기까지는 몇 년이 더 걸렸다.

희생자 가족들에게 편지를 보내며 잠시나마 무언가를 해냈다는 느낌을 받았으나 오래가지는 못했다. 죽은 사람 열세 명이 전부가 아니었다. 나는 부상을 입은 스물네 명에게도 편지를 써야 한다고 느꼈다. 다시 걷지 못하게 된 아이들, 평생 고통과 함께 살아야 할 아이들이 있었다. 여러 해 동안 장애 학생들과 함께 일해왔기 때문에 다친 학생들과 가족들이 얼마나 큰 고통을 감내해야 할지 어느 정도 짐작할 수 있었다. 이들이 겪을 육체적·심리적 괴로움, 밑 빠진 독처럼 들어가는 비용을 생각했다. 삶이 송두리째 바뀌고 새로운 정체성에 적응해야 할 것이다. 우리가 재정적 책임을 지더라도, 이 세상 모든 돈을 다 들여도 딜런이 가한 고통을 치유할 수는 없을 것이다.

살아남은 희생자 가족에게 보내는 두 번째 편지는 첫 번째 것보다 몇 주가 더 걸렸다. 이번에도 이 큰 상실 앞에서 턱없이 부족하기만 한 이런 말들이 무슨 의미가 있나 싶어 말이 막혔다. 어떻게 내가 감히 그들의 삶 속에 끼어들려 하는가. 그렇지만 무언가를 해야만 한다는 생각이 들었다.

***

날마다 무너진 심장으로 깨어나는 게 지긋지긋하다. 딜런이 보고 싶고 내 삶이라는 악몽에서 깨어날 만큼 고래고래 소리를 지르고 싶다. 딜런을 다시 내 팔로 얼싸안고 전에 그랬듯이 품 안에 폭 안고 싶다. 무릎 위에 앉히고 신발을 신겨주거나 같이 퍼즐을 맞추고 싶다. 딜런에게 말을 걸고, 이렇게 끔찍한 일은 생각도 못 하게 하고 싶다.

—1999년 5월 11일 일기

영화 「레이더스」의 마지막 부분에 가면 인디애나 존스가 여주인공과 등을 맞대고 묶여 있는 장면이 있다. 사악한 영령이 파괴의 폭풍을 불러일으켜 둘의 주위를 휩쓰는데 둘은 눈을 꼭 감는 것 말고 아무것도 할 수가 없다. 톰과 나도 그렇게 서로에게 묶여 위험에 노출되었으나 달아날 수 없는 상태였고, 이 폭풍이 지난 뒤에 우리 삶에 남는 것이 있을지도 알지 못했다. 딜런에 대해 몰랐던 것을 하나씩 알게 되면서 우리의 슬픔은 점점 깊어갔다.

총격 사건 직후에 우리는 주 검시관이 추천한 심리치료사를 찾아갔다. 톰과 바이런은 몇 번 가보고는 도움이 되지 않는다고 결론을 내렸다. 나도 심리치료를 받으면서 내 고통의 표면에서 겉도는 것 이상 나아가지는 못했지만 그래도 조금 더 오래 다녔다. 심리치료사는 내 상황, 우리가 감당해야 하는 일의 엄청남에 당황한 것 같았다. 심리치료사는 신문을 읽고 뉴스를 보고 인터넷을 훑어 세상의 반응을 살폈다. 내가 상담을 받으러 들어가면 치료사는 뉴스나 인터넷에서 본 우리에 대한 협박에 대해 넌지시 이야기했다. 나는 두려움이나 부정적인 이야기들을 피하려고 애쓰고 있었기 때문에 그런 이야기를 들으면 불안해졌다. 치료사는 우리의 안전이 걱정되어서 그런 것이었을 테지만, 치료사가 내 정서적 상태보다 우리 외부의 요인들에 훨씬 더 신경 쓰는 것처럼 보일 때가 있었다.

나는 슬픔을 달래기 위해 딜런에게 편지를 쓰는 등의 연습을 치료사가 시키는 대로 했다. 하지만 톰이나 나나 아이의 죽음을 받아들이는 일은 시작하지 못하고 있었다. 어떻게 그럴 수 있겠는가? 우리는 광기에 휩싸여 떠밀려 가고 있었다. 딜런이 우리에게 안겨준 이 삶을 살아내는 난관 속에서 딜런의 죽음에 대한 애도도 묻혀버리고 말았다.

또 고통 속에서 톰과 내가 다른 방향으로 가고 있다는 사실도 점점 뚜렷해졌다. 조심성을 타고난 나와 달리 톰은 모험가 기질이 있어 늘 새로운 일을 벌이고 그게 얼마나 힘들지, 돈이 많이 들지는 걱정하지 않는 경향이 있다. 나는 톰의 창의성을 사랑했고 두려움 없는 도전정신에 매혹되었었다. 우리는 늘 서로에게 매력을 느꼈고 유머 감각도 잘 맞았다. 그렇지만 슬픔의 과정을 어떻게 헤쳐나가는지는 사람마다 달라서, 이 극단적인 상황 속에서 톰과 나의 차이점이 두드러지기 시작했다.

톰은 설명을 찾으려 했다. 집단 피롭힘, 학교, 미디어, 에릭. 나에게는 와 닿지 않는 설명들이었다. 나도 딜런이 어느 정도로 개입했는지에 대해서는 여전히 현실부정을 하고 있었지만, 딜런이 겪은 일이 그런 행동을 정당화할 수 있다고 믿자니 차라리 딜런이 미쳤거나 아니면 심지어 악했다고 믿는 편이 더 쉬웠다.

나는 우리를 찾아주는 사람한테서 위로를 받았는데 톰은 혼자 있고 싶어 했다. 또 톰은 우리 변호사를 자기 뜻대로 움직이고 싶어 하는 듯했지만 나는 이건 우리가 전혀 알 수 없는 분야임을 인정했기 때문에 숙련된 전문가가 어떻게 하라고 일러주는 게 고맙기만 했다.

우리는 서로 모자란 점을 채워줬기 때문에 거의 30년 동안 좋은 결혼생활을 유지할 수 있었다. 하지만 콜럼바인 이후에는 사사건건 생각이 어긋나는 것만 같았다. 우리는 둘 다 같은 롤러코스터를 타고 있었지만 동시에 같은 위치에 있는 일은 없는 듯 했다. 톰이 슬플 때 나는 화가 났다. 톰이 화를 낼 때 나는 슬펐다. 전에는 톰이 기분이 뚱할 때는 그냥 내버려두었고, 온갖 일로 불평할 때에도 웃어넘길 수 있었다. 그렇지만 이렇게 극단적인 슬픔 상태에 있을 때에는 스트레스 내성이 사라진다. 산 채로 살갗을 뜯어낸 것 같아 압도적 감정을 막아줄 보호막이 없다. 나는 일기에 이렇게 썼다.

톰이 하는 말이 나한테 망치 소리처럼 들린다. 조용조용 말할 때도 마찬가지다. 톰의 생각과 내 생각이 맞춰지지 않고 계속 삐걱거린다. 늘 머나먼 곳에 있는 것 같고 나에게는 낯설기만 하다.

나는 가해자의 엄마입니다

바이런과의 관계도 힘겨웠다. 딜런이 죽고 몇 주 뒤에 바이런이 다시 집으로 돌아왔다. 따로 나가 산 지 2년이 다 되었을 때라 바이런은 독립적 삶에 익숙해져 있었다. 그렇지만 톰과 나는 초조해하며 바이런의 사생활에 자꾸 개입하려고 했다. 우리가 딜런을 제대로 살피지 않았기 때문에 콜럼바인 사태가 벌어졌다고 생각했기 때문이다. 우리는 이성적으로 사고하지 못하는 상태였다. 바이런이 친구와 같이 저녁을 먹으러 나간 어느 날 그 사실을 절감했다.

날씨가 안 좋아서 톰과 나는 걱정하느라 잠자리에 들지 못하고 있었다. 우리 집까지 오는 구불구불한 산길이 날씨가 안 좋을 때에는 위험하기 때문이다. 11시 무렵 마침내 바이런 차가 우리 집 진입로로 들어오는 소리가 들렸다. 그런데 바이런이 집 안으로 들어오지를 않았다. 대신 차고에서 달그락거리는 소리가 들리더니 바이런 차가 다시 붕 하고 전속력으로 떠나갔다.

우리는 공포에 휩싸였다. 최악의 시나리오들이 떠올랐다. 무기, 마약, 자살, 절도, 살인. 바이런이 숨겨둔 총 따위 금지 물품을 가지러 집에 들른 걸까? 우리 집 차고에 불법 약물을 숨겨놓았나? 경찰에 신고해야 하나?

20분 뒤, 심장이 쿵쾅대는 와중에 바이런의 차가 느긋한 속도로 다시 들어오는 소리가 들렸다. 바이런은 우리가 잠옷 차림에 놀란 눈으로 현관에서 자기를 기다리고 있는 모습을 보고 깜짝 놀랐다. 괜한 걱정이었다. 바이런이 집에 오는 길에 도로에서 미끄러져 도랑에 빠진 차를 만났고 그 차를 꺼내주려고 사슬을 가지러 치고에 왔다가 다시 간 것이었다.

그날 밤 이후에 나는 바이런에게서 절대로 자기 자신이나 다른 사람을 일부러 다치게 하지 않겠다는 다짐을 받아냈다. 그런데 바이런도 나에게 같은 다짐을 받아야겠다고 해서 놀랐다. 그 사건 이후에 우리는 이전보다 더 친밀해지기는 했지만, 전과 다른 복잡한 관계가 되었다. 나는 바이런에게 감정을 터놓고 이야기하라고 했지만, 정작 바이런이 깊은 절망감을 털어놓았을 때에는(그 상황에서 당연한 것이었다.) 바이런이 자살할까 봐 겁이 났다. 나는 바이런을 부당하게 괴롭혔다. 바이런이 당연히 괜찮지 않을 때 괜찮다는 다짐을 받으려고 했다. 실상 괜찮아야 한다고 강요한 셈이다. 우리가 서로에게 삶을 포기하지 않으리란 믿음을 주면서 좌절감을 터놓고 이야기할 방법을 찾기까지는 아주 오랜 시간이 걸렸다.

사실 우리가 정말 살아갈 수 있을지 확신이 가지 않았다. 죽는 게 사는 것보다 쉽게 느껴질 때가 많았다. 우리 세 사람 다 죽음, 재, 묘비명, 삶의 의미 같은 것에 대해 이야기했다. 톰은 자기 마지막 말이 무엇일지 알 것 같다고 했다. "이제 끝이라니 감사합니다."

* * *

다섯 시간 동안 거의 내내 울면서 편지를 읽었다. 두 상자다. 우체국에서 한 상자, 변호사 사무실에서 한 상자. 다정한 응원을 담은

편지와 카드가 너무나 많은데도, 딘 한 통의 증오의 밑에 산산이
무너져 내린다.

—1999년 5월 일기

콜럼바인이라는 비극 이후에 다들 반드시 책임을 밝혀야 한다고
생각했고 그래서 많은 글이 나왔다. 참사의 규모가 엄청났기 때문인
지, 말이 안 되는 일이기 때문인지, 아니면 다른 무수한 이유 때문인
지는 몰라도 콜럼바인은 피뢰침이 되었고 오늘날까지도 그런 상태
로 남아 있다. 비디오게임, 영화, 음악, 혹은 집단 괴롭힘 때문이다,
총기를 손에 넣기 쉬워서 그렇다, 교사가 무장을 하지 않아서 그렇
다, 학교에서 기도를 드리지 않기 때문이다, 세속주의 때문이다, 향
정신성 약물 때문이라고들 했다. 그렇지만 무엇보다도 우리 때문이
라고 한 사람들이 가장 많았다.

나는 그럴 만하다고 생각했다. 내가 우리 집 거실에서 막 배달되
어 온 지역 신문을 넘기고 있고, 딜런은 뒤에서 부엌 쓰레기를 치우
고 바이런은 시내 아파트에서 지저분하긴 해도 행복하게 지내고 있
을 때였다면, 나도 부모 잘못이라고 했을 것이다.

끔찍한 폭력이 벌어졌다는 뉴스를 들을 때마다 나도 범인의 가족
은 어떤 이들일까 생각했었다. 부모가 가엾은 아이에게 어떻게 했길
래 저런 사람으로 자라났을까 생각했다. 따뜻한 환경에서 사랑으로
키운 아이는 절대 그런 짓을 하지 않을 것이라고. 가족에게 책임이
있다는 실명을 언제나 한 치도 의심하지 않고 받아들였다. 부모가

무관심하고, 무책임하고, 어쩌면 학대했을지도 모른다고 확신했다. 엄마가 아주 신경질적인 사람이거나, 숨 막히게 하는 사람이거나, 아니면 무기력한 사람이었을 것이다.

그래서 나는 만난 적도 없는 사람이 우리의 슬픔과 곤경을 가엾게 여기고 손을 뻗는 것을 보고 놀랄 수밖에 없었다. 우리를 나무라지 않고 손을 내밀어준 희생자 가족을 존경하고 감사할 수밖에 없는 것도 그 때문이다. 그분들은 살인자의 엄마가 되는 게 어떤 일인지 알지 못하면서도 공감의 한 자락을 내어주었다. 나에게는 정말 놀라운 일이었다. 나라면 그렇게 할 수 없을 것이다.

총격 사건 뒤 며칠도 안 되었을 때에 직접 색칠한 도자기 천사, 얼린 크림소스 치킨 요리와 비스킷, 위로의 카드가 들어 있는 상자를 우리 변호사가 우리에게 전해주었다. 모두 우리가 만나본 적도 없는 사람들이 보낸 따뜻한 손짓이었다. 배려의 물방울이 시내가 되고, 강이 되어 흘렀다. 전국, 전 세계에서 편지를 보내왔다. 겉봉에 우리 이름과 "리틀턴, 콜로라도"라고만 적은 편지와 선물이 우리에게 배달되었다.

톰과 내가 삶의 어느 시점에 마주친 사람들이 편지를 많이 보내주었다. 초등학교 동창, 선생님, 직장 동료, 전에 가르쳤던 학생 등. 딜런의 어릴 적 친구 가족이 보낸, 옛 기억을 담은 편지도 있었다. 이 편지들을 읽고 또 읽었다. 한편 모르는 사람들이 보낸 편지도 많았고, 익명으로 보낸 편지도 많았다. 기도, 시, 책, 명판, 장난감, 아이들이 그린 그림, 손으로 만든 물건 등을 받았다. 딜런을 기리며 자선

나는 가해자의 엄마입니다

단체에 기부를 한 사람들도 있었다. 우리에게도 현금과 수표를 보낸 사람들이 있었지만 돌려보냈다.

온갖 분야의 사람들이 편지를 보냈다. 성직자, 변호사, 교사, 사회복지사, 경찰, 해병대, 수감자 등. 실로 놀라운 아량이었다. 법적 도움을 주겠다는 사람도 있었고, 속마음을 털어놓는 사람, 안마를 해주겠다는 사람, 언론을 피할 수 있게 은신처를 제공하겠다는 사람도 있었다.

추모비가 열다섯 개가 아니라 열세 개밖에 세워지지 않은 것을 보고 실망했다고 말하는 사람도 많았다. 자기 교회, 혹은 모임에서는 열다섯 명을 모두 추도했다고 알려오기도 했다. 연주회에서 다른 희생자와 함께 딜런의 이름도 읽었고, 미사에서 딜런의 영혼을 위한 기도를 올렸다고 했다. 이런 편지가 참 고마웠다. 나는 희생자를 열다섯 명으로 생각할 수밖에 없었다. 이곳 사람들의 감정은 이해하지만 나로서는 딜런이 죽기 전에 한 행동 때문에 딜런의 삶이 통째로 무가치한 것이 된다고 생각할 수는 없었다.

언론에 딜런과 에릭이 집단 괴롭힘을 받았다는 보도가 많이 났다. 그래서 고등학교 때 괴롭힘을 당한 적이 있는 다양한 나이대의 사람들이 편지를 보내왔다. 나는 딜런이 괴롭힘을 당했다는 걸 몰랐고, 그래서 딜런에 대한 내 이미지를 조정하기 위해 엄청난 충격을 겪어야 했다. 그래도 무기력하게 당한 경험에서 오는 맹목적 분노, 우울감, 무력감 등을 들려주는 편지에 감동을 받았다. "그런 일이 일어난 게 저는 놀랍지 않습니다. 우리 학교에서도 그런 일이 일어나지 않았다는 것, 미국 전역의 학교에서 날마다 그런 일이 일어나지 않는다는 게 놀라울 지경입니다." 한 청년이 자기는 고등학교 때 화장실에 가거나 복도를 걸어가기가 두려웠다는 이야기를 들려주고 이렇게 덧붙였다. 학생들이 딜런에게 편지를 써서 자기가 학교에서 느끼는 슬픔과 분노를 쏟아붓기도 했다. 나는 이 아이들 가슴에 가득한 슬픔을 주변 사람들이 알고 있을지 궁금했다.

가까운 사람을 잃은 경험을 털어놓는 편지를 쓴 사람들도 많았다. 자기 가족 내의 정신병과 자살 경험을 들려준 이들도 있었다. 이 편지들이 얼마나 도움이 되었는지 모른다. 부모나 조부모가 자식 손자 때문에 겪은 고초와 굴욕을 전해준 편지도 마찬가지였다.

자기 아들이 살인죄로 종신 복역 중이라는 이야기를 들려준 목사가 있었다. 비극 발생 뒤에 내가 느낀 숱한 죄책감 가운데에 내가 종교적 교육을 소홀히 했던 걸까 하는 후회도 있었다. 날마다 상시로 아이들에게 옳고 그른 것을 분별해 가르치긴 했으나 아이들이 어릴 때 이후로는 교회나 유대교 예배당에 정기적으로 다니지는 않았다.

바보 같은 생각이지만(단 하나의 예로는 아무것도 입증할 수 없다는 의미에서) 그래도 꼬박꼬박 주일학교에 가는 것으로 아이가 처참한 선택을 하는 걸 막을 수 없었던 사례에 대해 알고 나서 나는 안도했다.

변호사 사무실 직원 한 명이 우리에게 오는 우편물을 살펴서 협박이나 욕설 편지를 걸러내는 일을 맡아 해주었다. 우리를 지켜주려고 이렇게들 신경을 썼어도 가끔은 그런 편지가 우리 손에 들어오곤 했다. 부정적인 편지 한 통을 받으면 지지를 보내주는 수백 통의 편

나는 가해자의 엄마입니다

지의 효과가 물거품이 되어버렸다.

한 편지는 검은 마커로 쓴 굵은 글씨로 이렇게 외쳤다. **"어떻게 모를 수 있어요??"**

나도 스스로에게 밤낮으로 던진 질문이었다. 내가 완벽한 부모라고는 한 번도 생각해본 적이 없었다. 그렇지만 나는 두 아들과 관계가 친밀하니까 무언가가 잘못되었다면, 더군다나 무언가가 아주 잘못되었다면 당연히 직감할 수 있을 것이라고 생각했다. 딜런의 생각과 감정을 모두 안다고 말하지는 않았겠지만, 딜런이 어떤 일을 할 수 있는지에 대해서는 정확히 안다고 자신 있게 말할 수 있었을 것이다. 그런데 잘못된 생각이었다.

"저에게도 남 이야기가 아닙니다." 어떤 어머니가 보낸 편지다. 이 어머니는 폭력적 정신병 환자인 아이와 함께 살고 있어, 매일 아침 내가 그날 받은 전화처럼, 아들이 연관된 무시무시한 소식을 전하는 전화가 오지 않을까 두려워하며 일어난다고 한다. 그 뒤로도 많은 사람들이 비슷한 심경을 전해왔다. 용기를 북돋는 기도를 적고 '형 집행을 기다리는 엄마'라고 서명한 편지도 있었다.

우리가 받은 편지 가운데, 다른 총격 사건 희생자 가족들이 보낸 편지도 몇 통 있었다. 어떤 남자는 아들이 중학교에서 죽었을 때 처음에 느꼈던 분노, 고통, 충격을 절절하게 들려주었다. 이 편지를 통해 희생자 가족들이 어떤 고통을 겪고 있을지를 조금 짐작할 수 있었다. 아이를 잃은 사람들도 편지를 보내왔다. 아기가 식구들 바로 옆에서 바닥으로 떨어져 지냈석 뇌손상을 입은 일을 겪은 아기 엄마도 있었다. 이런 편지를 읽으며 딜런의 죽음을 순수하게 슬퍼하는 나 자신의 일부를 되찾을 수 있었다. 자살로 사랑하는 사람을 잃은 사람들의 이야기도 많이 들을 수 있었다. 나는 딜런의 죽음이 자살이라고 완전히 받아들이지는 않은 상태였지만 이 편지들이 내 출발점이 되어주었다. 나중에 이 편지를 쓴 사람들 가운데 많은 이들을 직접 만날 기회가 있었다.

우리는 우리 동네로부터 여전히 고립된 상태였지만, 이 편지들을 통해 더 넓은 세계에 있는 사람들과 동질감을 느낄 수 있었다. 내가 상상할 수 있었던 것보다 훨씬 많은 사람들이 극단적인 고통과 상실을 겪고 있었다. 세상에는 처참할 정도로 많은 고통이 있었다. 마치 인간의 보편적 시련이라는 깊은 샘의 수맥을 건드린 것 같았다. 날마다 사람들의 공감력과 너그러움에 놀랄 수밖에 없었다. 어떤 카드에는 "하느님이 축복하시길"이라는 문구 하나만 노인의 힘겹고 떨리는 글씨체로 적혀 있었다. 머나먼 곳에 사는 낯선 사람이 나에게 힘을 주기 위해 카드를 사고 우표를 사고 글을 쓰고 카드를 부치기까지 얼마나 엄청나고 힘겨운 수고를 들였을까 생각하니 경이롭기까지 했다. 자기 삶에서 겪은 고통에서 비롯한 광대역의 정서를 가진 사람, 이해의 폭이 넓고 깊은 사람들이었다.

다만 안타까운 것은, 당시는 고통을 겪고 버텨낸 이들의 이야기에서 내가 위안을 받기에는 너무 이른 시기였다는 점이다. 나에게 '이후의 삶'이 있으리라는 생각은 전혀 들지 않았다.

총격 사건 뒤에 있었던 여러 일들에 대해 대체로 그러했지만 이렇게 받은 편지에도 제대로 응대할 방법이 없었다. 처음 받은 편지에는 직접 답장을 했고 계속 그럴 생각이었지만 편지가 상자로 오고, 또 오고, 또 왔다. 우리 할아버지가 자기가 받은 감사 편지 중에 특별히 감동적인 것에 답장을 쓰시던 일이 떠올랐다. 우리에게 손을 내밀어준 사람들의 따뜻한 마음에 답례하지 못했다는 것이 나에게는 큰 부담이 되었다. 시간과 노력을 들여 마음을 보여준 사람들에게 감사조차 못 한다니 괴로웠지만 도리가 없었다.

나는 편지를 쌓아놓고 분류해서 플라스틱 통에 넣었는데 결국 편지가 거실을 전부 차지하는 지경이 되었다. 나는 답장이 필요한 우선순위에 따라 분류 시스템을 만들었다. 자신의 절망과 자살 충동을 이야기하는 편지를 가장 위에 놓았다. 답장을 꽤 많이 썼지만 그래 봐야 아주 일부밖에는 답하지 못했다. 받은 편지를 3600통까지 세고 세기를 그만두었는데 그 뒤로도 한동안 계속 왔다.

사방에서 들려오는 뼈아픈 비판 때문에 내 죄책감은 점점 자라났다. 날마다 언론의 뭇매를 맞았다. 나 자신도 아직 충분히 이해하지 못하는 결정 때문에 비난받기도 했다. 예를 들어 변호사가 우리에게 보안관 사무소에 통고 의사를 제출하라고 조언했다. 사건에 대해 새로운 정보가 나왔을 때 잘 대처하기 위한 일상적인 법적 절차라고 했다. 그렇게 하면 보안관 사무소와 계속 의사소통하고 협조할 일이 있을 때에는 적극적으로 협조하면서 우호적인 관계를 유지할 수 있었다. 그런데 이 결정이 내려진 뒤에 곧 기사가 났고 마치 우리가 우리 아들이 한 일 때문에 보안관 사무소를 고소하는 것처럼 그려졌다. 이런 기사가 나면 엄청난 양의 독설이 쏟아졌다. "그 부모들 정말 역겹습니다." 차에서 라디오 채널을 바꾸다가 우연히 들은 라디오 방송에서 어떤 사람이 이렇게 말했다. 사람들은 우리가 감옥에 갇혀야 하고, 우리를 잡아서 괴롭히고 총으로 쏴야 한다고 생각했다. 나는 지금까지도 인터넷에서 콜럼바인 사건에 관한 글에 달린 댓글은 읽지 못한다.

이런 말을 들을 때 느꼈던 굴욕감과 공포에서 영원히 벗어날 수 없을 것이다. 나는 늘 내가 훌륭한 시민이고 좋은 엄마라고 생각했었다. 그런데 역사상 최악의 엄마로 조리돌림을 당하고 있었다. 태어나서 처음으로 나는 내가 어떻게 할 수 없는 상황 때문에 다른 사람들에게 비난받고 따돌림을 당하는 존재로 살고 있었다. 딜런이 의도한 것은 아니겠지만, 딜런이 생의 마지막 나날 동안 어떤 심경이었을지 이해할 수 있는 기회를 우리에게 준 셈이다.

딜런이 죽은 뒤에 우리는 조그만 마음속의 공간 안에 갇혀 살았다. 그 안에서 우리는 여전히 아들을 사랑하고 좋은 뜻으로 잘 키우다가 잃은 부모일 수 있었다. 살아남기 위해서 우리는 부정적인 것들을 피해야만 했고 그래서 꽁꽁 안으로 숨었다. 누군가가 우리 입장을 옹호하는 말을 하더라도 언론에서 왜곡되고 오해되기 일쑤였다. 그래서 우리는 친구들을 방패 삼아 나머지 세상으로부터 숨어버렸다. 아무리 터무니없는 말로 우리를 비난해도 대꾸하지 않았다.

이렇게 물러섰던 것이 최선의 전략이었는지 확신할 수는 없다. 우리가 변명하지 않았기 때문에 사람들은 우리에게 비밀이 있다고 믿

나는 가해자의 엄마입니다

었다. 지금도 그렇지만 그때에도 잘못된 사실이 받아들여지도록 내버려두는 건 잘못이라는 생각을 했다. 우리 가족과 양육 방식에 대한 여러 오해가 오늘날까지도 사실로 받아들여지고 있으니 말이다.

* * *

강한 척하는 데 지쳤다. 더 이상 강할 수가 없다. 아무것도 견딜 수 없고 아무것도 할 수 없다. 슬픔의 심연에 빠졌다. 자동응답 메시지가 열일곱 개 있는데 들을 힘이 없다. 딜런 방이 경찰이 뒤집어놓은 상태 그대로인데 정리도 할 수 없다.

—1999년 5월 일기

집에 돌아온 후 다시 일상을 회복하기 위해 이따금 이런저런 집안일을 했지만 딜런의 방만은 경찰이 어질러놓은 그대로였다. 딜런의 물건이 중층에 늘어져 있고 시트를 벗긴 매트리스가 이층 계단에 기대어 있었다.

딜런이 죽은 뒤 한 달 동안 나는 날마다 딜런의 방에 들어가 물건 몇 가지를 제자리에 놓다가 감정이 몰려와 너무 힘들어지면 돌아 나오곤 했다. 특히 딜런이 쓰던 화장실 세면대에 오래 머물렀다. 빗에 딜런의 금발 머리카락 몇 가닥이 끼어 있었고 우리가 사준 전기면도기에 짧은 수염이 남아 있었다.

그 이상은 아무 일도 하지 못했던 것이 슬픔에 압도되어서만은 아니었다. 방을 닦거나 더러운 옷을 빨 때마다 딜런이 남겨놓은 흔적을 없애는 것 같았다. 딜런을 지운다는 생각을 하면 가슴이 찢어졌고, 쓰레기통을 비우려다가도 딜런 삶의 마지막 순간을 이해할 기회를 잃는 건 아닌가 하는 생각이 들었다. 물론 조금이라도 의미가 있다고 생각하는 물건은 경찰이 모두 쓸어갔지만, 그래도 나는 남은 잔해에서 뭔가 답을 찾으려고 헤맸다.

딜런이 무슨 생각을 하고 무얼 느끼고 있었는지, 내가 사랑하며 키운 아이가 어떻게 이런 무시무시한 일을 저질렀는지 여전히 이해하지 못하는 상태였다. 딜런의 마음 상태를 어떻게 설명할 수 있을까? 부검에서 나오지 않은 약의 영향을 받은 상태였을까? 다른 영향이 있었을까? 조직범죄 같은 것? 설령 에릭이 계획을 짜고 같이 하자고 딜런을 압박했다고 하더라도, 딜런은 똑똑한 아이다. 빠져나오고 싶었다면 방법을 찾았을 것이다. 왜 그러지 않았을까? 에릭이 강요하거나 협박했나? 딜런이 세뇌당했나? 딜런이 뭐에 쓴 게 아니었을까 하고 바이런이 진지하게 물은 적도 있었다. 한 달 전이라면 말도 안 되는 생각이라고 깔깔 웃었을 테지만, 새로운 현실 속에서는 악마에 씌었다는 것도 다른 가설만큼이나 그럴 법했다.

딜런의 무덤을 만들지 않았기 때문에 나는 몇 시간이고 딜런의 방에 앉아 머릿속에서 떠나지 않는 질문의 답을 찾으려고 애썼다. 서랍 하나에서 담배갑이 나와서 충격을 받았다. 딜런이 죽기 얼마전에 담배 냄새가 나는 것 같아서 바로 딜런에게 담배 피우냐고 물

나는 가해자의 엄마입니다

었었다. 딜런은 어이없다는 표정을 하면서 나에게 말했다. "내가 바보예요?" 그때 딜런은 정말로 흡연을 경멸하는 것처럼 보여서 나는 그 말을 그냥 믿었다. 서랍 안에 있는 담배는 딜런이 그때 서슴없이 거짓말을 했다는 뜻이었다.

또 딜런의 약장에서 거의 다 먹은 성요한초 약병을 발견하고 더욱 슬퍼졌다. 나는 딜런이 쓰는 화장실이 깨끗한지 본다고 수시로 드나들면서도 약장 안을 들여다볼 생각은 하지 못했다. 성요한초는 건강식품 가게나 약방에서 파는 천연 항우울제다. 딜런이 약으로 달래려고 했을 정도로 우울감이 심했었다는 부인할 수 없는 빤한 증거가 여기에 있었다. 병에 적힌 유효기간을 보니 오래전부터 그랬었다는 것을 알 수 있었다.

내가 얼마나 쉽게 속아 넘어가는 사람인지 이제 알 것 같았다. 우리에게 편지를 쓴 사람 가운데 많은 사람들, 주로 어른들이 자기가 십대 때 부모 몰래 했던 성적 일탈, 마약, 절도 등 문제 행동들을 털어놓았다. 일부 편지는 청소년기에 어리석은 판단을 했으나 별 탈 없이 지나갔다는 다행스런 내용이었으나(어떤 사람은 바지를 벗은 채로 자기 집 지붕 위에서 경찰한테 붙들려 내려왔다고 한다.) 수년 동안의 고통스러운 침묵으로 이어지게 된 안타까운 이야기가 더 많았다.

우리 친구들 사이에서도 이런 고백이 이어졌다. 우리 집에 찾아온 친구들 대부분이 십대 때 부모님에게 감췄던 비밀을 털어놓았다. 음주, 마약, 라스베이거스 여행, 절도, 나이 많은 남자 친구 등. 콜럼바인 사건의 여파로 한 친구는 비로소 자기 아버지에게(그리고 우리에게)

어릴 때 이웃 사람에게 한동안 성폭행을 당했음을 말했다고 한다. 그 말을 듣자 세상 사람들이 나에 대해 생각하고 있을 의문이 내 머릿속에도 나도 모르게 떠오르는 것이었다. 친구 아버지는 이런 엄청난 일을 어떻게 몰랐을까?

1999년 4월 27일 소인이 찍힌 이런 편지도 받았다. 쓴 사람에게 허락을 받고 이름과 장소명만 바꾸어서 여기에 옮겨놓는다. 우리 또래인 신디 워스라는 여자가 보낸 편지다. 톰이 어릴 적에 가족끼리 잘 알고 지냈고 그 뒤로도 연락이 이어졌다. 톰도 나도 워스 가족을 존경했다. 직업적으로도 성공을 거뒀고 행복하고 교회에서도 중요한 일을 하는 **훌륭한** 사람들이다. 가족끼리 어찌나 다정하고 친밀한지 늘 감탄하곤 했었다.

그런데 이런 편지를 읽고 정말 슬프기도 하고 놀라기도 했다.

톰, 수, 바이런에게

편지가 너무 길어서 미안해요. 할 말이 너무 많네요. 내 이야기를 들려주면 작은 위안과 평안을 얻고 딜런이 왜 자기 고통과 분노를 이야기하지 않았는지 이해할 수 있지 않을까 기대해요.

내가 열네 살 때 우리 가족이 콜로라도로 이사했어요. 이사하자마자 남자아이들이 제 코가 길다고 '돌고래'라고 부르며 괴롭혔어요. 학교 복도에서 뒤따라오며 돌고래가 나오는 텔레비전 프로그램 주제가를 불렀죠. 제 사물함에 사용한 탐폰과 생리대를 걸어놓고 공

나는 가해자의 엄마입니다

책 안에 끼워둔 편지를 훔쳐갔어요. 이사 오기 전 친구들에게 쓴 편지를 훔쳐 축구 연습 전에 남자 탈의실에서 읽었지요.

괴롭힘의 절정은 제가 축구부 선수에게 강간을 당했을 때였어요. 가해자가 친구들한테 내 못생긴 얼굴만 아니었으면 "더 나았을" 거라고 떠벌리고 다녔죠.

엄마한테도 아빠한테도 이야기하지 않았어요. 며칠 전까지는요. 내가 왜 말하지 않았는지를 부모님이 아시길 바랐고 당신에게도 말하고 싶어요. 왜 딜런이 자기 문제를 이야기하지 않았는지 이해하는 데 도움이 될 거예요.

나는 괴롭힘과 공격의 대상이 되었다는 사실에서 엄청난 수치심을 느꼈어요. 제가 직접 경험해보아 아는데 아이들은 자기가 겪는 고통을 자기 탓으로 돌려요. 나도 사람들이 나를 이렇게 대하는 건 나한테 뭔가 문제가 있기 때문이라고 생각했어요.

엄마 아빠가 나를 자랑스럽게 여기길 바랐어요. 무슨 일이 있었는지 이야기하면 부모님도 내가 보는 내 모습으로 나를 보시게 될 거라고 생각했어요. 문제가 있고 못생긴 아이로요.

나는 아직 어린 데다가 혼란스러운 상태라 나한테 가해진 일이 범죄라는 걸 인식할 수 없었어요. 다른 사람에게 말하면 괴롭힘이 더 심해지기만 할 거라고 생각했어요.

말없이 세 달 동안 고통을 겪었죠. 그러는 동안 우울증은 점점 심해졌고요. 자살을 생각하고 있을 때, 누군가가 나타나서 정말 말 그대로 절 구해줬어요.

켄은 재미있게 생기고 활달하고 밝은 아이고, 자신도 아웃사이더였지만 그렇다는 사실에 전혀 신경 쓰지 않는 아이였죠. 걔가 먼저 다가와서 친구가 되었어요. 몇 주가 지나고서야 저는 마음을 열고 무슨 일이 있었는지 말할 수 있었어요. 착하고 다정한 열네 살 남자아이가 제가 눈물을 바가지로 쏟는 동안 지혜롭게도 차분히 들어주고 안아주었어요. 켄은 어른이 되어 목사가 되었습니다. 지금까지도 앞으로도 켄은 영원히 '내 목사님'일 거예요.

딜런에게도 이런 일이 있었어야 해요. 친구나 동지가 옆에 있어줬어야 했는데. 분노와 우울을 부추기는 게 아니라 달래줄 친구요.

이건 아셔야 해요. 부모님은 그 친구가 되어줄 수 없다는 걸요. 형 바이런도 마찬가지고요. 성장과 분리 과정에 있기 때문에 감추어왔던 고통스러운 문제를 부모나 형제자매에게 털어놓기는 극히 힘듭니다.

딜런이 지금 하늘나라에 가 있고 곧 우리가 딜런을 만나 함께 기쁨을 누릴 날이 오리라고 제 온몸과 마음으로 믿어요.

신디

톰과 나는 이 편지를 읽고 또 읽었다. 톰은 신디를 아주 어릴 때부터 알고 지냈고, 나도 신디와 알고 지낸 지 20년이 넘었다. 아이들 생일에 같이 모여 축하하곤 했었다. 하지만 우리는 신디가 말해주기 전에는 괴롭힘이나 강간을 당했다거나 자살의 문턱에까지 갔었다고

나는 가해자의 엄마입니다

는 꿈에라도 상상할 수가 없었다. 한두 주 뒤에 신디의 부모님과 이야기를 나누게 되었는데 두 분도 새로 알게 된 사실에 엄청난 충격을 받으신 상태였다.

신디의 편지는 무엇보다도 아이가 아무리 절망적 상태에 빠져 있더라도 그걸 드러내지 않기로 마음먹었다면 가까이에서 지켜보는 부모, 교사, 친구들조차 모를 수 있다는 사실을 일깨워주었다. 나는 오랜 기간 동안 대학에서 강사로 일했으니 젊은이들이 눈을 피해 맥주를 숨겨놓거나 주차장에서 키스를 한다는 것 정도는 잘 알았다. 그렇지만 아이가 강간처럼 엄청난 일을, 혹은 자살 충동같이 심각한 생각이나 감정을, 그것도 신디 부모님 같은 분들에게까지 말하지 않고 감출 수 있다고는 생각하지 못했다. 날마다 새로운 충격을 받으며 이런 나의 생각들이 얼마나 처절하게 숫되고 위험했는지 깨닫곤 했다.

신디의 편지를 읽으니 무엇보다도 딜런과 이야기를 하고 싶은 생각이 너무나 간절했다. 머릿속에서는 배경음악처럼 끝도 없이 딜런과의 대화가 되풀이되며 이어졌다. 그 일 직후 루스와 돈의 집에서 지낼 때 의사가 항불안제 처방을 해주었다. 그 약을 나는 딱 한 번 먹었다. 불안을 가라앉히자 슬픔이 최고 강도로 표면으로 몰려나왔다. 수도꼭지가 돌려진 채로 고장 난 것처럼 울음을 그칠 수가 없었다. 그런 일을 겪고 나서는 약 없이 감정을 받아들이며 살기로 했다.

혼란이나 서러움을 피하거나 넘어서는 게 아무 의미가 없다는 생각이 들었다. 내가 할 수 있는 일은 그저 버티며 살아가는 일이고,

몇 달, 몇 년이 걸리더라도 내 아들에 대해 몰랐던 것들을 이해하기
위해 할 수 있는 모든 일을 다하는 것이었다.

슬픔의 자리

도서실은 아무 잘못 없는 아이들이 있는 곳, 아이들이 안전해야 하는 곳인데 그 아이들이 모두 죽고 말았다.

—1999년 6월 일기

1999년 6월 초에 신문에서 많은 아이들이 죽은 장소인 학교 도서실을 보수하기 전에 희생자 가족들이 둘러볼 수 있게 한다는 기사를 읽었다.

나는 딜런이 콜럼바인의 희생자로 간주될 수 없다는 것을 알았고 우리에게 연락이 오지 않은 것도 이해할 수 있었다. 그렇지만 딜런이 자기 목숨과 또 많은 아이들의 목숨을 끝낸 그곳을 우리도 보아야만 했다. 우리 변호사가 보안관실과 연락해 방문 일정을 잡아주었다. 총격 사건 이후 우리는 거의 숨어 살다시피 했다. 이날도 철물점 주차장에서 변호사를 만나 차를 바꿔 탔다. 마치 첩보 영화 같은 이런 절차가 이때만큼은 우스꽝스럽게 여겨지지 않았다.

학교는 아직 범죄 현장이었다. 노란 테이프가 둘러진 모습을 보는 순간 가슴이 쿵 하고 내려앉았다. 복도를 따라 걸어가는데 건설노동자들이 딜런과 에릭이 남긴 피해를 복구하는 모습이 보였다. 딜런과 에릭이 소형 폭탄을 던진 자리마다 양탄자, 벽, 천장 곳곳에 검게 그을린 자국이 남아 있었다. 인부들이 천장 타일을 떼어내고 카펫 일부도 잘라냈다. 깨진 창문에는 투명 플라스틱판이 덮여 있었다. 전에도, 앞으로도 그런 충격이 계속 있었지만 이때에도 내 아들이 끼친 피해가 얼마나 막대한가에 큰 충격을 받았다. 사다리 위의 인부들이 우리를 내려다보았다. 우리가 누구인지 그들이 알까 궁금했다.

도서실 문은 플라스틱판으로 덮이고 노란색 경찰 통제선 테이프가 둘러쳐진 채 잠겨 있었다. 안에 들어가기 전에 보안관실에서 나온 사람이 우리 아들이 죽은 지점을 보게 될 것이고 그게 전부라고 일러주었다. 나는 경찰의 전문적이면서도 희생자들에 대한 조심스러운 태도에 고마움을 느꼈다.

나는 덜덜 떨면서 안으로 들어갔다. 여전히 답을 구하던 중인 나는 딜런과 다른 이들이 죽은 장소를 보면 무언가 깨닫고 알 수 있을 거라고 생각했다. 이 방 안에 들어가 그날 있었던 일의 핵심, 딜런의 마음 상태를 이해할 수 있기를 바랐다. 이 공간에 담겨 있는 진실을 파악하기 위해 나는 슬픔을 억누르려고 애썼다.

방 안에 들어가는 순간 사방이 고요해졌다. 복도에서 공사하는

나는 가해자의 엄마입니다

소리도 여기에서는 들리지 않았다. 눈물이 쏟아지기 전에 나는 두 가지를 느꼈다. 아이들의 존재를, 그리고 평화를 느꼈다.

경찰이 에릭과 딜런이 자살한 지점으로 우리를 안내했다. 바닥에 그려진 길고 마르고 껑충한 모습을 보는 순간 심장이 멎는 듯했다. 그게 딜런이었다. 딱 딜런처럼 보였다. 눈물이 줄줄 흘렀다. 내가 내 아들을 닮은 형체 옆에 주저앉아, 쓰러지는 아들을 받아주었던 양탄자를 손으로 쓰다듬는 동안 바이런이 가만한 손으로 내 어깨를 감싸주었다.

9

비탄을 안고 살아가기

암환자에 대한 글에 적힌 문구. "잘 이겨나가는 사람들은 머리와 마음속에 건강한 공간을 만들어내고 그곳을 바탕으로 살아간다." 우리도 이렇게 하고 있다. 톰의 비유에 따르면 토네이도가 우리 집을 무너뜨렸고, 우리는 남은 작은 부분 안에서 살아야만 한다. 비탄을 안고 산다는 게 그런 거다. 움직일 수 있는 작은 공간 안에서 산다.

—1999년 8월 일기

C. S. 루이스는 아내가 죽은 뒤에 쓴 아름다운 사색록 『헤아려 본 슬픔』의 첫머리를 이렇게 시작한다. "슬픔이 공포와 비슷하게 느껴진다는 사실은 아무도 말해주지 않았다."

시간이 꽤 흐른 지금도 이 말이 얼마나 견고한 진실인가를 절절하게 느낀다. 사랑하는 사람의 죽음, 특히 아이의 죽음은 사람의 토대를 뿌리부터 흔들어놓는다. 자살로 아들을 잃은 아이리스 볼턴은 이렇게 썼다. "내 죽음이나 내 아이들이나 가족의 죽음은 생각해보지 않았다. 비극은 다른 사람에게만 일어난다고 생각했다." 살아가려면 그렇게 생각하면서 살 수밖에 없다. 그래서 진실이 드러났을 때에는 무시무시하게 닥쳐오기 마련이다. 내 경우에는 딜런의 마지막을 도저히 납득할 수 없었기 때문에 내가 살아온 삶, 내 가족, 나 자신에 대해 내가 가졌던 생각 전부를 믿을 수 없게 되면서 정체성이 흔들린다는 느낌이 더더욱 컸다. 내가 지역 대학에서 일할 때 학생 한 명이 장애인으로 살면서 가장 힘든 일이 무엇인지 말해준 적이 있다.

"누구든 장애를 가장 먼저 봐요. 그 사람들이 보기에 나는 사람이기 이전에 장애인인 거예요."

그때에는 그 말에 담긴 통찰이 내 일을 이해하는 데 도움이 되었기 때문에 고마움을 느꼈다. 그런데 콜럼바인 이후에야, 그 학생이 한 말이 정확히 무슨 뜻인지 알 수 있었다. 내가 영원히 살인자를 키운 엄마로 비춰질 것이며 어느 누구도, 나 자신조차도, 나를 다른 존재로 보지는 않으리라는 것을 확실히 알 수 있었다.

＊＊＊

　내가 쉰 살이나 되었지만 콜럼바인 사건 직후에는 우리 부모님이 곁에 없는 것이 너무나 아프게 느껴졌다. 부모님이 살아서 내 삶이 어떤 꼴이 되었는지 보지 못하신 것은 천만다행이었지만, 한편으로는 부모님이 곁에 있었다면 얼마나 위로가 될까 어린애처럼 생각했다.

　아버지는 내가 열여덟 살 때 돌아가셨고, 어머니는 내가 서른여덟일 때 세상을 뜨셨다. 나는 어른이 되고 난 뒤에도 어머니에게 많이 의지했다. 어머니 장례식에서 추도사를 할 때 우리 형제들은 어머니가 북극성 같다고 했다. 가장 힘들 때에도 방향을 찾을 수 있도록 언제나 흔들림 없는 지표가 되어주신 것에 감사하는 헌사였다. 아마 그래서 콜럼바인 이후에 딜런만큼이나 어머니도 자주 꿈에 나온 게 아닌가 싶다.

　그 사건 이후 자주 꾼 꿈 하나가 차가운 바람이 몰아치는 한밤중에 헤매는 꿈이다. 나는 두 돌쯤 된 딜런을 품에 꼭 안고 드넓은 주차장에서 우리 차를 찾으려고 한다. 딜런이 춥지 않게 담요로 감싸려고 애쓰면서 차를 찾으려고 사방을 헤매는데, 종이가 가득 든 커다랗고 무거운 쇼핑백 때문에 팔이 자꾸 처진다. 그래서 딜런을 안고 있기가 너무 힘들고 딜런을 바닥에 떨어뜨릴까 봐 겁이 난다.

　딜런을 놓치려는 찰나 어머니가 다가온다. 어머니는 이렇게 말한다. "가방은 나 주렴. 넌 네 아들이나 잘 안아." 어머니가 내 손목과 팔에 배기던 무거운 쇼핑백들을 하나씩 가져가 내가 딜런을 꼭 안고 담요를 단단히 여밀 수 있게 해준다. 내가 우리 차를 찾고 딜런을 카시트에 안전하게 앉히는 동안 어머니는 옆에서 가방을 들고 계신다. 그러고 나는 잠에서 깬다.

그 꿈이 내가 가야 할 길을 보여주었다. 쇼핑백 안에 든 종이들은 내가 슬퍼하지 못하도록 막는 것들을 나타내는 듯했다. 소송에 대한 걱정, 돈 문제, 신문에서 내 이름을 보는 것에 대한 두려움, 엄청난 두려움과 의무감과 함께 몰려와 우리 집에 쌓이는 수천 장의 편지와 청구서와 통지서와 법적 서류들. 한없는 언론의 공격, 세상의 증오와 비난, 또 바이런에게 무슨 안 좋은 일이 생기지 않을까 하는 끝없는 불안에 나는 너무 쉽사리 함몰되어버렸다. 우리 재정적 상태도 위기였고, 상황이 너무 복잡해서 도무지 빠져나올 수 없을 것 같았다.

하지만 어머니가 옳았다. 다른 모든 일을 다 놓고 딜런과 희생자들을 애도하는 일에 집중해야 했다.

힘든 일이었다. 슬픔 때문에 무력한 상태가 아니었다고 하더라도 우리가 해야 할 일의 엄청난 양은 그 자체로 압도적이었다. 비극 이후 한 달 뒤에 톰과 나는 여전히 상실감과 후회에 절어 텅 빈 우리 집을 유령처럼 헤매며 똑같은 생각을 하고 또 했다. '딜런이 보고 싶다. 어떻게 이렇게 끔찍한 일을 저질렀을까? 딜런을 다시 볼 수 없다니 믿기지 않는다. 내가 그렇게 사랑한 아들이 어떻게 사람을 냉혹하게 살해할 수가 있을까? 그것도 아이들을? 내가 알았더라면, 무슨 말을 해서든, 무슨 짓을 해서든 딜런을 막았을 텐데. 어떻게 그런 짓을 했을까?'

그러고 나면 언제나, 언제나, 도무지 받아들일 수 없으나 영원한 상실이 찾아온다. '그 아이의 까끌까끌한 뺨을 다시는 내 뺨에 부빌 수 없다니 어떻게 그럴 수가 있을까?'

그러다 가끔은 정신없이 움직일 수밖에 없기도 했다. 딜런이 한 일을 다시금 자각해서 그렇기도 하고 딜런이 한 행동의 무수한 여파로 우리가 27년 동안 가꿔온 집과 삶과 가정이 사방에서 동시에 무너져 내리기 때문이기도 했다. 게리 로조가 우리 사정을 감안해서 비용을 많이 깎아주었음에도 불구하고 첫 번째 청구서를 받고 우리는 정신이 번쩍 들 정도의 충격을 받았다. 그 비용을 어떻게 치를지 아무 대책이 없었다. 그 부분에 대해서도 어머니가 무덤에서 걸어 나와 도움을 주셨다. 1987년 돌아가시기 전, 어머니는 우리 애들이 아직 어릴 때 두 아이 모두를 위해 생명보험을 들어놓으셨다. 딜런 앞으로 들어놓았던 보험 두 개에서 나온 보험금이 딱 첫 번째 청구서에 적힌 비용을 치를 만큼이 되었다.

하지만 그건 창해일속에 불과했고 앞으로도 수년 동안 변호사 비용을 대야 했다. 톰은 정유업계에서 컨설턴트로 일하려 했지만 기회가 많지 않았고 혹시 어떤 기회가 났다가도 투자자가 톰이 콜럼바인 살인범 아버지라는 걸 아는 순간 바로 사라졌다.

한 보험회사에서 우리의 법정 비용을 감당할지에 대한 판단을 내리는 데 시간이 다소 걸렸다. 마침내는 법정 비용을 보험회사가 부담한다고 결정이 내려졌지만, 게리 로조의 변호사 비용은 감당하지 않겠다고 했다. 게리는 변호사라기보다 친구, 광기의 와중에 정신을 차릴 수 있게 해준 오아시스 같은 존재였기 때문에 무척 속상한 일이었다. 낯선 사람과 다시 시작하려니 감정적으로도 힘겨웠다. 하지만 새로 우리 일을 맡게 된 프랭크 패터슨과 그레그 케이도 공감력과 인내력이 있는 사람들이라 우리가 가족사진을 보여주며 딜런 이야기를 할 때에도 잘 들어주었다. 나는 변호사들이 우리를 한 가족으로 여기기를, 딜런을 알아주기를 바랐다. 오래 지나지 않아 새 변호사들에게도 편안하게 의지하게 되었다.

변호사들이 거들어주었지만 그래도 날마다 이해할 수 없는 서류와 결정들이 산더미같이 쌓였다. 무슨 의미인지 잘 알 수 없었기 때문에 더더욱 힘들었다. 모든 사람들이 누군가를 상대로 소송을 제기했다. 권총 네 자루 중에 세 자루를 구입한 딜런의 친구 로빈에게 제기된 소송도 있었다. 나머지 한 자루를 판 마크 메인스도 소송에 걸렸다. 권총 제조사를 상대로 한 소송도 있고, 에릭의 항우울제 제조회사를 상대로 한 소송도 있었다. 보안관 사무소, 군, 경찰을 상대로 한 소송도 있었다. 우리를 상대로 한 소송은 다 합해서 서른여섯 건이었다. 우리 변호사는 꼼꼼한 사람들이었고 어떤 일이 진행되고 있는지 설명하려고 최선을 다했지만 법적 상황이 워낙 복잡해 내가 파악할 수 있는 한계를 훨씬 넘어섰다.

솔직히 말해, 우리 변호사들이 열심히 애를 쓰고는 있었지만, 내 심정은 이랬다. '이게 다 무슨 의미지?' 심한 부상을 입은 아이들 부모가 소송을 통해 아이를 돌볼 비용을 받아낼 수 있다면 그건 좋은 일이라고 생각했다. 하지만 소송에서 이긴다고 죽은 아이가 살아오지는 않았다. 총을 맞은 선생님 데이브 샌더스가 가족에게 돌아갈 수도 없었다. 법정 싸움이 우리가 잘못을 바로잡을 기회를 줄 수도 없고 생각할 수도 없는 일이 어떻게 일어났는지 설명해줄 수도 없었다. 그리고 딜런을 되돌려줄 수도 없었다.

* * *

> 어제는 끔찍했다. 자리에서 일어나는 데 네 시간 반이 걸렸고, 그 뒤에도 별로 나을 게 없었다. 울고 또 울고 아무것도 할 수가 없었다. 오후에 S와 통화했다. 얼마 전에는 다시 일하겠다고 해놓고 다시 직장에 돌아가지 못할 것 같다고 말했다.
>
> —1999년 5월 일기

콜럼바인 한 달 뒤에 직장 상사인 수지와 통화를 했다. 수지는 고맙게도 주기적으로 내 안부를 확인했고 이따금 음식을 갖다주거나 직장 동료들이 힘내라고 보내는 화분을 배달해주기도 했다.(지역 대학에서 여러 해 일하면서 쌓아놓은 휴가와 병가가 남아 있어서 내 자리를 아직 유지할 수는 있었다.)

요즘 늘 그러듯 나는 통화하면서 울었다. 수지는 잠시 듣고 있더니 이렇게 말했다. "직장에 복귀해야 돼요."

생각하니 겁이 더럭 나서 말을 잇지 못했다. 직장에 출근하다니 말도 안 되는, 있을 수 없는 일이었다. 딜런과 딜런이 만들어놓은 재앙 말고 다른 무얼 생각한다는 게 가능한 일인가? 안전한 집에서 벗어나, 내가 아는 딜런, 내가 사랑한 딜런을 알지도 못하는 사람들을 마주할 수가 있을까?

"못하겠어요." 내가 말했다.

수지는 달래듯 계속 설득했다. 업무는 조정할 필요가 있겠지만, 나한테 좋을 거고, 동료들 짐도 덜 수 있다고 했다. "집에서 할 수 있는 일감을 모아주면 어떻겠어요? 마감 시한이 없어서 시간 날 때마다 할 수 있는 일로요?" 거부할 힘도 없었다. 반대하는 것보다 받아들이는 편이 더 쉬웠다.

며칠 뒤 수지가 보낸 일감을 받았지만 며칠 동안 손도 대지 못했다. 마침내 일에 손을 댄 다음에는 하루에 한 시간 분량 정도를 겨우 했다. 그것도 못하는 날도 많았다. 정식으로 직장에 복귀한다는 건 도저히 불가능한 일로 여겨졌다.

그렇지만 딜런의 엄마라는 것과 무관한 나의 정체성을 다시 찾을 필요가 있었고, 무언가 완결될 수 있는 일을 한다는 것도 의미가 있었다. 우리의 개인적 삶은 가늠할 수도 감당할 수도 없는 상태였다. 어떤 것도 해결하거나 납득하거나 마무리할 수가 없었다. 이렇게 내 상태가 엉망이었지만 그래도 직장 일은 할 수 있었고, 게다가 잘할 수 있었다. 그래서 나는 한 문장을 쓰는 데 한 시간이 걸릴지라도 일을 계속 붙들었다. 그러다가 결국 다른 동료들과 같이 하지 않으면 일을 제대로 할 수가 없다는 걸 깨닫게 되었다. 수지가 기대한 내로 작은 일감이 나를 일상으로 다시 끌고 왔고, 나는 파트타임으로 직장에 돌아갈 궁리를 조금씩 시작했다.

두려움도 컸다. 전에 하던 일과 조금 다른 일을 하게 되었고, 새 동료들이 다정하고 좋은 사람들이긴 했으나 잘 아는 사람들은 아니었다. 새 동료들에게는 뉴스 채널에서 쾅쾅 울려대는 딜런의 이미지를 대신할 내 아들에 대한 기억이 없다는 게 마음에 걸렸다. 나는 그저 살인자의 엄마로만 여겨질 것 같았다.

내가 존재한다는 사실만으로 동료들이 충격을 받으리란 생각을 하면 견디기 힘들었다. 이 지역 전체가 큰 충격과 고통을 겪었다. 내 직장에도 물론 여파가 미쳤다. 직장 동료 가운데 아이들이 그 학교에 다니는 사람들이 있었다. 목숨을 잃을 수도 있었던 거다. 한 동료의 남편은 그 학교 선생님인데 총을 맞을 뻔했다고 한다. 그날 죽은 선생님 데이브 샌더스와 가까운 친구이기도 했다. 한 교직원의 딸은 외상후스트레스장애 때문에 집중치료를 받고 있다고 했다. 날마다 수사, 소송, 정보 접근권에 대한 분쟁 등 새로운 기사가 헤드라인으로 떴다. 그 학교와 아무 상관이 없는 사람이라고 해도, 탕비실에 커피를 가지러 갔다가 나를 마주쳤을 때 무슨 말을 해야 할지 난감하지 않겠는가? 나와 같이 일하는 게 얼마나 불편할까?

다행스럽게도 내가 근무하던 지역 대학을 이끄는 총장은 복잡한 상황을 잘 이해하는 탁월한 리더였다. 총장은 내가 편안히 지낼 수 있게 배려하는 동시에 다른 교직원들이 내 존재에 지나치게 불편해하지 않도록 신경 썼다. 내가 복귀하기 일주일 전에 직원 전체에게 메시지를 보내 나와 함께 일하는 데에 문제가 있는 사람은 언제든 자기에게 찾아오라고 말했다. 직원들이 언론의 끝없는 질문공세에 잘 대처하도록 벌써 지침을 내려놓았고 도움이 필요한 사람 누구라도 찾을 수 있게 상담사도 배치했다. 이런 일을 하게 만든 장본인이 된다는 게 쉬운 일은 아니었지만 그래도 학교의 현명한 처사가 고마웠다.

인사과 직원을 만나서 내 개인정보와 안전 문제에 대해 의논했다. 인사과 직원이 내가 겪고 있는 일이 만성질환이나 부모님 치매 문제 등과 같이 일상적인 일인 양 말해서 놀랐다. 나에게 오는 전화는 전화 교환원이 차단하고 화이트보드에 내 스케줄은 적지 않기로 했다. 관리자 한 사람이 내가 닫힌 문 뒤에서 개인적 전화 통화를 할 수 있도록 자기 사무실을 나에게 내주었다. 나는 내 칸막이 방에 붙어 있던 이름표를 떼어 책상 서랍 속에 넣었다.

복귀하고 하루 이틀쯤 지났을 때 총장이 또 한 차례 직원들에게 메시지를 보내 내가 평정을 되찾을 수 있도록 여유를 주라는 황감한 조언을 했다. 나에게 조의를 표하고 싶더라도 너무 많은 관심을 보이면 부담스러울 수 있다고 배려를 부탁했다. 그 현명함에 나는 또 감복했다.

이렇게 많은 배려가 있었음에도 복귀 첫날 나는 정신적으로 무너지기 일보직전이었다. 내 머릿속에는 딜런 생각과 딜런과 에릭이 저지른 끔찍한 일에 대한 생각밖에는 없었다. 출근하는 엘리베이터 안에서 아무도 마주치지 않기를 바랐다. 수지스러웠기 때문이 아니라,

다정한 말 한마디, 손짓 한 번에 무너져버릴 것 같았기 때문이다. 아침 일찍부터 평정을 잃고 나면 다시 추스르기가 힘들 것 같았다.

내가 없는 동안 동료들 몇이 내가 진행하던 프로젝트가 계속 유지될 수 있도록 내 자리에서 일하고 전화를 받았다. 그래서 오히려 내가 무단 침입자인 듯이 느껴졌다. 내가 모르는 서류가 구석에 쌓여 있고, 컴퓨터 비밀번호는 바뀌어 있었다. 최악은 책상 위에 있는 무시무시한 검정색 전화기였다. 그 뒤로도 몇 달 동안 그 전화기에 저장된 메시지가 있다고 붉은 빛이 깜박이는 것을 보면 불안감이 닥쳐오곤 했다. 하지만 그 첫날 아침에는 메시지가 없었다.

시간이 조금 지나자 사람들이 지나다녔다. 환영과 위로의 말을 건네는 사람들도 있었다. 어떤 사람들은 살짝 안아주고 갔다.

월례 회의가 있었는데 내가 조금 늦게 갔다. 의자가 다 차 있어서 나는 다른 사람들과 함께 뒷벽에 기대어 섰다. 비극 이후 처음으로 사람들이 가득한 방 안에 있게 되었다. 일부는 모르는 사람들이었다. 사람들이 나를 빤히 보지 않으려고 조심하긴 했어도 모든 사람들의 신경이 나에게 쏠려 있는 게 느껴졌다.

이 무렵은 아직 기력이 회복되지 않았을 때라, 그냥 서 있는 것만도 너무 버거웠다. 회의가 시작되고 몇 분이 지나자 숨이 가빠 서 있기가 힘들었다. 바닥에 앉자니 진지하지 않게 보일까 걱정이 되었고 사람들 시선을 끄는 행동은 죽어도 하기 싫었지만, 아무래도 이러다 쓰러질 것 같았다. 그래서 나는 벽을 타고 바닥으로 내려가 주저앉으며 스커트를 무릎 위로 끌어당겼다.

결국은 의자 뒤에 책상나리를 하고 앉았다. 동료 한 사람이 나를 보고는 자기 자리에 앉으라고 눈짓을 했다. 정말 아름다운 몸짓이었다. 내가 당황하지 않도록 최소한으로 절제하면서 나에게 신경을 쓰고 염려한다는 사실을 일러주었다. 나는 고개를 저었다. '고마워요, 괜찮아요. 그냥 앉아 있어요.' 나는 회의가 끝날 때까지 바닥에 앉아, 그 자리에 있으나 없는 채로, 사람들의 뒷모습을 보면서 누군지 보이지 않는 사람의 말을 들었다.

작은 승리라는 말들을 한다. 나는 숨고 싶었지만, 그래도 그 자리에 있었다.

* * *

9시부터 2시 30분까지 직장에 있으면서 회의 네 개에 참석했다. 내내 자연스럽게 보이려고 분투했다. 갖은 애를 썼다. 지쳐 고꾸라질 것 같았다. 일과가 끝날 무렵 녹초가 되었다. 머리에서 떠나지 않는 엄청난 생각이 있었고 정상적인 말과 생각과 행동을 끄집어내는 일이 코끼리를 바늘귀에 밀어 넣는 일처럼 여겨졌다. 내가 어떤 일을 겪었고 지금은 어떤 일을 겪고 있는지 아무도 이해할 수 없었다. 참석하고 듣는 게 내가 할 수 있는 전부였다. 일을 마치고 차에 돌아가서 문을 닫고 울었다.

—1999년 6월 일기

그때는 깨닫지 못했지만 직장으로 돌아간 일이 여러 면에서 나의 회복을 위한 필수적인 기반이 되어 주었다.

첫째로 다른 사람들의 공감과 동정을 직접 경험할 수 있는 기회가 되었다. 나는 다른 사람이 안아주면 울음을 터뜨리곤 했지만 이 눈물을 고맙게 생각하고 굳이 참지 않는 방법을 익혔다. 슬픔을 억누르는 것보다 느끼도록 놔두는 편이 더 쉬웠다. 직장 동료들이 내 개인 공간을 확보해주면서도 동시에 공감과 무수한 작은 친절을 느끼게 해주는 어려운 선을 지켜주었다. 그게 얼마나 큰 도움이 되었는지 그들은 아마 절대 모를 것이다.

7월에 동료 한 사람이 직원 대표로 내 자리로 찾아왔다. 손에는 내가 지금까지 본 것들 중에 가장 아름다운 말린 꽃다발이 들려 있었다. 나와 잘 아는 사이는 아닌 동료라, 다분히 격식을 갖춘 말투로, 내 아들이 무슨 일을 했든 내 자식이니 자식이 있는 사람은 누구라도 그 상실감을 이해할 것이라고 말했다. 그 동료가 딜런의 죽음을 슬퍼할 리도 없고 내가 왜 딜런을 사랑했는지도 아마 이해 못할 테지만, 그래도 어떤 공감의 발판을 마련하려는 노력의 몸짓이었다. 고마움에 목이 메어 나는 아무 말도 할 수가 없었다.

그해 가을 휴게실에서 수공예품 판매 행사가 있었다. 나는 친구들에게 주려고 크리스마스 장식핀 몇 개를 샀다. 수표에 이름을 적고 신분증을 보여주려고 지갑을 열었다. 그런데 계산대에 있는 여자가 안 보여줘도 괜찮다고 말했다. "그렇죠." 내가 면허증을 다시 집어넣으며 말했다. "세상에 누가 나를 사칭하겠어요?" 그 무렵에는 이런 블랙유머로 버텨나갔다. 나만의 어설픈 방식으로 그 여자가 느낄 긴장감을 풀어주려고 했다. 그런데 상대방의 얼굴에 정말 가슴 아픈 표정이 떠올랐다.

언론사에서 줄기차게 전화를 해댔지만 나와 같이 일하는 사람 누구도 언론과 인터뷰를 하지 않았다. 한 기자가 편법을 써서 내 상사에게 전화를 연결했다. 기자가 다짜고짜 이렇게 물었다고 한다. "왜 아무도 수 클리볼드에 대해 이야기하지 않으려고 하는 겁니까?"

"좋은 사람들이기 때문에 이야기하지 않는 겁니다." 수지가 날카롭게 쏘아붙였단다. 그 말이 사실이었다.

복귀하고 첫 몇 주 동안은 딜런 생각 말고 다른 생각은 할 수가 없었다. 아침에 시내까지 차를 몰고 가는 긴 시간 내내 울었다. 그날 일을 하면서 딜런을 잊으려고 애쓰기 전에 내 기억 속의 딜런을 떠올릴 시간이 있어서 다행이었다. 아침마다 차에서 내리기 전에 마지막으로 거울을 보며 뺨에서 눈물 자국을 지웠다.

동료들이 무한한 인내심을 발휘해주었고 나도 프로답게 행동하려고 최선을 다했지만, 그래도 엉망이었다. 사춘기 때 그랬던 것처럼 자의식 때문에 아무것도 못하게 되곤 했다. 스트레스 때문에 과민성 대장증후군을 겪고 있어서, 가까이에 화장실이 없을 때 증상이 나타날까 봐 무얼 먹기도 겁이 났다. 불안을 줄이기 위해 여러 가지 방법을 썼지만 소용이 없었다. 알람 소리를 들으면 한 시간은 족히 신경이 곤두서기 때문에 이제 시계 알람도 맞춰놓지 않았다.

한 친구가 애도 중인 뇌는 오래된 컴퓨터에 너무 복잡한 프로그램을 돌리는 것과 같다고 말했다. 단순한 작업만 시켜도 끽끽거리고 버벅거리고 멈춰버린다. 다른 사람이 하는 말을 듣기만 하는 일도 힘에 부쳤다. 집중력은 전혀 회복되지 않았고 개인적 상황과 딜런에 대한 생각들이 계속 밀려오는 바람에 자꾸 내 세계 속으로 빠져들었다.

그래서 뭐든지 메모로 써서 남겼지만 어떤 방법을 써도 이 결함을 메울 수가 없었다. 그 사건 이후 내가 주재했던 첫 번째 회의를 떠올리면 아직도 얼굴이 달아오른다. 나는 사람들에게 돌아가면서 자기소개를 하고 어떤 일을 해왔는지 이야기해달라고 했다. 회의실 안이 조용해지자 나는 나도 모르게 사람들에게 자기소개를 하라고 말했다. 이미 다 한 것을! 사람들이 눈치를 보며 불편한 듯 자세를 고치는 것을 보고 그제야 내 실수를 알아차렸다. 허둥지둥 사과하는 수밖에 없었다.

다시 전일 근무를 하기까지는 한참이 걸렸다. 저녁 때 산책을 하면서 신체적 힘을 조금씩 회복한 것처럼 다른 사람을 대할 정서적 힘을 되찾으려면 연습이 필요했다. 직장이 일종의 재활치료였다. 내가 내 정체성을 되찾고 나만의 애도 과정을 겪어가는 안전한 환경이 되어주었다. 희생자 가족들에 대한 생각이 늘 마음에 있었다. 그 일 뒤에 정상적인 삶을 조금이라도 되찾으려 하는 과정이 얼마나 힘겨울지를 늘 생각했다.

시간이 흐르자 내 끝없는 비탄이 거의 우스꽝스럽게 여겨질 지경이었다. 내가 일어설 때마다 공책, 달력, 옷소매, 주머니 등에서 손수

건이 떨어졌다. 휴지가 필요한 사람은 언제라도 나한테 말하면 얻을
수 있었다.

나는 사람들의 친절을 바랐고 내가 누릴 자격이 있는 것 이상의
친절을 받을 수 있었다. 그렇지만 모든 사람이 친절하거나 이해해준
것은 아니었고 그건 당연한 일이었다. 나는 현실부정 안에서 살고
있었는데(무엇보다도 딜런이 억지로 그 일에 낄 수밖에 없었다거나 직접 폭력을 행
사하지는 않았을 거라고 믿었다.) 자연스러운 반응이기는 했지만 더 이상
유효하지 않을 것이었다. 세상으로 돌아왔다는 것은 딜런이 저지른
일의 중대함을 받아들인다는 의미였다.

같이 일하는 사람들 사이에서 비난과 분노와 고통의 기색을 읽을
수 있었다. 내 뒤에서 험담을 한다는 이야기도 들려왔다. 나를 피하
거나 간접적으로 나무라는 사람도 있었다. 이런 일 가운데 특히 기
억에 남는 것이 있는데, 그게 가장 심한 비난이었거나 충격적인 말
이라서가 아니라, 사람들이 이렇게 생각하지 않을까 무서워하며 나
스스로도 가장 두려워하던 바를 정확히 말해주었기 때문이었다.

덴버 외곽에 있는 작은 고등학교에 우리 사무실에서 지원하는 직
업 프로그램을 시찰하러 간 일이 있었다. 고등학교에 간다는 것이
무척 힘든 일이었고 내내 눈물을 삼켜야 했다. 특히 행복한 아이들
이 가득한 컴퓨터실에 들어갔을 때에는 더더욱 그랬다.

컴퓨터교사와 인사를 나누었는데 학생들하고 나이 차이가 많지
않을 듯한 젊은 선생님이었다. 프로그램이 잘되어가는 것에 대해 축
하의 말을 건넸다. 그런데 내 이름을 듣고 컴퓨터교사가 내 얼굴을

뚫어져라 보았다. 같이 간 팀원 한 명이 이렇게 많은 컴퓨터가 잘 작동하도록 관리하는 능력이 대단하다고 칭찬하자 컴퓨터교사가 이렇게 말했다. "글쎄요, 기계들 각각을 잘 알게 되니까요. 결국 좋은 부모 노릇하고 똑같아요." 그 말을 하더니 질문을 한 사람에게서 고개를 돌려서 타는 듯한 눈길로 나를 노려보았다. "좋은 부모라면 아이들이 어떤 상황인지 알죠."

이런 경험들이 상처가 되었고 괴로웠다. 콜럼바인과 관련된 주제가 나올 때마다 달아나고 싶었지만 듣고 싶지 않은 말을 피하려고 자리를 뜨거나 괴로운 상황을 맞닥뜨리지 않으려고 아예 아무 데도 안 가면서 평생을 살 수는 없었다. 내가 참혹한 감정의 소용돌이 속에서 살고 있기는 했으나 상처 입은 사람이 나 하나만은 아니었다. 딜런이 한 행동의 막대한 결과를 마주해야 했고 딜런의 참담하고 폭력적인 행동이 다른 사람에게 미친 영향을 받아들여야 했다. 불편한 일을 겪고 그 충격을 버텨낼 때마다 딜런이 한 일 전체의 무게를 받아들이기 위한 한 걸음을 내딛는 것이나 마찬가지였다. 사람들이 나를 격려하든 비판하든, 나는 직장으로 돌아오면서 내 아들이 파괴하려고 했던 지역사회와 다시 어깨를 겯게 되었다.

나는 늘 다른 사람 의견을 의식하는 사람이었다. 그런데 이제 다른 사람의 인정이 무엇보다도 중요한 것이 되어버렸다. 내 행동을 사람들이 평가하고 판단하고 어떻게 딜런이 다른 사람들을 죽이거나해칠 수 있었는지 설명하는 근거로 쓰리라는 확신이 들었다. 원래도 일에 대해 약간 강박적인 면이 있었는데 이제는 심한 완벽주의에 빠졌다. 어떤 실수도 오해도 있어서는 안 되었다. 오타 하나까지 모두 잡아내고, 모든 일을 필요 이상으로 잘, 기한보다 일찍 해내려 했다. 그저 능력이 있고 정상인 것만으로는 부족했다. 내 아들이 보인 광기의 원인이 내가 아니라는 걸 다른 사람들에게 확인시켜야만 했다. 아주 작은 실수라도 했다 하면 일을 계속하기 어려울 정도로 속상해했다. 누가 질문을 던지면 비난으로 들렸다. 운전을 할 때면 넋을 놓고 있다가 사상 사고를 내서 내가 목숨을 부지할 가치가 없는 인간이라는 세간의 믿음을 확인시켜주지 않을까 긴장이 되었다.

다른 사람 책상 위에 놓인 행복해 보이는 가족사진을 보면 의문이 솟았다. 나와 저 사람이 뭐가 달랐던 걸까? 그러면서 동시에 사람들에게 변명하고 싶어졌다. 딜런이 많은 사랑을 받았고 내가 좋은 엄마였다는 걸 알리고 싶은 절박함을 느꼈다. 그리고 우리가 친밀한 모자 사이였음에도 불구하고 딜런이 무슨 계획을 세우고 있는지 나는 전혀 몰랐고 그렇게 끔찍한 일을 저지를 수 있다는 것도 몰랐다고 이야기하고 싶었다.

당연하게도 나는 나 자신에게 느끼는 부정적인 감정 전부를 다른 사람에게 투사하고 있는 것이었다. 나는 나도 모르는 채로 살인자를, 그런 만행을 저지를 정도로 도덕적 방향감각이 엉망인 사람을 키웠다. 나는 바보고 등신이고 얼간이였다. 나는 애들과 함께 마리화나를 피우고, '노는' 남자 친구를 데려와 자기 애들한테 소개하는 '쿨한' 엄마도 되지 못했다. 나는 '저녁식사는 모두 모여서 해야 한다.', '친구 집에서 자고 오려면 그 친구와 친구 부모님을 내가 먼저 만나봐야 한다.'는 류의 엄마였다. 그래 봐야 아무 소용이 없었지만.

딜런이 유치원 다닐 때 슈퍼마켓에서 사탕 한 개를 돈 안 내고 집어 왔길래 돌려주라고 다시 차를 몰고 슈퍼마켓으로 데려간 적이 있다. 점장이 그냥 가지라고 주는 대신에 진지하게 딜런의 사과를 받고 작은 손에 들린 사탕을 가져갔을 때 속으로 얼마나 다행스럽게 생각했는지 모른다. 친구 집에서 자고 온다고 할 때는 그 집 엄마에게 전화를 걸어 애들한테 어떤 영화를 보여줄 건지 물어보곤 했다. 좀 덜 폭력적인 걸 보여주라고 부탁한 게 한두 번이 아니다. 내가 내 아들과 그 많은 사람들을 폭력으로부터 보호하는 데에 처절히 실패했음이 백일하에 드러났는데, 그런 노력들이 대체 무슨 소용이었단 말인가?

20년 동안 가정통신문에 서명하고 부활절 달걀 찾기 행사를 준비하고 내 아이들이 발에 잘 맞는 운동화를 신고 다니도록 하는 일들이 내 삶의 기준이었고 그것에 내 일, 그림, 결혼생활을 맞추었다. 이제는 이런 의문이 들 수밖에 없다. 그게 대체 무슨 의미였던가?

자식을 후회 없이 키운다는 건 아마 불가능한 일일 거다. 하지만 자식의 살인-자살 이후라면 죄책감과 후회가 끝없이 따라다니며 괴롭힌다. 저녁이 되어 직장에서 집으로 돌아가면 우리 가족 사진첩을 강박적으로 보고 또 본다. 목장에 놀러갔던 날, 자연사박물관이나 공원에 갔던 날. 흔한 중산층 아동기의 행복한 순간들이다. 딜런이 안기고 몸을 부비고 애정을 담뿍 받고 있는 사진이 얼마나 많은지를 보고 안도한다. 길에 나가 아무나 붙들고 사진첩을 보여주고 싶다.

'보세요.' 하고 말하고 싶다. '이거 봐요. 나 미친 엄마 아니에요. 우리가 얼마나 행복했는지 보라고요!'

그런 한편으로 아빠 어깨에 가볍게 팔을 걸치고 카메라를 든 나를 보고 웃는 딜런의 모습을 보면, 끝없는 슬픔의 샘이 또다시 터지곤 했다.

「가스등」이라는 고전 영화에서 샤를 부아예가 맡은 인물은 잉그리드 버그먼이 연기하는 자기 아내를 미친 사람으로 몰아가려고 한다. 샤를 부아예는 그림과 보석을 다른 데로 치우고 아내의 가방에 엉뚱한 물건을 넣어두고 아내가 '훔쳤다'고 주장한다. 효과가 있어서 아내는 자신의 현실감각을 의심하게 되고 신경쇠약을 일으키기 시작한다. 이 무렵에 나의 정체성을 다시 찾으려고 애쓰던 나는 이 영화를 종종 떠올렸다. 나는 내가 좋은 엄마라고 생각했었다. 내 아들을 사랑하고 뿌듯하게 여겼었다. 딜런이 살아 있을 때에는 딜런이 정말 중대한 문제를 겪고 있다고 생각할 만한 모습은 전혀 보지 못했다. 지금 돌아보아도 뚜렷하고 확실한 징후는 없었다. 그래서 인지부조화가 심했다.

"좋은 부모라면 아이들이 어떤 상황인지 알죠." 컴퓨터교사의 말이 어떤 악의에 찬 독설보다도 더 아프게 나를 찔렀다. 그 말이 사실이 아니어서가 아니라, 나 역시 그렇게 생각했기 때문이다.

톰은 우리가 딜런을 다시 만날 수 있을까 가장 많이 생각한다. 이 생각이 머리에서 떠나지 않는 듯하다. 다시 만날 수 있다는 걸 알면 마음이 편해질 것 같다고 한다. 나도 딜런이 어디에 있을지 많이 생각하고, 악한 행동을 했기 때문에 신의 품에서 편히 쉬지 못하는 건 아닐까 걱정한다. 그곳에 딜런이 아이라는 것을 알아주는 관대한 신이 계시길 빈다.

—1999년 5월 일기

내 친구 샤론도 아이가 자살로 세상을 떴다. 그래서 샤론이 나에게도 자살유족 지원모임에 나가라고 했다.

나도 내 말을 들어주고 공감해주고 비난하지 않는 사람들을 만나고 싶은 생각이 간절했지만 낯선 사람이 모인 곳에 가서 딜런과 에릭이 한 짓에 대해 말한다는 게 상상이 가지 않았다. 게다가 우리 변호사 게리 로조가 말하길 우리가 재판을 받게 되었을 때 지원 모임 참가자가 증인으로 재판에 참석해야 할 수도 있다고 했다. 이 상황에서 사람들에게 추가로 피해를 끼치고 싶지는 않았다.

고립감은 끔찍했다. 불안 정도도 매우 높았고 홀로 동떨어져 있는 것 같았다. 에릭의 부모님과 연락을 하지는 않았다. 내 상황을 이해할 수 있는 이 세상에서 유일한 사람은 톰이었는데, 그 비극 이후에 우리 사이에 생겨난 틈이 점점 벌어지고 있었다.

그럴 법한 일이었다. 아이가 죽은 뒤에 이혼율이 급증한다는 통계 수치가 과장된 것일 수도 있겠지만 결혼생활이 무척 힘겨워지는 것은 지당한 일이다. 가장 흔한 까닭으로 드는 게 여자와 남자가 애도하는 방식이 다르다는 점이다. 남자들은 아이가 자라서 어떤 존재가 되지 못한 것을 슬퍼하는 경향이 있고, 여자들은 자기가 기억하는 아이를 잃은 것을 슬퍼하곤 한다.

우리에게도 이런 차이가 확연했다. 나는 딜런이 아기일 때, 아장아장 걸을 때, 어린아이일 때, 십대일 때의 기억을 끝없이 되새겼지만 톰은 딜런이 죽었기 때문에 할 수 없게 된 일들에 매달렸다. 딜런의 사라진 미래에 집착하는 게 나는 싫었다. 마치 딜런이 죽어서도 아버지의 기대를 충족시켜주길 바라며 압박하는 듯 여겨졌다. 우리의 다툼의 요인들이 지금 생각하면 아무것도 아닌 것처럼 생각된다. 우리는 지독한 폭풍 속에 등을 맞대고 한데 묶여 있었지만, 가끔은 누군가와 함께인 것이 혼자인 것보다 더 괴로울 때도 있었다.

버텨나가는 방식도 서로 충돌할 때가 많았다. 나는 원래 사교적이고 외향적인 편이고 톰은 혼자 있는 것을 좋아했다. 비극 이후로 우리 각자의 성향이 더욱 강화되었다. 증오와 비판에 노출되는 것이 힘겹기는 했지만 그래도 나는 세상으로 다시 나가면서 친절과 관대함도 느낄 수 있었다. 다른 사람들과 상호작용한다는 것은 계속 나만의 세계에 틀어박혀 현실을 부정할 수 없다는 의미였다. 불쾌한 말을 들으며 마음이 다치고 좌절하는 일도 있었지만 그래도 바깥세상으로 나오는 것이 궁극적으로 현실을 받아들이는 데에 도움이 된다고 믿었다.

나는 나를 다그쳐서 세상으로 나오려고 애썼지만 톰은 점점 더 침잠했다. 나는 문을 활짝 열고 싶었지만 톰은 담을 치고 싶어 했다. 조금씩 조금씩 나도 그에게서 멀어지고 있다는 게 느껴졌다.

* * *

출근하는 내내 슬픈 노래를 부르며 울었다. 걸을 수가 없었다. 느릿 느릿 발을 뗐다. "어떤 때에는 내가 거의 죽은 것 같아"라는 가사가 딱 내 심정이다. 일하러 가서 내 책상에 앉아 울었다. 도저히 일을 못할 것 같아 집으로 돌아갈까 하는 생각을 하다가 집은 더 지옥 이라는 걸 깨달았다. 어쩌어찌 마음을 다독였고 마침내 나를 짓누 르는 무게가 사라져 일에 집중할 수 있었다.

—1999년 8월 일기

내 삶이 두 부분으로 쪼개졌다. 끝없는 혼란인 개인적 삶과 조용 하고 정돈된 직장으로.

집중력이 좋아졌다. 어쩌다 한 번씩, 1분, 2분, 5분, 15분 정도는 일 에 몰두하여 내 상황을 잊기도 했다. 어쩌다 찾아오는 이런 순간이 선물 같았다. 한숨 돌릴 수 있는 시간이었고 비극 이전의 나, 믿을 만하고 능력 있고 무언가 해낼 수 있었던 나의 모습을 되찾는 것 같

나는 가해자의 엄마입니다

았기 때문이다.

내 친구들이 어린 시절의 상처와 일탈에 대해 터놓고 이야기했던 것처럼 직장 동료들도 수치와 상실의 경험을 나와 나누기 시작했다. 나는 다시금 이 세상에는 한없이 넓고 깊은 고통과 시련의 샘이 있다는 것을 알게 되었다. 내 안에서도 그 샘이 영원히 솟게 되었다.

한 동료의 아들은 살인 미수로 복역 중이라 했다. 다른 사람은 우울, 자살 충동, 정신병원 입원 등을 직접 경험했던 이야기를 들려주었다. 이런 이야기들을 듣자니 황송스럽기도 하고 또 깨달음도 있었다. 동료들이 자신의 고통스러운 이야기를 털어놓을 때, 나는 내 고통은 그게 아무리 막대하고 엄청나게 느껴지더라도 나의 고통일 뿐이라는 것을 깨달았다. 다른 사람들도 고통을 받았다. 이들도 끔찍한 일을 겪고 살아나갔다.

아무리 보잘것없는 위로라도 건넬 수 있다는 건 좋은 일이었다. 나는 심오한 말을 해줄 줄 몰랐고, 사실 살인자의 엄마가 해주는 조언이 달가울 리도 없었다. 그렇지만 이야기를 듣는 것만으로 위로를 줄 수 있었다.

일기에도 이렇게 적었다.

나는 두 가지 중요한 것을 배웠다. 첫째로 세상에는 좋은 사람이 많다는 것. 둘째로 엄청난 고통을 겪고도 힘과 용기로 버텨나가는 사람이 많다는 것. 이런 사람들이 다른 사람에게도 힘이 되어줄 수 있는 사람들이나. 나도 언젠가는 다른 사람에게 도움이 되는 그런 시람이 되고 싶다.

그러려면 먼 길을 가야 할 것이었다.

내 정체성이 벗겨지고 나자 내가 평생 얼마나 나 자신에 몰두하고 지냈는지를 알게 되었다. 나는 늘 다른 사람이 나를 좋아하기를 바랐고 공동체에서 쓸모 있는 존재라는 사실에서 기쁨을 느꼈다. 다른 사람을 도울 수 있는 일을 직업으로 택했다. 내 일에서 보람을 느끼는 것이 돈을 많이 버는 것보다 훨씬 중요했다. 내 아이들과, 톰과 내가 꾸린 가정을 자랑스럽게 여겼고 내가 좋은 엄마라고 자부했다. 콜럼바인 이후에는 이 모든 게 허위가 되어버렸다. 나는 그냥 나쁜 엄마가 아니라, 세상 최악의 엄마이고 지역 신문 1면에 증오의 대상으로 실리는 사람이었다. 존경과 사랑은커녕 그저 주변 사람들이 혐오와 비난 가운데 약간의 공감이라도 느껴주기를 바라는 게 최선이었다.

나 스스로에게 주어진 도전은 훨씬 더 힘겨웠다. 나는 영원히 딜런이 한 일에서 벗어나지 못할 것이다. 소에 찍힌 낙인처럼 콜럼바인 고등학교에서 있었던 일과 내 아들이 한 일이 내 존재에서 지울 수 없는 일부가 되었다. 살아남기 위해서는 이 새로운 현실 속에서 살아가는 방법을 찾아야했다.

내 스스로 목숨을 끊는 것 말고는 나머지 세상이 생각하는 것을 바꾸기 위해 내가 할 수 있는 일이 없었다. 내가 바랄 수 있는 것은 오로지 예전의 나와 새로운 나를 하나로 합하는 것뿐이었다.

10

현실부정의 끝

지금은 죽고 싶은 생각밖에 없다. 톰은 자기가 태어나지 않았더라면 좋았을 거라는 말을 계속한다. 딜런은 그렇게 사랑받았지만 사랑받는다고 생각하지 않았다. 딜런이 누군가를, 무엇을 사랑했을 것 같지 않다. 어떻게 그렇게 된 걸까? 오늘 화면에서 본 그 아이를 나는 모른다.

내 머릿속, 마음속에서 딜런과 나의 관계가 바뀌었다.

—1999년 10월 일기

10월, 콜럼바인 이후 6개월이 지난 뒤에 보안관 사무소에서 그동안 수집한 증거를 보여주겠다고 톰과 나를 불렀다.

그 이야기를 듣고 복잡한 심정이 되었다. 추측과 헛소문, 부정확한 정보가 난무하는 와중에 마침내 사실을 알게 되어 나행이라고 생각했다. 그러면서 한편으로는 같은 이유 때문에 겁이 나기도 했다. 일주일 전 일기에는 이렇게 썼다. "그 자리에 가는 데 필요한 용기가 부족하다." 수사관들을 만나고 난 뒤에는 어떤 일이 있었는지에 대한 나 자신의 상상을 더 이상 유지할 수 없을 터였다. 내 마음속에서 붙들고 있는 딜런의 모습이 무너지는 것을 원하지 않았다.

만나기로 한 날 이틀 전에 게리 로조가 전화를 했다. 보안관실에서 영상자료를 보여줄 텐데 그게 "4월 20일보다 더 고통스러울" 수도 있으므로 미리 우리에게 주의를 주도록 했다는 이야기였다.

게리가 감시카메라 녹화 테이프를 이야기하는 것 같다고 했다. 톰은 학살 장면은 안 본다고 거부하겠다고 했다. 이런 이야기를 하고 있는 것 자체가 나로서는 도무지 믿기지 않았다. 딜런이 다른 사람을 죽이는 광경을 본다면 나는 아마 미쳐버리고 말 것이다.

그 전날 밤에 톰과 나는 수사관들에게 물어볼 질문들을 생각해 리스트를 만들었다. 우리는 그때도 여전히 딜런이 마지못해 같이 했거나 자기도 모르는 사이에 우연히 큰일에 휘말린 것이라고 믿었다. 에릭의 집에서 세뇌 기법에 관한 군사 훈련 교재가 발견되었다는 루머를 듣고는 딜런도 결국 희생자였다는 우리의 믿음이 더 굳어졌다. 가능성이 없지 않았다. 에릭의 아버지 해리스 씨는 군 출신이었다. 나는, 그렇다면 우리도 공개 추도식을 할 수 있지 않을까 하는 허황한 꿈을 꾸기도 했다.

그건 한순간이었다. 우리가 구성한 그림이 얼마나 허망한 것인지 알 수 있었다. 나에게는 현실부정이 반드시 필요한, 목숨을 부지할 수 있게 해준 방어기제였다. 그렇지만 시간이 지날수록 유지하기 어려워졌다. 언론에 보도된 내용의 상당수는 사실이 아니어서 우리의 의심을 부추길 수밖에 없었다. 하지만 우리는 딜런이 총기 구매에 직접 관여했다는 걸 알았고, 딜런이 아이들을 쏘고 악독한 말들을 내뱉는 걸 보았다는 신빙성 있는 목격자 증언도 많았다. 내가 급조한 믿음에 생긴 균열이 점점 벌어졌다.

걱정했던 대로, 보안관 사무소에서 그 틈새가 그냥 쪼개져버리고 말았다.

* * *

오늘이 내가 알았던 내 삶이 진정으로 끝난 날이다. 내일 앞으로 평생 지고 살아야 할 끔찍한 사실을 알게 된다면, 오늘을 돌아보고 더 나은 삶이 끝난 날로 기억할 것이다. 오늘 질문 목록을 만들었다. 바이런이 내일을 버텨나갈 힘을 주려고 나를 한참 안아주었다. 내일 내가 사랑했던 아이의 기억이 무너지지 않기를 빈다. 우리더러 보라고 하는 그 영상이 뭔지 나는 모른다.

—1999년 10월 일기

10월 8일 아침 보안관 사무소로 갔다. 수사팀장 케이트 배턴과 랜니 웨스트 수사관은 사건 직후 변호사 사무실에서 심문을 받을 내 만난 적이 있다. 우리가 콜럼바인고등학교 도서실에 갈 때에도 이들이 동행했었다. 친절하고 태도가 아주 전문적이었는데 그렇다는 사실이 그날 얼마나 감사했는지 모른다.

인사를 나눈 뒤에 톰과 나는 발표 장소에 줄지어 놓인 의자에 앉았다. 해리스네 식구들과 콜럼바인 희생자 가족들을 떠올렸다. 다른 시간에 같은 의자에 앉는 게 우리가 가까이 다가갈 수 있는 최대치인 것 같았다.

케이트와 랜디는 이젤 위에 올려놓은 학교 평면도에서 여러 위치를 짚어가며 1999년 4월 20일 오전 딜런과 에릭이 무엇을 했는지를 들려주기 시작했다. 그날, 그리고 그 사건 이전에 어떤 일이 일어났는지 톰과 내가 공식적으로 들은 것이 이때가 처음이었다.

이어진 자료의 내용이 무척 상세해서, 아마 고심 끝에 공개를 결정했으리라고 생각되었다. 이미 피해자들과 가족들이 헤아릴 수 없는 슬픔과 고통을 겪었을 터인데 그 사건을 상세히 묘사해서 그들의 상처를 더 후비지 않았으면 했다. 범죄가 어떻게 저질러졌는지를 구체적으로 밝히면 다른 사람들이 지침으로 삼아 모방범죄를 저지를 수 있다는 연구도 있다. 시각적 이미지와 극적인 언어를 배제하고 자세한 내용을 생략하면 그럴 위험이 줄어든다.

그렇긴 하지만 딜런과 에릭이 죽기 전에 저지른 극악한 범죄를 인지하는 게 나한테는 중요했다. 이 책의 중심은 딜런에 대한 나의 사랑이기 때문에 딜런의 마지막 순간의 사악함까지도 인정하고 받아들여야만 한다. 스스로 위안을 받기 위해 딜런이 한 행동을 축소하

나는 가해자의 엄마입니다

지는 않을 것이다. 또 딜런이 그날 죽거나 다친 무고한 사람 가운데 한 명이었다면 내 심정이 어땠을까를 절대로 잊지 않을 생각이다. 소중한 아이들과 선생님을 기리기 위한 책이니까.

케이트가 설명을 시작했다. 학살은 신중히 계획된 것이었다.[2] 아이들이 학교에서 3마일 정도 떨어진 공터에 유인용 소형 폭탄을 설치해놓았다. 경찰 등을 학교에서 먼 곳으로 유인하려고 설치한 것이었다. 학교로 차를 몰고 가서 오전 11시 15분쯤 프로판 폭탄이 든 더플백 두 개를 메고 학교 건물로 들어갔다. 밖에서 에릭이 브룩스 브라운을 만났는데 브룩스가 왜 시험을 안 쳤냐고 물었다. "이제 상관 없어." 에릭이 말했다. "브룩스, 너 마음에 든다. 여기에서 나가. 집으로 가." 딜런과 에릭은 식당에 폭탄을 설치하고 자기네 차로 돌아가 기다렸다. 계획과 달리 식당에서 폭발이 일어나지 않자 에릭과 딜런은 다시 만나 학교 서문 바깥쪽에 있는 계단 꼭대기로 올라가 총을 쏘기 시작했다.

케이트는 두 아이가 뭐라고 말했는지, 사람들을 얼마나 잔인하게 대했는지, 총탄이나 파편이 희생자 몸 어디에 박혔는지 등 끔찍한 내용은 자세히 말하지 않았다. 시각적·청각적 이미지는 최소한으로 줄이고 누가 누구를 쐈고, 어떤 무기를 사용했고, 학교 어디에서 부상을 입었는지 등의 사실만을 시간 순서대로 설명하려 했다. 우리를 배려하기 위한 것이이었는지는 알 수 없지만 나는 자비로운 행동이라고 느꼈고 감사했다.

에릭이 레이철 스콧을 쏴서 즉사시켰고 리처드 카스탈도를 여러 발 쏘아 허리 아래쪽이 마비되는 부상을 입혔다. 에릭이 다음에는 그들을 향해 올라오던 대니얼 로보와 숀 그레이브스와 랜스 커클린을 쏴서 대니얼을 죽이고 나머지 두 사람에게는 부상을 입혔다. 서문 반대편 잔디밭에 학생 다섯 명이 앉아 있었다. 에릭이 이들에게 총을 쐈다. 마이클 존슨이 맞았지만 달아나서 목숨을 건졌다. 마크 테일러도 여러 발 맞았지만 죽은 척해서 살아남았다. 나머지 세 학생은 달아났다.

딜런이 계단에서 내려와 식당으로 갔다. 랜스 커클린을 쏘고 숀 그레이브스를 밟고 건물 안으로 들어갔다. 건물 밖에서 에릭이 식당 문 근처에 앉아 있던 학생들에게 총을 쏴서 앤 마리 호콜터의 하체가 마비되었다. 딜런은 총을 쏘거나 식당 안의 폭탄을 살피지 않고 에릭에게 가서 함께 약간 먼 거리에서 철망울타리를 넘어 축구장으로 도망가는 아이들에게 총을 쐈다. 아무도 맞지는 않았다.

패티 닐슨 선생님이 2층에 있다가 아이들이 영화를 찍거나 장난을 치고 있다고 생각하고 멈추게 하려고 내려왔다. 닐슨 선생님이 서문 가까이에 왔을 때 아이들이 유리문을 총으로 쏴서 유리 파편에 브라이언 앤더슨이라는 학생이 다쳤고 닐슨 선생님도 어깨를 맞았다. 닐슨 선생님은 도서실로 달려가 학생들에게 책상 밑으로 숨으라고 했다. 선생님은 도서실 대출계 아래에 숨어 911에 전화를 했다.

학교 무장경비 닐 가드너 보안관보가 주차장에 도착했다. 에릭이 총을 쏘자 가드너도 응사했지만 맞추지 못했다. 가드너와 제퍼슨카운티 보안관서에서 온 다른 보안관보도 에릭과 서로 쐈지만 아무도 총에 맞지 않았다.

에릭과 딜런이 건물로 들어갔다. 에릭은 장총을 마흔일곱 차례 쐈다. 딜런은 권총으로 세 번, 산탄총으로 두 번 쐈다. 파이프 폭탄도 던졌다.

에릭과 딜런이 복도를 따라 이동하면서 파이프 폭탄을 던지고 아무 데나 총을 쐈다. 스테퍼니 먼슨이 총에 맞고 부상을 입었다. 다음에 학교에서 경영 과목을 가르치는 데이브 샌더스 선생님이 식당에서 엄청나게 많은 아이들을 대피시키고 안전한지 확인한 다음에 다른 아이들도 대피시키기 위해 돌아왔다. 샌더스 선생님과 다른 학생이 딜런과 에릭을 보고 돌아서서 다른 아이들에게 경고하려 했다. 두 아이 다 데이브 샌더스를 향해 총을 쐈다. 데이브 샌더스가 누구 총에 맞아서 죽었는지는 확인되지 않았다. 다른 교사 리치 롱이 데이브 샌더스를 교실로 끌고 갔고 에런 핸시와 케빈 스타키 두 학생이 세 시간 동안 응급처치를 하며 돌봤다. 두 학생의 노력에도 샌더스는 그날 오후에 그 자리에서 숨지고 말았다.

딜런과 에릭이 난간 너머 아래층 식당으로 파이프 폭탄 두 개를 던졌고 이 두 개는 폭발했다. 도서실 복도로 던진 파이프 폭탄도 터졌다. 다음에 둘은 도서실로 들어갔다. 에릭이 에번 토드가 숨어 있는 책상에 총을 쐈다. 에번이 다쳤지만 중상은 아니었다. 딜런이 컴퓨터 아래쪽에 숨은 카일 벨라스케스를 맞춰 죽음으로 몰고 갔다. 에릭과 딜런은 총을 재장전하고 밖에서 학생들을 대피시키고 있는 구급요원들에게 창문을 통해 총을 쏘기 시작했다. 이후 딜런이 책상을 쏴서 대니얼 스티플턴과 마카이 홀에게 부상을 입혔다. 에릭은 책상 아래를 마구잡이로 쏘아 스티브 커누에게 치명상을 입히고 케이시 루제거에게 부상을 입혔다. 다음 책상으로 걸어가 캐시 버널을 죽였다. 딜런은 마카이 홀을 돌보고 있는 패트릭 아일랜드를 쐈다.

딜런이 다른 책상 밑에서 이사야 숄스, 매슈 켁터, 레이철 스콧의 남동생 크레이그 스콧을 발견했다. 딜런이 이사야에게 인종주의적 욕설을 내뱉었고 에릭이 총을 쏴서 이사야를 죽였다. 딜런은 매슈 켁터를 쏴죽였다. 에릭이 마카이, 대니얼, 패트릭이 있는 테이블로 CO_2카트리지[자전거 타이어가 펑크 났을 때 공기를 주입하는 데 쓰는 카트리지에 화약을 넣어 폭탄을 만들 수 있다.—옮긴이]를 던졌다. 폭발하기 전에 마카이가 멀리 던졌다.

에릭은 마구 총을 쏘아대기 시작했다. 딜런은 장식장을 맞추고 다음에는 가까운 책상을 쏘아 마크 킨트겐에게 부상을 입혔다. 다시 쏘아 리사 크로이츠와 베일린 슈너를 다치게 했다. 그리고 로런 타운젠드를 죽였다.

에릭은 몸을 숙여 책상 아래에 숨은 여자아이 둘을 조롱한 다음 니콜 놀런과 존 톰린에게 총을 쐈다. 존이 달아나려 하자 딜런이 죽였다. 에릭이 켈리 플레밍을 쏴서 즉사시켰다. 로런 타운젠드와 리사 크로이츠를 다시 쏘고, 지나 파크에게 상처를 입혔다.

에릭과 딜런이 책상으로 가서 무기를 다시 장전했다. 에릭이 딜런이 아는 존 새비지라는 아이를 봤다. 존이 딜런에게 뭐하는 거냐고 묻자 딜런이 "어, 그냥 사람들 죽이는 거야."라고 대답했다. 존은 자기

나는 가해자의 엄마입니다

도 죽일 거냐고 물었다. 딜런이 존에게 가라고 했다. 존은 달아났다.

에릭이 대니얼 마우저를 쏴서 죽였다. 딜런과 에릭이 같이 다른 책상 아래를 쏴서 제니퍼 도일과 오스틴 유뱅크스를 다치게 하고 코리 디푸터에게 치명상을 입혔다. 둘은 부상을 당한 에번 토드에게 가서 조롱했다.

에릭은 자기가 쏜 산탄총 반동에 코가 깨져 피를 줄줄 흘리고 있었다. 둘은 도서실 입구를 향해 갔다. 딜런이 도서실 휴게실에 총을 쏴 텔레비전을 맞췄다. 딜런은 패티 닐슨이 숨어 있는 대출대 위를 의자로 내리쳤다.

이윽고 둘은 도서실에서 나갔다. 그 뒤에 다치지 않은 서른 명과 부상을 당한 열 명의 생존자가 그곳을 빠져나왔다. 패트릭 아일랜드와 리사 크로이츠는 나오지 못했다. 패트릭은 의식을 잃었고 리사는 움직일 수가 없었다. 교사 패티 닐슨과 도서실 직원 두 명은 도서실 옆방으로 피신하여 문을 잠갔다.

그 뒤 32분 동안 에릭과 딜런은 학교 안을 돌아다니면서 아무 데나 총을 쏘고 파이프 폭탄을 던졌다. 수사팀장 케이트 배턴은 그때 200명에서 300명 사이의 사람들이 아직 건물 안에 있었다고 말했다. 많은 교사와 교직원 들이 아이들을 지키려고 건물 안에 남아 있었다. 사건 설명 동안에 케이트는 그 뒤에는 아무도 더 다치지 않았다는 게 얼마나 놀라운 일인지를 반복해서 말했다. 에릭과 딜런은 식당으로 가서 앞서 두고 간 프로판 폭탄을 폭발시키려고 했다. 교실 창문 안을 들여다보며 안에 숨은 아이들과 눈을 마주쳤지만 교실 안으로 들어가서 총을 쏘지는 않았다. 그 뒤에는 더 피해를 일으키지 않았다. 다시 식당으로 돌아가 주방 안으로 들어갔다. 다음에 다시 도서실로 가 창문 밖 경관들에게 총을 쏜 다음에 자기 목숨을 끊었다. 가장 큰 폭탄들은 자기들 차에 남겨 놓았다. 정오에 폭파되도록 시한장치가 되어 있었다. 이 폭탄들은 터지지 않았다.

패트릭 아일랜드가 의식을 되찾고 도서실 창문으로 기어가서 장갑 트럭 위에 서 있던 경찰 특공대 직원 두 명의 품 안으로 떨어졌다. 여러 군데 총상을 입은 리사 크로이츠는 오후 늦게 휴게실에 숨은 네 명과 함께 대피했다.

교사 윌리엄 '데이브' 샌더스와 열두 명의 학생들이 죽었다. 캐시 버널, 스티븐 커누, 코리 디푸터, 켈리 플레밍, 매슈 켁터, 대니얼 마우저, 대니얼 로보, 이사야 숄스, 레이첼 스콧, 존 톰린, 로런 타운젠드, 카일 벨라스케스. 스물네 명의 학생이 공격에 의해 부상을 입었고 세 명은 학교에서 탈출하려다가 다쳤다.

학살에 대한 세세한 정보가 우리에게 쏟아지는 동안 나는 마비된 것처럼 완전히 멍해졌다. 너무나 폭력적이고 사악해서 정상적인 상황에서라면 무슨 일이 있더라도 결단코 절대 보지 않았을 다큐멘터리 같았다.

한 가지 사실이 의문의 여지없이 뚜렷하게 떠올랐다. 딜런이 그 일을 했다는 것.

오래전부터 미리 계획된 사건이고, 딜런이 계획부터 참여했다는 것. 공격 시간과 방법을 신중하게 구상했다는 것. 딜런이 의도적으

나는 가해자의 엄마입니다

로 사람들을 죽이고 다치게 했다는 것. 살려달라고 애원하는 아이들을 비웃었다는 것. 인종주의적인 혐오 발언을 내뱉었다는 것. 자비도 후회도 양심도 내비치지 않았다는 것. 교사에게 총을 쐈다는 것. 냉혹하게 아이들을 죽였다는 것.

이렇게 끝난 목숨들이 나를 항상 영원히 떠나지 않을 것이었다.

몇 달 만에 처음으로 눈물이 바짝 말랐다. 방금 들은 내용을 이해할 수도 없었을 뿐 아니라 아무것도 느낄 수가 없었다. 살아남기 위해 내가 만들어낸 허상들이 모두 산산이 찢기고 말았다. 질문을 잔뜩 적어온 수첩은 내 무릎 위에 그대로 놓여 있었다.

경찰이 설명한 내용이 조금씩 머릿속으로 들어오면서 가장 충격적이고 무서운 사실도 깨닫게 되었다. 원래 의도한 것은 훨씬 더 거대한 규모의 파괴였다는 사실이었다. 총기 공격은 사실상 학교 전체를 날려버리려는 계획이 실패한 결과였다. 두 아이가 식당에 설치한 거대한 프로판 폭탄은 식당에 학생들이 가득한 정오에 폭발하도록 되어 있었다. 어떤 착오 때문에 터지지 않았다. 케이트는 만약 이 폭탄이 터졌다면 아이들이 가득한 식당이 불길에 휩싸여 학생 수백 명이 그 안에 갇혔을 거라고 했다. 천장이 무너져 2층 전체가 식당으로 무너져 내렸을 수도 있다.

이렇게 참혹한 사건이 일어났는데도, 사실상 두 아이가 계획한 것에 비하면 아무것도 아니었다는 말이다. 그 생각을 하니 숨도 제대로 쉴 수가 없었다. 이 처참한 비극보다 훨씬, 훨씬 더 끔찍한 일이 있을 수도 있었던 것이다. 내 아들이 의도한 것은 그런 것이있다.

톰은 정신을 추스르고 묻기 시작했다. 가장 큰 의문은 아직 풀리지 않았다. 딜런의 정신상태가 어떠했는가? 왜 딜런이 거기 있었나? 대체 어떤 생각과 감정으로 그 끔찍한 일에 끼어든 건가?

우리는 딜런이 자기 행동을 설명해줄 단서를 단 하나도 남기지 않았다고 생각했다. 딜런이 컴퓨터 하드드라이브를 이미 포맷했다고 수사관에게 들었고, 딜런 방에서 딜런의 생각을 엿볼 수 있을 만한 물건은 수사관들이 전부 가지고 갔다. 우리는 뭐라도 찾으려고 방을 뒤지고 또 뒤졌다. 딜런 친구들이 오면 또 찾아달라고 부탁했다. 친구들이 CD케이스를 열어보고 책장을 펼쳐 보았지만 아무것도 나오지 않았다.

그래서 톰과 나는 아직도 한 줄기 희망을 놓지 않고 매달리고 있었다. 딜런이 학살에 참여했다는 건 명백하지만, 자기 의지로 그랬을까? 세뇌를 당하거나 약을 먹었거나 다른 방식으로 강요당하지는 않았을까? 케이트는 고개를 저으며 경찰은 딜런이 자발적으로 행동했다고 확신한다고 말했다. 어떻게 확신할 수 있냐고 묻자 두 아이가 남긴 비디오테이프가 있다고 했다.

충격을 줄 수 있다고 경고를 받은 그 영상자료였다. 두 아이가 영상제작 수업을 같이 들은 적이 있었지만 같이 비디오를 찍었을 것이라고는 생각하지 못했다. 그 말을 듣자 충격과 공포가 뱃속에 찌르르 퍼졌다. 내가 아무리 마음을 다잡았더라도 케이트가 테이프를 넣고 재생 버튼을 눌렀을 때 나온 영상에 마음의 대비를 할 수는 없었을 것이다.

***

또다시, 내 삶이 산산이 부서졌다. 내 눈으로 보지 않았다면 절대 믿지 않았을 것이다. 최악의 두려움이 현실이 되었다. 딜런의 불타는 분노와 죽고자 하는 의지를 끝없이 생각한다. 딜런은 우리에게, 친구들에게 거짓말을 했다. 감정이 없었다. 다정하고 사랑스러운 아이가 어떻게 그렇게 되었는지 이해하려고 애쓴다. 내 아들을 이렇게 만든 신에게 분노한다.

—1999년 10월 일기

'지하실 테이프'라는 것은 딜런과 에릭이 총격 사건 전 몇 주 동안 여러 차례 여러 장소에서 카메라에 대고 떠드는 장면을 찍은 것이다. 지하층에 있는 에릭의 방에서 찍은 게 많아서 언론에서 지하실 테이프라고 부른다.

우리는 이런 영상이 있다는 걸 전혀 몰랐지만 테이프가 돌아가기 시작한 순간 나는 내 아들의 삶과 학살을 저지르고 스스로 목숨을 끊기까지의 행동에 대해 내 나름대로 생각했던 것을 모조리 버리게 되리라는 걸 깨달았다.

딜런의 모습을 보고 목소리를 듣는 순간 가슴이 깨지는 것 같았다. 내가 기억하는 모습 그대로였다. 내가 그토록 그리워하던 아이. 그런데 잠시 뒤 딜런이 하는 말이 내 귀에 들어오기 시작하면서 머리가 핑핑 돌았다. 나는 사리에서 벌떡 일어났다. 보하기 선에 화장실까지 갈 수 있을까 생각하면서.

딜런과 에릭이 어처구니없이 가식적으로 서로와 가상의 청중에게 연기를 하고 있었다. 딜런의 얼굴에서 이런 비웃음과 자만의 표정은 본 적이 없었다. 둘의 입에서 나오는 말을 듣고 입이 절로 벌어졌다. 우리 집에서는 결코 들을 수도 말할 수도 없는 혐오스럽고 증오에 가득 찬, 인종주의적이고 비하적인 말들이었다.

또 이 영상에서 두 아이 사이의 상호작용이 뚜렷이 드러났다. 심장이 쿵쾅거려 집중하기가 어려웠지만 테이프에 담겨 있는 정보가 너무 중요해서 눈도 깜박이면 안 될 것 같았다.

첫 번째 촬영분에서는 에릭이 진행자 역할을 하면서 이 테이프에 담고 싶은 주제들을 소개하고, 딜런이 경멸조로 거든다. 얼핏 보기에 에릭은 차분하고 제정신인 듯 보이고 딜런은 뒤에서 분노를 뿜고 있다. 둘의 역학 관계에서 딜런의 분노가 핵심적 요소라는 게 분명했다. 에릭은 되풀이해서 딜런에게 "분노를 느껴보라."고 주문하고 딜런은 에릭이 하라는 대로 분노 상태에 계속 빠져 있도록 아무거나 끄집어낸다. 그러면서 초등학교 때 놀림 당한 일 따위의 사소한 일까지 거론할 정도로 터무니없어진다.

이 영상을 분석한 심리학자들도 비슷한 결론을 내렸다. 에릭은 딜런의 서서히 타오르는 우울증적 분노를 이용해 자신의 가학성을 부추기고, 딜런은 에릭의 파괴 충동을 이용해 수동성에서 벗어나려 했다. 이 테이프에서 본 것을 내가 곱씹어서 딜런의 자기 파괴에 분노가 어떤 역할을 했는지를 이해하기까지는 여러 해가 걸렸다.

소름끼치는 허세, 입에서 쏟아져 나오는 충격적이고 증오에 가득 찬 말들 속에서 나는 딜런이 사춘기일 때 많이 보이던 자의식을 엿볼 수 있었다. 톰이 홈비디오를 찍는다고 비디오카메라를 들고 나올 때마다 부끄럽고 어색해하던 바로 그 모습이었다. 화면 속으로 뛰어들어가 내 주먹으로 딜런을 치면서 소리를 지르고 싶었다. 동시에, 과거의 시간 속으로 돌아가 딜런을 안고 깊이 사랑한다고, 너는 혼자가 아니라고 말하고 싶었다.

어떤 순서로 장면들이 진행되었는지는 이제 기억이 안 난다. 한 장면에서는 두 아이가 의자에 앉아 카메라를 보며 먹고 술을 마셨다. 둘이서 다치게 하고 싶은 사람들의 이름을 읊고 어떻게 하고 싶은지 묘사했다.(케이트도 지적했지만 이 동영상에서 거론된 사람들 가운데 실제로 다친 사람은 없었다.) 다른 장면에서는 딜런이 카메라를 들고 있고 에릭이 무장하고 무기를 자랑한다. 이 계획을 비밀로 해야 한다고 말한다. 에릭은 무기를 부모님이 절대 찾을 수 없도록 어떻게 신중하게 숨겼는지 보여준다.

여기에서 케이트가 설명을 덧붙였다. 이 장면은 경찰들한테도 정말 놀라운 장면이었다고 했다. 경찰이 해리스네 집을 수색했을 때도 에릭이 무기를 숨긴 장소 중에 하나는 찾지 못했다. 이 테이프를 보고 다시 가서 찾아야 했다. 케이트가 말하길 수사팀 소속 사람들이 이걸 보고는 집에 가서 자기 아이들 방도 정말로 철저하게 다시 뒤졌다고 한다.

딜런이 새로 산 산탄총을 집으로 몰래 가지고 들어가는 일에 내해 이야기한다. 총신을 잘라내어 더 짧고 숨기기 쉽게 만들었다. 이런 총을 소지하는 건 불법이기도 하다. 딜런은 옷자락에 총을 숨긴 채로 의심받지 않고 방으로 올라가느라 얼마나 긴장했었는지 이야기한다. 총이 우리 집 안에 숨겨져 있었는지 아니면 다른 어디에 있었는지는 모른다. 어쩌면 상자모양 침대 머리 안에 숨겨놨을 수도 있을 것 같다. 침대를 해체하지 않으면 그 안을 들여다볼 수 없다. 동영상을 보면서 나는 절망감에 빠졌다. 딜런이 작년에 체포된 뒤로 여섯 달 동안 주기적으로 방 수색을 했었는데, 계속 그렇게 했다고 하더라도 침대 안쪽까지 들여다보지는 않았을 것이다.

한 장면에서 딜런은 우리 친척과 자기 형 바이런에 대해 경멸스럽다는 듯 말했다. 그때가 우리가 딜런을 잃은 지 여섯 달이 되었을 때였고 바이런이 세상의 악의와 독설에 꿋꿋이 맞서며 버티고 있는 상황이었다. 우리 큰아들은 제 발로 나서 자기에게 주어진 엄청난 책임을 떠맡았고 믿을 수 없을 정도로 성숙하고 용감하게 해내고 있었다. 참 얄궂은 일이었다. 딜런은 불평하거나 화낼 일이 너무 없어서 에릭이 하라는 대로 분노를 끌어올리려고 아무 지푸라기라도 잡듯 형에 대한 불만이나 거의 만나지도 않는 친척을 거론하고 있는데 말이다.

어떤 장면에서는 딜런이 에릭에게 엄마가 유월절 행사에 참석하라고 한다고 불평했다. 그 비디오를 찍은 주말에 우리 집에서 이웃사람을 초대해 전통적인 유월절 정찬을 하기로 했고 시간을 맞추려고 두 아들에게도 스케줄을 물어봤었다. 딜런은 참석하지 않겠다며 철없고 자기중심적인 반응을 보였다. 가장 나이가 어린 사람이 기도문 일부를 읽는 관습이 있는데 쑥스럽고 싫다고 했다.

나는 딜런에게 다시 생각해보라고 했다. "그날이 너한테는 아무의미가 없다는 것 알지만 나한테는 의미가 있단다. 맛있는 저녁도 먹을 거고. 날 위해서 해주렴." 딜런이 알겠다고 해서 나는 고맙다고 했다. 그러고 나서 비디오에서는 에릭에게 짜증 난다고 불평하고 있다.

딜런이 말하는 동안 총을 만지작거리고 있던 에릭이 '유월절'이라는 단어를 듣자 갑자기 동작을 멈추고 조용해졌다. 에릭은 내가 유대인 가정에서 태어났다는 걸 몰랐다. 딜런은 자기가 말실수를 했다는 걸 깨닫고 변명을 하기 시작한다. 에릭의 반응이 겁나는 듯 엄마가 진짜 유대인은 아니라고, 4분의 1? 아니면 8분의 1 정도만 유대인이라고 말한다. 경멸의 대상이 될까 겁나는 건지 총을 맞을까 겁나는 건지 알 수 없다.

마침내 에릭이 딜런에게 위로의 말을 하며 긴장을 깨뜨린다. 그걸 보며 나는 이런 생각을 했다. '이 어리석은 녀석들아! 그 많은 것들을, 많은 사람들을 증오한다고 떠들어대면서 정작 너희들이 증오하는 게 뭔지는 모르잖니. 분노를 조장하기 위해 머릿속에서 만들어낸 것일 뿐이야.' 가장 가슴 아픈 것은, 그 화면 속에서 한순간 딜런도 그렇다는 사실을 거의 깨달은 것처럼 보였다는 것이다.

비디오에 에릭이 각자 자기 부모에 대해 한마디씩 하자고 말하는 부분이 있었다. 그 말에 딜런은 고개를 숙이더니 거의 들리지도 않는 소리로 이렇게 말했다. "우리 무모님은 나한테 살해줘. 그선 선느리고 싶지 않아." 둘 다 자기들이 계획하는 행동과 그 행동이 자기 가족들에게 가할 고통의 연관성은 인정하지 않았다. 어떤 부분에서는 곧 벌어질 사태에 대해 자기 부모와 친구들은 아무 책임이 없다고 선언하기까지 한다. 그렇게 말하기만 하면 이 일이 벌어지고 난 뒤에 가족들이 아무 탈도 겪지 않으리라고 생각하는 듯이.

마지막 부분이 가장 짧았다. 나한테는 가장 힘겨운 부분이었다. 아이들이 계획을 수행하러 학교로 가기 전에 잠깐 멈춰서 작별의 말을 하는 영상이었다. 둘이 소풍이라도 가는 듯 주위에 짐이 쌓여 있었다. 에릭은 가족들에게 자기 물건을 어떻게 나누어주라고 이야기했다.

딜런은 분노의 말을 내뱉거나 미움과 복수 같은 것은 이야기하지 않는다. 죽음이나 파괴에 대해서도 말하지 않는다. 앞쪽에 보이던 허세도 사라지고 없다. 그런다고 울지도 않는다. 체념한 듯 무미건조하다. 학교로 가서 자기 목숨을 끊을 생각이었으니까. 카메라에서 시선을 돌리고 혼잣말하듯 작은 소리로 말한다. "이제 더 나은 곳으로 간다는 건 아니까. 사는 게 그다지 좋지 않았으니……."

이 장면을 보면서 소리를 지르지 않기 위해 입술을 깨물어야했다. '**멈춰! 멈춰! 가지 마! 나를 두고 가지 마! 하지 마. 사람들을 다치게 하지 마. 나에게 기회를 줘. 돌아와.**' 그러나 딜런이 어디에 있는지는 몰라도 이제는 내 말을 들을 수 없었다.

나는 가해자의 엄마입니다

* * *

"이 테이프를 공개해서 어떤 이익이 있을 것 같지 않고, 엄청난 해를 끼칠 가능성이 있다고 생각한다."

—2015년 2월 사회학자 체이네프 투페키와 대화 기록.[3]

몇 년 뒤에 톰과 나는 지하실 테이프라고 불리는 그 영상이 대중에 공개되지 않게 하려고 분투했다.

많은 사람들이 반발했다. 사람들은 우리가 딜런의 명예를 보호하려고 감추는 거라고 생각했다.(그 말을 처음 들었을 때 나는 톰에게 건조하게 대꾸했다. "소 잃고 외양간 고치는 게 낫지.") 자살로 식구를 잃은 사람들이 이렇게 우리를 비난하기도 했다. "테이프를 공개하면 왜 이런 일이 일어났는지 사람들이 이해하는 데 도움이 되지 않겠어요?"

나는 그렇지 않다고 대답했다. 지금도 그렇게 생각한다. 이 책의 주제이기도 한 자살과 폭력을 둘러싼 더 넓은 세계의 문제들과 연관해 내린 판단이다. 특히 문제를 겪는 다른 아이가 그 동영상을 모델이나 청사진으로 삼아 총기 사건을 일으키지 않을까 하는 게 가장 큰 두려움이다.

이미 일부에서 딜런과 에릭을 어떤 대의를 위해 싸운 사람들 취급하는 경우가 있었다. 소외된 아이들이 딜런에 대한 존경을 담은 편지를 우리 집으로 보내와 그걸 읽고 우리는 섬뜩했었다. 어린 시절에 괴롭힘을 당했던 어른들이 두 아이의 행동을 이해할 수 있다는 편지를 보내오기도 했다. 젊은이들이 우리 집 자동응답기에 딜런을 신 혹은 영웅이라고 부르는 메시지를 남기기도 했다. 청소년 교정시설에서 일하는 한 지인은 수감 중인 아이들이 텔레비전에서 콜럼바인 사건 보도를 보고 환호성을 보냈다고 말해주었다. 딜런과 에릭이 만든 동영상을 언론에 노출한다는 것은 괴롭힘 받는 아이들을 집결하라고 부르는 것이나 다름없었다.

딜런을 영웅시하는 편지들을 읽으면 혹독한 증오가 담긴 편지를 볼 때보다도 더 슬프고 괴로웠다. 동영상이 공개되면 누가 그걸 볼지 통제할 수가 없을 것이다.(지금 이 장에서 한 것처럼 학교에서 벌어진 일을 시간 순서대로 적고 동영상 내용을 설명하는 일도 불안하지 않은 것은 아니다. 이 문제를 연구한 사람들이 이 정도는 문제가 되지 않는다고 분명히 말해주지 않았다면 적지 않았을 것이다.) 우리는 도저히 그 비디오를 공개할 수 없었다. 이미 너무 많은 피해가 있었다.

우리의 괜한 기우라고는 할 수 없다. 시간이 흐르면서 딜런과 에릭의 행동이 다른 아이들에게 영감을 주리라는 우리의 걱정이 되풀이해서 확인되었다. 버지니아폴리테크닉주립대학교에서 총기 난사를 일으킨 조승희의 소지품 가운데 콜럼바인과 관련된 물건들이 있었고 샌디훅초등학교 총격 사건의 범인 애덤 란자도 마찬가지였다. 2014년 발표된 ABC 뉴스의 조사에 따르면 "1999년 콜럼바인고등학교 총격 이후로 이 사건과 연관성이 있는 학교에 대한 공격이 최소 17건, 범행 계획이나 심각한 위협이 36건 있었다."[4]고 한다.

자살이나 자살 행동에 노출되었을 때 취약한 사람들이 영향을

나는 가해자의 엄마입니다

받는다는 것은 분명히 알려진 사실이다.[5] 자살이 언론에 보도되었을 때 비슷한 모방 자살 발생률이 높아진다는 연구가 전 세계적으로 50건이 넘는다. 이런 현상을 베르테르 효과라고도 한다. 1970년대 사회학자 데이비드 필립스가 만들어낸 용어다. 이것만 보아도 이 현상이 알려진 지 얼마나 오래되었는지를 알 수 있다. 18세기에 괴테의 소설 『젊은 베르테르의 슬픔』의 주인공을 모방하여 많은 젊은 이들이 베르테르처럼 노란 바지와 파란 재킷을 입고 스스로 목숨을 끊었다.

언론에서 베르테르 효과를 인지했기 때문에 많은 목숨을 구할 수 있었다. 자살로 인한 죽음, 특히 십대의 자살은 언론에 거의 보도되지 않는다는 걸 느꼈을 것이다. 우연히 그렇게 된 것이 아니라 미국 질병통제예방센터와 미국정신보건원에서 강조하는 지침을 따른 것이다. 두 기관 모두 언론보도를 제한하고 절제하면 목숨을 구할 수 있다고 말한다.

이 지침에 따르면 반복해서 미화하거나 선정적으로 보도하지 말고 자살의 원인을 단순하게 설명하려 해서는 안 된다. 자살 방법을 생생하게 논하지 말아야 한다. 유서를 보도하지 말아야 한다. 죽은 장소, 장례식, 슬퍼하는 유가족의 모습 등도 자극적일 수 있어 피해야 한다.

언론에서 자살을 대중의 관심이 높은 범죄처럼 보도하지 않고 공중보건 문제처럼 보도함으로써 많은 목숨을 구할 수 있었다. 예외적인 두 경우는 유명인의 자살과 살인을 저지른 뒤 자살하는 경우다. 로빈 윌리엄스처럼 유명한 인물의 죽음이나 샌디훅초등학교 총기 사건 같은 사태가 보도되지 않는 세상을 볼 날이 오리라는 순진한 기대는 나도 하지 않는다. 비극적인 사건이기는 하나 뉴스거리이기도 하다. 그렇지만 이런 사건들도 책임감 있게 다루는 방법이 있으며 그렇게 해야 할 강력한 근거도 있다. 나는 특히 살인-자살을 다루는 방식을 바꾸어야 할 확고한 이유가 있다고 생각한다.

미국에서 대규모 총격 사건이 증가하는 까닭은, 고성능 총에 접근하기 쉽다는 점과 정신건강에 대한 지식과 지원 부족과 함께, 언론이 이런 사건을 다루는 방식과도 중요하게 연결되어 있다는 연구 결과가 계속 나오고 있다.[6] 언론보도가 확산을 억제할 수도 자극할 수도 있다면, 프랭크 옥버그와 체이네프 투페키 박사 등 언론 전문가들의 의견대로 살인-자살에 대한 새로운 보도 지침을 마련하는 일이 시급하다고 생각한다.

물론 이 사건들을 주류 정론 언론에서 다루는 방식과 인터넷의 깊숙하고 어두운 구석에서 다루는 방식 사이에는 이미 큰 차이가 있다. 24시간 동안 뉴스를 편성하는 케이블 뉴스 채널에서 다루는 방식 또한 다르다. 콜럼바인 사건의 언론보도를 세세히 분석한 기자 겸 교수 메그 모리츠[7]는 기자들은 어려운 상황에서 촌음의 결정을 내려야 할 때가 많다는 것도 감안해야 한다고 했다. 그렇다고 하더라도 정론을 표방하는 언론이라면 최선의 지침을 따라야 한다는 게 비현실적인 기대라고 할 수는 없다.

이 지침들의 대부분은 '하지 말아야 한다.'는 것이다. 총격 범인

나는 가해자의 엄마입니다

의 모습을 보여주지 말고 특히 무기를 든 모습이나 학살 당시의 옷차림을 보여주지 말아야 한다. 사용된 무기나 다른 증거물을 보여주지 않는다. 범인의 이름을 계속 반복해서 말하지 말고 대신 '살인범' 혹은 '범인'이라고 지칭한다. 이들이 만든 동영상(지하실 테이프 같은 것)이나 소셜미디어 등에 올린 선언문 등을 방영하거나 공개하지 않는다. 범인을 다른 학살범과 비교하지 않는다. 특히 얼마나 많은 사람을 죽였는지를 강조하지 않는다. 투페키는 그런 수치, 곧 얼마나 많이 죽고 다쳤고 얼마나 많은 총알을 날렸는가 하는 수치와 사진이 특히 위험하다고 한다. 경쟁의 기준이 되기 때문이다. 폭력이나 사망자 수를 선정적으로 보도해선 안 된다. "역사상 가장 많은 사람들이 다치고 죽었습니다!"하는 식으로. 행동의 배후에 있는 동기를 지나치게 단순화하지 않는다.

가장 중요한 것은 의도치 않게 살인범들을 영웅으로 만들지 않는 일이다. 말하지 않아도 당연한 일이겠지만 이런 사건이 일어나면 어떤 무기를 썼는지, 무기를 어떻게 숨겼는지, 운명의 날 무슨 일을 하고 무얼 먹었는지, 어떤 옷을 입었는지 등을 (거의 물신적으로) 세세하게 묘사하곤 한다. 범인들의 이름을 모르는 사람을 찾아보기 힘들다. 이들이 좋아하는 음식, 비디오게임, 영화, 밴드가 뭔지도 알려진다. 물론 이런 것들이 언젠가는 알려지게 되어 있다. 정보가 유출되기도 하고 인터넷의 파급력이 엄청나기 때문이다. 그렇지만 이런 이미지와 세부사항 들이 폭력을 부추기고 자극할 수 있다면 CNN에서 되풀이해서 방영하는 일만은 막아야 한다.

정신의학자 프랭크 옥버그 박사는 '트라우마학'이라는 분야의 개척자이고 콜럼비아대학교 부속 저널리즘과 트라우마 다트 센터 명예 회장이다.[8] 그는 기자들에게 트라우마에 대해 교육하면서 충격적인 사건을 선정적으로 다루지 말고 대신 사건에 대한 토론을 확대해나가라고 조언한다. 발생한 사건을 이해하기 위해 진정 우리에게 도움이 되는 세부요소들은 어떤 것일까? 사람들에게 어디에서 도움을 구하라고 할 수 있을까? 이 비극을 정신건강이라는 더 큰 맥락에 어떻게 위치시킬 수 있을까?

원인을 지나치게 쉽게 짚어 단순하게 결론을 내려버리는 일만 삼가도 큰 진전이다. 학교 총기 사건 범인들은 폭력적 비디오게임이나 테크노 음악 '때문에' 사람들을 죽인 것이 아니고, 사람들은 해고당했거나 애인에게 차였다고 자살하지 않는다. 로빈 윌리엄스의 죽음 이후 그렇게나 부유하고 많은 사람들에게 사랑받던 사람이 삶에 의미가 없다고 생각했다는 것에 충격을 받았다는 기사를 많이 읽었다. 당연하지만 돈과 인기가 뇌의 병을 막아주지는 않는다.

자살의 원인을 지나치게 단순화하는 것은 실연이나 해고가 자살을 고려할 이유가 된다고 암시하는 위험천만한 일이 된다. 해고나 실연이 낙담의 원인이 될 수는 있지만 이런 일은 언제나 일어나는 일이다. 이런 일이 누군가가 목숨을 끊은 이유를 설명해줄 수는 없다. 마찬가지로 폭력적인 게임 때문에 아이들이 현실의 폭력에 무감해진다는 게 밝혀졌고, 뇌에 병이 있거나 다른 요인이 있어 취약한 아이들은 특히 위험하다. 그렇지만 「그랜드 세프트 오토」나 「둠」을 한

나는 가해자의 엄마입니다

다고 광란적인 학교 총기 난사를 일으키지는 않는다.

내가 여기에서 제안하는 바가 검열을 옹호하고 언론 자유를 억압하자는 것이 아니라 윤리적 보도를 요청하는 것으로 비쳤으면 좋겠다.(소설가 스티븐 킹은 학교 총기 사건 범인들이 자기 소설 『분노(Rage)』를 인용하자 존경스럽게도 출판사에 요청해 소설을 폐간시켰다.) 딜런과 에릭이 학교 식당에서 군복 비슷한 옷을 입고 무기를 휘두르는, 감시카메라에 찍힌 사진이 아직까지도 콜럼바인 사건의 대표적 사진이다. 그 사진을 볼 때마다, 특히 건설적인 접근 방식이라고 자임하는 글에 그 사진이 곁들여 나와 있는 걸 볼 때에는 사진이 실린 잡지를 집어던지고 싶은 심정이다.

공익을 염두에 두고 언론보도 방식을 바꾸어나간 전례가 분명히 있다. 좋은 기자라면 성폭력 희생자의 이름이나 특정 부대의 이동을 공개한다는 건 꿈도 꾸지 않을 것이다. 마찬가지로 살인범의 사진과 그가 죽이고 다치게 한 사람의 수를 붉은 피 색깔로 인쇄해 나란히 싣는다는 건 생각할 수도 없게 될 날이 곧 올 것이다.

일부 언론에서는 귀를 기울이기 시작했다. 2014년, 한 보수적 캐나다 방송사에서 경관 다섯 명을 쏘아 두 명을 죽게 한 범인의 이름이나 사진을 드러내지 않기로 결정했다.[9] 논설을 통해 이 결정을 이렇게 설명했다. "살인범의 삶을 보도하고 혼란스러운 페이스북 글을 긁어오고 동기를 추측해보는 것은 쉬운 일이지만, 그렇게 하다 보면 그런 악랄한 행동이 마치 어떤 면에서는 정당화되는 듯한 인상을 부추길 수 있습니다." 살인범의 이름을 감추는 것에 대해서는 나는 사실 잘 모르겠다. 언론 분석가 등 전문가들의 견해에 귀 기울이면 될 듯하다. 아무튼 이 방송사에서 이런 구체적 요소들을 빼고 사건을 보도했으나 그래도 전혀 모자람 없이 깊이 있는 보도를 했다는 점에 주목해야 한다.

유럽 여러 나라에서는 국가언론위원회에서 보도를 감시하고 위반 사항이 있으면 처벌한다. 미국에서는 아마 어려운 일일 테고, 바람직하다고 하기도 어려울 것이다.(딜런과 에릭이 도서실에 죽어 있는 사진을 비롯한 콜럼바인 사건 현장을 유출시킨 《내셔널 인콰이어러》에 제재를 가할 방법이 있기를 바라기는 하지만.)

최고 언론사 보도국에서는 민감성, 파급 효과, 트라우마 등에 대한 토론이 일상적으로 이루어진다. 시간이 흐르고 교육이 충분히 이루어지면 언론사에서 이런 지침을 자발적으로 받아들일 것이다. 그렇게 하는 게 옳기 때문이다. 그 전까지는 무책임하다고 여겨지는 보도를 보면 (내가 그렇게 하듯) 언론사에 이메일을 보내거나 소셜미디어를 통해 항의를 하는 게 좋겠다.

나와 톰이 지하실 테이프를 공개하지 않으려고 그렇게 노력한 가장 큰 이유는 파급 효과가 걱정되었기 때문이지만 다른 이유도 있었다. 다른 소외된 아이가 파괴적 행동을 배울 수 있다는 걱정과 더불어, 유족과 친구들이 무심코 잡지를 들추다가 혹은 술집 텔레비전을 보고 다시 트라우마를 입을까 봐 두려웠다.

또 테이프를 공개하는 것이 바보가 아닌 이상 누구나 알아볼 수 있게 악이 표출된다는, 마음 편한 환상을 부추기는 일이 될까 걱정

나는 가해자의 엄마입니다

되기도 했다. 나는 콜럼바인 비극은 이런 환상이 얼마나 위험한가를 보여주는 증거라고 생각한다. 그 비디오를 보면 이런 생각이 들 것이다. '저 아이는 완전 제정신이 아니네. 분노가 주체할 수 없이 끓잖아. 엄청난 폭력을 저지르고 자살하려고 계획을 세우고 있어. 부모가 몰랐다니 눈뜬 장님들이야. 이런 인간과 같은 집에 살면서 그 위험을 몰랐다는 건 말이 안 돼.'

아마 나라도 그렇게 생각했을 것이다.

그러니 이 동영상을 공개한다는 건 무책임한 일이었다. 그래야만 할 확실한 이유도 없었다. 일군의 전문 수사관과 심리학자 들이 이 동영상을 연구했는데 딜런과 에릭이 왜 이런 만행을 저질렀는지에 대해 일치하는 의견을 내놓지 못했다. 그런데 일반인들이 그것에서 뭘 알아낼 수 있겠는가?

나는 가끔 딜런이 학살 사흘 전, 프롬에 가던 날 오후에 찍은 동영상을 공개하는 게 훨씬 큰 교훈을 주고 훨씬 더 무시무시하리란 생각을 한다. 카메라를 든 아빠에게 웃으면서 장난스레 조그만 눈뭉치를 던지는 모습. 절박한 상태의 사람이 자기 진짜 감정과 의도를 얼마나 능란하게 숨길 수 있는지가 훨씬 중요한 메시지를 준다고 생각한다.

이 테이프들은 공개하지 않았다. 음모론자들은 분개했으나, 우리는 아무것도 감추지 않았다. 단지 볼 만한 가치가 있는 게 없을 뿐이다.

* * *

내 생각과 마음속에서 딜런과의 관계가 바뀌어버렸다. 지금은 딜런에게 너무나 화가 난다. 내가 엄마로서 도대체 어떻게 했길래 딜런이 그렇게 아프고 화나고 외로운 심정이었을까.

—1999년 10월 일기

지하실 테이프를 보고 보안관 사무소에서 나올 때 나는 전신 쇼크상태였다. 주차장에서 차로 비틀비틀 걸었고 술 취한 사람처럼 말을 웅얼거렸다. 방금 들은 사실들, 사태가 훨씬 더 심각할 수 있었고 훨씬 더 끔찍한 폭력이 자행될 수 있었다는 것에서 오는 공포로 다리가 후들거렸다.

이날 이후 며칠, 몇 달 동안 내 세계가 또 한 번 완전히 깨졌다. 지하실 테이프를 보았기 때문에 마침내 나도 내 아들을 세상이 보는 관점으로 볼 수밖에 없었다. 세상이 딜런을 괴물이라고 생각하는 게 당연했다.

사람들에게는 저마다 작은 수평계가 있어 균형을 찾고 방위를 확인한다. 그런데 지하실 테이프를 보고 난 뒤에는 이런 조정을 할 수가 없었다. 어디가 어딘지 도무지 알 수가 없었다.

쇼크상태에서 벗어나 다시 감정이 돌아오기 시작하자 분노가 온몸을 휩쌌다. 딜런이 그렇게 많은 무고한 사람들에게 한 행동, 그리고 그보다 더 많은 사람들에게 끼쳤을지도 모를 피해를 생각하면 정

나는 가해자의 엄마입니다

신이 빙빙 돌았다. 그 사건 이후로 딜런에 대한 소중한 기억을 내 가슴속에 꼭꼭 지켜왔는데, 딜런이 그 기억마저도 무너뜨려버렸다. 이제 아무것도 남지 않았다. 추수감사절이 되었지만, 아무리 생각해도 감사할 수 있는 일이라고는 폭탄이 터지지 않았다는 사실밖에 없었다. 비어 있는 딜런 의자를 보니 멀지 않은 곳에서 다른 가족들도 빈 의자를 마주하고 있겠구나 하는 생각이 들었다. 고맙게도 바이런이 음식과 우리에 대해 감사의 말을 할 때 나는 바이런의 손을 잡았다. 그런데 더 이상 아무런 할 말이 없었다. 마지못해 한 입 넣은 것 말고 더 먹을 수도 없었다. 15분 정도 비참하게 식탁에 앉아 있다가 바이런이 일어나야겠다고 말하며 자기 접시를 들고 부엌으로 가자 톰과 나는 울음을 터뜨렸다.

그해 가을 소화불량이 더 심해졌다. 부인과 정기 검진을 받으러 갔는데, 의사가 내 모습을 보고는 진심으로 충격을 받았다. 오랫동안 알고 지내온 의사였다. 딜런을 낳을 때 받아주기도 했고, 또 그 사람 아내와 내가 같은 시기에 임신해서 같이 육아 교실에 다니기도 했다. 그는 의사이자 친구로서 완강하게 나더러 정신과 치료를 받아야만 한다고 했다.

사실 정말 맞는 말이었다. 법적 제약 때문에 나는 지원 모임에 들어가지 못했다. 친구들과 동료들이 내가 딜런의 기억과 슬픔과 가슴속 의문을 이야기할 때 정말 고맙게도 잘 들어주었지만, 그래도 이들에게 그 동영상에서 본 걸 이야기할 수는 없었다. 일단 소송 때문에 불가능했다. 내 의문들 일부가 풀리고 나니, 수치심과 분노가 모든 걸 덮어버릴 정도로 커졌다.

절박한 상태로 사건 직후에 만났던 심리치료사와 약속을 잡았다. 전에도 이 치료사에게는 내가 처한 복잡한 상황을 감당할 만한 경험이 없다는 생각을 했지만, 그날 약속이 결정타가 되고 말았다. 내가 테이프에서 보고 들은 것에 대해 이야기하자 치료사는 충격받은 듯 아무 말도 하지 못했다. 마침내 치료사는 어떻게 해야 할지 모르겠다고, 자기 한계 밖인 것 같다고 솔직히 말했다. 치료사는 다른 상담사에게 자문을 구해도 좋겠느냐고 나에게 물었다. 솔직하게 말하고 도와주려고 해서 고맙기는 했지만, 이것으로 상담을 마무리하기로 했다.

나는 의사, 친구들, 목사, 랍비에게 적당한 사람을 추천해달라고 부탁했다. 게리 로조가 가능성 있는 사람들을 추리는 일을 도와주었다. 낙담의 과정이 또 되풀이되었다. 한 치료사는 내가 누구인지 듣자마자 전화를 끊으려 했다. 우리에게 걸려 있는 무수한 소송에 엮이고 싶지 않다고 했다. 어떤 사람들은 사건의 세부적인 면에 지나칠 정도로 강한 흥미를 보였고 어떤 사람들은 자기가 감당하기 어렵겠다고 했다. 계속 찾다가, 마침내 자신도 아이를 잃은 경험이 있는 치료사를 찾아냈다. 그건 정말 큰 차이였다. 그 사람의 눈을 보자 고향에 찾아온 것 같았다.

사실 딜런에 대해 미친 듯이 화가 났던 건 비디오를 보고 난 뒤 단 며칠간이었다. 결국은 분노를 놓았다. 분노가 사랑을 느끼지 못하게 막았지만, 사랑을 이길 수는 없었다.

＊＊＊

　새 심리치료사 덕에 보안관 사무소에 갔던 날이 왜 그렇게 나한테 처참한 충격을 안겼는지 알게 되었다. 나는 애도 과정을 처음부터 다시 시작해야 했다. 내가 애도했던 딜런은 사라지고 내가 알아볼 수도 없는 사람이 그 자리를 차지했다.

　도리언 그레이의 초상처럼 내 마음속 딜런의 모습은 들여다볼 때마다 추해졌다. 여러 달 동안 내가 매달려왔던 환상, 딜런이 원치 않는데 억지로 하게 되었다거나 순간 광기에 휩싸여서 그렇게 했다는 믿음은 사라졌다. 동영상에서 본 사악한 얼굴은 내가 모르는, 평생 한 번도 본 일이 없는 딜런의 다른 면이었다. 그 동영상을 보고 난 다음에는 이렇게 말할 수밖에 없었다. '저 악마, 저게 딜런의 모습이구나.'

　치료사와 상담을 하면서 딜런을 악마로 바라보아서는 지속적인 위로를 받을 수 없다는 걸 깨달았다. 마음속 깊은 곳에서 그 이미지와 내가 아는 딜런을 합치시킬 수가 없었다. 세상 나머지 사람들은 딜런이 한 일을 쉽게 설명할 수 있었다. 사악함을 타고 난 나쁜 씨앗이었다거나, 아니면 도덕적 지침 없이 막 자랐다고. 나는 그게 그렇게 간단하지 않다는 걸 알았다.

　지하실 테이프를 보고 난 뒤 나는 책상 서랍에서 소중한 물건들을 넣어두는 작은 상자를 꺼내 열었다. 그 안에는 조그만 종이접기밀이 있있다. 나는 그 상자를 꺼내고 또 꺼내어 삭은 날이 살 있는지 확인하곤 했다. 가끔은 종이 말을 꺼내 그 접힌 모양에 내 질문에 대한 답이 숨어 있을지 탐구하기도 했다. 딜런이 아홉 살 때 내가 심한 눈병에 걸려 병원에 몇 번이나 갔는데도 낫지 않던 일이 있다. 딜런은 걱정이 되었는지 좀 나아졌는지 보려고 내 눈을 자꾸 들여다보았다. 딜런은 늘 몸으로 애정을 표현하는 아이였다. 딜런이 걱정스러운 듯 내 눈을 들여다보면서 내 어깨에 얹은 손의 느낌이 아직도 생생하다. 눈병으로 고생하던 중에, 내 책상 위에 아주 작은 날개 달린 말 한 마리가 어린아이 글씨로 쓴 메모와 함께 놓여 있는 것을 보았다. 메모에는 이렇게 적혀 있었다. "페가수스가 빨리 낫게 해주길 바라요. 엄마를 위해 만들었어요. 사랑하는 딜런."

내 뺨에 뽀뽀를 퍼부으며 깔깔거리던 반짝이는 금빛 머리의 천사와 화면 안의 그 남자, 살인자를 어떻게 합칠 수가 있겠는가? 빨리 나으라고 이 페가수스를 접어준 아이가 그 테이프에서 본 사람과 어떻게 같은 사람일 수가 있나? 그 아이를 키워온 나의 경험을 통합하면서 동시에 그 아이가 생애 마지막 순간에 어떤 사람이 되었는지를 인정해야 했다.

내 아들이 악몽 같은 잔인한 행동을 계획하고 저질렀다는 끔찍한 사실을 받아들이지 않고 피할 길은 더 이상 없었다. 그렇지만 나에게 페가수스를 만들어준 마음이 따뜻한 아이, 천 피스짜리 직소퍼즐을 맞추는 걸 어떻게든 거들고 싶어 하던 귀엽고 수줍음 많은 아이, 같이 코미디 드라마 「미스터리 사이언스 시어터 3000」을 볼 때 컹컹 짖는 듯한 독특한 웃음소리로 추임새를 넣던 청년. 그것도 진짜였다. 내가 사랑한 사람은 누구였고, 왜 그를 사랑했나? 한 친구가 이메일에 어떤 글을 옮겨 적어 보내준 적이 있었는데, 그 구절이 정곡을 찔러서 더 보려고 그 책을 찾아봤다. "가슴속에 풀리지 않는 채로 있는 것에 대해 인내심을 가지라." 라이너 마리아 릴케가 쓴 젊은 시인에게 보내는 네 번째 편지에 나오는 문구다. "그 질문을 잠긴 방이나 외국어로 쓰인 책처럼 여기고 그 자체로 사랑하려고 애쓰라. 답을 찾으려고 애쓰지 말라. 그 답은 받아들일 수 없기 때문에 지금 주어지지 않는 것이다. 모든 것을 경험하는 게 관건이다. 지금은 그 질문을 살아야 한다. 그러다 보면 어느 먼 날에, 점차로, 자기도 모르는 사이에 그 답을 경험하고 있음을 알게 된다."

내 마음이 다시 내 아들에게 완전히 열릴 때가 올 것이다. 내가 내 아들 때문에 죽은 희생자들뿐 아니라 딜런을 위해서도 울 수 있을 때가. 딜런이 겪어온, 어쩌면 몇 년 동안 겪어왔으나 내가 몰랐던 깊은 고통에 대해 알아갈 것이다. 콜럼바인 이후 나 자신도 불안장애와 외상후스트레스장애에 시달렸기 때문에 뇌건강 문제가 사람의 사고를 왜곡할 수 있다는 걸 직접 경험으로 안다. 그렇다고 딜런이 한 행동을 변명하거나 심각성을 축소할 수는 없다. 그렇지만 딜런을 사로잡았던 뇌의 병에 대해 내가 더 잘 알게 되었기 때문에 딜런을 다시금 새로이 애도할 수 있었다.

그 과정이 몇 년이 걸렸다. 처음에는 가슴속에서 아무것도 해결되지 않은 채로 그 질문을 살아야만 했다. 그 동영상을 본 것이 첫 번째 단계였다. 너무나 끔찍한 일이었지만 딜런이 학살에 적극적으로 자기 의지로 참여했다는 사실을 받아들여야 했다. 앞으로 나아가기 위해서는, 딜런이 자신의 어떤 면을 우리에게, 그리고 선생님, 가장 가까운 친구들, 친구들 부모님한테 어떻게 그렇게 철저히 감출 수 있었는지를 이해할 수 있도록 내가 모은 서로 충돌하는 조각들을 짜 맞춰야 했다. 그리고 그렇게 하겠다는 굳은 결심이 있었다. 내 슬픔과 공포를 설명하기 위해서도, 그리고 내가 달리 어떻게 할 수 있었을지를 알기 위해서도.

2부

이해를 향해

11

절망의 깊이

요즘 어떤 모임에 가서 나를 소개할 일이 있으면 나는 이렇게 말한다. "제 아들은 자살로 생을 마감했습니다." 그러고 이렇게 덧붙인다. "아들이 콜럼바인 참사의 범인 중 한 명이었어요."

사람들 입이 떡 벌어지는 것에도 이제 익숙해졌다. 다음에는 예외 없이 상대가 이렇게 말한다. "그렇게는 생각해본 적은 없는데, 그러니까 자살이었던 거군요?"

사람들이 이렇게 반응한다고 놀란 적은 없었다. 당연한 일이다. 딜런의 엄마인 나도 그랬으니까. 딜런이 자살로 죽었다는 깨달음, 거기에 내포된 의미가 조금씩 다가왔다. 하지만 그 깨달음이 얼마나 중대한지는 아직도 계속해서 발견하는 중이다.

짐작하겠지만 딜런과 에릭이 왜 그런 짓을 했는지를 밝혀줄 딱 맞는 퍼즐 조각 한 개를 찾으려는 생각을 버린 지는 오래되었다. 아이들을 파국으로 몰고간 힘이 뚜렷하게 보였다면 더 좋았을 것이다. 한편 사건 직후에 나온 손쉬운 설명들이 걱정스럽기도 하다. 학교 문화와 괴롭힘이 콜럼바인의 '원인'이었을까? 폭력적 비디오게임이? 방임적 육아가? 미국 대중문화가 군대 문화에 물든 것? 이런 조각 들이 큰 퍼즐의 일부일 수는 있다. 그렇지만 이들 가운데 어떤 것도, 아니 각각의 효과를 조합하더라도, 두 아이가 보인 증오와 폭력을 설명하기에는 부족할 것이라고 생각한다.

이런 식으로 '두 아이'라고 말하는 것도 사실 조심스럽다. 두 아이의 동기가 같다고 간주하는 듯 보이기 때문이다. 딜런과 에릭이 학살을 함께 계획하고 함께 움직이기는 했지만, 증거를 검토한 수사관들의 의견도 대체로 그러했듯이 나도 두 아이는 전혀 다른 사람이고 서로 다른 이유로 그 자리에 있었다고 생각한다.

단 하나의 대답은 있을 법하지 않지만, 나에게는 어떤 조각 하나가 전체 그림을 조망하는 데 다른 어떤 조각보다 큰 역할을 했다. 딜런이 우울이나 다른 뇌건강 문제를 겪고 있어서 자살로 생을 마감하려는 욕망을 품게 되었고, 딜런의 죽음에 대한 욕망이 딜런이 학살에 참여하게 된 본질적 요인이었다는 사실이다.

이 말이 논란을 일으킬 수 있다는 건 안다. 딜런에게 뇌건강 문제가 있었기 때문에 그 처참한 만행을 저지를 수 있었다고 암시하려는 것은 절대 아니다. 이런 말은 우울증이나 기분장애 등을 안고 살아가는 전 세계 수억 명의 환자들을 모독하는 일이 될 것이다. 오명이 덧씌워질까 봐, 혹은 다른 사람들의 무지 때문에 오해를 받을까 봐 이 병에 시달리는 많은 사람들이 도움이 꼭 필요한데도 받지 않으려 한다. 뇌건강 문제에 덧씌워진 수치감 때문에 사람들이 도움을 구하기를 꺼리는 현실은 안타까운 일일 뿐 아니라 치명적으로 위험한 일이기도 한데 내가 거기에 부정적 인식을 더하고 싶지는 않다.

또 나는 뇌건강 문제가 딜런이 한 행동을 설명해줄 수 있다고 생각하지도 않는다. 폭력과 '광기'를 자동적으로 연결 짓는 사고는 환자들에게 고통을 안겨줄 뿐만 아니라 옳지도 않다. 정신질환과 폭력의 교점을 평생 연구해온 제프리 스완슨 박사의 말에 따르면 심각한 정신병이 폭력의 요인인 경우는 전체의 4퍼센트밖에 되지 않는다.[10] 정신병이 다른 위험 요인(대표적으로 약물과 알코올 남용)과 결합되면 그 수치가 올라간다.(딜런은 죽기 전에 술을 마시기 시작했는데 톰과 나는 이 사실을 몰랐다.)

불안장애를 겪으며 사는 사람들 대부분은 다른 사람에게 전혀 위험한 존재가 아니다. 하지만 스완슨 박사도 지적하듯이 정신질환과 폭력의 교집합이 **있는** 것은 사실이고 이 문제를 완전히 간과하고 생산적인 논의를 할 수는 없다고 생각한다.

특히 뇌건강 문제와 총기 난사 사건 사이에 접점이 있다. 1999년, 콜럼바인 사건이 계기가 되어 미국국토안전부 비밀경호국과 교육부가 '안전한 학교 계획'을 발표했다. 37건의 학교 총격 사건을 검토하여 재발을 막고자 하는 계획이었다. 연구 과정에서 "범인들 대부분이 자살을 시도했거나 자살 충동을 느낀 이력이 있으며 극도의 불안 혹은 좌절을 경험했다."[11]는 것이 드러났다. 그렇다면 뇌건강 상태 진단과 치료를 받을 수 있게 하는 것이 폭력을, 그리고 자살, 섭식장애, 약물·알코올 남용 등 십대들이 마주한 여러 위험을 예방하는 데 핵심이 될 수 있다. 더 쉽게 도움을 얻을 수 있게 하는 게 '유일한' 해결책은 아니더라도 지금으로서는 가장 근접한 해결책이다.

나는 이 책에서 흔히 쓰이는 '정신질환', '정신건강'이라는 말 대신에 '뇌질환', '뇌건강'이라는 용어를 쓴다. 신경과학자 제러미 리치먼 박사와 대화를 나누고 그렇게 하기로 결정을 내렸다.[12] 리치먼 박사의 딸 아비엘 로즈 리치먼은 코네티컷 뉴타운 샌디훅초등학교 총기 난사 사건 때 애덤 란자에게 희생된 아이 가운데 한 명이다. 리치먼 박사와 과학자이자 의학 저술가이기도 한 아내 제니퍼 헨슬이 함께 딸을 기리며 아비엘 재단을 설립했다. 도움을 구하는 사람에게서 사회의 낙인을 벗겨내고, '뇌건강 검진' 개념을 발전시키고, 폭력적 행동을 취할 위험이 있는 사람들을 발견하기 위한 행동적·생화학적 진단법을 수립하는 게 목표다.

리치먼 박사는 나에게 이렇게 설명했다. "'정신'이라는 것은 눈에 보이지 않죠. 그래서 우리가 이해하지 못하는 것에 대한 두려움, 불안, 오명이 덧붙여집니다. 하지만 뇌에는 영상으로 보고 측정하고 수량화하고 이해할 수 있는 물리적·실제적 증거가 있습니다. 뇌건강과 뇌질환이라는 눈에 보이는 구체적인 세계로 이해의 범위를 옮겨가야 합니다."

내가 이 장에서 딜런의 자살을 강조하다 보니 무감하게도 딜런의 죽음이 딜런이 죽인 다른 이들의 죽음보다 더 중요하냐고 말하는 것처럼 느껴질 수도 있을 것 같다. 전혀 그렇지 않다. 다만 내가 딜런의 죽음을 자살로 이해하면서 딜런이 한 행동을 완전히 새로운 방식으로 생각하게끔 되었을 뿐이다. 나는 딜런이 합리적 판단을 하기 위한 머릿속 장치를 잃었다고 생각한다. 그래서 이 장에서 그 까닭을 조심스럽게 논해보고 싶다. 내가 이런 방향으로 이해할 수 있도록 도와준 일급 전문가들에게 한없는 감사를 표한다.

딜런이 범죄를, 그것도 그렇게 엄청난 규모의 범죄를 저지를 것이라는 징후를 보였는데 내가 놓쳤을까? 그렇지 않다. 지금도 그건 아니라고 생각한다. 에릭과 딜런 모두 친구들에게는 정확하고 구체적으로 말하지는 않았어도 자기 계획을 일부 흘렸다. 그렇지만 우리에게는 아무 말도 하지 않았다.

그렇다고 내가 속수무책이었다는 말은 아니다. 그해에 딜런이 우울해한다는 징후는 분명히 있었기 때문이다. 그때 톰이나 나에게 이런 징후를 알아볼 지식이 있었더라면, 그리고 딜런의 우울증에 도움을 줄 수만 있었다면, 최소한 그 뒤에 올 파국을 막으려 싸울 기회는 있었을 것이라고 생각한다.

딜런의 죽음이 자살이라는 것은 나에게는 뒤늦게 떠오른 생각이었다. 하지만 딜런에게는 자살로 죽겠다는 욕망이 이 모든 일의 시작이었다.

***

비극 이후 몇 달이 지난 뒤 어느 오후에 나는 회사 휴게실에서 차를 마시며 학술지를 넘겨보고 있었다. 우리 사무실에서 학술지 몇 권을 구독하는데, 내 아들이 망가뜨리지 않은 더 넓은 세계를 볼 수 있기 때문에 학술지를 훑어보는 게 나에게는 도움이 되었다. 일간신문이나 시사잡지 같은 것은 이제 읽지 않았다. 누군지도 모르는 "가까운 지인"이 하는 우리 가족 이야기를 읽거나 내가 딜런을 제멋대로 굴도록 키웠다거나 집안에 도덕적 가치기준이 없었다고 비난하는 논설을 읽을까 겁이 났다. 내가 알아야 할, 수사나 소송이나 희생자들에 대한 소식은 변호사나 친구, 친지들을 통해 들을 수 있었다.

이 학술지에 청소년 자살 예방에 대한 글이 있었다. 첫 번째 문단에서 저자가 이런 말을 했다. "콜럼바인 비극을 폭력적 비디오게임이나 느슨한 총기관리법 같은 외부의 영향에 초점을 맞춰 설명하기는 쉽다. 그렇지만 그날 일어난 엄청난 사망과 부상 가운데 자살로 죽은 두 소년이 있었다."

이 글을 읽는 순간 쿵 하는 충격을 받았다. 그동안 딜런이 저지른 살인에 대해서만 생각하느라 이상한 일이지만 딜런이 자살로 죽었다는 사실의 의미에 대해서는 곱씹어보지 않았던 것이다.

물론 머리로는 딜런이 스스로 목숨을 끊었다는 걸 알았다. 검시보고서에도 그렇게 적혀 있었다. 사건 직후에 에릭이 딜런을 죽였다는 음모론이 오래가지는 못했지만 꽤 널리 퍼졌었기 때문에(아직도 인터넷에서는 통용되고 있다.), 나는 거기에서 한 걸음을 더 나간 뒤에야 딜런의 죽음을 자살로 생각하게 되었다. 누군가가 나에게 그 가설을 꺼내면 나는 아무 의미 없는 일이라고 말했다. 딜런이 스스로 방아쇠를 당겼든 에릭이 죽였든(그때 떠돌던 다른 음모론에서 주장하는 대로 경찰의 손에 죽었든) 딜런의 죽음은 자기 책임이었으니까.

하지만 그 글을 보기 전에는, 나는 딜런이 "장난이 걷잡을 수 없이" 되어버리자 어쩔 수 없이 충동적으로 목숨을 끊었다고 막연히 생각했지 자살이 오래된 계획의 일부였다고는 생각하지 않았다.

그 글을 읽고 나자 잘 모르겠다는 생각이 들었다. 곧바로 깨달음이 온 것은 아니었다. 상황이 너무 복잡했고 나는 너무나 두렵고 혼란스러운 상태였다. 그런데 머릿속에서 어떤 변화가 일어났다. 우연히 읽은 글이 내 안에 어떤 틈새를 열어내자 지금까지 내가 생각하지 않으려 했던 것을 생각할 여지가 생겼다. 딜런의 마음속에 다른 의도들도 있었겠으나, 무엇보다도 딜런은 그날 죽으러 학교에 갔다는 점이다.

* * *

전에 직장 상사였던 내 가까운 친구 샤론도 자살로 자식을 잃은 사람인데, 처음부터 딜런의 죽음을 자살로 생각하고 대했다. 내가 지원 모임에 들어갈 수가 없었기 때문에 샤론이 책을 잔뜩 갖다주었다. 샤론은 딜런의 자살 의도를 기정사실로 받아들였고 나보다 훨씬 먼저 그게 전체 퍼즐의 중요한 조각임을 알았다.

샤론이 곁에 있어주고 샤론과 대화를 나눌 수 있어 위안을 받았지만, 샤론이 가져다준 자살에 대한 책들을 몇 달이고 읽지 않은 채로 내버려두었다. 겨우 정신을 가다듬어 몇 줄 읽었다고 하더라도 내가 아직 딜런의 자살 의도에 초점을 맞출 수 없는 상태였기 때문에 의미가 없었을 것이다. 나는 딜런이 왜 어떻게 다른 아이들을 해치러 학교에 갔는가에만 몰두하고 있었다. 나는 모르는 게 너무 많았고, 딜런이 우울했다거나 자살 충동을 느꼈다고는 상상할 수가 없었다. 우울이나 자살은 우리와, 우리 상황과 아무 관련이 없는 것 같았다. 데번이 말하기를 프롬에서 같이 춤을 추고 난 뒤에 딜런이 자기 정수리에 입을 맞췄다고 했다. 우울에 시달리는 사람이 그런 행동을 하나?

휴게실에 있는 학술지에서 그 글을 읽고 난 뒤에 샤론이 가져다준 책 더미를 들추기 시작했다.[13] 책을 읽으면서 나는 놀랄 수밖에 없었다. 나는 스스로 이런 주제에 대해 지식도 있고 또 민감한 사람이라고 생각했다. 그렇지만 많은 사람들처럼 나도 자살에 대한 가장 흔한(그리고 가장 해로운) 근거 없는 믿음을 별 생각 없이 받아들였음을 깨달았다. 이 책들을 펼치면서 나는 이후 평생의 과업으로 삼을 나 자신과 다른 사람들을 가르치는 일, 그리고 우리 집에서 무엇이 잘못되었는지를 실질적으로 받아들이는 과정의 첫 걸음을 내디뎠다.

자살로 가까운 이를 잃은 사람들은 그 일이 있기 전에는 자살이 남의 일처럼 여겨졌었다는 말을 종종 한다. 정말 이상한 일은 자살이 전혀 드문 일이 아닌데도 우리는 고집스럽게 그렇다고 생각한다는 것이다. 미국에서는 13분에 한 명꼴로 누군가가 스스로 목숨을 끊는다.[14] 1년이면 4만 명이다. 절대 사소한 일이 아니다.

더 충격적인 사실은, 자살이 15~24세 젊은이들의 사망 원인 가운데 세 번째를 차지하며,[15] 24~36세의 사망 원인으로는 무려 두 번째라는 거다. 그러니까 사고와 살인을 빼면 미국에서 젊은이들은 암도 성병도 아니고 자살로 가장 많이 죽는다. 2013년에 십대 약 6500명을 대상으로 한 연구가 있었는데,[16] 여덟 명 중 한 명이 자살을 생각했고 스물다섯 명 중 한 명은 자살을 시도한 일이 있다고 했다. 그런데 치료를 받는 사람은 절반밖에 되지 않았다.

미국에서 해마다 100만 명 이상의 젊은이가 자살을 기도한다. 대략 3분에 한 번씩인 셈이다. 이들 가운데 많은 이들이 어떤 사전 경고도 없이 일을 저지른다. 현재 사용하는 진단 방식에 한계가 있다는 뜻이다.

내가 자살 예방 활동가로 일한 지 10년이 지났지만 아직도 이 수치를 보면, 그리고 일반인들의 무지를 보면 충격을 받는다. 나는 바이런에게 그랬듯이 딜런에게도 번개, 뱀, 저체온증을 조심하라고 가르쳤다. 치실질을 하고, 선크림을 바르고, 사각지대를 꼭 확인하라고 가르쳤다. 십대가 된 뒤에는 음주와 약물의 위험에 대해 최대한 터놓고 이야기하고 안전하고 윤리적인 성행위에 대해서도 가르쳤다. 딜런이 마주한 가장 큰 위험은 외부에서 오는 게 아니라 이미 자기 안에 있었다는 사실을, 나는 단 한 번도 생각해보지 못했다.

나는 내 가족은 자살 위험이 전혀 없다고 마음속 깊이 믿었다. 내가 그들을 사랑하기 때문에, 우리 사이가 친밀하기 때문에, 혹은 내가 빈틈없고 민감하고 다정한 사람이라 안전하게 지킬 것이기 때문에 그렇다고 믿었다. 자살은 다른 집에서나 일어난다고 믿는 사람이 나 혼자는 아닐 것이다. 그런데 내 생각은 틀렸다.

자살에 대해 내가 알던 것 전부가 틀렸다. 어떤 사람이 스스로 목숨을 끊는지, 그 까닭이 뭔지 나는 안다고 생각했다. 이기적이거나, 비겁해서 자기 문제를 마주하지 못하는 사람, 혹은 순간적 충동에 휩싸이는 사람들이라고 믿었다. 자살로 생을 마감하는 사람들을 패배자로 보는 문화적 편견을 나도 받아들였다. 너무 나약해서 삶의 도전을 이겨내지 못하는 사람, 다른 사람의 관심을 바라는 사람, 주위 사람들을 괴롭히고 싶은 사람이라고. 자살을 생각하는 사람 머릿속에 들어가 보지도 않고 쉽사리 판단하는 정확하지 않은 생각들이었다.

자살을 생각하는 것은 병의 증상이고 무언가 이상이 있다는 징후다. 대부분의 자살은 한순간에 충동적인 결정으로 일어나지 않는다. 자살은 대부분 고장 난 사고와 오랫동안 고통스럽게 싸워오다가 마침내 그 싸움에서 패배했을 때 일어난다. 자살하려는 사람은 자기 고통을 더 이상 감내할 수가 없는 사람이다. 죽고 싶지는 않더라도, 죽으면 이 고통이 끝나리라는 걸 알기 때문에 그 길을 택한다.

자살과 뇌의 병 사이에는 명백한 상관관계가 있다. 자살로 죽는 사람의 절대 다수, 90~95퍼센트가 심각한 정신장애를 가지고 있다는 연구가 세계 여러 나라에서 나왔다.[17] 우울증과 양극성장애가 가장 흔하다.

내가 이야기를 나누어본 연구자들 가운데 많은 사람들이 (만성질환으로 인해 생의 말기에 내리는 결정을 제외하면) 자살 성향은 본질적으로 건강한 정신에는 깃들 수 없다고 했다. 콜럼비아대학교 임상 신경생물학자 빅토리아 아랑고 박사는 자살의 생물학을 연구하는 데 평생을 바쳐왔다. 아랑고 박사는 자살에 대한 생물학적 (아마도 유전적) 취약성이 존재한다고 생각한다.[18] 이런 소인이 없는 사람은 자살 시도를 할 가능성이 매우 낮다고 한다. 아랑고 박사는 자살로 죽은 사람의 뇌에 구체적인 변화가 있는지를 밝히는 연구를 진행 중이다. "자살은 뇌의 병입니다."라고 그는 나에게 말했다.

토머스 조이너 박사는 심리학자이자 아버지를 자살로 잃은 사람으로서, 꼼꼼한 자료 조사는 물론 공감과 개인적 관점이 담긴 아름다운 책을 쓴다. 세 개의 원이 겹쳐진 벤다이어그램으로 표현되는 조이너 박사의 자살 이론이 이 분야를 새로이 정의했다.[19]

조이너 박사는 사람이 두 가지 심리적 상태를 꽤 오랫동안 겪으며 살았을 때 자살로 죽고자 하는 욕망이 생겨난다고 한다. 첫째는 좌절된 소속감("나는 혼자야.")이고 둘째는 스스로를 짐이 되는 존재로 생각하는 것("내가 없으면 세상이 더 나아질 거야.")이다. 이런 사람들이 자신의 보존 본능을 넘어서는 단계에 들어선다면("나는 죽는 게 두렵지 않아.") 위험이 임박했으며 자살을 저지를 수 있다고 본다.

그러니까 죽고자 하는 욕망은 첫 번째와 두 번째 심리 상태에서 나온다. 자살을 수행할 수 있는 능력은 세 번째 요인에서 나온다. 시간이 흐르며 나는 이런 인식이 매우 중요하다고 생각하게 되었다.

* * *

> 마침내 딜런의 일기를 조금씩 읽기 시작했다. 딜런은 죽기 2년 전부터 벌써 우울감과 자살 충동을 이야기하고 있었다. 도무지 믿기지 않는다. 우리에게 그렇게 많은 시간이 있었는데 딜런을 돕지 못했다니. 나는 딜런의 일기를 읽으며 울고 또 울었다. 딜런이 남긴 유서나 마찬가지였다. 슬프고 가슴 찢기는 날이다.
>
> —2001년 6월 일기

비극이 일어난 날부터 우리는 딜런이 죽었을 때 어떤 심경이었을지가 너무나 궁금했다. 딜런은 의도적으로 아무것도 남기지 않았고, 그나마 남은 흔적도 경찰이 모두 거둬 갔기 때문에 알 길이 없었다. 거의 2년이 지난 뒤에, 딜런이 생애 마지막 나날을 어떻게 보냈을지를 영영 알 수 없을 것이라고 체념했을 때, 케이트 배턴 수사관실에서 연락이 왔다. 보안관 사무소에서 딜런이 쓴 글을 가지고 있는데 우리에게 복사본을 주겠다는 것이었다.

이 글을 '일기'라고 지칭하긴 했으나 실은 사건 뒤에 수사관들이 모은, 낱장으로 된 글들이다. 대부분은 학교 공책에 쓴 글이지만 광고 전단 같은 종이 쪼가리에다가 써서 책이나 바인더 같은 데에 끼워놓은 것들도 있었다. 복사지를 쌓으니 엄지손톱 두께만큼 되었다. 한 줄짜리 글도 있고, 몇 장씩 이어지는 것도 있었다.

생각도 못 했던 것들을 알게 되었다. 나는 딜런이 나처럼 생각과 감정을 글로 표현한다는 사실 자체를 몰랐었는데, 알고 나니 더 가깝게 여겨졌다. 하지만 거기 쓰인 글들은 가슴을 찢어놓았다. 일기 내용을 있는 그대로 믿으면 안 된다는 건 알고 있다. 나는 슬프거나 겁이 나거나 화가 났을 때에는 몇 장이고 일기를 써대고 기분이 좋을 때에는 한두 줄 가볍게 남기고 말 때가 많다. 또 사람들이 실제로 행동에 옮길 생각이 없는 말들을 일기에 쏟아놓는다는 것도 안다. "만일 그가 예초기를 돌려주지 않으면 정말 죽여버리겠다." 이런 점을 감안하고 보아도, 딜런의 우울, 고독, 갈망, 절망, 그 극심한 아픔이 글에서 처절하게 느껴졌다.

딜런은 자해에 대해 이야기한다. 심한 고통의 징후다. 시간 순서상 이른 글에도 자살 이야기가 나온다. "자살에 대해 생각하면, 이번 생만 끝나면 어디로 가든 내 자리를 찾을 수 있을 것 같다는 희망이 생긴다.—나는 드디어 나 자신과 세상과 우주와의 전쟁을 멈추게 될 것이다—내, 마음, 몸, 모든 곳, 모든 것이 **평화**[에 이를 것]—나 자신—내 영혼(실존)." 나중에는 이런 글이 자주 나왔다. "아 너무나 간절히 죽고 싶다……. 이렇듯 슬프고 적막하고 외롭고 구제할 수 없는 [존재로] 나를 느낀다 [……] 부당하다, **부당해**!!! 삶을 마무리하자……. 역사상 가장 비참한 존재." 딜런이 처음으로 자살에 대해 말한 게 콜럼바인 2년 전이고 그 뒤로도 여러 차례 같은 이야기가 나온다.

딜런의 글에는 절망과 분노가 있지만 폭력은 거의 보이지 않는다. 특히 1999년 1월 이전에는 더욱 그랬다. 슬픔 말고 가장 흔히 나타나는 감정이자 가장 많이 나오는 말은 "사랑"이다. 커다란 하트를 가득 그려 채운 종이들이 있었다. 딜런은 낭만적 사랑과 이해에 대한 충족될 수 없는 고통스러운 욕망을 가슴 아프고도 유려하게 써내려갔다. "어두운 때, 무한한 슬픔. 사랑을 찾고 싶다." 자기 존재도 모르는 어떤 여자아이에 대한 열정적이며 고통스러운 사랑의 열병을 여러 장에 걸쳐 세세히 적었다.

딜런이 겉으로는 자신의 상처와 짝사랑을 숨겨왔지만 글에서는 조이너가 죽고자 하는 욕망의 요소로 거론한 두 가지 심리상태, 곧 좌절된 소속감("나는 혼자야.")과 스스로를 짐이 되는 존재로 생각하는 것("내가 없으면 세상이 더 나아질 거야.")이 가슴 아프게도 판이하게 드러난다. 나는 여러 해 동안 세상에서 딜런을 왕따로 보는 것에 저항해왔다. 딜런에게 가까운 친구가 있었고(에릭뿐 아니라 잭과 네이트도 있었다.) 남녀 구분 없이 다른 아이들과도 잘 어울려 놀았기 때문이다. 그렇지만 딜런의 일기가 우리가 생각하는 딜런의 삶과 딜런 자신이 바라보는 것 사이에 엄청난 간극이 있음을 보여주었다. 자살 유가족들이 이 사실을 이해하는 것이 매우 중요하기도 하다.

딜런에게는 친구들이 있었지만 딜런은 친구들 곁에서 소속감을 느끼시 못했나. 어느 날 일기는 자기 삶에서 좋은 점들을 열거하면서 "좋은 가족"을 적었지만 우리의 한없는 사랑도 딜런의 황폐한 안개 속을 뚫을 수는 없었다. 딜런은 자기가 짐이 된다고 생각했다. 우리는 단 한 번도 그렇게 생각한 적이 없었지만.(톰과 내가 대학 학비를 어떻게 댈까 입 밖에 내어 걱정한 일은 있다. 그게 오늘날까지도 사무친다.) 딜런은 자기가 속할 수 없고 이해받지 못하는 세상에 대한 분노를 표현한다. 처음에는 분노가 거의 자기 자신을 향하다가, 서서히 바깥을 향하기 시작한다.

* * *

몇 가지 중요한 점을 정리해주면 도움이 될 것 같군요.

1. 부모님이 어떻게 해서, 혹은 어떻게 하지 않아서 딜런이 그 행동을 하게 된 것은 아닙니다.

2. 딜런이 어떤 상태인지 부모님이 '보지 못한' 것이 아닙니다. 딜런은 원래 비밀이 많은 아이고 자기 내면을 부모님뿐만 아니라 자기 주위 모든 사람에게 의도적으로 감추었습니다.

3. 삶의 막바지에 다다랐을 때 딜런의 심리작용은 심하게 악화되어 제대로 생각할 수가 없는 지경에 이르렀습니다.

4. 이렇게 악화되었음에도 불구하고 딜런의 이전 자아가 아직 남아 있어서 총격 도중에 최소 네 명을 살려주었습니다.

—피터 랭먼 박사의 이메일(2015년 2월 9일)[20]

딜런이 심한 우울증 상태였다는 것은 명백하다. 물론 죽은 사람에게 진단을 내리기는 불가능하지만, 우울증 이상의 심각한 문제가 있었다고 보는 전문가들도 있다.

딜런의 일기가 알아보기 어려운 까닭은 글씨체가 엉망이기 때문만은 아니다. 삶의 끝이 가까워오며 딜런은 "내가 인간 형체를 하고 있을 때에, 내가 곧 죽으리라는 걸 아니까 모든 게 하찮게 보인다." 같은 글을 썼다. 이런 진술은 딜런이 자기가 인간이 아니라고 느낄 때가 있었다는 암시를 준다. 인간으로 산다는 게 자기한테는 불가해한 일인 것처럼 말한다. "인간으로 태어났으나, 인간이 될 가능성이 없다."

딜런은 똑똑하고 아는 것도 많고 글도 평균보다 잘 쓰는 학생이었다. 그런데 이 일기를 보면 단어 선택이 이상할 때가 많다. 딜런이 쓴 단어가 원래 있는 단어가 아니라 자기가 만든 단어일 때도 있다. "우울인(depressioners)", "깨치움(perceivations)" 같은 말을 쓴다. 문장 구성도 특이하다. 앞에 인용한 구절에서 "이렇듯 슬프고 적막하고 외롭고 구제할 수 없는 [존재로] 나를 느낀다."와 같은 문장이다. 일기니까 간략하게 쓰느라 그랬다고 볼 수 없다. 반복되는 구절이 어쩌면 노랫가락처럼 들려 닥터 수스의 동화책들을 떠올리게 한다.

피터 랭먼 박사도 이런 점들을 가장 먼저 느꼈다.[21]

심리학자 랭먼 박사는 학교 총격 사건 전문가이고 『왜 아이들은 죽이나: 학교 총격 범인의 내면(*Why Kids Kill: Inside the Minds of School Shooters*)』을 비롯해 여러 권의 책을 썼다. 이 책을 쓰기 위해 랭먼 박사와 딜런에 관한 이야기를 나누었는데, 나에게는 쉽지 않은 일이었다. 대화를 통해 알게 된 것도 많았고 약간의 안도감도 느꼈다. 랭먼 박사의 허락을 받고 딜런의 글에 대한 박사의 해석을 바탕으로 이야기해보려 한다.

랭먼 박사는 『왜 아이들은 죽이나』를 쓸 때 애초에는 딜런의 동기를 확신할 수가 없어 딜런 사례를 넣지 않으려고 했다.[22] 일단 모순이 너무 많았다. 수줍음이 많고 친절하다고들 묘사하는 아이가 어떻게 사악한 살인자로 변할 수 있을까? 그러다가 2006년 보안관 사무소에서 딜런의 글 일부를 대중에 공개했다. 이 글을 통해 딜런이 세상에 자기를 드러내는 방식과 에릭과 함께 있을 때 행동하는 방식, 그리고 자기가 스스로를 어떻게 보는지의 차이를 볼 수 있었다.

랭먼은 딜런이 어릴 때 수줍음이 많고 자의식이 매우 강하며 자기 비판적이었다는 묘사를 통해 딜런이 약한 정도의 회피성인격장애APD를 겪고 있었을 수 있다고 추측했다.[23] APD가 있는 사람은 보통 내성적이라고 간주하는 것보다 훨씬 더 수줍음을 탄다. 딜런이 사춘기가 되면서 스트레스 요인을 감당하기 힘들었고, 분열형인격장애로 진전했을 수 있다.

분열형장애가 있는 사람들은 다른 사람들에게 '기이하게' 비칠 수 있다.(딜런을 잘 모르는 사람들이 딜런이 어쩐지 어설퍼 보인다고 말하는 경우가 종종 있었다.) 편집성이 나타날 수도 있고, 모욕을 당하면 매우 예민하게 반응할 수 있다. 딜런도 그랬다. 딜런의 일기처럼 이상하고 두서없는 구문과 낯선 단어를 사용할 때도 있다. 현실과 환상이 구분되

나는 가해자의 엄마입니다

지 않는 세계로 침잠한다. 완전한 망상은 아니고 다만 실제와 실제가 아닌 것의 경계가 모호해질 뿐이다. 이 모호함이 일기에 점점 뚜렷이 나타나기 시작한다. 현실에서 딜런은 강한 열등감을 느꼈고, 그래서 자기가 신적인 존재라는 환상을 만들어냈다고 랭먼은 설명한다. 삶의 끝이 가까워오면서 이 환상이 점점 지배적이 된다.

나는 랭먼 박사의 진단을 어떻게 받아들여야 할지 모르겠다. 딜런이 심각한 장애에 시달리고 있었다는 것을 알게 된 것과 딜런과 같이 살면서도 그런 심각한 병을 내가 알아차리지 못했음을 알게 된 것 중 어느 쪽이 더 끔찍한 일일까. 어느 쪽에도 구원은 없다.

뉴멕시코대학교에서 범죄자의 뇌 구조를 연구하는 켄트 키엘 박사에게 도움을 받아 딜런의 일기 분석을 의뢰했다. 분석자는 형식적 사고장애가 있었다는 증거를 찾아낼 수는 없었으나, 이런 점을 지적한다.

> 우울, 자살 성향, 소외 등의 주제를 지속적으로 끝없이 반복한다. [……] 우울이 시작되기 전의 자기 인식으로부터 점점 멀어진다. 내적 고통과 소외감이 심해질수록 타인에 대한 비인간화도 가속된다. [……] 과대망상적 정체감, 타인의 비인간화, 고통의 경험을 제외한 감정적 능력의 상실, 고통으로부터 놓여나리라는 기대 등이 망상에 시달리는 내면을 형성하고, 이것이 자살과 살해 계획으로 이어지는 배경을 형성한다.

검토자는 딜런의 일기에 "경계성 주제들이 두드러진다."는 점도 지적한다.

보고서는 이렇게 마무리된다.

> 일기만 가지고는 확실한 진단을 내릴 수 없으나 급성 및 일과성 정신병적 증상을 동반한 주요우울증 그리고/또는 급성 및 일과성 정신병적 증상을 동반한 경계성인격장애가 가장 설득력 있는 진단이라고 본다.

딜런의 구체적인 진단명이 무엇이었을지는 사실 중요하지 않다. 딜런이 우울했음은 확고한 사실이고, 우울증은 사람의 판단 과정에 혼란을 초래할 수 있다. 『학교 총격: 고등학교, 대학, 성인 범죄자의 이해(*School Shooters: Understanding High School, College, and Adult Perpetrators*)』라는 랭먼 박사의 최근 저서에서 다룬 학교 총격 범죄자 열 명 가운데 아홉 명은 우울증과 자살 충동에 시달린 이들이었다.[24] 심한 우울증이 유일한 요인은 아니었더라도, 랭먼 박사가 말하듯 딜런은 "제대로 생각할 수 없는" 상태였다.

* * *

케이 레드필드 재미슨은 자살에 대한 탁월한 책 『자살의 이해』에 이렇게 썼다. "전부는 아닐지라도 자살의 내부분은 방지할 수 있다. 우리가 아는 것과 행하는 것 사이의 간극이 치명적이다."[25] 딜런의 경우에는 물론 죽겠다는 결정이 자기 자신뿐 아니라 다른 많은 사람들에게도 치명적이었다.

자살로 죽겠다는 의도를 입 밖에 내지 않더라도,[26] 문제가 있음을 보여주는 지표들이 종종 나타나곤 한다. 자살 기도, 법률 위반 같은 사건이 있었다면 위험도가 더 높아진다. 은둔하거나 쉽게 화를 내는 등의 행동으로 나타나기도 한다.

이런 징후들을 알아차리고 의미를 파악할 수 있으면 치료로 도움을 줄 수 있다. 왜냐하면 **자살은 예방 가능하기 때문이다.** 막 딜런을 잃었을 때에는 이런 말을 듣는 게 힘겨웠지만, 지금은 그 사실에서 많은 희망을 얻는다. 내가 이야기를 나누어본 전문가들 모두 기분장애를 잘 치료한 예가 얼마나 많은지 강조한다. 아픈 사람이 치료를 받도록 설득하고 꾸준히 받게 할 수만 있다면 가능하다.

모든 자살을 다 막을 수 있다는 건 아니다, 적어도 아직은. (디트로이트 헨리포드병원 소속 의사이자 부회장 에드 코피는 '완벽한 우울증 관리'라는 프로그램을 시작했다.[27] 이 프로그램에 속한 사람들의 자살률을 0으로 유지하는 게 목표다. 누군가가 자살하는 사람을 0으로 줄이는 게 현실적으로 가능하냐고 물으면 이렇게 쏘아붙인다고 한다. "그럼 목표를 몇으로 잡을까요? 여덟 명? 거기 우리 어머니나, 당신 여동생이 들어가나요?") 뇌건강 장애는 치명적이다. 병이 점점 자라고, 승리를 거두기도 한다. 암도 마찬가지이기는 하다. 표준 치료법으로 치료해도 죽는 사람이 있다. 그런다고 좌절하고 손을 놓아버리나? 아니면 조기 발견과 예방에 힘쓰고, 개인별 맞춤 관리를 통해 4기가 아니라 1기나 2기에 발견할 수 있게 하는 데 집중하나?

사랑하는 사람이 제대로 치료받을 수 있도록 최선을 다했으나, 결국 그 싸움에서 졌다고 슬퍼하는 사람을 볼 때 나는 부럽다는 생각이 든다. 내 아들은 혼자서 병을 안고 싸웠다. 나는 일기를 보기 전에는 딜런이 우울하다고 생각하지 못했다. 딜런이 죽고 몇 년이 지난 뒤에야 죽음의 평안과 위안을 갈망한다고 쓴 글을 읽고 딜런이 자살을 생각했음을 알게 되었다. 가장 친한 친구들, 몇 년 동안 날마다 어울린 친구들도 딜런이 얼마나 우울했는지 몰랐다. 오늘날까지도 그럴 리 없다고 받아들이지 못하는 친구들도 있다. 하지만 나는 그 아이의 엄마다. 나는 알았어야 했다.

딜런이 그때가 아니라도 나중에 자살로 생을 마감했을 수도 있다. 그건 알 수 없는 일이다. 에릭이 혼자, 혹은 다른 아이와 함께 학교를 파괴할 계획을 세워 실행했을 수도 있다. 에릭이 폭력 없이 그 위기를 넘겼을 수도 있고, 혹은 다른 때 다른 곳에서 테러 행위를 저질렀을 수도 있다.

내가 **아는** 건 딜런이 겉으로 우울의 징후를 보였다는 것이고, 톰과 내가 보고도 해석하지 못했다는 거다. 이 징후들이 무슨 의미인지 알 만큼 지식이 있었다면 콜럼바인 사태를 막을 수 있었을 것이라 믿는다.

나는 가해자의 엄마입니다

12

치명적인 역학

결정적 한마디: "에릭이 없었다면 콜럼바인 사건은 일어나지 않았을 거라고 생각합니다."

—2015년 2월 프랭크 옥버그 박사와의 대화

딜런의 일기를 통해 에릭과의 관계도 엿볼 수 있었다. 무엇보다도 치명적 결과를 초래한 둘의 상호의존관계가 어떤 것이었는지 짐작이 갔다.

1997년 여름, 딜런의 친구 잭이 여자친구 데번과 사귀기 시작했다. 네이트도 여자친구가 생겼다. 그렇다고 특별히 달라진 건 없어 보였다. 딜런은 여전히 잭하고 같이 놀았고 데번과 셋이 어울리기도 했다. 네이트와 다른 친구들과도 같이 놀았다. 하지만 딜런은 잭이 여자친구를 사귄 것을 배신이라고 느꼈다. 딜런의 현실과 딜런이 바라보는 현실의 간극을 보여주는 또 하나의 예다.

잭과 데번이 사귀기 시작한 여름에 딜런과 에릭이 같이 보내는 시간이 많아졌다. 에릭의 이름이 자주 언급되었다. 그해 여름에 딜런은 일기에 자살 이야기를 많이 썼고 그전에도 종종 자살을 언급했지만, 그해 가을 이전에는 살인을 입에 올리지는 않았다. 두 아이가 계획을 세우기 시작한 뒤에도 딜런은 개인적인 공간에 이런 비밀을 털어놓는다. 그 계획을 실행에 옮길 기회가 오기 전에 자기는 자살할 거라는 것. 자살 충동에 대해 2년 가까이 이야기하고 나서 딜런은 마침내 1998년 6월 작별을 고한다. "아마 이게 내 마지막 일기일 것이다. 나는 [삭제] 내 영원한 사랑 다음으로 나를 사랑한다. 안녕."

그다음 글은 1999년 1월 20일이라고 날짜가 적혀 있는데 자기가 아직도 살아 있다는 사실에 낙담했다는 듯 글을 시작한다. "또 이짓. 좀비가 된 것처럼 살면서 또 *끄적끄적*." 이 글 뒷부분에서는 에릭과 함께 세우는 계획이 자기 상태의 해결책일 수 있다는 듯 말한다. "이 생각 없는 정체 상태가 지긋지긋하다. 인간성에 갇혀 있다. 어쩌면 에릭과 'NBK'(힐!)를 하는 게 탈출하는 방법일지도."(NBK는 올리버 스톤 감독 영화 「내추럴 본 킬러」의 준말로 두 아이가 학교 공격 계획을 지칭하는 이름이기도 하다.)

그 뒤로는 일기가 확연하게 암울하고 절망적으로 바뀌어간다. 에릭의 계획이 탈출구라고 생각하기 시작하면서 딜런의 생각은 점점 산만하고 이해하기 힘들어진다. 총격 사건 직전까지 모순되는 감정이 함께 나타난다.

나는 가해자의 엄마입니다

삶의 마지막에 이르러 딜런은 단 두 가지 감정만을 느낀다. 분노와 좌절. 다른 사람과 긍정적인 관계를 맺게 할 다른 감정은 이미 그를 떠나고 없다. 딜런은 죽음만이 고통으로부터 벗어나는 방법이라고 믿는다. 감정의 공구함에는 다른 어떤 것도 남지 않았고, 텅 비어 버렸다. 조이너의 표현을 쓰자면, 딜런은 자기가 지구상 모든 사람으로부터 소외된 상태라고 여겼다. 내 표현을 쓰면, 딜런은 사랑받았지만 사랑받는다는 걸 느끼지 않았다. 우리는 딜런을 소중하게 여겼지만 딜런 스스로는 자기가 가치 있다고 생각하지 않았다. 딜런에게는 많고도 많은 길이 있었는데, 에릭의 것밖에는 보지 못했다.

* * *

어느 날, 아마 3학년 때였을 것이다. 딜런이 나에게 이렇게 말했다. "에릭은 미쳤어요."

나는 이렇게 대꾸했다. "살다 보면 온갖 종류의 사람을 만나게 마련이야. 그런 모습을 알아볼 식견이 있다니 다행이구나." 나는 아빠나 나나 네가 친구와 같이 있을 때나 혼자 있을 때나 좋은 선택을 할 능력이 있다고 믿는다고 말했다.

우리의 믿음은 잘못된 것이었지만 톰도 나도 딜런이 어떤 상태인지 전혀 몰랐다. 상황이 진짜 위험할 수 있다고는 상상도 못 했다. 딜런이 무슨 뜻으로 "미쳤다"고 했는지에 대해서도 감이 없었다. 에릭은 딜런의 다른 친구들에 비해 신경이 많이 쓰이는 아이였고 축구 경기에서 분노를 폭발시키는 것도 보았다. 그런데 실상은 훨씬 더 심각했다.

딜런처럼 에릭도 일기를 썼다. 가슴속 깊은 곳의 생각과 감정을 털어놓는 글이었다. 에릭의 일기는 읽기 힘들 정도로 어둡다. 가학적 이미지와 그림, 강간, 신체 절단의 상상, 대량살상 장면, 인류 절멸을 담은 시나리오 등으로 채워져 있다. 랭먼 박사는 이렇게 썼다. "딜런의 일기는 에릭의 일기와 내용이나 문체 면에서 뚜렷한 차이가 있다. 에릭은 자기애적 오만과 살기 띤 분노로 가득한 반면 딜런의 일기는 외로움, 우울, 반추, 사랑의 갈구 등에 초점을 맞춘다. 에릭은 무기, 스와스티카, 군인을 그렸다. 딜런은 하트를 그렸다. 에릭은 섹스에 대한 욕구를 느끼고 강간을 상상했다. 딜런은 진정한 사랑을 갈망했다."

많은 전문가들이 에릭의 일기를 근거로 에릭이 사이코패스 성향과 특질을 보인다고 말했다. 물론 딜런과 마찬가지로 사후 진단은 불가능한 일이다.(아니라고 하더라도 청소년의 뇌는 계속 발달하기 때문에 18세가 되기 전에는 공식적으로 정신병 진단을 내리지 않는다.) 그렇지만 에릭이 사이코패스인격장애와 관련된 여러 진단 지표를 충족시키는 것은 분명하다.

사이코패스의 특징은 공감 능력이 부족하고 도발적인 행동을 한다는 것이다.[28] 가장 중요한 점은 사이코패스(소시오패스라고 부르기도 하고 두 유형을 구분하는 전문가도 있다.)에게는 양심이 없어 죄책감을 느끼지 못한다는 것이다. 거리낌 없이 거짓말을 하고 다른 사람을 교묘하게 조종한다. 사이코패스도 치료가 가능하다고 보는 심리학자와 정신의학자 들도 있다. 그런데 내가 이야기를 나누어본 사람들은 확신하기 어렵다고 했다. 사이코패스가 모두 범죄자이거나 가학적인 사람은 아니지만, 이쪽 방향으로 나가기 시작하면, 에릭처럼 매우 위험한 존재가 될 수 있다.

2001년, 콜럼바인고등학교 학살 등을 계기로 학교 총격 사건의 청소년 가해자에 대한 연구가 이루어졌는데 두 가지 흥미로운 점이 드러났다.[29] 첫 번째는 이 연구에서 살펴본 십대 총격 가해자 서른네 명 가운데 25퍼센트가 짝을 이루어 움직였다는 점이다. 대체로 혼자 움직이는 성인 학살 난동자와 다른 점이다. 법의학 심리학자이자 대상이 있는 폭력과 위협 평가 전문가인 리드 멜로이 박사가 이 연구를 주도했다. 멜로이 박사는 이렇듯 위험한 2인조가 형성될 수 있으므로 부모들이 아이와 친구들의 역학에 관심을 기울이는 게 매우 중요하다고 말했다.[30] 두 번째 사실은, 전형적으로 두 아이 중 한 명은 사이코패스이고 나머지 한 명은 영향을 쉽게 받고 의존적 성향이 있고 우울에 시달린다는 점이다.

딜런과 에릭의 관계도 그러한 듯 보였다. 딜런은 에릭의 졸업앨범에 다른 아이들을 괴롭히는 게 재미있다는 듯한 글귀를 적어놓았는데, 혼자만의 일기에서는 수치와 죄책감을 털어놓고 다시는 그러지 않겠다고 다짐한다. 지하실 테이프에서 본 허세와 매우 비슷했다. 딜런의 속마음과 에릭 옆에서 하는 행동, 그리고 실제로 한 행농 사이에는 뚜렷한 간극이 있었다.

랭먼 박사는 딜런의 감정의 동요가 학살 당시까지 이어졌을 수 있다고 생각한다. 학교에서 최소한 네 차례, 에릭이 보거나 들을 수 없는 곳에서 딜런이 사람들을 보내줬다. 난동 도중에 에릭이 딜런이 계속 참여하고 있는지 두 차례 확인하려고 했음을 암시하는 물증이 있다. 그렇다는 사실에서 내가 위안을 얻겠다는 것은 아니다. 딜런은 학살을 저질렀고, 여기에 더 보탤 말은 아무것도 없다. 하지만 딜런의 갈팡질팡하는 감정에 대해 알고 나는 큰 충격을 받았다. 랭먼 박사와의 대화 이후 나는 이런 글을 적었다.

> 울음이 너무 많이 나와 메모를 할 수가 없었다. [……] 나는 딜런이 가학적 살인범이라는 사실을 억지로 받아들였지만 자신의 '악'을 잠깐의 선으로 상쇄하려고 애쓰던 딜런은 아직 이해하지 못했다. 랭먼이 이야기했을 때 이런 딜런을 처음으로 만난 것 같다. 그리하여 애도해야 할 또 다른 딜런이 나에게 주어졌다.

딜런이 이렇듯 상반된 두 감정을 느꼈다는 사실을 알자 내 책임이 더 크게 느껴졌다. 비밀경호국의 학교 총격 사건 연구를 지휘한 마리사 란다조 박사는 (마리사 레더라는 필명으로) 미국 비밀경호국·교육부 합동으로 이루어진 학교 총격에 대한 기념비적 연구의 저자로 참여하기도 했다. 란다조 박사와 멜로이 박사 모두 나에게 힘들어하는 아이들이 살인과 자살 말고 다른 문제 해결 방법이 있다는 것을 알

나는 가해자의 엄마입니다

게 되면 대체로 그 다른 방법을 택하곤 한다고 말했다.

딜런이 에릭과의 관계에서 벗어나려는 노력을 하기도 했었다. 특히 이 점에 대해 내가 부족했던 점이 나를 절망에 빠지게 한다. 3학년 때 두 아이가 문제를 일으켰을 때 딜런은 에릭과 거리를 두려고 애쓰며 나에게 도와달라고 했다. 그래서 우리끼리 암호를 만들었다. 에릭이 딜런에게 전화를 걸어 뭘 하자고 하면, 딜런은 "엄마한테 물어보고."라고 말하고 나를 보며 고개를 저었다. 그러면 나는 전화기 너머로 들릴 정도로 큰 소리로 이렇게 말하곤 했다. "안 돼, 오늘밤에는 나가면 안 돼. 오늘 방 청소하기로/숙제하기로/같이 저녁 먹기로 했잖아."

그때는 딜런이 거리를 두려고 한다는 것만으로 안도했다. 나는 아이들에게 비상사태 때 언제라도 나를 핑계로 대라고 말해두었다. 혹시라도 술 마시고 운전할까 봐 한 말이었지만 다른 어떤 안전하지 않은 상황에서든 마찬가지였다. 그래서 딜런이 내가 오래전부터 말해온 대로 나를 이용한 것도 기분이 좋았고 딜런이 에릭의 감정을 상하게 하지 않으면서 거리를 둘 방법을 찾아냈다는 것도 기특했다.

지하실 테이프에서 에릭과 딜런의 역학을 보고 나자 그 일이 다른 관점에서 새로이 떠올랐다. 딜런은 잭이나 네이트, 로빈이나 다른 친구들과 같이 나가기 싫을 때에는 그냥 이렇게 말했다. "이번 주말에는 안 돼. 숙제해야 돼." 그런데 에릭을 거절할 때만은 내 도움이 필요했던 것이다. 그때는 이상하게 생각하지 않았고 딜런에게 "그냥 싫다고 하면 안 돼?"라고 물을 생각도 못 했다. 딜런이 나에게 도와달라고 하는 게 현명하게만 보였는데, 나중에야 무언가 훨씬 위험스러운 일의 조짐이었다는 걸 깨달았다. 너무 늦은 뒤에야 알아차렸던 것이다.

프랭크 옥버그가 나에게 이런 말을 한 일이 있다. "딜런에게는 살인범의 특징이 없지만 살인범과 얽힐 수 있는 취약성이 있었습니다." FBI 수사관은 에릭이 잭과 마크 메인스 등 다른 사람들도 대량살상 계획에 끌어들이려고 한 적이 있음을 밝혀냈다.

그들은 끌려들지 않았다. 딜런은 끌려들었다.

***

란다조: "자살과 살인 사이에 종이 한 장 차이밖에 없을 때가 있습니다. 자살하는 사람 대부분은 살인과 무관하지만, 살인을 저지르는 사람은 자살 성향 때문에 그럴 때가 많습니다."
딜런에게 일어난 일도 그것이라고 생각한다.
—마리사 란다조 박사와 면담 뒤에 쓴 글, 2015년 2월.

형사 사법제도 전문가이자 『순교의 신화(The Myth of Martyrdom)』의 저자 애덤 랭크포드 박사는 자살 폭탄범과 총기 난사범의 자살 성향을 연구했다.[31] 총기 난사범이나 자살 폭탄범은 세 가지 공통점을 보인다고 했다.[32] 죽고자 하는 욕구를 일으키는 정신건강 문제, 자기가 희생양이라는 깊은 인식, 살인을 통해 명성과 영광을 획득하고자 하는 욕망.

랭크포드 박사가 1966년부터 2010년까지 있었던 총기 난사 사건에서 200명에 가까운 가해자를 살펴보는 연구를 진행했다. 그들 가운데 거의 절반이 공격 중 자살로 목숨을 끊었다.[33] 다른 이들도 죽으려고 했으나 그러지 못하거나 체포당해서 그럴 기회가 없었다. 정말 자살할 생각이 있었건 없었건 간에 난사범이 처벌받지 않고 도망칠 가능성은 1퍼센트 미만이다. 도주나 생존 가능성이 이 정도로 희박한 계획을 세울 수 있다는 건 랭크포드가 말하는 "삶에 대한 무관심"이 있다는 의미다.

위협 평가 전문가들은 총기 난사범들이 거의 언제나 총격 사건에 이르기까지 뚜렷한 경로를 밟는다고 말한다.[34] 이 경로의 지표들을 찾으면 이런 불행을 막을 수 있는 길도 생길 것이다. 이 경로는 죽고자 하는 욕망에서 시작할 때가 많다.

오랫동안 살인-자살을 자살이 아니라 살인의 하위 집합으로 여겨왔다. 물론 살인 모델에 들어맞는 살인-자살도 있다. 탈주 계획이 실패로 돌아갔을 때에 택하는 '플랜 B'가 자살인 경우다. 하지만 자살을 새로운 관점에서 바라보아 살인 후 자살하는 사람들의 자료를 자세히 살피면, 다수는 아니더라도 상당수의 경우가 근원은 자살 충동에 있었음을 알 수 있다. 다시 말해 조이너 박사가 말하듯 '살인-자살에서 자살이 근본적 요인임이 밝혀진다면, 자살 방지가 살인-자살 방지가 될 수 있다.'[35]

적어도 콜럼바인의 경우에는 이 말이 옳다고 생각한다. 나는 오랫동안 내가 보지 못했던 요인, 딜런이 그 행동을 벌이도록 만든 딜런 성격의 한 조각을 찾으려 했다. 내가 알게 된 것을 바탕으로 생각해 보면 조이너 박사의 벤다이어그램의 세 번째 부분, 곧 자살로 죽을 수 있는 능력이라는 것에서 해답을 찾을 수 있을 것 같다.

딜런의 글을 보면 딜런이 죽음이라는 생각에서 위안을 얻는다는 걸 볼 수 있다. 그렇지만 스스로 목숨을 끊을 수 있는 역량이 딜런에게는 없었다.

조이너 박사가 말하듯, 스스로를 해치기 위해서는 폭력과 고통에 대한 두려움에 무감해져야 한다.(그래서 의사, 군인, 거식증 환자 등 고통과 공포에 일상적으로 노출되어 단련이 된 사람들의 자살률이 높다.) 타고난 생존 본능이 몸에 내장되어 있기 때문에 그걸 억누르려면 오랜 시간 단련이 필요하다.

딜런은 혼자서는 할 수가 없었다. 자살을 입에 올리면서도 스스로 자살 계획을 세우지는 않았다. 딜런이 쓴 글이 대체로 그렇지만 자살에 대한 부분도 추상적이다. 이런 무력감이 일기 곳곳에서 발견된다. 컴퓨터를 다루는 일을 하고 싶지만, 일자리를 얻지 못하거나 얻어도 유지하지 못한다. 자기가 좋아하는 여자아이 이야기를 하고 또 하지만, 고백도 못 해본 것 같다. 여자아이에게 쓴 편지를 두고 괴로워하지만 보내지 않는다. 사실 말이라도 한 번 걸어봤는지 알 수가 없다.

자살에 대해서도 마찬가지고, 그래서 에릭에게서 도움을 받는다.

나는 가해자의 엄마입니다

"곧 [⋯⋯] 내가 자살하거나, [삭제된 여자아이의 이름]와 함께 하게 되거나, 우리가 NBK를 하거나." 딜런은 자기가 가장 원하는 것, 곧 자살을 하기 위해서 에릭의 살인 계획이 '필요'했던 것으로 보인다. 조이너 박사는 에릭과 난동 계획을 세우는 일이 딜런이 자기 자신의 죽음을 연습하는 방법이었을 수 있다고 말했다.[36] 이런 준비 과정을 통해 스스로를 무감각하게 만들어갈 수 있었다.

총격 사건 이후 죽 나는 에릭 때문이라고 원망하지 않으려고 애썼다. 에릭이 딜런에게 영향력을 행사했다고 하더라도 딜런의 선택은 딜런의 책임이라고 믿었고, 지금도 어느 정도는 그렇게 생각한다. 딜런이 최소한 어느 순간에는 에릭을 객관적으로 바라보면서 나한테 에릭이 "미쳤다"고 말할 수 있었고, 에릭과 거리를 둘 수 있도록 도와달라고 할 정도로 감정의 동요를 겪었으니 말이다.

사이코패스에 대해 알게 된 지금은 생각이 다르다. 에릭의 일기에서는 읽기 힘들 정도로 사악한 폭력과 증오가 끓어오르지만 그래도 에릭의 글은 딜런의 글과 달리 명료하다. 랭먼 박사는 이렇게 말한다. "딜런의 글은 뒤죽박죽이고 조리가 없고 구문이나 단어 사용이 엉망이다. 에릭은 **사고** 자체가 심란하다. 딜런은 사고 **과정**이 산란하다. 에릭은 무슨 생각을 하느냐가, 딜런은 어떻게 생각하느냐가 문제였다."[37]

에릭은 카리스마가 넘치는 아이였다. 다이버전 프로그램 상담가가 에릭을 조기 졸업시키면서 최종 보고서 말미에 "muy facil hombre"라고 적었다고 한다. 스페인어를 하는 친구에게 물어보았더니 "아주 편한 사람"이라는 뜻으로 다정하게 부르는 말이라고 했다. 딜런은 프로그램을 일찍 마칠 수 있을 만큼 성적이 좋지는 않았는데도 아마 에릭의 매력 덕을 보았는지 같이 끝낼 수 있었다. 많은 심리학자들이 사이코패스들이 얼마나 무서울 정도로 카리스마와 매력을 발휘하는지 말해주었다. 이들은 금세 틈새를 발견하고 솜씨 좋게 파고든다. 그러니 정신적 문제를 겪고 있던 딜런이 에릭에게서 벗어나기는 어려웠을 것이라는 생각이 든다.

란다조 박사는 학교 총격 사건을 일으킬 잠재성이 있는 아이들 여럿과 대화를 나누어 끔찍한 계획을 실행하기 전에 막았다. 란다조 박사는 이 아이들의 정신적 동요와 좁은 시야를 자세히 묘사했다. "절망의 어떤 단계에 이르면 탈출구를 찾는다. 다른 길은 보이지 않는다. 그래도 상관없다고 생각한다."[38] 그렇다고 해서 딜런의 책임을 터럭만큼이라도 줄일 수 있다고는 생각하지 않는다. 그렇지만 딜런이 왜 그렇게 되었는지에 대한 설명에 가까이 다가갈 수 있을 것이다. 임상심리학자이며 콜럼바인 수사 때 FBI 조사반 자문이었던 드웨인 퓨질리어 박사는 나에게 이렇게 말했다. "에릭이 사람을 죽이러 학교에 갔고 그러다 자기가 죽어도 상관없다고 생각한 반면, 딜런은 죽으러 학교에 갔고 그러다 다른 사람도 같이 죽어도 상관없다고 생각한 것 같습니다."[39]

13

자살로 가는 길
(3학년 때)

네 시간 동안 변호사와 괴로운 접견. 대화를 하면 할수록 이 '완벽한' 아이가 어떻게 완벽하지 않은지 깨닫게 됐다. 다 마치고 나자 우리 삶이 무의미했을 뿐 아니라 파괴적이기도 했다는 생각이 들었다. 우리는 딜런이 완벽하다고 믿고 싶었다. 우리는 그 믿음에 갇혀 딜런의 분노와 좌절의 징후는 보지 못했다. 나 자신을 용서할 수 있을 것 같지 않다. 너무나 많은 일들이 후회스럽다.

—1999년 5월 일기

3학년 때에 딜런이 문제를 일으켰다. 한두 번이 아니고 여러 차례 점점 더 큰 문제로 이어졌다.

이 장이 이 책에서 가장 쓰기 힘든 장이 될 것이다. 이 부분을 읽는 사람들 대부분 이렇게 말할 테니까. "아니, 아이가 이렇게 망가지고 있는데 그냥 팔짱 끼고 아무것도 안 했다는 말이에요? 대체 무슨 생각이었던 거예요?" 딜런이 힘들어한 징후가 명백하게 겉으로 드러난 것은 아니었지만 그래도 우리 눈에 보였다. 그런데 우리는 그걸 제대로 해석하지 못했다.

물론 절대 다수의 아이들이 뇌건강 문제가 있다 하더라도 학교 총격 사건을 일으키지는 않는다. 하지만 십대 자녀가 뇌 장애를 겪고 있을 확률은 상당히 높다. 대략 어린이와 청소년 다섯 명 가운데 한 명이 진단 가능한 정신건강 문제를 겪고 있다고 추정된다.[40] 이 아이들 가운데 진단을 받는 경우는 20퍼센트에 지나지 않는다.[41] 그렇기 때문에 폭력, 범죄, 자해 등으로 나타날 때에야 부모가 아이의 건강 문제를 알게 되곤 한다. 이렇듯 십대의 뇌건강 문제가 흔하고 위험한데도 관심 많은 교사, 좋은 상담가나 의사, 빈틈없는 부모조차도 알아차리지 못하는 일이 잦다.

치료하지 않고 내버려두면 아주 경미한 뇌건강 문제라고 하더라도 아이의 삶을 탈선시킬 수 있고 잠재력을 충분히 발휘하지 못하도록 할 수 있으니 그 자체로 비극이다. 우울증 같은 병은 약물과 알코올 중독, 음주운전, 범죄, 섭식장애, 자해, 학대 관계, 위험한 성행위 따위 청소년기 아이들의 발목을 잡는 덫을 놓아 훨씬 심각한 결과를 가져올 수 있다.[42]

1999년에 나는 슬프고 무기력한 상태가 우울증이라고 생각했지 그게 많은 사람들이 '공허함'의 감정이라고 묘사하는 **병적** 우울증과 다르다는 것을 몰랐다. 십대 청소년의 20퍼센트가 우울증 발작을 경힘하며,[43] 한 번 경험하고 나면 다시 겪을 가능성이 더 높아진다는 것도 전혀 몰랐다.(최근 미국질병통제예방센터의 보고서에 따르면 30퍼센트 가까이 된다고 한다.[44])

우울증이 청소년기에는 성인과 다르게 나타난다는 것도 몰랐다. 어른은 슬프고 기운이 없어 보이는 반면 십대는 (특히 남자아이들) 방에 틀어박히고 짜증을 잘 내고 자기비판, 좌절, 분노가 많아지는 경향이 있다.[45] 더 어린 아이들의 우울증은 보통 원인을 알 수 없는 통증, 징징거림, 수면장애, 매달리는 성향 등의 증상으로 나타난다.

청소년기 우울증 증상은 이들이 겪는 다른 발달과 행동상 변화에 가려져서 진단이 너무 늦어지기 십상이라는 점도, 그때에는 몰랐다. 십대 아이가 주말에 밤늦게 잔다거나 잘 먹던 아이가 갑자기 "으, 역겨워." 하면서 음식을 밀어내도 놀라는 부모는 드물 것이다. 그런데 사실 수면과 식성 변화는 우울의 증상이다. 한편 우울한 아이들 가운데 이런 징후를 전혀 보이지 않는 아이들도 있기 때문에 진단은 더욱 어려워진다.

딜런의 우울증도 진단하고 치료하지 못했다. 딜런만의 일이 아니다. 우울증에 시달리는 십대의 다수가 병 때문에 친구, 가족과 관계가 힘들어지고 학업도 어려워지고 범죄나 자살의 위험이 급격히 높아지는데도 불구하고 필요한 도움을 받지 못한다. 딜런은 범죄와 자살 둘 다를 일으켰다.

딜런이 힘겨운 시기를 겪고 있다는 건 알았다. 그해 우리 가족 전부가 건강과 돈 문제로 고생하고 있었나. 톰과 나는 독립해서 나간 바이런 때문에 걱정이 많았다. 그해가 전체적으로 힘든 해였기 때문에 우리가 우리 눈앞에 있는 걸 보지 못한 것 같다.

딜런이 3학년 때 탈선했을 당시 톰과 내가 더 적극적으로 반응하지 않은 데에는 또 다른 이유가 있었다. 딜런이 **스스로 제자리를 찾는 듯 보였기 때문이다.** 몇 달 동안 상처와 실망을 안겨주고 난 뒤에 그해 말, 그리고 4학년 때에는 딜런이 우리에게 자기가 잘해나가고 있다는 걸 보여주고 싶은 듯했다.

변명하려는 말은 아니다. 하지만 자살로 아이를 잃은 부모들이 충격에 빠져 거의 공통적으로 하는 말이 있다. "훨씬 좋아졌었는데!" 우리가 보기에는 딜런도 훨씬 좋아진 듯했다. 딜런이 자기가 저지른 사고의 심각성을 깨닫고 정신을 차렸다고 생각했다. 하지만 안타깝게도 딜런이 확고하게 향해가던 결승선은 우리가 생각한 것처럼 애리조나대학교 기숙사에서 독립적으로 살며 자기가 그렇게 좋아하는 컴퓨터공학 학위를 따는 것이 아니었다. 자기 자신의 죽음, 그리고 무수히 많은 다른 사람들의 죽음으로 끝날 계획이었다.

* * *

올해 여름은 정말 행복했다. 〔……〕 딜런이 실실거리며 친구들과 재미있게 논다.

—1997년 7월 일기

나는 가해자의 엄마입니다

딜런이 2학년에서 3학년으로 올라가던 해 여름은 조용했다. 하지만 에릭 해리스와 관련된 한 가지 마음에 걸리는 사건이 있긴 했다.

딜런은 유치원을 졸업한 뒤 축구를 안 했는데, 에릭이 여름방학 동안 축구를 한다고 하자 자기도 그 팀에 들어가겠다고 했다. 경험도 기술도 없었지만 팀에서 기회를 주었다. 딜런이 축구팀에 들어가겠다고 하자 우리는 공을 던지다 다친 팔에 무리가 가지 않을 운동이라 반가워했다. 게다가 거의 해보지 않은 운동을 해보겠다고 나선 점도 칭찬할 만했다.

딜런은 운동신경이 아주 좋은 아이는 아니었다. 힘은 좋았지만 유연성과 긴 팔다리를 가눌 조정력이 부족했다. 축구를 아주 잘하지는 않았지만 꾸준히 연습에 참석했다. 팀이 플레이오프에 진출하게 되어 톰과 내가 경기를 보러 갔다. 딜런은 잘 못했고 결국 딜런 팀이 졌다.

에릭과 딜런이 땀에 젖은 채로 우리가 해리스 부부와 같이 서 있는 쪽으로 걸어왔다. 우리가 수고했다고 맞아주려는 순간 에릭이 소리를 지르기 시작했다. 딜런에게 플레이가 그게 뭐냐고 침을 튀기며 불같이 화를 내고 폭언을 퍼부었다. 양쪽 팀의 아이들과 부모들 모두 대화를 멈추고 우리 쪽을 쳐다보았다.

에릭의 부모가 끼어들어 에릭을 한쪽으로 데려가고 톰, 딜런과 나는 충격 속에 우리 차로 천천히 걸어갔다. 해리스 부부가 에릭에게 무어라고 말하는지는 들리지 않았지만 에릭을 진정시키려고 애쓰는 것 같았다. 딜런은 말없이 무표정하게 톰과 나 사이에서 걸었다.

나는 에릭이 갑자기 무례한 행동을 한 것도 그렇고 강렬한 분노를 폭발시킨 것에도 충격을 받았다. 딜런이 아무 감정을 보이지 않는 것도 걱정스러웠다. 겉으로 드러내지 않지만 틀림없이 상처를 받았을 것이다. 그 생각을 하니 안쓰러웠다. 딜런을 안아주고 싶었지만 열다섯 살이고 친구들이 주위에 있었다. 그랬다가는 딜런이 더 당황할 것 같았다.

대신 차에 타자마자 이렇게 말했다. "세상에, 뭐 저런 애가 다 있니! 보고도 안 믿긴다." 톰이 차를 출발시켰고 딜런은 무표정한 얼굴로 창밖을 보았다. 에릭이 그렇게 길길이 뛰는 걸 보고도 돌처럼 침착한 표정을 유지하는 게 이상했다. 나는 속으로 차라리 딜런이 분노나 수치심을 인정했으면 좋겠다고 생각했다.

나는 딜런이 감정을 분출하기를 바라고 이렇게 물었다. "에릭이 그렇게 행동하면 기분 안 나쁘니? 친구가 나를 그런 식으로 대하면 나는 정말로 화날 것 같아." 딜런은 여전히 창밖만 내다보며 표정 변화 없이 이렇게 대꾸했다. "아뇨. 에릭은 원래 그래요."

톰도 속으로 부글부글하고 있는 걸 느낄 수 있었다. 그런데 딜런은 이미 지나간 일이라는 듯 무관심해 보였다. 별것도 아닌 축구 경기에서 졌다고 그렇게 화를 낼 정도라면 에릭은 멘탈이 유리인가? 딜런보다도 에릭이 더 당황스럽고 걱정되었다. 울화통을 부리는 게 마치 어린아이처럼 보였다.

차를 타고 집으로 가는 동안 나는 '엄마는 해결사' 모드로 들어

나는 가해자의 엄마입니다

갔다. 축구에 대해서는 쥐뿔도 모르면서 딜런에게 축구 실력을 향상시킬 이런저런 방법을 제안했다. 어쩌면 딜런의 수치심을 더욱 자극하는 일일 수도 있겠다는 생각을 하면서도 입을 다물지 못하고 계속 떠들었다. 나는 학교 다닐 때 운동부에 가장 끝 순위로 뽑히곤 했는데 그때 최고의 선수는 거기에 자기 목숨이 달린 듯이 공을 좇아다닌다는 사실을 배웠다고 했다. 결국 승리하는 사람은 가장 의지가 굳은 사람들이라고.

딜런이 아무 말도 하지 않길래 나도 잠자코 있었다. 그 시즌 마지막 경기였던 다음 경기에서는 딜런이 그전 어느 때보다 잘 뛰어서 깜짝 놀랐다. 공을 주도하려고 달려들었다. 경기는 졌지만 코치가 딜런의 실력 향상을 칭찬해주었고 딜런도 만족한 듯했다. 어리석게도 나는 내 조언이 도움이 되었나 보다 생각했다. 또 에릭이 스포츠맨답지 않은 행동을 더 보이지 않아 톰도 나도 안심했다.

톰은 에릭이 소리를 지른 것에 대해서 무척 화가 났다. 그 이후로 에릭을 절대 좋게 보지 않았지만 그렇다고 둘이 어울리는 걸 금지하지는 않았다. 우리는 딜런이 알아서 할 수 있다고 생각했다. 당연하지만 그 일 이후에는 우리가 두 아이를 무자비하게 갈라놓지 않은 것을 후회한다.

***

(실제로 일어난 일이거나 아니면 예상되는 일이거나) 상실 등의 사건들이 수치, 모욕감, 절망 등의 감정을 일으키고 자살 행위를 촉발할 수 있다. 촉매가 될 수 있는 사건은 실연이나 죽음 같은 상실, 성적 하락, 정학이나 법적 문제 등 권위자와의 마찰, 괴롭힘, 건강 문제 등이다. 자존감이 낮거나 우울증 등 정신질환 때문에 취약한 젊은이들은 더욱 그렇다. 도움을 받을 수 있도록 해야 한다.

—미국자살학회[46]

딜런이 3학년에 들어서면서 우리 집안에 문제들이 마구 닥쳤다.

바이런의 독립 초기 상황은 도지히 봐주기 어려운 지경이었다. 유머 작가 어마 봄벡이 자기 아들들을 두고 "햄스터처럼 산다."고 한 말을 떠올리며 스스로를 달래려고 했다. 그래도 걱정이 되었다. 일주일에 적어도 두어 끼는 제대로 먹는 게 다행스러울 지경이었다. 바이런은 매주 일요일이면 꼬박꼬박 저녁을 먹으러 오고, 갈 때는 남은 음식을 잔뜩 싸가지고 갔다.

사실 바이런의 식사와 집안 관리 문제는 걱정 축에도 안 꼈다. 그해 가을 바이런은 잇달아 사고를 냈다. 첫 번째 일은 바이런의 차가 교차로에 서 있는데 다른 차가 옆에서 받은 사고였다. 크게 다치지는 않았지만 가슴을 쓸어내려야 했고 차를 폐차했다. 또 바이런은 변변찮은 일자리를 계속 전전했다. 일찍 일어나기 싫다거나 유니폼을 입어야 한다는 등의 별것도 아닌 이유로 직장을 그만두곤 했다. 다달이 나오는 청구서 요금을 잊어버리고 안 내기도 했다.

나는 딜런을 믿은 것처럼 바이런도 잘할 거라고 깊이 믿었다. "잘 해낼 거야." 이런 말로 톰을 안심시키곤 했다. 하지만 또 다른 문제가 생겼다는 전화가 올 때마다 바이런이 과연 자리를 잡을 수나 있을까 하는 의문이 드는 것을 어쩔 수 없었다.

내 삶에도 변화가 있었다. 내가 다니는 학교에서 한동안 정치적 격변이 이어진 끝에 9월부터 새로운 일을 하게 되었다. 지역 대학에 다니는 장애인들이 컴퓨터 기술을 습득할 수 있도록 돕는 작은 기금을 운용하는 일이었다. 일주일에 4일만 출근하면 되었지만 대신 월급이 많이 줄었다. 또 한시적 기금이라 일자리가 불확실하기도 했다. 출퇴근 시간이 거의 한 시간 더 늘어났고, 아이들이 나를 찾을 때 그만큼 늦게 갈 수밖에 없어 좀 불안하기도 했다.

이에 더해 우리 삶에서 최대 스트레스 요인은 톰의 건강이 급속도로 악화된다는 것이었다. 톰은 벌써 여러 해 전부터 관절통을 호소해왔다. 무릎이 뻣뻣하고 목이 뻐근하고 발가락이 송곳으로 쿡쿡 쑤시는 것처럼 아프다고 했다. 원인을 알 수 없는 무력감이 한동안 계속되거나, 마치 뇌졸중처럼 심한 편두통이 찾아와 일시적으로 앞이 보이지도 않고 말도 할 수 없는 상태가 되곤 했다. 딜런이 고등학교에 입학할 무렵에 톰의 만성 통증 원인이 류머티스성 관절염이라는 진단을 받았다. 류머티스성 관절염은 퇴행성 질환이기 때문에, 우리는 톰이 상태가 점점 나빠져서 몸을 못 움직이고 일도 하지 못

할까 걱정했다.

어느 날 아침 식탁에서, 오렌지 주스 팩을 들어 올리다가 톰의 팔 힘줄이 끊겼다. 우리는 톰의 엄지손가락이 말을 듣지 않고 힘없이 늘어지는 걸 멍하니 보았다. 톰은 어떤 일을 마주해도 주눅이 드는 법이 없는 황소 같은 사람이고 열여덟 시간 동안 해머를 휘두르고 도 아무렇지도 않고 무릎이 까질 때까지 바닥 콘크리트 미장을 하 는 사람이다. 그런 사람이 반 갤런짜리 트로피카나에 무너졌다. 톰 이 허물어지고 있었다.

톰이 지속적 통증에 시달리는 데다가 건강이 불안한 상태였기 때 문에 오랜 시간 일해야 하는 지구물리학자의 일을 계속할 수가 없었 다. 그래서 우리의 재정 상태는 더욱 불안해졌고 딜런의 대학 등록 금을 내야 할 날이 눈앞에 닥쳐 더욱 걱정이었다. 집수리가 아직 진 행 중이었는데 많은 부분을 포기했다. 톰은 몸매 유지와 스트레스 해소를 위해 꾸준히 즐기던 저녁 달리기도 그만둬야 했다.

사실 우리 모두 스트레스를 풀 창구가 필요했다. 돈 문제, 톰의 건 강, 내 새 일, 바이런의 방황 사이에서, 나는 폭풍 속에서 배를 운항 하며 선원들을 안심시키려 애쓰는 선장 같은 기분이었다. 밤마다 완 전히 지친 채로 이도 닦지 못한 채로 침대에 쓰러지고도 우리 가족 걱정 때문에 잠을 못 이루곤 했다.

이런 문제들, 특히 돈 문제나 부모의 병 같은 일은 십대의 우울과 자살을 유발하는 위험 요인이다. 두 가지가 합해지면 위험은 확연히 증가한다.

나는 가해자의 엄마입니다

우리는 딜런이 전보다 우리를 더 까칠하게 대한다는 길 느꼈다. 우리 집은 전체적으로 조용한 집안이다. 문을 쾅 하고 닫거나 소리를 지르는 일이 없고 아이들에게는 말대꾸하거나 우리나 다른 어른 앞에서 욕을 하지 못하게 가르쳤다. 바이런하고 문제가 있었을 때에도 늘 서로 점잖게 이야기했다고 자부한다. 하지만 딜런은 십대이다 보니 짜증도 부리고 뚱해 있기도 했다. 딜런이 운전할 때 내가 속도를 줄이라고 하면 딜런은 길고 느린 한숨을 내쉰 다음 반항이라도 하듯 할머니 같은 속도로 차를 몰았다. "나가기 전에 침대 시트 좀 갈래?"라고 부탁하면 시킨 대로 방으로 돌아가면서 거의 눈에 뜨이지 않을 정도로 눈을 흘기곤 했다.

이런 행동이 마음에 들지는 않았지만 대범하게 넘겼다. 이것보다 훨씬 더 버릇없이 구는 아이들도 얼마나 많은가 생각하면서. 딜런에게는 여전히 다정한 구석이 있어서 크게 걱정하지 않은 것도 있었다. 기분이 시시각각 변하고 짜증을 잘 내는 것 같다는 걱정이 들 만하면 밝은 모습으로 나를 따라나서거나 같이 저녁을 먹으며 웃음을 주어 걱정을 잊게 해주었다. 딜런은 끊임없이 걱정을 끼치는 아이가 아니었다.

그러다가 걱정할 만한 일이 일어났다. 톰과 바이런, 돈 문제 등으로는 충분하지 않은지, 늘 말썽 없이 지내오던 아이마저도 문제를 일으키기 시작했다.

＊＊＊

9월에 딜런이 열여섯 살이 되었다. 톰과 내가 생일 파티를 하자고 했는데 딜런은 됐다고 했다. "생일이라고 요란한 거 싫어요." 하지만 열여섯 살 생일은 삶에서 중요한 이정표이기 때문에 우리는 기념해 주고 싶었다.

생일을 맞은 사람이 고른 식당에 가는 게 우리 집안 전통이다. 그 해 딜런은 1940년대 고전 영화 테마로 장식된 바비큐 식당을 골랐다. 그런데 바이런이 자기 근무를 대신해줄 사람을 못 구했다. 바이런과 같이 딜런의 생일을 축하해줄 수 없어 섭섭했지만 그래도 바이런이 직장생활을 충실히 하려는 게 반가워 그러라고 했다. 게다가 톰과 나는 깜짝 계획을 준비해놓았다. 딜런의 친구 잭도 그날 일이 있었지만 에릭과 네이트는 식당으로 와주었다.

딜런은 친구들을 보고 진짜 깜짝 놀랐다. 어찌나 놀랐는지 시간이 꽤 지날 때까지 긴장을 풀고 즐기지 못하는 듯했다. 딜런의 기분을 나는 알 수가 있었다. 딜런은 사회적으로 조금만 불편한 상황에도 민감했다. 네이트와 에릭이 딜런 생각처럼 우리를 불편하게 여기지는 않았지만 말이다. 딜런은 우리가 무례한 행동이나 음식을 가리는 걸 좋아하지 않는다는 걸 알아서, 친구들이 어떻게 행동할지 걱정했을 것이다. 하지만 시간이 흐르면서 긴장을 풀었고 자신의 반대 의사를 무시하고 친구들을 초대해 놀라게 해주어서 고맙다고 유쾌하게 말했다. 하지만 그때부터 롤러코스터 질주가 시작되었다.

나는 가해자의 엄마입니다

그달 말, 딜런이 한밤중에 심한 복통 때문에 잠에서 깼다. 걱정이 되어 응급실에 데리고 갔는데 맹장도 아니고 아무것도 아니라고 했다. 의사는 이상을 못 찾겠다며 집으로 보냈고 통증도 깨끗이 낫는 듯했다. 나는 나중에야 원인을 알 수 없는 신체 증상, 특히 복통이 우울증의 조짐이라는 걸 알게 되었다.[47]

그러고 나서 이틀 뒤인 1997년 10월 1일 학교에서 전화가 왔다. 딜런이 정학을 당했다는 것이었다. 충격적인 소식이었다. 바이런도 딜런도 전에는 한 번도 학교에서 처벌을 받은 일이 없었다.

딜런이 서버와 네트워크 관리에 관심이 있어서 딜런과 잭이 같이 콜럼바인고등학교 컴퓨터 시스템을 관리하는 일을 맡았다. 두 아이가 시스템을 이리저리 파고들다가 사물함 자물쇠 비밀번호 목록을 발견했다. 딜런이 번호가 맞는지 확인하려고 사물함 두어 개를 열어보고는, 그 목록을 디스크에 복사해 에릭에게 주었다. 잭은 자기 여자친구의 전 남자 친구의 사물함에 쪽지를 남기는 장난을 쳤다. 그러다가 들켜서 딜런이 5일 정학을 받은 것이었다.

톰과 나는 처벌이 지나치게 가혹하다고 생각했다. 딜런이 한 일이 벌을 받을 만한 일이긴 했다. 학교 기록을 들여다볼 권리는 없으니까. 하지만 딜런은 사물함이 열리는지 보려고 열어봤을 뿐이고 아무것도 건드리지 않고 도로 닫았다. 톰은 이 처벌이 아이들에게 그게 왜 잘못인지 알려주는 것도 아니고, 학교에 소속감을 느껴야 할 아이들을 오히려 학교에서 멀어지게 만들기 때문에 적합한 벌이 아니라고 했다. 우리는 정학 대신 경고나 보호관찰 등의 징계로 바꾸어주었으면 하는 생각에 학생주임에게 면담을 신청했다.

실망스러운 만남이었다. 학생주임은 교칙에 두 아이가 한 일에 해당하는 내용이 명시되어 있지 않다고 했다. 정해진 원칙이 없기 때문에 학교에서는 학교에 무기를 가져온 사례와 같이 처벌하기로 결정을 내렸다고 한다.

나는 충격을 받았다. 이 애들이 한 일은 여자화장실에 몰래 들어가거나 아니면 표절이나 컨닝을 한 경우에 더 가깝게 여겨졌다. 별잘못이 아니라는 이야기가 아니다.(여자화장실에 몰래 들어가는 일이 별일이아니라는 뜻도 아니고.) 하지만 이 아이들은 학교에 무기를 가져오지 **않았고** 그 비슷한 일도 하지 않았다.

우리는 컴퓨터 관리 자원봉사 시간을 늘리거나, 창고 청소를 시키는 등 다른 징계 방법을 생각해볼 수 없냐고 물었다. 학생주임은 학구(學區) 감독관이 이 사건에 대해 알고 엄중한 대처를 권고한다고 말했다. 더 궁금한 것이 있으면 컴퓨터교사와 이야기를 나눠보라고 했다. 나도 학교에서 행정 업무를 맡고 있으니 서류에 일단 서명을 받고 다른 문제로 넘어가기를 바라는 학생주임의 고충이 이해가 가지 않는 것은 아니었다.

컴퓨터선생님을 만나려고 기다리는 동안 딜런과 잠깐 이야기를 나눌 시간이 있었다. 나는 딜런이 자기 행동의 결과를 새기기를 바랐다. 딜런은 컴퓨터선생님을 좋아했는데, 나는 선생님이 컴퓨터 관리 일을 그만두라고 하거나 앞으로는 아예 학생에게 관리를 맡기지 않을 수도 있다고 말했다. 딜런의 얼굴에는 반항기나 냉소는 없었고 슬픈 기색뿐이었다. 딜런이 상황을 이해하는 듯 느껴졌다. 컴퓨터선생님이 왔는데, 당혹스러운 표정이었지만 따뜻하게 딜런을 걱정했다. 서로 사과의 말이 오갔다. 그런데 그다음에 일어난 일에 딜런은 정학을 받은 것보다 큰 타격을 받았다. 선생님이 딜런에게 이제는 학교 컴퓨터 관리 일을 할 수 없다고 말한 것이다.

차를 타고 집으로 돌아오는 길, 딜런은 멍해 보였다. 괜찮겠냐고 물었더니 그렇다고 했다. 딜런이 속성 화학, 삼각함수, 세계사, 4학년 불어, 컴퓨터, 작문 등 어려운 과목을 듣고 있었기 때문에 나는 정학 기간 동안 수업을 어떻게 따라갈지 물었다. 딜런은 친구들한테 부탁하면 된다고 했다. 딜런이 나한테 어떻게 생각하냐고 물어서, 나는 솔직히 말했다. "결정이 이해가 안 되고 동의할 수도 없지만 따라야겠지. 결정에 승복하면 상황이 빨리 끝날 테니까. 학교와 싸워서 나쁜 상황을 더 나쁘게 만들고 싶지는 않구나." 딜런은 이해한다는 듯 고개를 끄덕였다.

정학 기간 동안 거의 내내 톰이 딜런과 함께 집에 있었다. 딜런이 톰과 이야기를 나누다가 학교에서는 운동부 학생들 편을 들어 이들에게는 관대하게 대하는 한편 다른 학생들은 사소한 잘못에도 가혹하게 처벌한다고 불평했다. 딜런이 생각하기에 학교는 '공평하지 않은' 곳이었다. 그래도 정학을 담담하게 받아들이는 듯했고 5일이 지난 뒤에 우리 셋 다 분을 삭이고 훌훌 털어버리기로 했다.

10월에 딜런이 운전면허를 땄다. 나는 딜런이 차를 몰고 다니는 게 영 불안했지만 딜런은 우리나 친구들한테 태워달라고 하지 않아도 되어 좋아했다. 낡고 망가진 차를 헐값에 사는 게 톰의 취미다. 톰은 딜런이 차를 가질 만한 때가 되었다고 생각하자 바로 검은색 BMW를 400달러에 사왔다. 창문 한쪽은 깨지고 내부에 여기저기 망가진 데도 있었고 콜로라도의 배출가스 검사를 절대 통과할 수 없는 상태였지만 톰과 딜런은 엄청난 작업량을 앞에 두고도 전혀 기죽지 않았다. 둘 다 이 차가 열여섯 살, 그러니까 딜런과 정확히 동갑이라는 사실을 두고 재미있어했다. 딜런이 연료비와 보험료 일부를 충당하기로 했다.

딜런이 면허를 딴 뒤에 나는 언니에게 딜런한테 날개가 생긴 것 같다고 말했다. 우리는 산지 쪽으로 이사했지만 딜런의 친구들 대부분이 아직 교외에 살았다. 안전을 위해서는 딜런이 한밤중에 구불구불한 산길을 운전해서 집에 오느니 차라리 친구 집에서 자고 오는 편이 나았지만, 그러자니 딜런이 너무 멀어진 것 같아 속상했다. 톰은 나에게 이제 딜런이 날개를 펴고 날아갈 수 있도록 해주어야 한다고 말했다.

딜런과 네이트, 에릭, 잭은 볼링을 치고 당구를 치고 영화를 보러 다녔다. 가끔은 어른 입회하에 파티를 열기도 했다. 십대 아들을 키우는 게 처음은 아니었지만 그래도 딜런이 집에서 나갈 때마다 우리는 질문을 퍼부었다. "어디 가니? 누구누구 와? 누가 운전해? 술 마실 거야? 부모님 집에 계셔? 전화번호 남겨놓고 가라." 우리는 딜런의 소재를 종종 확인했는데 딜런은 자기가 있을 거라고 한 곳에 어김없이 있었다. 딱 한 번 통금시간보다 늦게 집에 온 적이 있었는데,

친구가 차 사고가 나서 옴짝달싹 못하게 되어 태워주러 갔을 때였다.

톰과 나는 그해 딜런이 우리에게서 멀어진다는 느낌을 받았다. 딜런은 컴퓨터 관련 일을 구하려고 블랙잭피자 아르바이트를 그만두었지만 마땅한 자리를 구할 수가 없었고, 그해 가을에는 학교 연극 음향도 맡지 않았다. 저녁에 딜런이 집에 있어서 좋긴 했지만, 여유 시간이 너무 많고 종일 컴퓨터만 하는 것 같아 걱정스러웠다. 어른이나 청소년이나 이렇듯 침잠하는 것이 우울의 증상일 수 있지만 톰이나 나는 딜런이 혼자 있고 싶어 하는 것을 불길한 신호로 생각하지 않았다. 딜런이 혼자 방에 있을 때에도 친구와 전화 통화를 하거나 컴퓨터로 채팅을 하고 있으니, 침잠하는 게 아니라 다른 차원에서 사교 활동을 하는 것이었다.

그해 가을에 우리가 느끼기 시작한 불안감이 겨울이 다가올 무렵에도 계속 이어졌다. 아트스튜던트리그 뉴욕 캠퍼스에 다닐 때 내가 가장 좋아하던 선생님이 갑자기 심장마비로 세상을 뜨셨다. 올케가 병원에 입원했고 몇 년 전부터 건강이 안 좋았던 언니도 몸이 더 안 좋아졌다. 톰의 건강도 점점 나빠졌다. 11월에 끊어진 힘줄을 잇는 수술을 했고 1월에는 어깨 수술을 받기로 했다. 톰이 일을 많이 할 수 없어서 재정 상태도 점점 나빠졌다.

친구가 윈스턴 처칠의 말을 빌려 위로를 해줬다. "지옥을 걷고 있다면, 계속 걸어라." 그런데 나쁜 일이 엎친 데 덮친 격으로 계속 닥쳤다. 바이런이 응급실에서 전화를 걸었다. 스킨헤드족 인종주의자한테 덤볐다가 세 군데를 꿰매야 한다고 했다. 그날 밤, 마침내 나는

열네 살의 딜런이 외삼촌, 이모와 포커를 치고 있다.
(클리볼드 가족 제공)

바이런의 상황에 대한 내 절망감을 인정했다. 물론 자기 신념을 접지 않은 것은 장한 일이었지만, 덕분에 항상 말썽에 휘말리는 것 같았고, 우리가 어떤 방법을 쓰든, 상담치료, 지원, 끈질긴 사랑, 어떤 것도 도움이 안 되는 것 같았다.

추수감사절이 이 어두운 시절에 유일하게 빛나던 순간이었다. 친척 여덟 명이 놀러와서 평소와 달리 시끌벅적했다. 나는 남동생, 언니와 늘 가깝게 지냈다. 모두 말이 빠르고 웃음소리가 크다. 끼어들어 말 한마디 하려면 아우토반에 들어가는 것 같다. 딜런은 정신없는 분위기에 좀 난감해하는 듯 보였지만 그래도 나는 우리 남매가 모여 좋았다.

옛날에 우리 아버지는 동네 영화관을 운영하셨다. 그래서 내가 처음으로 한 일이 구내 매점에서 팝콘을 파는 일이었다. 또 우리 모두 옛날 영화를 좋아한다. 책도 좋아하고 음악도 좋아한다. 셔레이드[단어를 설명하는 몸짓을 보고 맞추는 놀이—옮긴이]도 좋아한다. 딜런은 보통 포커를 더 좋아하지만 올해에는 우리가 같이 하자고 조르자 셔레이드 한두 판도 같이 했다. 딜런이 어찌나 웃기고 영리한지 뿌듯했고 수줍은 딜런이 친척들과 어울려 같이 노는 게 기뻤다.

그때는 전혀 알 수 없었지만, 그로부터 몇 달 뒤에 모든 게 무너져 내리고 딜런은 다시 우리 가족의 가장 큰 걱정거리가 된다.

* * *

1998년 1월초, 딜런이 톰에게 "맞고 싶어 환장한 것 같은" 애들 때문에 화가 난다고 말한 적이 있다. 딜런이 말하는 아이들이 1학년이어서 톰은 웃음을 꾹 참았다고 한다. 딜런은 키가 193센티미터고 3학년이었다. 딜런이 친구들을 모아서 한번 붙고 싶다고 했다. 톰과 나는 그냥 상대하지 말고 무시하라고 했다. 나는 혹여 누가 다칠까봐 걱정이었고 톰은 1학년하고 싸우는 게 망신스러운 일이라고 생각했다.

딜런은 대범하게 넘기지 못했다. 우리 모르게 에릭과 같이 친구들을 모았다. 1학년들에게 학교에서 떨어진 장소로 오라고 했는데 오지 않았다고 한다. 톰과 나는 그런 일이 있었다는 걸 나중에야 알았다. 딜런은 자기가 그 상황을 잘 처리했다고 생각했지만 우리는 심란해져서 딜런에게 뭐라고 했다. 그래도 아무도 다치지 않아서 다행이었다.

그달 말에 딜런의 친구 브룩스의 엄마 주디 브라운에게서 전화가 왔다. 브룩스와 에릭이 학교에서 싸움을 벌였는데, 에릭이 브룩스의 차에 눈 뭉치를 던져 앞유리를 깼다고 한다. 주디가 화를 내며 에릭을 신랄하게 헐뜯길래 나는 좀 당황했다. 둘이 싸웠다면 둘 다 책임이 있는 거고, 게다가 둘이 해결을 보았다는데 왜 엄마가 끼어드는지 알 수가 없었다. 주디가 에릭에 대해 열렬히 화를 내는 게 나에게는 과잉 반응처럼 여겨졌다.

나는 가해자의 엄마입니다

주디에게 전화를 받고 얼마 지나지 않아 학교에서 집으로 또 전화가 왔다. 사물함 비밀번호를 해킹해서 정학을 받고 고작 넉 달이 지났는데 딜런이 누군가의 사물함을 고의로 열쇠로 긁어놓았다는 것이었다. 1일간 학교 내 정학을 받았고 사물함 문 수리 비용으로 70 달러를 학교에 내야 한다고 했다. 톰이 학교에 가서 비용을 치르고 왔다. 톰은 학생주임에게 딜런이 말한 1학년생들에 대해 물었다. 도발한 사람도 없는데 딜런이 그런 짓을 했으리라고는 생각할 수 없었기 때문이다. 학생주임은 특히 '소란스러운' 1학년 무리가 학교가 자기들 것인 양 행동하는 것은 사실이지만, 학교 측에서 그 문제에 손을 쓰고 있으니 안심하라고 했다.

그날 밤 우리는 딜런과 이야기를 했다. 톰은 딜런이 학교 기물을 파손한 것에 화가 났고 학교에서 사물함 문을 다시 칠하는 비용을 그렇게 많이 청구한 것에도 화가 났다. 딜런은 자기가 가진 돈 전부를 아빠에게 주고 나머지는 집안일을 더 해서 갚겠다고 했다. 나는 딜런에게 다른 아이들이 불쾌하게 군다고 화내지 말라고 말했다.

나는 딜런이 누구 사물함을 긁었는지 모른다. 파괴적 충동이 치밀었을 때 그냥 눈앞에 있는 걸 망가뜨렸을지도 모르겠다. 나중에 딜런이 사물함을 긁어서 '호모'라고 썼다는 걸 알게 되었다.[48] 콜럼바인고등학교 복도에서 딜런과 에릭도 같은 욕설을 심심찮게 들었다는 것도 나중에야 알게 되었다. 그때 학교에서는 그런 사실을 알려주지 않았다.

당연한 일이지만 나이가 어린 쪽이 많은 쪽을 괴롭힌다고 해서 별

것 아닌 일이라고 웃어넘길 수는 없다. 나는 그저 그때에는 누가 딜런을 괴롭히리라고는 상상도 못 했다. 내 머릿속에는 괴롭힘의 대상이 되는 아이들은 어떤 어떤 아이일 거라는 비현실적인 고정관념이 있었다. 자살하는 사람은 어떤 종류의 사람이라고 믿었던 것과 마찬가지다. 딜런은 옷 입는 스타일이나 머리 모양을 프레피나 부유한 교외 주류 스타일하고 일부러 다르게 했지만, 그렇다고 유별나지는 않았다. 또 딜런이 키가 워낙 커서 아무도 쉽게 덤비지 못할 거라고 생각했고 딜런도 그렇다고 했다. 2학년 때 언제인가 딜런이 톰에게 "운동부 애들이 너무 싫다."고 말한 적이 있다. 톰이 운동부 애들이 괴롭히냐고 물었더니 딜런이 이렇게 자신 있게 대답했다. "나는 안 건드려요. 193센티미터잖아. 그런데 에릭은 엄청 당해요."

그 사건 뒤에 콜럼바인고등학교의 학교 문화와 딜런이 그 안에서 차지한 위치에 대한 글이 많이 나왔다. 덴버 지방검사실 청소년 교정 감독인 레지나 후에르터가 2000년에 종합 보고서를 썼고,[49] 랠프 W. 라킨은 2007년 철저히 자료를 취합해 『콜럼바인의 이해 (Comprehending Columbine)』라는 책을 내면서 후에르터가 발견한 사실의 많은 부분을 다시 확인했다.[50] 두 연구자 모두 콜럼바인고등학교가 학문적으로 뛰어나며 매우 보수적이라고 했다. 우리도 아는 사실이었다. 그렇지만 괴롭힘 문화가 만연한 학교로 묘사하기도 했다. 특히 운동부 학생 무리가 사회적 사다리의 아래쪽에 있는 아이들을 괴롭히고 모욕하고 육체적 폭력을 가했다. 라킨은 복음주의 기독교 학생들이 도덕적 엘리트를 자임하며 다른 스타일로 옷을 입는 아이들을

나는 가해자의 엄마입니다

공격 목표로 삼아 으름장을 놓고 개종을 강요했다는 점도 지적한다.

연구에서는 사건 이후에 수집한, 콜럼바인에서 다른 아이들에게 육체적·정신적 학대를 당한 아이들의 무수한 사례들을 열거했다. 특히 한 사례가 눈에 띄었다. 톰이 1999년 보안관 사무소에 압류되어 있던 딜런의 차를 찾으러 갔을 때, 직원 한 명이 위로를 건네며 자기 아들이 콜럼바인고등학교에 다닐 때 다른 아이가 머리에 불을 붙인 일이 있었다고 했다. 아들은 두피에 심한 화상을 입었는데도 아버지가 이 일로 학교에 찾아가면 상황이 더 나빠질 거라고 가지 못하게 했다고 한다. 직원은 이미 꽤 지난 일인데도 여전히 분노로 몸을 떨면서 톰에게 그 학교를 "조각조각" 깨부수고 싶었다고 말했다.

학살 5년 뒤에 콜럼바인고등학교 상담교사와 이야기를 나누게 되었다. 상담교사는 사건 이전에 겉으로 드러난 괴롭힘 사건이 있어서 학교에서 학생들을 더 면밀히 감시하는 방법을 시행했다고 한다. 쉬는 시간에 교사가 복도에 나와 있고 점심시간에는 학생식당에 교사를 배치했다. 하지만 학교에서 2000명의 학생들을 일일이 감시한다는 건 불가능한 일이었고 방과 후에 패스트푸드점 주차장에서 무슨 짓을 하는지도 알 수 없는 노릇이었다. 학교에서는 학생들 사이의 갈등을 막기 위한 조치를 취했다고 주장하지만 턱없이 부족했다. 많은 이들에게 콜럼바인고등학교는 적대적이고 무서운 곳이었다. 인기 있는 아이한테도 힘겨운 곳이었는데, 딜런과 친구들은 그런 아이들도 아니었다. 우리 이웃 한 사람도 자기 아들이 참사 소식을 듣고 이렇게 말했다고 전해주었다. "더 빨리 일어나지 않은 게 이상한 거예요." 이런 말을 우리는 이후에 수도 없이 들었다.

후에르터와 라킨 두 사람 다 콜럼바인 복도에서 괴롭힘과 폭력이 일어나도 교사들이 못 본 척했다고 주장한다. 심각하지 않다고 생각해서거나("애들이 다 그렇지.") 혹은 괴롭힘을 가하는 인기 있는 운동부 학생들을 편애했기 때문이었다. 구체적인 사건을 알려도 학교에서 조치를 취하지 않은 사례들이 인용되었다. 지금 보기에는 놀라운 일이지만 그때는 지금과는 좀 달랐다. 1999년에는 괴롭힘이라는 문제에 대해 전반적 인식이 없었다. 집단 괴롭힘을 방지하기 위한 법도 없었고 학교 여왕벌과 왕따가 등장하는 책이《뉴욕타임스》베스트셀러에 오르지도 않았다. 그때에는 지금처럼 학생들 사이의 괴롭힘을 중대한 사회 문제로 인식하지 않았다.

톰도 라킨처럼 콜럼바인의 문화가 유해했고 복수하고자 하는 욕구가 총격 사건의 동기가 되었다고 생각한다. 동의하지 않는 전문가들도 많다. 라킨은 딜런과 에릭이 식당에서 운동부 아이들이 주로 앉는 식탁에 프로판 폭탄을 설치했다는 데 주목하지만, 사실 에릭과 딜런이 인기 있는 아이들이든 운동부든 특정한 누군가를 겨냥한 것은 아니었다.(랭먼 박사가 『학교 총격: 고등학교, 대학, 성인 범죄자의 이해』에서 검토한 총기 난사범 48명 가운데 괴롭힘 주동자를 특별히 겨냥한 경우는 단 한 명뿐이었다.[51]) 게다가 딜런의 일기에도 괴롭힘을 당했다는 이야기는 전혀 없다. 오히려 운동부 학생들이 사회적으로 우월한 지위를 누리고 여자친구도 잘 사귀는 걸 부러워하는 듯 보였다.

내 입장은 중간쯤이다. 아무리 심한 괴롭힘을 당했다 하더라도 살인은 말할 것도 없고 물리적 보복이나 폭력의 구실이 될 수는 없다. 하지만 나는 딜런이 괴롭힘을 당했다고 생각하고, 괴롭힘이 다른 여러 요인들과 함께, 또는 다른 요인들과 조합을 이루어 딜런이 그 행동을 하는 데 어느 정도 역할을 했으리라고 생각한다. 딜런의 기질과 성격을 생각해볼 때 괴롭힘을 당하는 게 특히 고통스러운 일이었음을 짐작하기 어렵지 않다. 딜런은 틀리거나 지는 일을 극도로 싫어했다. 자의식이 매우 강하고 스스로에 대해 비판적이었다.(가차 없는 자기비판도 우울증의 증상 가운데 하나다.) 딜런은 자기가 자립적이라고 생각하고 싶어 했고 자제력이 있는 사람으로 비치려고 했다. 괴롭힘을 당할 때마다 이런 자아감이 심한 타격을 입었을 것이다. 학교에 괴롭힘이 흔했던 것은 명백하다.

어느 날 딜런이 셔츠에 케첩 얼룩을 묻혀서 집에 돌아왔다. 무슨 일이 있었는지 물어도 대답하지 않고 그냥 "생애 최악의 날"이었다고만 했다. 계속 물었지만 딜런이 별것 아니라는 식으로 말해서 그냥 놔두고 말았다. '아이들끼리 싸울 때도 있겠지.' 하고 생각했다. '무슨 일인지는 모르지만 시간이 지나면 해결되겠지. 해결되지 않는다면 내가 알게 될 테고.' 이 사건이 내가 상상했던 것보다 훨씬 더 심각한 일이었다는 보고가 있었다. 남자아이들 여러 명이 딜런과 에릭을 조롱하고 밀치고 케첩을 뿌리면서 게이라고 놀렸다고 한다. 이 사건 하나만으로 어떻게 두 아이 사이에 치명적인 결속이 이루어졌는지를 설명할 수는 없을 테지만 이렇듯 굴욕을 함께 경험하면 유대감이 형성되기 마련이다.

톰과 내가 아는 다른 사건이 하나 더 있었다. 3학년 때 딜런이 학교 운동장에서 좀 떨어진 공터에 주차 공간을 배정받았다. 1학년들과 맞붙을 뻔했던 일 몇 주 뒤에 딜런이 아빠한테 차가 잘 안 굴러간다고 말했다. 톰이 확인해보니 누가 자동차 후드 위에 올라갔던 것처럼 납작하게 눌러서 퓨즈박스에 손상이 가 있었다. 딜런은 차가 찌그러진 걸 몰랐다고 했다. 톰은 딜런에게 1학년들이 일부러 한 짓이 아니냐고 물었다. 딜런은 차가 언제 어떻게 그렇게 되었는지 모르겠지만 학교 주차장에서 그렇게 된 것만은 확실하다고 했다. 워낙 낡은 차라 아무 문제없이 고등학교 졸업할 때까지 버티리라고 기대하지도 않았었고, 그런가 보다 넘겼다. 그때 대체 무슨 일이 있었던 건지 알아보지 않은 게 지금도 후회된다.

톰이나 나는 딜런이 인기가 없다고는 생각하지 않았다. 친구가 워낙 많았기 때문에 그런 생각을 할 수가 없었다. 하지만 우리는 딜런의 학교생활이 어떠한지에 대해서는 전혀 몰랐다. 라킨은 딜런이 찍은 비디오를 언급한다. 딜런과 다른 아이들 몇이 복도를 따라가며 지나가는 풍경을 카메라에 담았다. 반대쪽에서 학생 네 명이 다가오는 모습이 화면에 잡힌다. 그 가운데 한 명, 콜럼바인 풋볼팀 티셔츠를 입은 학생이 지나가며 딜런의 옆구리를 팔꿈치로 쳐 딜런이 비명을 지르고 카메라가 흔들린다. 운동부 학생이 웃고 딜런의 친구들이 무어라 들리지 않는 말을 웅얼거린다. 라킨은 이 비디오에서 가장 무서운 점은, 그 일이 있은 뒤에 딜런과 친구들이 일상적인 일이라

나는 가해자의 엄마입니다

는 듯 계속 복도를 걸어 내려간다는 점이라고 요약한다. "이런 행동이 당연하게 여겨질 만큼 흔했음이 분명하다."[52] 라킨의 말이다. 라킨은 여러 학생들과 면담을 하며 이 사실을 확인했다.

우리도 아이들과 이런 대화를 한 적이 있었다. 딜런의 친구 가운데 한 명이 학교에서 학생들끼리 괴롭히는 건 본 적이 없다고 말하더니, 바로 뒤이어서 학교 운동 경기 도중에 어떤 아이들이 담배꽁초가 가득한 탄산음료 캔을 자기한테 던졌다고 말했다. 또 다른 딜런 친구는 차를 타고 지나가는데 다른 차에 탄 아이들이 옆으로 지나가면서 유리병과 쓰레기를 자기들한테 던졌다고 했다.(라킨은 사회적 지위가 낮은 아이들에게 차에서 쓰레기를 던지는 일이 아주 흔했다고 한다.[53]) 한 아이가 체념한 듯한 말투로 겁에 질린 전학생을 달랬다고 한다. "익숙해질 거야. 원래 **늘** 그래."

딜런이 자기 학교생활이 어떤지를 그렇게 쉽게 숨길 수 있었다는 게 마음 아프다. 나는 아직도 말하지 않던 딜런의 상처를 발견하는 꿈을 꾼다. 어떤 꿈에서는, 아직 아기인 딜런을 목욕시키려고 옷을 벗긴다. 웃옷을 벗기고 보니 상체에 칼자국이 거미줄처럼 나 있었다. 그 꿈 이야기만 해도 또 눈물이 난다.

우리는 딜런의 괴로움을 알아차리지 못했다. 그런데 이런 일이 드문 일은 아니었다. 2011년 미국질병통제예방센터 연구에 따르면[54] 전국 고등학생의 20퍼센트가 조사 전 30일 이내에 학교에서 괴롭힘을 당한 일이 있다고 답변했다. 소셜미디어에서 괴롭힘을 당한 학생의 비율은 너 높았다. 괴롭힘 반대 운동가들은 30퍼센트 정도로 추정

한다.[55]

또래들끼리의 괴롭힘의 영향에 대해 엄청나게 많은 연구가 이루어졌고 괴롭힘과 성인기까지 계속되는 뇌건강 장애 사이에 상관관계가 있음도 분명히 나타난다. 듀크대학교 연구에서는 괴롭힘을 경험하지 않은 아이들에 비해 경험한 아이들이 성인기에 광장공포증, 범불안장애, 공황장애 등을 겪을 가능성이 네 배나 더 높게 나타났다. 괴롭힘을 가한 아이들 쪽은 반사회적인격장애로 발전할 위험이 네 배 더 높았다.[56]

괴롭힘과 우울증, 자살 사이에도 강한 연관성이 있다.[57] 괴롭힘의 대상이나 주체나 **둘 다** 우울증, 자살 생각, 자살 시도 위험이 높아진다. 예일대학교 연구에서 괴롭힘 피해자가 자살을 생각할 확률이 다른 아이들보다 2~9배까지 높아진다는 것이 확인되었다.

괴롭힘과 타인에 대한 폭력의 연관성은[58] 더 복잡한 문제이기는 하나 여기에서도 상관관계가 나타난다. 괴롭힘을 당한 아이가 다른 아이를 괴롭히는 아이가 되는 경우가 많은데 딜런과 에릭도 이런 과정을 거친 듯하다. 라킨은 딜런과 에릭이 장애 학생인 남동생에게 심하게 겁을 주어 그 애가 학교에 가기를 두려워했다는 어떤 학생의 말을 인용한다. 괴롭힘을 가하기도 하고 당하기도 하는 아이들을 '괴롭힘 희생자'라고 부르는데, 이 아이들이 처해 있는 심리적 위험이 가장 크다.[59] "괴롭힘에 엮인 일이 없는 아이들과 비교했을 때 확연한 수치 차이가 드러난다. 공황장애 위험 14배, 우울장애 위험 5배, 자살 생각과 시도 10배로 나타났다."

나는 가해자의 엄마입니다

학교에서 친구들에게 받은 모욕과 굴욕이 딜런의 심리적 상태에 일조했을 가능성이 높다. 어느 시점에서 여러 해 동안 자기한테 향하던 분노가 밖을 향하기 시작했고 딜런에게 위안을 주던 자기 파괴에 대한 생각에 다른 사람들도 포함되기 시작했다. 안전해야 할 학교에서 반복적으로 모욕을 경험한 것이 전환점이 되었을 수 있다.

당연한 이야기지만 딜런이 학교에서 친구들에게 굴욕을 당했다고 해서 딜런이 한 행동에 대한 책임이 덜어지지는 않는다. 하지만 나는 딜런이 종일 지내는 장소에 대해 어떤 감정을 느꼈는지를 잘 파악하지 못했던 것이 뼈아프게 후회된다. 학교의 학업 성취도 대신 학교 분위기와 문화를 아는 데(그리고 그게 딜런과 잘 맞는지 파악하는 데) 더 많은 시간과 관심을 쏟았더라면 얼마나 좋았을까.

이따금 나는 이러저러했더라면 이 일이 다르게 끝날 수 있었을 텐데 하는 몽상에 빠져들곤 한다. 그 몽상은 늘 다른 학교에서 시작한다. 그렇긴 하지만 내가 가장 크게 후회하는 점은 딜런의 내면이 정말 어떤지를 알기 위해 해야 할 무언가를 하지 않았다는 사실이다.

* * *

내가 참석했던 어떤 자살 예방 협의회에서 한 아빠가 열두 살짜리 딸의 우울증 징후를 알아차리지 못했다는 이야기를 했다. 딸이 전부다 더 잘 울고 많이 매달리고 소아과의사가 아무 이상이 없다고 하는데도 알 수 없는 통증을 호소하기는 했다. '나 배 아파. 머리 아파.' 딸은 잘 시간이 되어도 자지 않으려고 했다. '이 장까지만 읽고. 5분만 더 있다가 잘게.' 그런데 아빠는 이런 모습이 이 나이대 아이들의 우울증 증상일 수 있다는 건 상상도 하지 못했다.

나도 그랬다. 몇 년 뒤에 열한 살 딸이 있는 친구에게 이런 이야기를 했다. 친구는 내 말에 엄청난 충격을 받아서 자기가 아는 부모들을 상대로 가벼운 설문조사를 해보았다고 한다. 아이가 더 매달리고 아프다는 말을 자주 하고 잠을 잘 못 자면 그게 우울증 증상이 아닐까 생각하겠느냐고 물었다. 그럴 것 같다고 대답한 사람이 한 명도 없었다고 한다. 여러분은 어떨 것 같은가?

더 염려스러운 점은, 자기 딸이 다니던 소아과의사도 이런 증상을 제대로 알아보지 못했다는 이 아버지의 말이다. 아이에게 자살 위험이 있음을 알아차리지 못한 건 말할 것도 없고. 자살 사건 가운데 대략 80퍼센트의 경우에 자살한 사람이 죽기 1년 이내에 병원에 간 일이 있었고 절반 정도는 전달에 의사를 만나보았다.[60] 딜런은 죽기 몇 주 전에 기관지염 때문에 소아과병원에 갔었다.

의사가 환자의 우울증 증상과 자살 성향을 일상적으로 가려내는 게 매우 중요하다. 학교에서는 교사, 상담교사, 코치 등이 중요한 감시자가 될 수 있다. 리빙웍스의 실용적 자살 방지 기술 훈련 'ASIST' 같은 문지기 프로그램을 통해 자살 충동에 끝없이 시달리는 사람을 찾아내는 방법을 배울 수 있다. 이렇게 개입하면 생명을 구할 수 있다.

나는 가해자의 엄마입니다

딜런이 머리는 좋아도 고등학교 성적이 아주 뛰어나다고 할 수는 없었는데 4학년 말에는 심하게 떨어져서 두 선생님이 걱정을 표했다. 딜런은 머리를 잘 감기는 했지만 머리카락을 오래 자르지 않아서 늘 쓰고 다니는 야구모자 뒤쪽으로 늘어졌고 수염은 드문드문 성기게 났다. 톰과 나를 비롯해 모든 사람들이 눈에 보이는 것에 대해 가치평가를 하긴 했으나 그게 무언가 문제가 있다는 조짐은 아닐까 생각하지는 않았다.

이게 역설 가운데 하나다. 우울에 시달리는 십대 아이들이 상냥하게 자기 생각을 잘 이야기한다면 도와주기도 더 쉬울 것이다. 우울증 안내 책자 사진처럼 깔끔하고 예쁘장한 외모에 주먹으로 턱을 괴고 슬픈 듯한 눈으로 비 내리는 창밖을 내다보는 아이라면 말이다! 하지만 어려움을 겪고 있는 아이는 막상 만나면 불쾌할 때가 많다. 공격적이고 호전적이고 무례하고 화를 잘 내고 적대적이고 게으르고 짜증을 내고 솔직하지 않고 위생 상태도 썩 좋지 않을 때도 있다. 하지만 이렇게 까다롭고 다른 사람을 밀어내려고 하는 아이들이 누구보다 다른 사람의 도움이 필요한 아이들이기도 하다. 사실 이런 성향이 도와달라는 신호일 수도 있다.

* * *

3학년 때 일어난 그다음 사건은 가장 막중한 것이었다.

1월 30일, 딜런이 학교 사물함을 긁고 며칠 뒤에 딜런과 에릭이 주차되어 있던 차를 열고 전자장비를 훔쳐서 체포되었다.

딜런은 그날 밤 잭의 교회에서 하는 행사에 갔다가, 행사를 마치고 잭과 같이 우리 집으로 와서 자기로 되어 있었다. 톰과 내가 거실에서 음악을 듣고 있는데 8시 30분쯤에 전화가 왔다. 잭의 아빠였는데 흥분한 상태 같았다. 잭이 여자친구와 싸우고는 여자친구와 같이 행사 도중에서 나갔는데, 그러다가 다쳤다고 한다. 아마 움직이는 차에서 내리다가 다친 것 같은데 횡설수설해서 상황을 잘 모르겠다고 했다. 잭의 아빠도 정신없는 와중이었지만 계획이 바뀌었다는 걸 우리에게 알려주려고 전화를 건 것이었다. 딜런은 잭과 같이 있지 않고 에릭과 같이 교회에서 나갔다고 했다.

나는 잭의 아빠에게 알려주어 고맙다고 하고 바로 에릭 집에 전화를 걸었다. 에릭의 부모님도 두 아이가 어디 있는지 몰라서 우리처럼 걱정했다. 그래서 소식을 들으면 서로 알려주기로 하고 전화를 끊었다. 몇 분 뒤에, 전화가 다시 울렸다. 카운티 보안관이었다. 딜런과 에릭이 체포되었다는 것이다.

톰과 나는 동네에 있는 보안관 부속서로 차를 몰고 갔다. 에릭 부모님은 벌써 와 있었다. 죄목은 중죄인 1급 무단침입과 절도 그리고 경범죄인 범죄성 높은 장난이라고 했다.

심각한 죄목을 듣고 입이 떡 벌어졌다. 지금까지 한 번도 나쁜 짓을 한 적이 없는 우리 딜런이 이런 엄청난 짓을 할 수 있다니 믿기지 않았다. 앞날에 중대한 지장을 초래할 심각한 말썽이었다. 톰이나 나

나는 가해자의 엄마입니다

나 한 번도 경찰에 엮인 경험이 없기 때문에 이웃에 사는 변호사에게 전화를 걸어 조언을 구했다. 이웃은 딜런에게 솔직하게 전부 털어놓게 하라고 했다. 그는 전화를 끊기 전에 우리를 안심시켰다. "남자애들은 어리석은 짓을 하기 마련이에요. 딜런은 착한 애니까 괜찮을 거예요."

우리는 끝도 없이 기다렸다. 해리스 부인은 울었다. 그때 보안관보가 아이들을 앞세우고 지서(支署) 문으로 들어왔다. 나는 딜런이 수갑을 찬 채로 내 앞으로 지나가는 걸 보고 속이 뒤집힐 뻔했다.

우리는 아이들이 시설로 보내질지 집으로 돌아갈 수 있을지 결정이 내려지기까지 몇 시간 동안 기다렸다. 마침내 아이들을 체포한 경관이 심각하지 않은 범죄를 저질렀고 초범인 청소년들이 시설 입소 대신 받을 수 있는 처벌인 다이버전 프로그램을 이수하는 게 어떻겠느냐고 했다. 이 프로그램에서 상담을 받고 사회봉사를 하면 형사 고발을 당하고 소년원에 수용되는 일을 피할 수 있다고 했다. 아이들이 풀려나 우리 손에 맡겨졌다.

집으로 돌아오는 길은 조용했다. 우리 셋은 저마다 다른 감정과 싸우고 있었다. 분노, 굴욕, 두려움, 당혹감. 우리는 감정적·육체적으로 녹초가 된 상태로 새벽 4시쯤 집에 도착했다. 톰과 나는 어떻게 대응할지 우리끼리 먼저 의논하기로 했다. 우리는 딜런에게 그냥 넘어가지는 않을 것이지만 일단 좀 쉬고 난 다음에 이야기하자고 했다. 너무나 피곤했지만 동이 트고 난 다음에야 겨우 눈을 감고 잠을 청할 수 있었다.

톰이 나보다 먼저 일어났다. 딜런이 일어났을 때 두 사람은 멀리 산책을 했다. 나중에 톰이 딜런이 이 상황, 경찰, 학교, 부당함 등에 대해 아주, 아주 화가 나 있다고 말했다. 너무 화가 나서 자기가 한 일이 잘못임을 인정하지도 이해하지도 못하는 듯하다고 했다.

나는 아직 화가 가라앉지 않은 상태였는데 진정되기 전에는 딜런과 이야기하고 싶지 않았다. 그날 느지막이 둘이 같이 계단에 앉았다. 안방은 1층에 있고 딜런의 방은 2층에 있어서 우리는 종종 그 사이 계단에 앉아서 이야기를 하곤 했다. 그날 우리가 나눈 대화를 밤에 일기에 거의 그대로 적어놓았고 딜런이 죽은 뒤에는 그 순간을 머릿속에서 무수히 떠올려보았다.

나는 이렇게 말을 시작했다. "딜런, 나는 이해가 안 돼. 네가 어떻게 그렇게 도덕적으로 옳지 않은 일을 할 수 있었는지." 딜런이 대답하려고 입을 열었는데 내가 말을 잘랐다. 내가 말했다. "잠깐, 잠깐만. 먼저 무슨 일이 있었던 건지 말해줘. 처음부터 해서 전부."

딜런은 그 이상한 저녁 이야기를 들려주었다. 잭이 교회에서 나간 뒤 에릭과 같이 불꽃놀이를 하기로 했다. 그래서 우리 집에서 멀지 않은 주차장으로 차를 몰고 갔다. 자전거로 경치 좋은 협곡 길을 따라 달리는 자전거족들이 차를 세워 놓는 곳이다. 어둑한 주차장에 영업용 밴이 주차되어 있는 게 보였다. 그 안에 전자장비가 있었다. 밴의 문은 잠겨 있었다. 둘은 유리창을 두드리며 차를 열려고 했다. 딜런은 버려진 밴인 줄 알고 그래도 된다고 생각했다고 한다. 창문이 열리지 않자 돌로 유리를 깼다.

나는 가해자의 엄마입니다

나는 딜런에게 유리창을 깬 것은 에릭의 생각이었냐고 물었다. 딜런이 대답했다. "아뇨. 우리 둘 다요. 같이 생각했어요."

둘은 전자장비를 훔쳐 가까이에 있는 한적한 곳으로 차를 몰고 갔다. 몇 분 뒤에 지나가던 보안관보가 망가진 밴을 보았다. 보안관보는 멀지 않은 곳에서 에릭의 차를 봤고 두 아이가 장비를 가지고 있는 걸 발견했다. 경관이 다가오자 딜런이 바로 자백했다.

이야기를 다 들었다고 생각되었을 때 나는 다시 물었다. "다른 사람에게 피해를 입히는 범죄를 저지른 거야. 어떻게 그렇게 도덕적으로 옳지 않은 일을 한 거니?" 딜런의 대답에 나는 충격을 받았다. 딜런은 이렇게 말했다. "**사람**에게 피해를 입히지 않았어요. 회사에 피해가 가겠죠. 회사는 보험이 있잖아요." 나는 입을 떡 벌리고 소리쳤다. "딜런! 절도는 사람에게 피해를 주는 범죄야! 회사는 사람으로 이루어져 있잖니!" 나는 딜런을 합리적으로 설득하려고 애썼다. "우리 세입자가 우리 아파트에서 조명기구를 훔친다면 임대회사에 피해를 주는 거니, 우리한테 피해를 주는 거니?"

딜런이 수긍했다. "알았어요. 무슨 말인지 알았어요." 하지만 나는 계속 설명했다. 아무리 보험이 있어도 밴의 소유주가 자기부담금은 내야 할 것이라고 했다. "희생자가 없는 범죄는 있을 수 없어." 어떤 프로그래머가 회계 프로그램에서 추적이 안 될 정도로 적은 돈을 빼돌릴 방법을 알아내서 이용했다는 이야기를 들은 적이 있었다. "너도 머지않아 그런 비슷한 걸 할 수 있을 정도의 지식을 갖게 되겠지. 그런데 그런 행동이 윤리적이라고 생각하니?" 딜런은 아니라는 것 안다면서 그런 짓은 하지 않겠다고 나를 안심시켰다.

딜런이 한 행동이 잘못이라는 걸 딜런이 알기를 바랐다. 나는 딜런의 공감을 불러일으키려고 하면서 누가 네 물건을 훔쳐가면 기분이 어떻겠냐고 물었다. "딜런, 살면서 다른 규칙은 따르지 않는다고 해도 적어도 십계명은 따라야 한다. 살인하지 말라, 도둑질하지 말라." 나는 십계명 가운데 또 어떤 것이 의미가 있을까 생각해보려고 잠시 말을 멈추었다가, 이쯤해서 그만두기로 했다. "이런 건 반드시 따라야 하는 규범이야."

딜런이 말했다. "알아요."

우리는 잠시 침묵 속에 앉아 있었다. 내가 다시 말을 했다. "딜런, 나는 걱정이 되는구나. 어떻게 하면 네가 다시는 그런 짓을 하지 않으리라고 확신할 수 있을까?" 딜런은 모르겠다고 대답했다. 자기가 충동적으로 그런 나쁜 짓을 저지를 수 있다는 걸 알게 되어 놀란 듯했다. 비참한 심정인 것 같았다. 그때에 나는 더 이상 분노는 느끼지 않았고 딜런이 안쓰럽기만 했다.

자리에서 일어나기 전에 나는 딜런이 우리의 신뢰를 깨뜨렸다고 말했다. 감시도 받을 것이고 행동에도 제약이 있을 것이라고 했다. 딜런은 다이버전 프로그램도 해야 하는데 집에서까지 벌을 주는 건 부당하다고 불평했다. 법적 처벌만으로 충분하지 않느냐고 했다. 하지만 딜런이 이런 상황을 자초했으니 우리도 어쩔 수 없었다. 나는 딜런이 상담을 받아야 한다고 생각한다고도 했다. 딜런은 그건 죽어도 싫다고 했다. 필요하다면 도움을 받아야 한다고 말하자 딜런이 단호하게 말했다. "상담은 필요 **없어요**. 필요 없다는 걸 보여줄게요."

　나는 딜런이 수감되는 일 없이 일상을 계속할 수 있게 된 것에 무척이나 감사했다. 하지만 딜런이 죽고 몇 년 뒤에 청소년 범죄자 안전 치료시설을 방문한 일이 있었다. 다이버전 프로그램이 아니었으면 딜런도 그런 곳에 보내졌을 것이다. 내가 그렇게 겁내던 곳이지만 딜런에게는 학교로 돌아가는 것보다 여기에 오는 편이 훨씬 나았을 것이라는 생각이 들었다. 더욱이 콜럼바인고등학교의 문화가 내가 생각했던 것보다 훨씬 더 딜런한테 유해했으니 말이다.

　시설 관리자가 나에게 말했다. "우리는 아이들을 벌주려고 하는 게 아니라 구하려고 하는 겁니다." 그는 딜런이 이곳에 왔다면 어떤 지원을 받을 수 있었을지 설명했다. 일단 괴롭힘을 당한 아이들에게 흔히 나타나는 기분장애와 외상후스트레스장애를 전문으로 다루는 전문가들이 있다. 여러 분야 전문가들로 이루어진 팀이 아마 틀림없이 우울증을 진단했을 것이고 다른 뇌건강 문제가 있었다면 그것도 알 수 있었을 것이라 했다. 이곳 직원들은 수감자의 부모와 긴밀히 협력한다. 컴퓨터 교육 시설도 있었다.

　살면서 어떤 깨달음이 우리를 기다리고 있을지는 알 수 없는 일이다. 특히 기도에 응답이 있고 일이 원하는 대로 풀리는 것 같은 때에는 더더군다나 예측하기 어렵다. 그때에는 딜런이 다이버전에 들어가게 되어 감사했다. 하지만 지금은 딜런을 청소년 교정시설에 보냈더라면 딜런의 목숨도, 딜런이 앗아간 목숨들도 살릴 수 있지 않았을까 하는 생각을 하지 않을 수 없다.

다이버전 프로그램이 시작되기 전까지 두 달이 걸렸다. 그러는 동안 톰과 나는 집에서 고삐를 당겼다. 귀가 시간을 정하고, 딜런의 사회적 활동을 제한하고, 컴퓨터 키보드를 치우고 운전도 제한했다. 규칙적으로 방 수색을 하고 자유시간에 에릭과 같이 어울리지 못하게 했다. 대신 우리와 같이 시간을 보내고 같이 있을 때에 협조적으로 행동하라고 요구했다. 아르바이트와 학교 연극은 좋은 영향을 주기 때문에 그런 것들은 계속할 수 있었다.

규칙을 전부 읊고 나자 딜런이 안심하면서 우리가 정한 조건을 기꺼이 받아들였다. 그래도 힘든 시기였다. 딜런이 침잠하는 것 같았고 우리가 뭘 시키면 벌컥 화를 냈다.

바깥세상과의 관계도 삐걱대는 듯했다. 절도 사건이 있고 일주일쯤 뒤에 슈퍼마켓에서 아르바이트 자리를 구했다. 딜런은 그 일을 싫어했고 유니폼이 꽃무늬 셔츠라 질색을 했다. 당연히 태도가 엉망이었고 금방 해고되었다. 그러더니 과속을 해서 딱지를 받았다. 또 얼마 안 지나 비디오테이프를 빌려서 집에 오는 길에 신호위반을 하고 달리다가 딜런이 체포된 날 심문을 했던 경관에게 딱지를 받았다.

딱지를 받은 날 톰과 나는 딜런에게 행동을 조심히 하라고 다시 경고했다. 또 실수를 저질렀다가는 딜런의 앞날에 악영향이 있을 게 불 보듯 뻔했다. 중범죄자는 투표도 할 수 없고 배심원이 될 수도 없고 시민권을 박탈당한다. 일자리나 구할 수 있겠는가.

체포 한 달쯤 뒤에 나는 해리스 부부에게 전화를 걸었다. 아이들에게 최선의 길을 찾기 위해서 양쪽 집에서 아이들에게 내린 처분을 맞추는 게 좋겠다고 생각했다. 나는 해리스 부인과 두 아이를 떼어놓는 것의 장점과 단점을 의논했다. 해리스 부인은 에릭의 분노 폭발에 대해 말하며 바로 전문가의 상담을 받으려고 한다고 했다. 우리도 딜런이 심리치료를 받아야 할지 아닐지 보고 있다고 말했다.

나는 두 아이를 떼어놓아야 한다고 생각했는데, 해리스 부인은 이런 위기의 순간에 아들의 삶에서 핵심적인 친구관계를 끊고 싶지 않다고 했다. 이해가 갔지만 나는 좀 떨어져 있는 게 딜런한테는 좋다고 생각했다. 우리는 아이들을 적어도 당분간은 떼어놓자고 합의했다.

힘든 일도 있었지만 좋은 때도 있었다. 어느 날 밤 바이런이 또다시 직장을 충동적으로 그만두고 전화를 했다. 나는 두 아들에 대해 낙담했고 어떻게 해야 할지 몰랐다. 그런데 톰이 잠자리에 든 뒤 딜런이 나에게 다가왔다. 딜런은 바이런에 대한 내 걱정에 조용히 귀를 기울여주더니 몇 가지 제안을 하고 나더러 전화를 잘 받았다고 칭찬해주었다. 내가 속을 털어놓았더니 딜런이 최선을 다해 기운을 북돋아준 것이었다. 그날 밤, 나는 딜런이 수용시설에 가지 않아 얼마나 다행인가 생각했다.

그즈음에 딜런과 친구가 가상야구 게임을 시작했다. 그 놀이는 건전해보였고 야구 게임을 같이 하는 아이가 내 마음에 들었다. 에릭은 끼지 않았다. 또 딜런이 학교에서 「뮤직 맨」 공연의 음향을 맡아서 2월 말에 우리도 보러 갔다. 학교 연극만큼 부모들을 감동시키는 게 있을까. 그날 밤 우리는 딜런이 정말 자랑스러웠다.

그래도 3월에 드디어 다이버전 프로그램이 시작되자 그제야 한결 마음이 놓였다. 입소 설문을 하는데 아이들에게 긴 목록에서 자기 문제라고 생각하는 것들을 고르게 했다. 에릭은 **분노, 자살 생각, 살인 생각** 등 여러 군데에 체크 했지만 딜런은 단 두 군데에만 체크했다. **돈**과 **일자리**.

입소 과정에서 가족에 대해서도 철저하게 평가가 이루어졌다. 나는 딜런이 이따금 "화를 내거나 뚱해 있고", 때로 "무례하고 다른 사람에 대해 너그럽지 못한" 행동을 할 때가 있다고 말했다. 그해에는 딜런에 대해 정말로 그렇게 느꼈다. 특히 체포 이후에는 그랬다. 그렇다고 우리 앞에서 목소리를 높이거나 욕을 하거나 말대꾸를 하는 일은 없었지만, 다른 사람에 대해 말할 때 말투에서 무례함이 느껴질 때가 있었다. 내 경험 안에서는 딜런에 대해 나쁘게 말할 수 있는 점은 그 정도였다.

나중에 이 기록이 우리가 위험한 징후를 무시하고 공격적 성향을 방치하여 폭력적 사태의 원인을 제공했다는 반박할 수 없는 증거로 사용되었다. 하지만 그때에 나는 딜런을 맡은 전문가들이 딜런에게 도움이 필요하다면 도움을 줄 수 있도록 딜런의 최악의 면을 알려주고 싶었을 뿐이다.

상담사들이 딜런에게 직접 물었을 때 딜런이 마리화나를 두어 번 피워본 적이 있다고 말했다. 우리는 깜짝 놀라서 집에 와서 더 자세히 캐물었다. 딜런은 어디에서 구했는지 말하지 않으려고 했지만 결국에는 형 것이었다고 털어놓았다. 톰은 바이런을 꾸중했고 불법 약물을 다시 우리 집에 가지고 들어오면 자기가 직접 경찰에 끌고 가겠다고 말했다.

청소년기의 범죄 기록은 보통 공개되지 않지만 콜럼바인 참사 이후에 딜런의 다이버전 프로그램 보고서가 유출되었다. 보고서에는 톰과 내가 바이런이 마약을 해서 집에서 "쫓아냈다"고 되어 있었다. 충격이었다. 집을 떠나겠다는 결정은 상담사와 의논하여 바이런이 내린 것이었고 독립하는 과정에서 나쁜 감정은 전혀 없었다. 그뿐만 아니라 독립한 뒤에도 변함없는 한 식구였다. 일주일에 한두 번은 저녁을 같이 먹었다. 다이버전 상담 때 딜런은 형을 좋아하긴 해도 마리화나를 피우는 것은 "시간과 돈 낭비"라고 생각한다고 말했다.

딜런은 이때 술을 "두어 번 마셔봤다"고 말했지만, 일기를 보니 상당히 많이 마시고 있었다는 걸 알 수 있었다. 딜런이 죽은 뒤에 인터넷 등에서 딜런이 쓰는 별명이 'VoDKa'였다는 사실을 알게 되었다. 보드카에서 자기 이니셜인 D와 K를 대문자로 쓴 것이었다.

딜런이 마리화나 문제 때문에 아빠가 바이런을 나무란 것을 알고 언짢아했지만, 톰은 아들들의 안전을 위해서라면 못할 일이 없다고 말했다. 그렇지만 그 참사 뒤에 딜런의 감춰진 삶에 대해 알게 되고 나서 톰은 자기가 딜런의 신뢰를 저버려 부자관계가 뜻하지 않게 멀어졌던 것일까 자책했다. 에릭에 대해 두려움을 느끼면서도 아버지가 해리스 부부에게 무어라고 할까 봐 말하지 못하고 숨겼던 걸까?

만약 톰이 두 아이 사이의 치명적 상호작용을 조금이라도 눈치챘다면 해리스 부부에게 말했으리라는 건 분명한 사실이다.

*　*　*

비극적 사건으로부터 몇 년이 흐른 뒤에 대기실에서 육아 잡지를 펼쳤는데 "윤리적 육아" 퀴즈가 나와 있었다. 질문 열 개에서 내가 고른 답이 한 문제만 빼고 전부 "옳은 선택"이었다. 틀린 문제는 "아이의 사적인 일기를 읽나요?"였다. 육아 잡지에서 말하는 맞는 답은 "아니오"였다. 딜런이 살아 있을 때에는 나도 그렇게 대답했을 것이다. 그렇지만 지금은 그렇게 대답할 수 없다.

아이들 방을 뒤지고 일기를 읽는다면 아이들이 배신감을 느낄 위험이 있다. 하지만 아이들이 스스로 해결할 수 없는 문제를 감추고 있을 수도 있다.

상담사가 딜런에게 가족관계가 어떠냐고 묻자 딜런은 "다른 집들보다 좋은 편"이라고 대답했다. 톰과 내가 자기를 "지지해주고 사랑하며, 의존하고 신뢰할 수 있는 부모"라고 했다. "체포된 것이 가족에 어떤 영향을 미칠 것인가?"라는 질문에는 이렇게 대답했다. "나쁜 영향을 준다. 부모님이 나만큼이나 충격을 받으셨다." "살면서 가장 충격적이었던 경험은 언제, 어떤 것인가?" 딜런의 대답은 이랬다. "이 범죄를 저지른 밤."

나는 가해자의 엄마입니다

딜런과 우리를 면담한 뒤에 치료 보고서를 작성한 사람이 이런 결론을 내렸다. "지금까지 이력으로 보아 치료가 필요하다고 생각되지 않는다." 이런 결론이 내려졌는데도 1998년 3월에 딜런의 다이버전 상담사를 만났을 때 나는 가장 먼저 이렇게 물었다. "딜런에게 심리치료가 필요하다고 생각하세요?" 상담사는 나중에 딜런이 들어왔을 때 딜런에게 직접 물었다. 딜런은 필요없다고 했다. 딜런이 어떻게 생각하는지는 나도 알았다. 상담사가 좀 더 지침을 주지 않아 좀 실망스러웠다. 하지만 딜런은 그저 어리석은 실수였을 뿐이라고 계속 우리를 안심시켰다. "상담 같은 건 필요 없다는 걸 증명해 보여드릴게요." 우리는 상황을 지켜보다가 필요하면 방향을 바꾸기로 합의했다.

그해 다이버전 프로그램에 시간이 많이 들어갔다. 딜런은 상담, 분노 조절 훈련, 윤리 교육을 받았다. 사회봉사 활동도 하고, 피해자에 대한 배상금도 마련해야 했고 정기적으로 약물 검사를 받았다. 우리는 딜런이 막중한 처벌을 받으면서 자기가 저지른 행동의 심각성을 깨닫기를 바랐다.

안타깝게도 딜런과 에릭의 다이버전 시간이 겹칠 때가 많았고 둘이 학교에서도 만났다. 딜런이나 에릭이나 친구들에게 체포되었다는 이야기를 하지는 않았지만 친구들은 두 사람의 활동에 제약이 많아진 것을 보고 심각한 문제를 일으켰다는 걸 알았다. 주디 브라운은 에릭과 딜런이 법적 문제를 일으켰다는 이야기를 듣고 에릭이 자기 아들 브룩스를 위협한 일과 관련이 있다고 생각했다고 한다.

에릭은 증오 발언과 폭력적 이미지가 가득한 웹사이트를 만들었다. 거기에 브룩스를 위협하는 글을 적고 브라운네 전화번호와 주소까지 써놓았다. 나는 콜럼바인고등학교가 총격을 당한 그날 오후 이전에는 에릭의 웹사이트에 대해 몰랐다. 하지만 딜런은 알았고, 에릭과 다이버전 프로그램 입소 면담을 받기로 되어 있던 날 전날에 브룩스에게 웹사이트에 대해 귀띔해주었다고 한다. 학교 복도에서 브룩스에게 웹사이트 주소가 적힌 종이쪽지를 건네주며 어떻게 알게 되었는지는 에릭한테 말하지 말라고 했다.

이 이야기도 나에게는 충격이었다. 에릭과의 관계에서 벗어나려는 딜런의 한 가지 노력이었거나 아니면 적어도 에릭의 상태가 심각하다는 사실을 알리려고 했던 것일 수 있다. 브룩스가 부모님과, 특히 엄마와 관계가 친밀하다는 건 잘 알려진 사실이다. 딜런은 브룩스가 바로 엄마에게 말할 것이라고 생각했을 것이다. 생각대로 그렇게 되었고 브라운 부부는 바로 경찰에 신고했다. 수사관이 해리스네 집 수색영장을 받기 위해 선서진술서를 작성하기는 했지만 판사에게 제출하지 않았다. 콜럼바인 이후에 그 서류는 사라졌다.

에릭의 웹사이트를 몰랐던 게 뼈아픈 후회거리다. 부모들끼리 서로 불편하더라도 정보를 교환하는 게 얼마나 중요한지 알 수 있다. 주디가 나에게 웹사이트에 대해 말하지 않은 건 납득이 간다. 두 아이가 체포되었다는 말을 듣고 경찰이 그 문제에 손을 쓴 것이라고 생각했으니. 주디는 에릭의 위협과는 아무 상관이 없는 절도 때문에 체포되었다는 건 전혀 몰랐다. 마찬가지로 나도 그 비극의 날 주디 브라운이 우리 집에 찾아와서 말해주기까지는, 이미 학교에서 열다섯 명이 사망하고 무수히 많은 이들이 다치거나 정신적 충격을 받게 되기 전에는, 에릭이 브룩스나 다른 누구를 위협했다는 걸 몰랐다.

* * *

딜런이 체포된 뒤에 우리가 정한 한계가 딜런에게는 지나친 제약으로 느껴졌는지 우리에게 짜증을 자주 부렸다. 다이버전 프로그램의 검사에서 심리적 문제가 드러나지 않았기 때문에 우리는 딜런의 짜증을 참으며 최대한 가족 활동을 함께하도록 달랬다. 그래도 딜런이 언제나 그랬듯 이때에도 좋은 모습을 많이 보여줘 희망을 놓지 않을 수 있었다. 이 기간 동안에 속상한 일도 있고 다투기도 했지만 즐겁고 사이좋게 같이 지낸 시간도 많았다.

딜런이 3월 말 내 생일에 무슨 선물을 받고 싶냐고 물어서 나는 둘만의 시간을 갖고 싶다고 말했다. 딜런이 아침을 사주겠다고 데리고 나갔다. 나는 딜런이 자기 이야기를 좀 하도록 유도해보려 했지만 딜런은 내 질문에 최대한 간략하게 대답하고는 내 직장이나 일상이 어떤지 물었다. 딜런이 열심히 귀를 기울이기에 나는 딜런이 대화의 주제를 교묘하게 돌렸다는 사실도 알아차리지 못했다. 딜런이 자기 속마음을 약빠르게 감춘 것도 모르고 나는 그림, 직장, 앞날의 계획 따위에 대해 팬케이크가 식을 때까지 떠들었다.

3학년 말이 되자 모든 게 정상으로 돌아가는 것 같았다. 딜런은 오후와 저녁 시간을 학교 연극 「비소와 낡은 레이스」 리허설을 하며 보냈다. 우리는 졸업 후 진로에 대해 이야기하기 시작했다. 딜런은 지쳤다며 대학에는 가고 싶지 않다고 했지만, 우리가 다시 생각해보라고 했다. 며칠 뒤에 딜런은 우리와 같이 대학에 관련된 자료를 살펴보겠다고 했다. 딜런은 머리가 좋았지만 영재 프로그램이 끝난 뒤에는 공부에 진정한 열의를 보이지 않았다. 나는 자기가 좋아하는 걸 찾아서 추구할 수 있는 자유가 있는 대학에 가면 딜런이 아주 잘할 것이라고 확신했다.

4월 20일, 딜런이 죽기 정확히 1년 전 날에는, 딜런과 톰이 그해 처음으로 야구 경기를 보러 갔다. 그다음 주에는 톰과 내가 「비소와 낡은 레이스」 공연을 보러 갔다. 딜런이 맡은 음향은 흠잡을 데 없었다. 딜런이 행복해 보였다고 말할 수는 없지만 안정을 되찾은 것 같았고 자기가 저지른 실수를 극복하려는 듯 보였다.

그해 봄, 딜런과 나는 평생 최악의 말다툼을 했다. 그날은 어머니날이었다. 우리가 같이 보낸 마지막 어머니날이었고, 그날을 생각하면 아직도 마음이 아프다.

내가 무엇 때문에 폭발했는지 정확히는 기억이 안 난다. 한 해 동안 두 아이 다 걱정을 끼쳐서 속상했고, 딜런이 계속 부정적인 태도로 버릇없이 굴어 화가 났고, 딜런이 어머니날을 잊어버렸다는 것에 속으로 상처를 입었다. 딜런의 태도를 문제 삼아 무어라고 했는데, 딜런이 나에게 대꾸하는 게 아니라 무언가 자기만 아는 우스개에 대꾸하는 것 같은 느낌이 들었다. 나를 존중하지 않는 태도였다.

화가 치밀어 나는 딜런에게 달려들었다. 딜런을 냉장고로 밀치고 손으로 움직이지 못하게 붙들었다. 그러고는 손가락을 흔들며 잔소리를 한바탕 퍼부었다. 소리를 지르지는 않았지만 준엄한 목소리로 그렇게 삐딱하고 이기적으로 굴지 말라고 말했다. "세상은 너를 중심으로 돌아가는 게 아니야. 이제 다른 식구들 생각도 해야 할 나이야. 네 짐은 네가 져야 해." 그러고 나서 딜런에게 어머니날을 잊었다는 사실을 일깨워주었다.

나는 꾸지람을 하면서 내 손으로 딜런의 어깨를 꽉 눌렀다. 죽는 날까지 나는 내가 그때 딜런을 미는 대신 나에게로 당겼더라면 얼마나 좋았을까 하는 생각을 놓지 못할 것이다.

마침내, 경고의 기색이 담긴 낮은 목소리로 딜런이 말했다. "밀지 말아요, 엄마. 화가 나기 시작하는데 참을 수 있을지 모르겠어요." 그 말로 충분했다. 내 원래 교육 방식은 이렇지 않았다. 싸움이 이렇게까지 심해진 것에 충격을 받아 나는 물러섰다. 17년 동안 이렇게 심하게 싸운 것은 처음이었다.

잠시 뒤에 우리는 식탁에 함께 앉았다. 둘 다 기분이 최악이었다. 나는 화를 낸 것에 대해 사과했다. 딜런은 어머니날을 잊어서 미안하다고, 저녁 준비를 돕겠다고 했다. 그날 오후에 딜런은 밖에 나가 카드와 조그만 물뿌리개에 심은 아프리카 바이올렛 화분을 사와서 나에게 선물했다. 완벽한 선물이었다. 나는 미니어처를 좋아해서 딜런이 어릴 때 같이 모으기도 했다. 우리는 포옹했고, 이렇게 화해했다고 생각했다. 카드에 "사랑하는 딜런"이라고 쓰지 않고 그냥 이름만 쓴 게 눈에 들어오긴 했지만.

싸우지 않았더라면, 특히 어머니날에 싸우지 않았다면 당연히 더 좋았겠지만, 그럴 만한 일이라고 생각했다. 아이가 길에서 벗어나는 것 같을 때에는 나무라야 하지 않나? 지금은 그 싸움에 대해서 다르게 생각한다. 아들을 안아주며 사랑한다고 말했더라도, 아들이 자기 자신과 다른 사람을 해치는 일을 막을 수는 없었을지도 모른다. 하지만 그렇더라도, 그 손을 잡았더라면 좋았을 것이다. '이리 와 같이 앉아. 이야기하자. 무슨 일이 있는지 말해주렴.' 딜런의 잘못을 낱낱이 읊고 무엇에 대해 감사해야 마땅한지 일러주는 대신에, 귀를 기울이고 딜런의 고통을 인정해주었더라면. 만약 다시 그때로 돌아간다면, 나는 이렇게 말할 거다. '네가 달라졌어. 그래서 겁이 나는구나.'

하지만 그때 나는 겁나지 않았다. 그랬어야 했는데 안 그랬다.

* * *

지금 생각하면 딜런의 3학년 생활에 우려할 점이 한두 가지가 아니었다는 걸 알 수 있다.

배경에는 톰의 병, 재정적 불안, 나와 톰과 바이런 사이의 갈등이 있었다. 이런 요인들은 취약한 사람의 우울증 위험을 높인다. 경찰

나는 가해자의 엄마입니다

에 체포된 일이나 학교에서 괴롭힘을 겪은 것 등도 우울과 자살 성향을 높이는 사회적 요인이다.[61] 딜런이 쉽게 화내고 평소 같지 않게 의지가 빈약했던 것도 우울의 징후였다. 십대 남자아이가 으레 보일 만한 범위 안에 있는 듯했지만 말이다. 딜런은 술을 마신다는 사실을 우리에게 철저히 감췄다. 음주도 위험 요인이다. 우리가 딜런에 대해 심각하게 걱정을 할 때마다 딜런은 아무 문제없다고 적극적으로 우리를 안심시켰다.

그러니 부모가 흔한 청소년기의 행동(게으르다, 태도가 까칠하다, 감정 기복이 심하다)과 우울증이나 다른 병의 지표를 어떻게 구분할 수 있을까? 나와 같은 사례로부터 어떤 행동이나 말이 걱정할 만한 상태임을 어떻게 판단할 것인가 하는 중대한 문제가 제기된다.

정답은 있을 수 없다. 사실 행동의학 분야에는 분명한 결론을 내릴 수 없는 큰 문제들이 있다. 하지만 미국자살예방재단 크리스틴 무티어 박사는 의대생이나 의사들에게 변화를 눈여겨보라고 조언한다. 수면 패턴, 불안의 표현, 기분이나 일상적 행동 패턴의 변화, 십대의 '개성' 등에. 하나하나 들여다보면 그냥 힘든 한 주를 보냈다거나 해서 그럴 수도 있지만 일단의 변화들이 더 심각한 문제를 가리키고 있을 수도 있다. 3학년 때 딜런은 내가 걱정할 필요가 없는 아이에서 늘 걱정을 일으키는 아이로 바뀌었다. 16년 동안 아무 말썽도 부리지 않다가, 갑자기 학교에서 문제를 일으키고, 부모와 다른 아이들과 충돌하고, 그리고 마침내는 법적인 문제까지 일으키고 말았다.

전직 FBI 프로파일러이자 법의학적 행동 상담가인 메리 엘런 오툴 박사는 콜럼바인 사건 뒤에 「학교 총격범: 위협 평가 관점」이라는 FBI 보고서를 작성했다.[62] 오툴 박사는 아이의 말을 믿으면 위험하다며 부모들에게 행동을 관찰하라고 조언한다.[63] 무언가 앞뒤가 맞지 않거나 설명이 안 된다고 느껴지면 괜찮다는 아이의 말에 넘어가지 말고 다른 사람에게 이 문제를 보이라고 한다.

아이에 대한 맹목적 사랑 때문에 부모는 걱정스러운 행동을 보지 못하거나 나름대로 납득하고 넘어가려고 하기 쉽다. 문제의 아이가 '착한 아이'이고 부모와 사이가 좋다면 더욱 그렇다. 이런 행동들을 뚜렷이 직시하고, 무언가를 감지했을 때 행동으로 옮기기는 무척 힘겨운 일이다. 하지만 그렇게 하지 않으면 엄청난 후회가 닥칠 것이다.

무티어 박사는 걱정스럽다면 전문가의 도움을 구하라고 말한다. 아이가 괜찮은 경우라면, 심리치료사에게 그렇다는 확인을 받으면 안심할 수 있을 것이다. 심각한 문제가 있다면, 심리치료사가 아마 알아보고 도움을 줄 것이다.

딜런은 도움을 원하지 않았다. 일기를 보면 스스로 문제를 해결하려고 애썼다는 게 보인다. 딜런의 성격이나 타고난 쇠고집을 생각했을 때 내가 억지로 심리치료를 받게 할 수 있었을지 사실 잘 모르겠다. 상담실로 끌고 가더라도 딜런은 한 시간 동안 뚱하게 입을 다물고 앉아 있을 수 있는 아이다. 나는 청소년 전문가인 랭먼 박사에게 아이가 협조하지 않으려고 하는 경우에는 어떻게 하면 좋겠는지 물었다. 랭먼 박사는 자기는 **부모**를 만나본다고 했다. 부모하고만 대화를 나누어보아도, 학교 상담교사와 (혹은 경찰과) 연락을 취한다거나 하는 추가 개입이 필요한지 판단을 내릴 수 있을 때가 많다고 한다.

딜런은 자기 생활을 바로잡겠다고 약속했고 그렇게 했다. 오툴 박사는 아이가 좋아지는 듯 보이는 것 자체가 위험의 징후일 수도 있다고 한다. 특히 학대당하는 관계에서 벗어나지 못하는 젊은 여성에게서 이런 모습을 볼 수 있다. 부모가 개입해서 "이제 그 남자 다시 만나지 마라."고 하면 여자아이는 적극적으로 부모에게 잘 보이려고 행동한다.

물론 전문가의 도움을 받으면 반드시 아이의 문제가 해결되리라는 보장은 없다. 에릭의 부모님은 체포 뒤에 에릭을 정신과의사에게 **보였고** 투약도 시작했다. 그래도 에릭이 1999년 4월 20일 사건을 일으키는 것을 막을 수는 없었다.

요즘에 옛날 일기를 넘기다가 "딜런에게 고양이 밥 주는 것 잊었다고 일러줬더니 짜증을 낸다." 등의 글귀를 보면 머리 한 구석에서 이런 외침이 들려온다. '어떻게 그걸 그냥 넘겼어? 청소년기 남자아이들은 우울증이 짜증으로 나타난다는 걸 몰랐니?' 나는 몰랐다. 나만 그런 것은 아니다. 지금도 미국 어딘가에서 평범한 엄마가 십대 아들이 고양이 밥 주는 걸 잊어버려 배고픈 고양이들이 아들 언저리를 맴도는 걸 보고 화가 나서 잔소리를 하고 있을 거다. 이 아이는 아무 문제없이 자라서 나중에 자기 아이에게 고양이 먹이를 안 줬다고 잔소리할 가능성이 높다.

그렇지만 아주 일부의 가족에게는, 이렇게 행복한 결말이 기다리고 있지 않을 수도 있다. 아이의 취약성과 이런 성향을 자극하는 상황들이 불운하게 조합되어 훨씬 암울한 붕괴를 유발할 수도 있다.

나는 가해자의 엄마입니다

14

폭력으로 가는 길
(4학년 때)

저는 언제나 클리볼드 씨 가족과 해리스 씨 가족이 콜럼바인에서 얻은 교훈을 다른 사람들에게 전하지 않는다는 것이 가장 큰 비극 가운데 하나라고 생각했습니다. 세상의 무수한 부모들의 질문에 대답하지 않았다는 겁니다. 어떤 분노와 절망의 징후를 보았는지? 어떤 경고 신호를 놓쳤는지? 저녁 밥상에 가족끼리 자주 마주 앉았는지? 아들이 어떤 이야기를 했는지? 딜런을 어떻게 다르게 키울 수 있었을지? (⋯⋯)

저를 가장 괴롭히는 질문은 딜런이 무얼 부모에게 감추었느냐는 겁니다. 많은 사람들이 십대들은 물건(폭탄이나 총)과 비밀을 부모 모르게 아주 잘 숨긴다고 말합니다. 저도 아니라고 생각하지는 않습니다. 하지만 이건 단순히 물건을 숨기는 문제가 아닙니다. 당신 아들은 자기 학교 친구들 수백 명을 죽이고 싶을 정도의 분노와 괴로움과 증오와 고통에 시달렸습니다. 수백 명을요! 그런데 어떻게 자기 자식이 그 정도로 증오에 불타고 혼란을 겪는데 그걸 모를 수가 있습니까? 얼마나 거리가 멀었기에 아들의 그런 상태를 못 봅니까? 도대체 어떻게 그런 일이 있을 수가 있어요?!?

이런 교훈에 대해 공개적으로 발언한다면 많은 도움이 될 것 같군요. 물론 아주 힘든 일이겠지요. 고통스러울 겁니다. 사람들이 형편없고 자격 없는 부모라고 할까요? 그럴 겁니다. 하지만 이미 많은 사람들이 그렇게 말하고 있습니다. 터놓고 말해서 겪게 될 고통이 아들을 이렇게 비극적으로 잃은 것에 대한 고통이나 아무런 참회의 행동을 하지 않은 데에서 오는 죄책감보다 더 괴롭지는 않으리라는 점이 중요하다고 봅니다.

—2007년 9월, 1999년 4월 20일 콜럼바인고등학교에서
아들 대니얼 마우저를 잃은 아버지 톰 마우저의 편지에서 발췌

사람들이 딜런의 마지막 나날을 들여다보고 싶어 한다는 걸 알기 때문에 나는 내 일기와 딜런의 일기를 같이 놓고 시간의 흐름을 구성해보았다.

위협 평가 전문가는 "폭력으로 가는 경로"에 대해 이야기한다. 리드 멜로이 박사는 이렇게 설명했다. "대상이 있는 폭력은 대개 개인적 상실이나 모욕에서 시작된다. 이런 사건이 불만을 해결하는 유일한 방법은 폭력을 저지르는 것이라고 믿게 되는 결심 지점이 된다. 첫 번째 단계는 폭력 행사를 위해 조사하고 계획하는 단계다. 그다

나는 가해자의 엄마입니다

음은 준비 단계로 무기를 모으고 목표를 선정한다. 그다음에는 공격을 실행한다."

에릭은 아마 1997년 4월 정도에 이미 폭력으로 가는 경로에 들어선 것 같다. 그때 처음으로 둘이서 작은 폭탄을 만들기 시작했다. 에릭은 딜런도 자기와 같은 길에 있다고 생각했지만 딜런의 일기를 보면 다른 이야기가 담겨 있다. 딜런은 에릭이 계획을 실행하기 전에 자기는 이미 죽었을 것이라고 확신한다. 딜런의 개인적 경로는 자살을 향해 가고 있었다. 그런데 1999년 1월에 갑자기 길이 바뀐다.

딜런이 4학년이 되었을 때에 톰이나 내가 딜런에게 무언가 문제가 있다는 걸 전혀 몰랐던 것은 아니다. 그저 우리는 딜런의 고통의 깊이와 심각성이나 딜런이 고통을 멈추기 위해 어떤 행동을 할 수 있을지를 처참할 정도로 치명적으로 저평가했던 것이다.

* * *

딜런더러 저녁 식탁에 앉아 우리와 같이 시간을 보내자고 했다. 딜런과 교감하기가 너무 힘들다. 우리를 자꾸 밀어낸다. 관계를 회복하려고 계속 노력해야겠다.

—1998년 8월 20일 일기

딜런이 학교 마치고 아르바이트하러 가는 길에 집에 들렀길래 간식을 차려주었다. 딜런은 몸이 안 좋다고, 감기가 오려는 것 같다고 했다. 일하러 나가기 전에 졸업앨범에 넣을 사진을 골랐다. 톰이 집에 늦게 와서 내가 가볍고 맛있는 저녁을 만들었다. 딜런이 집에 와서 같이 먹고 다시 나갔다.

—1998년 8월 28일 일기

3학년에서 4학년으로 넘어가던 여름 동안에 딜런의 행동은 전형적인 십대 남자아이였다. 가끔은 웃기고, 장난스럽고, 다정하고, 가끔은 뚱하고, 까칠하고, 자기 생각에 빠져 있었다. 하지만 나는 딜런이 무언가 감추고 있다는 느낌을 늘 받았다.

집에서는 딜런을 아직 풀어주지 않고 있었다. 약이나 훔친 물건이 없는지 딜런의 방을 뒤졌다. 딜런은 늘 돈 관리를 잘했지만 그해 여름에는 돈이 많이 부족했다. 톰이 일자리를 구하라고 잔소리를 했지만 딜런은 패스트푸드점에서는 일하기 싫고 컴퓨터 다루는 일을 하고 싶어 했다. 딜런이 절도 피해에 대한 배상금을 갚는 중이라, 집안일이나 이웃집 일을 거들며 용돈을 벌기는 했지만 자동차 보험료를 내지 못해서 우리가 부족분을 메워주었다.

다이버전에 처음 들어갈 때 부모들이 직원에게 직접 연락하지 말아달라고 안내를 받았다. **무소식이 희소식**이라고 생각하고 있으면 된다고 했다. 나중에 딜런이 정해진 시간에 오지 않거나 지각하는 일이 가끔 있었다는 걸 알게 되었지만 당시에는 아무 이야기도 듣지 못했다. 처음 딜런을 입소시킨 상담사가 떠나고 새로 딜런을 맡게 된 사람이 인사차 전화를 했지만 그것뿐이었다. 몇 년 뒤에 첫 번째 상담사가 쓴 사례 기록을 읽게 되었다. "좋은 젊은이, 약간 실없는 스타일, 기묘한 유머 감각으로 나를 웃김."이라고 적혀 있다.

나는 나중에, 그해 여름에 딜런과 어울려 놀았던 친구들에게 여러 차례 물어보았다. 그때 딜런이 우울해하거나 분노를 터뜨리는 것을 보았느냐고 단도직입적으로 물었다. 하지만 친구들이 보기에도 평소와 다르지 않았다고 했다. 딜런의 엉뚱한 모습이 카메라에 담기기도 했다. 데번이 하와이언 파티로 열린 자신의 열여섯 번째 생일 파티에서 화려한 하와이언 셔츠와 밀짚모자를 빌려 입은 딜런을 찍은 사진을 나에게 주었다. 그 아래에는 이렇게 적었다. "입기 싫은 것 같았지만 그래도 결국 입었어요." 데번은 또 그날 딜런이 얼마나 많이 먹었는지도 이야기해주었다.

네이트가 놀러와서 종종 자고 갔다. 둘은 텔레비전에 홈쇼핑 광고 말고 아무것도 안 나올 때까지 안 자고 놀다가, 텔레비전 볼륨을 낮춘 다음에 세일즈 말투에 맞춰 대화를 만들어 흉내 내면서 배가 아플 때까지 웃어댔다. 그러고 나면 부엌을 습격해서 폴란드 소시지, 애플 크리스프, 도넛, 나초와 살사 소스를 트럭으로 먹었다. 톰은 오레오 주식을 사야겠다고 말하곤 했다.

겉모습은 이렇듯 아무렇지도 않았지만 8월 10일자로 되어 있는 일기를 보면 딜런은 남몰래 짝사랑하던 여학생에게 열렬하면서도 은밀한 마지막 작별의 글을 적었다. 무수히 많은 유서 가운데 한 편이다.

4학년이 시작되기 며칠 전에 딜런은 컴퓨터 상점에서 기술 지원 일자리를 구했다. 칼라가 있는 셔츠와 검은 바지를 입어야 하는 상점 복장 규칙도 기꺼이 따르겠다고 했다. 근무 첫날 열한 시간을 일하고 피곤하면서도 뿌듯한 기분으로 집에 돌아왔다. 우리는 딜런에게 앞으로 컴퓨터 관련 일을 하게 되면 아마도 이렇게 야근할 일이 많을 거라고 말했다.

가을이 가까워지자 콜럼바인고등학교에서 4학년에 올라가는 학생들에게 졸업앨범에 넣을 사진을 내라고 했다. 동네 사진관에서 딜런에게 친구와 같이 오면 긴장이 풀어져 자연스러운 사진이 나온다고 해서, 딜런이 잭을 데리고 갔다. 그렇게 해서 우리 집에서 멀지 않은 분홍 바위산을 배경으로 편안하고 행복하게 웃는 사진이 나왔다. 내 마음에 쏙 드는 사진들이었다. 이 사진 가운데 하나가 나중에 '이웃집의 괴물들'이라는 헤드라인을 달고《타임》지 표지를 장식하게 된다.

* * *

딜런이 4학년에 올라가면서 집안도 점차 안정을 찾기 시작했다.

바이런이 마침내 자동차 대리점에서 마음에 드는 일자리를 구해서 톰과 나도 조심스레 낙관하면서 바이런을 대견하게 여기게 되었다. 상사들이 합리적으로 격려하며 이끌어주는 사람들이어서 바이런에게 일을 잘 가르쳐주었고 바이런도 열심히 배웠다. 직장에서 가까운 곳으로 집을 옮기면서 우리 집과 가까워져 더 자주 볼 수 있었다. 큰아들이 나날이 성숙하는 것 같아 톰과 나의 만족감도 자라났다. 바이런은 새끼고양이도 한 마리 입양했다. 바이런이 고양이를 자기 자식처럼 예뻐하고 전전긍긍하며 돌보는 걸 보니 뭉클했다.

이 일자리가 바이런의 삶에서 전환점이 되었다. 바이런은 이곳에서 어른의 삶으로 접어들어 부지런하고 책임감 있게 열심히 사는 오늘날의 모습이 되었다.

톰과 나는 시내에 두 번째 임대 주택을 구입했고 우리 땅에 있는 원룸 별채를 임대했다. 딜런의 대학 학비를 어떻게 댈지는 아직 막막했지만 추가 소득이 생겨 돈 걱정을 좀 덜 수 있었다. 더 다행스러운 일은 톰의 만성 통증에 효과가 있는 약을 마침내 찾아낸 일이었다. 아직도 몇 차례 수술이 남아 있지만 몸 상태는 전보다 훨씬 나아졌다.

나도 새 일자리에 적응했고 주 4일 근무로 얻은 자유를 즐겼다. 요리할 시간이 더 늘었으므로 밥을 미끼로 식구들을 한자리에 모았다. 비프스튜와 라자냐를 만들고 두 아들이 다 좋아하는 찐득찐득한 멕시코식 캐서롤, 딜런이 가장 좋아하는 호박 케이크, 타피오카 푸딩을 한 통 가득 만들었다. 한 끼 분량의 세 배씩 만들었다. 한 끼분은 먹고, 한 끼분은 급할 때 식탁에 올리기 위해 냉동해놓고, 나머지 한 끼분은 바이런이 집에 갈 때 싸주었다. 거의 매주 일요일 저녁마다 온가족이 한자리에 모였다. 바이런과 딜런은 부엌에서 행주를 휘두르며 실투 상년을 연출했다. 두 아늘 다 넝지는 산만 하지만 아직 애들이었다.

그림에 집중할 시간도 좀 있었다. 나는 3차원 세계를 2차원으로 옮기는 기술적 과업을 늘 즐거워해서 오래전부터 그림 수업도 듣고 가끔 친구들과 토요일 오전에 인물 스케치를 하러 가기도 했다. 하지만 아이들 키우고, 집안 살림하고, 일하다 보면 몇 달씩 자유시간이 전혀 안 날 때도 있었다.

아마 그해처럼 창조적 열정에 불탄 적이 없었을 것이다. 몇 시간이고 그리고 채색하는 일에 푹 빠져서 자연에서 본 색채와 형태를 눈앞 종이에 어떻게 옮길까에 골몰했다.

그 시기 내 일기에는 내가 몰두했던 문제들이 가득 적혀 있다. 백묵색, 진흙색, 까다로운 음영, 구성, 디테일, 형체 등. 콜럼바인 이후에는, 내가 사소한 것에 몰두하는 바람에 딜런의 고통과 계획을 보지 못했다는 생각이 들어 몇 년 동안 다시 붓을 잡지 못했다.

* * *

11월 5일. 톰이 내일 외래로 손 수술을 받는다.

11월 6일. 5시까지 병원에 있다가, 길이 막혀서 천천히 집으로 돌아갔다. 중간에 중국 식당 포장음식과 약을 사러 들렀다. 딜런이 집에 있어 같이 저녁을 먹을 수 있어 좋았다. 딜런 차가 고장 나서 집

나는 가해자의 엄마입니다

에 꼼짝 못하고 있다가 9시에 친구가 태워서 영화관에 데려갔다. 딜런을 가까이 느끼고 싶었는데 딜런은 정신이 다른 데 가 있을 때가 많다. 지금은 아주 중요한 시기다. 앞날을 계획해야 할 때인데 딜런은 앞으로 나아가려 하지를 않는다. 적어도 오늘은 사분사분했고 우리랑 저녁도 먹었다.

11월 9일. 오늘은 딜런이 귀엽고 살갑게 굴며 이 날씨에서 벗어나기 위해 애리조나에 있는 대학에 가고 싶다고 말했다.

작년의 문제는 이제 지나간 것처럼 보였다. 때로 울적하고 짜증을 내기는 하지만 십대들이 다 그러지 않은가? 가끔 피곤해 보이기도 했지만 컴퓨터 가게에서 일하는 시간이 많았고 미적분, 고급 동영상제작, 영어, 심리학 수업에다 아침 볼링 수업까지 있으니 그럴 만했다.

우리가 일일이 말해주지 않아도 딜런은 다이버전 상담 약속을 지켰고 동네 공원에서 하는 사회봉사 활동에도 참여했고 정기적으로 약물 검사도 받았다. 딜런이 약물 때문에 걱정을 끼친 적은 없었지만 어쨌든 한 가지 걱정은 안 해도 되어 다행이었다. 절도 사건 이후에 받던 제약들이 한두 가지씩 풀렸다. 컴퓨터 상점 일이 학교와 다이버전 스케줄과 함께 감당하기에 너무 힘들었기 때문에 딜런은 다시 블랙잭피자에서 일하게 되었다.

1998년 9월 11일, 딜런이 열일곱 살이 되었다. 우리는 딜런의 엄청난 식욕에 경의를 표하는 뜻으로 딜런이 내년에 대학에 가면 가지고 갈 수 있게 조그만 검은색 냉장고를 사주었다. 딜런은 선물을 마음에 들어했고 코드를 질질 끌면서 바로 위층 자기 방으로 가지고 갔다. 네이트는 냉장고를 보고 어울리는 선물을 했다. 딜런 혼자만을 위한 프라이드치킨 슈퍼사이즈 한 통이었다.

그달에 딜런은 학교 핼러윈 행사로 올릴 공연「프랑켄슈타인」음향을 자발적으로 맡았고 브룩스 브라운과 다시 친해졌다. 작년에 에릭과 브룩스가 다퉜을 때 사이가 멀어졌는데 연극 연습을 하면서 다시 편한 친구 사이가 되었다.

딜런은「프랑켄슈타인」을 자랑스러워했다. 으스스한 분위기를 연출하기 위해 기묘한 음원들을 다양하게 사용했다. 배우들과 스탭들이 연극 지도교사에게 감사하는 뜻으로 깜짝 비디오를 찍었다. 그 비디오 속에서 브룩스, 잭, 딜런이 장난스레 껄렁거리면서 선생님한테 맥주 한잔 사달라느니 4학년 공연의 노하우를 후배들한테 전달해주는 대가로 돈을 달라느니 하고 있다. 주디 브라운이 쫑파티를 열어주었고 딜런이 그 비디오를 보면서 다른 아이들과 같이 웃는 모습을 사진으로 남겼다.

딜런은 크리스마스 전에 대학 지원 서류 준비를 마치겠다고 약속했다. 우리가 몇 번 눈치를 주어야 하긴 했지만 성격답게 철저하게 준비했고 톰과 내가 서류 작성을 거들어주었다. 우리는 작은 학교가 어떤지 물었는데 딜런은 관심 없다고 했다. 콜로라도 주에 두 군데, 애리조나 주에 두 군데 지원을 했고 마침내 네 부의 원서를 우편함에 넣었을 때 우리 모두 함께 축하했다.

나는 가해자의 엄마입니다

크리스마스는 조용하고 편안하게 보냈다. 늘 그러듯 딜런이 주도해서 트리를 사고 장식했다. 딜런은 늘 우리 차 위에 실을 수 있는 한도 내에서 가장 큰 나무를 골랐다. 해마다 내가 톰과 아이들을 끌고 마드리갈 합창이나 동물원 크리스마스 축제 따위 행사에 데리고 가는 게 우리 집 전통이었다. 그 마지막 크리스마스 때에는 모로코 식당에서 저녁식사를 했다. 바닥에 놓인 쿠션에 앉아 수저 없이 음식을 먹는 식당이다. 향신료 냄새가 진한 음식을 빵조각으로 퍼서 입으로 가져가며 먹었다.

딜런은 크리스마스 선물을 사려고 톰에게 돈을 좀 빌렸었다. 나는 크리스마스 아침에 트리 아래에 딜런이 선물로 일기장을 놓아둔 것을 보고 가슴이 찡했다. 사려 깊으면서도 과하지 않은 완벽한 선물이었다. 넉 달 뒤에 그 일기장에 슬픔을 쏟아붓게 되리라는 것은 전혀 몰랐다.

우리는 딜런에게 딜런이 갖고 싶어 하는 검정색 가죽 롱코트를 선물했다. 톰은 호리호리한 몸에 그걸 입으면 우스꽝스러워 보일 거라고 생각했고 나도 속으로 동의했다. 하지만 학교에 그런 비슷한 검정 코트를 입고 다니는 남자아이들이 몇 있었고 딜런도 검정 면 더스터 코트를 이미 사서 입고 다녔다. 학교 복도에서 선생님들이 딜런과 에릭을 보고 "트렌치코트 마피아들 같구나."하고 놀렸다면서 재미있어했다. 하지만 딜런이 죽고 난 다음에야 나는 실제로 학교에 긴 검정 코트를 입고 다니면서 자칭 트렌치코트 마피아라고 하는 아이들이 있다는 걸 알게 되었다. 꽤 많은 아이들의, 결속력 없이 느슨한 무리였다.

콜럼바인 직후에 딜런이 트렌치코트 마피아 소속이냐를 두고 말이 많았다. 미스터리를 풀 열쇠가 되리라고 사람들이 기대한 실마리 중 하나였다. 트렌치코트 마피아가 죽음에 몰두하는 고스족인가? 네오나치인가? 사탄 숭배자인가? 자살 컬트인가? 많은 실마리들이 그랬듯 트렌치코트 마피아와의 연관성도 아무것도 밝혀지지 못한 채 괴담만 남기고 흩어져버렸다. 사실 트렌치코트 마피아는 흔히 폴로나 아베크롬비 같은 데서 옷을 사 입는 아이들과 다르게 보이려고 특정한 종류의 코트를 선호하는, 친구 사이이기도 하고 그렇지 않기도 한 아이들 일단일 뿐이었다. 딜런과 에릭은 자기들이 그 그룹 멤버라고 생각하지도 않았다. 그 가운데 한 명인 크리스라는 아이와 친하기는 했지만.

우리가 보기에는 무슨 멋인지 알 수 없었지만 어쨌든 해가 될 것 같지는 않았고, 딜런은 크리스마스 날 아침 포장지를 뜯고는 신나했다.

* * *

길고 힘든 날이 끝났다. 톰이 오늘 수술을 받았다. 여섯 시까지 병원에 가려고 새벽 네 시에 일어났다. 13시간 동안 앉아서 기다리다 보니 집에 가고 싶은 생각뿐이었다. 집에 가기를 잘한 것이 딜런이 내가 없는 동안 성실하게 제 할 일을 하지 않았다. 늦잠을

나는 가해자의 엄마입니다

자서 수업을 빠지고 내가 집에 왔을 때에도 자는 중이었다. 해야
할 일도 하나도 하지 않았다.(고양이 밥주기 등.) 내가 대체 어떤
애를 키운 걸까?

—1999년 1월 11일 일기

톰이 퇴원해 집으로 왔다. 〔……〕 딜런이 밖으로 나오지를 않는다.
거의 모습을 볼 수 없고 같이 시간을 보내려고 해도 소용이 없다.
톰한테 괜찮냐고 묻지도 않았다. 이상하다.

—1999년 1월 12일 일기

1월, 참사가 일어나기 세 달 전에 톰이 왼쪽 어깨 관절 일부를 치
환하는 수술을 받았다. 종일 병원에 있다가 저녁 때 집에 돌아왔는
데 딜런이 내가 시키고 간 일을 해놓지 않았다. 무슨 일을 시켰었는
지는 잘 기억이 안 난다. 저녁에 먹게 브로콜리를 다듬어놓으라거나
가게에 가서 우유 한 통 사오라는 것이었을 것이다. 자동응답기를
들어보니 딜런이 수업도 하나 빼먹었다는 걸 알 수 있었다. 고양이
밥도 주지 않고 방에서 자고 있었다. 내가 병원에서 아빠를 돌보는
동안에 딜런은 이렇게 엉망으로 하고 있었다는 게 화가 나고 실망스
러워서, 딜런에게 그렇다고 말했다.

이 이야기를 자살로 식구를 잃은 다른 사람들과 수도 없이 나누
었다. "왜 자기 짐을 지지 않으려고 하는지 이해할 수가 없었어요!"
얼마 전에 만난 엄마는 눈물을 줄줄 흘리며 이렇게 말했다. "이기적

으로 굴지 말라고 야단쳤어요." 말다툼을 벌이고 나서 나흘 뒤에 딸이 죽었다. 때로는 아이가 학교에서 문제를 일으키거나 집안일을 하지 않으려 하고 대드는 게 야단치고 바로잡아야 할 일이 아니라 도움을 주어야 할 일일 수도 있다.

딜런이 피곤해 보일 때가 많았는데 나는 학교 수업과 블랙잭피자 아르바이트가 힘들어서 그런 게 아닌가 걱정했다. 톰이 수술받던 주에 딜런이 하도 무기력하고 침잠하는 듯 보여서 걱정이 되었다. 그래서 톰이 수술받고 며칠 뒤 어느 정도 회복되었을 때 딜런을 데리고 중국 식당에 갔다. 기분 좋게 식사를 했고 걱정도 가라앉았다.

돌아보니 우리가 걱정을 입에 올릴 때마다 딜런이 아주 능란하게 걱정을 누그러뜨리곤 했다는 생각이 든다. 딜런이 자기를 다독이고 있던 건지 우리를 다독이고 있던 건지는 모르겠다. 힘든 게 나아질 거라고 기대했던 건지, 아니면 얼마나 나쁜지 우리가 알아차리지 못하길 바랐는지 알 수 없다. 딜런은 언제나 바른 행동을 하리라고 믿을 수 있는 아이, 스스로 뭐든지 알아서 하고 싶어 하는 아이였다. 그러니 딜런이 괜찮다고 말하자 우리는 그 말을 믿었다.

일기를 보면 이 무렵 딜런의 사고에 엄청난 변화가 일어났음을 알 수 있다. 1월 20일 일기에는 이렇게 적었다. "내가 이곳에, **여전히** 홀로, 여전히 고통 속에 있다." 자살로 생을 끝내지 못한 것에 화가 났다. 랭먼 박사가 지적한 구문의 불규칙성이 절정에 이르러 이 글의 많은 부분은 거의 해독하기가 불가능할 지경이다. "그녀를 사랑한다, 여행, 끝없는 여행, 시작되었고 끝나야 한다. 알맞은 때에 존재하려면 행복해야 한다. 완벽하게 그녀를 본다, 평온한 시대. 사랑한다, 무한한 순수."

술에 취해 있었기 때문일 수도 있지만, 환상이 현실이 되는 느낌을 준다. "시나리오, 이미지, 행복의 조각이 다가온다. 언제나 그럴 것이다. 그녀를 사랑한다. 그녀도 나를 사랑한다. 그녀도 나처럼 고통에 지쳤다. 때가 되었다. 때가 되었다." 사흘 뒤인 1월 23일에 딜런은 에릭과 로빈과 함께 태너 총기박람회에 가서 학살에 사용할 산탄총을 사고 마크 메인스를 만났다. 마크 메인스는 나중에 딜런에게 TEC-9 반자동 권총을 판다.

얄궂은 일은 1999년 겨울에 나 자신은 그 어느 때보다 행복했다는 것이다. 톰이 수술을 받은 주말에 바이런이 집에 와서 세 남자가 각자 자기 차를 수리한다고 자동차 부품을 차고 사방에 늘어놓았다. 톰은 아직 팔을 잘 쓰지 못했지만 지켜보면서 어떻게 하라고 일러주었고 셋이 서로 농담을 하며 일을 거들었다.

나는 따뜻한 방 안에서 그림을 그리고 있었고 스토브 위에 올려놓은 냄비에서는 칠리가 보글보글 끓었다. 남자들이 집 안으로 들어와서 나도 같이 텔레비전으로 덴버 브롱코스의 풋볼 경기를 봤다. 가족이 한자리에 있는 기쁨을 누리고 싶었기 때문이다. 시간이 걷잡을 수 없이 흐르고 있었다. 가을이면 딜런은 집을 떠나 대학으로 갈 테니, 한순간도 놓치고 싶지 않았다. 바이런이 집으로 간 뒤에 딜런과 톰은 톰이 소중히 여기는 완벽하게 관리된 클래식 차를 타고 비디오를 빌리러 갔다. 돌아오는 길에 톰이 처음으로 딜런에게 운전대를 맡겼다. 딜런은 자부심으로 잔뜩 부풀어 집에 돌아왔다.

구름 한 점 없이 완벽한 날이었다고 그날 밤 잠자리에 들기 전에 일기에 썼다. "이렇게 운이 좋은 것에 감사한다. 금빛으로 빛나는 날이었다."

당연히 딜런이 어떻게 그렇게 쉽게 우리를 속였는지 수도 없이 생각해보았다. 자살을 생각하며 사는 사람들 다수가 그러듯 딜런은 계획을 세우면서 태연하게 지낼 수 있었고 원래 자리로 돌아오고 있다고 우리가 착각하게 만들 수 있었다. 정말로 우울에서 벗어나고 있는 사람과 죽음을 생각하며 위안을 느끼는 사람을 구분하기는 어려울 수 있다.(FBI에서 오래 일하며 인질범 협상을 연구했던 드웨인 퓨질리어 박사는 같은 이유로 협상이 잘되어갈 때에 특히 주의를 기울여야 한다고 말한다. 급작스럽게 협조한다는 것은 인질범이 죽음을 결심했다는 뜻일 수 있기 때문이다.) 하지만 나는 아직도 나와 같이 「친절한 마음과 화관」의 앨릭 기네스 연기를 보며 낄낄 웃던 아이와 지하실 테이프에서 본 아이, 무고한 친구들을 학살할 계획을 세우고 있던 아이가 같은 아이라고는 생각할 수가 없다.

우리만 속은 것도 아니었다. 저녁에 칠리를 먹은 완벽한 날 이틀 뒤에 딜런의 다이버전 상담사에게서 뜬금없이 전화가 왔다. 우리가 반대하지 않는다면 에릭과 딜런 모두 프로그램을 조기 종료해도 좋겠다는 것이었다. 너무나 좋은 소식이었다. 다이버전 조기 종료는 참가자 5퍼센트 정도만 누리는 드문 혜택이었다. 상담사는 두 아이 다 탁월하게 좋은 모습을 보였기 때문에 아무 문제가 없으리라고 확신한다고 말했다. 학살이 일어나기 10주 전의 일이었다.

이 일이 사람들이 특히 충격적이라고 하는 일이기도 하다. 하지만 나로서는 놀랍지 않다. 내가 낳고 기르고, 무릎에 앉히고, 같이 설거지를 하던 아이의 머릿속에 무엇이 있는지 내가 몰랐는데, 어떻게 남이 그 속을 알겠는가? 『폭력의 해부: 어떤 사람은 범죄자로 태어난다』라는 책에서 에이드리언 레인 박사가 인용한, 어린아이들을 대상으로 한 실험이 있다.[64] 아이를 방에 혼자 두고 장난감을 들여다보지 말라고 한 다음 실험자가 방에서 나간다. 아이가 들여다보는지 안 보는지가 테이프에 녹화되고, 실험자가 돌아와서 보았는지 물었을 때의 반응(거짓말 또는 참말)도 기록된다.

"봤니?"라고 물었을 때 아이의 반응을 대학생들에게 보여주고 아이가 거짓말을 하고 있는지 아닌지 추측해보라고 했을 때 정답률이 51퍼센트밖에 되지 않았다. 반반 확률을 겨우 넘긴 정도다. 그다음에는 밀수범 적발 경험이 풍부한 세관 직원들을 데려와서 비디오를 보여주었다. 이 숙련된 전문가들은 어떤 아이가 거짓말을 하고 있는지를 49퍼센트의 확률로 맞혔다. 동전 던지기로 정하는 것보다도 못한 수준이다.

다음에는 경찰관들에게 비디오를 보여주었다. 이들은 41퍼센트를 맞춰서 반반 확률에 **훨씬 못 미치는** 기록을 냈다. 더 어린 아이들을 대상으로 했다면 쉬우리라고 생각할 수도 있지만 네 살짜리 아이도 쉽게 전문가를 속인다. 레인 박사는 고소하다는 듯한 말투로 연구 결과를 요약한다. "부모는 자기 아이를 잘 안다고 생각하지만 사실 자기가 낳아 기른 아기라도 전혀 모르기 십상이다. 그렇기 때문에 문제다. 안됐지만 누가 사이코패스 거짓말쟁이인지 부모도 나만큼이나 오리무중이다."

뒤늦은 위안이었다. 딜런과 에릭이 선생님들, 학교 상담교사, 에릭을 치료한 정신과의사, 다이버전 전문가들까지 모두 속일 수 있었다는 게 나에게는 놀랍지 않다. 하지만 1999년 4월 이전에라면 나도 딜런이 나를 속일 수는 없다고 말했을 것이다.

* * *

다이버전 상담사에게 전화가 오고 그다음 주에 대학 합격 통지서가 날아들기 시작했다. 딜런은 콜로라도에 있는 학교 한 곳에 합격했고 다른 곳에는 대기 명단에 올랐으며 애리조나에 있는 대학 두 곳에는 모두 합격했다. 딜런은 콜로라도 학교에 대해서는 미적지근한 반응이었지만 애리조나에 갈 수 있다고 기뻐했다.

삶이 제자리를 잡아가고 있었고 나는 에릭네 가족과 같이 저녁식사 자리를 마련해 다이버전 프로그램이 끝난 것을 축하해야겠다고 생각했다. 그동안 둘을 떼어놓으려고 애썼지만 둘 사이 관계에 대한 걱정은 많이 수그러들었다. 에릭이 충동적이고 감정적이라는 것은 알고 있었지만 부모님이 철저히 감시하고 있었고 심리치료도 받기 시작했으니 말이다. 둘 다 실수를 뒤로하고 곧 고등학교를 졸업할 테니 가족이 함께 축하하는 게 좋을 것 같았다. 살다 보면 축하할 일이 많이 없기 마련인데, 이때만큼은 감사할 일이 정말 많았다.

몇 주 전에 딜런에게 다른 친구들은 진로를 어떻게 정했는지 물었다. 네이트, 잭을 비롯한 친구들은 대학에 가고, 에릭은 해병대에 들어가려고 한다고 했다. 해리스네와 저녁을 먹기 전에 추가 정보를 얻으려고 딜런에게 에릭의 계획이 잘되어가는지 물었다. 해병대 입대는 잘 안 되었고, 집에서 살면서 일하고 지역 대학에 다닐 거라고 했다.

이런 대화를 나누는 동안 딜런이 먼 데 가 있는 듯한 느낌을 받았다. 그래서 대학 진학 문제에 대해 생각이 바뀐 건 아닌가 하는 걱정이 들었다. 처음에는 날씨 따뜻한 동네에서 지낼 수 있다고 신나하더니 곧 말이 없어지고 평소보다도 더 생각에 잠긴 듯 조용해졌다. 무언가 다른 생각을 하고 있는 것처럼.

"정말 멀리 가고 싶은 거 맞아?" 내가 물었다. 우리 친구 아이들 가운데 집에서 가까운 지역 대학에서 대학생활을 시작한 아이들도 있었기 때문에 나는 다른 선택지도 있다는 걸 다시 일깨워주고 싶었다. "멀리 가고 싶어요." 딜런이 단호하게 말했다. 나는 알 것 같다고 생각하며 고개를 끄덕였다. 딜런 성격이 불안해하는 편이긴 해도 마음의 준비가 되었다고 느껴졌다. 지금은 그때 딜런이 자기 죽음에 대해 말하고 있었음을 안다.

며칠 뒤에 다이버전 조기 종료를 확인하는 서류가 도착했다. 딜런의 상담자가 2월 3일자로 되어 있는 마지막 보고서에 이렇게 적었다.

전망: 좋음

딜런은 영리한 젊은이이고 많은 가능성을 지니고 있습니다. 자기 잠
재력을 끌어내고 의욕을 갖게 되면 잘해나가리라고 생각합니다.

추천: 성공적 종료

딜런은 조기 종료 요건을 달성했습니다. 긍정적인 방향으로 계속 나
아가려면 스스로 동기를 찾아야 합니다. 꿈을 현실로 이룰 수 있을
만큼 머리가 좋지만 노력이 필요하다는 걸 알아야 합니다.

나는 마침내 큰 숨을 내쉬었다. 딜런이 다시 제자리를 찾았다. '절
도 사건 때문에 너무 걱정되어 과잉 반응**했는지도** 몰라. 다들 남자아
이들은 바보 같은 짓을 하곤 한다고 하잖아.'

딜런의 일기는 또 다른 이야기를 한다. 그 시점에는 모든 게 최악
으로 치닫고 있었다. 시간을 거슬러 돌아갈 수만 있다면, 나는 우리
애들 방 구석구석을 다 뒤져서 약물과 우리가 사지 않은 물건은 물
론 아이들의 내면을 들여다볼 수 있는 창을 찾아내고 말 것이다. 딜
런이 살아 있는 동안에, 딜런과 그 많은 죄 없는 아이들을 집어삼킨
심연에서 끌어낼 기회가 있을 때에 딜런의 일기장을 읽을 수만 있었
다면, 그 대가로 무어라도 내줄 수 있을 것 같다.

2월 말에 딜런과 나는 졸업이 다가온다는 이야기를 했고 딜런이
졸업 장난에 대해 이야기했다. 한 반이 함께 벌이는 장난이겠거니
생각하고 구체적으로 어떤 거냐고 물었다. 딜런은 웃으며 말하고 싶
지 않다고 했다.

나는 가해자의 엄마입니다

딜런이나 톰이나 워낙 장난치기를 좋아한다. 하지만 졸업 장난을 계획하고 있다니 어쩐지 불안한 생각이 들었다. 지극히 사소하고 별 것 아닌 장난이라도, 예를 들어 핼러윈에 집을 휴지로 감싸는 장난 같은 것만 해도 딜런의 앞날이 위험해질 수 있다고 다이버전 상담사가 분명히 경고했던 것이다. 단 한 번의 실수로도 중죄 기록이 남을 수 있었다.

"생각도 하지 마." 내가 말했다. "엄마 걱정 마요. 말썽 안 부린다고 약속해요." 다이버전은 공식적으로 끝났지만 상담사와 마지막 약속이 아직 남아 있었기 때문에 나는 상담사에게 전화를 걸어 딜런이 지금 상황의 심각성을 이해하도록 해달라고 당부했다. 딜런이 학교에서 더 문제가 될 만한 일은 아무것도 하지 않았으면 했다. 아무리 장난이라도, 학교 4학년 전체가 같이 하는 것이라고 하더라도.

다이버전 상담사가 마지막 약속 때 그것에 대해 이야기하고 규정을 명백하게 다시 확인해주었다. 딜런은 그 뒤에는 다시 장난에 대해 이야기하지 않았다.

* * *

아, 배부르다. 에릭 해리스 식구들과 저녁식사를 하고 돌아왔다. 에릭과 딜런이 다이버전을 끝낸 것을 축하하기 위해 만났다. 이제 앞으로 1년 동안 아무 말썽도 안 부려서 기록이 삭제되기를 바랄 뿐이다. 아, 지난 한 해 동안 어쩌나 일이 많았던지!

—1999년 2월 일기

2월 2일 동네 스테이크 가게에서 에릭네 가족과 만났다. 거의 1년 만에 보는 것이었다. 우리 여섯 명이 붙어 있는 부스 두 개에 나눠 앉았다. 한 테이블에는 부모 네 명이 앉고 그 옆 테이블에는 에릭과 딜런이 앉았다.

에릭의 엄마가 에릭은 졸업하고 무얼 할지 확실하지 않다고 해서 나는 딜런은 가을에 대학에 갈 거라고 자랑을 했다. 속으로는 딜런이 에릭보다 구체적인 계획이 있어 다행이라고 생각했다. 그게 얼마나 어리석은 자만심이었는지 생각할 때마다 영원히 고개를 숙이게 될 것이다.

2월 중순, 딜런이 근무 시간이 아닌데 출근 복장으로 아래층으로 내려왔다. 에릭의 개 스파키가 많이 아파서 딜런이 에릭의 블랙잭 아르바이트 시간을 대신 채워주기로 한 것이었다. 나도 좋아하던 작은 개였는데 아프다니 안타까웠다. 애완동물을 잃는 건 힘든 일이다. 특히 어릴 때부터 같이 자라온 동물이라면 더욱 그렇다. 딜런이 집에서 나갈 때 나는 안아주면서 딜런이 성실하게 일하고 친구를 도와주기도 하니 정말 자랑스럽다고 말했다.

며칠 뒤에 딜런과 함께 딜런이 합격한 학교의 졸업 요건을 살펴보았다. 딜런이 들을 수 있는 수업들을 보면서 우리 둘 다 신이 났다. 톰이 학자금 지원 신청서를 붙들고 씨름하는 동안 딜런과 나는 학교 구경을 갈 계획을 세웠다.

2월 말 어느 밤에 나는 깜짝 선물로 집에 과일파이 두 개와 「7인의 사무라이」비디오를 들고 왔다. 1950년대에 제작된 구로사와 아키라 감독의 일본 고전 영화다. 딜런이 학교 수업시간에 이 영화 이야기를 들은 일이 있다며 관심을 보였다. 서부 영화로 리메이크한 1960년대 영화 「황야의 7인」은 봤지만 원작 영화는 나도 본 적이 없었다. 밖에 눈도 내리고 추워서 벽난로에 불을 피우고 잔뜩 먹으면서 영화를 보기에 딱 좋은 날이었다. 딜런이 16세기 일본을 배경으로 한 흑백에 자막까지 달린 긴 영화를 과연 계속 앉아서 볼지는 의문이었다.

내 예상이 틀렸다. 딜런이 영화에 푹 빠졌다. 우리 셋 다 그랬다. 영화 중간에 불쌍한 바이런이 불쑥 집에 왔는데, 우리는 일본 말 한 마디도 못 알아들으면서 바이런이 뭐라고 떠들자 조용히 하라고 했다. 바이런도 앉아서 영화에 몰입해보려고 했지만 내가 딜런에게 예상했던 반응을 보였다. 바이런은 몇 분 만에 일어나 내 이마에 입을 맞추고 집에서 나갔다. 영화에 빠져 있던 우리는 인사도 건성으로 했다.

엔딩 크레디트가 올라간 뒤에도 톰, 딜런과 나는 한참 소파에 앉아 특히 기억에 남는 장면들에 대해 이야기했다. 딜런은 영화도 찍어보고 연극 음향도 해보아서 이 영화가 기술적으로 얼마나 대단한 성취를 했는지 깊이 있게 이해했다. 딜런은 특히 폭우 속에 벌어지는 복잡한 움직임의 전투 장면에 감동했다. 마틴 스코세이지 감독 등에게도 영향을 준 장면이라고 한다. 나는 딜런이 영화의 미묘한 예술성을 알아보는 게 신기하고 기뻤다.

3월 첫 주, 딜런이 친구들과 영화제작 수업 숙제를 하러 산에 간다고 했다. 그 주에 톰은 오른쪽 어깨 관절을 치환하는 수술이 또한 차례 잡혀 있었다. 나는 딜런에게 누구와 같이 가고 누가 운전을 하는지 물었다. 딜런이 말한 아이들 중 둘은 내가 모르는 아이들이었다. 콜로라도에서는 3월이라도 아직 겨울이기 때문에 기상 악화에 대비해 따뜻한 옷, 식량과 물을 챙기라고 일렀다. 나는 딜런에게 잘 다녀오라고 입을 맞추면서 사유지에는 들어가지 않겠다고 약속하라고 했다. 딜런은 공유지에서 찍을 거라고, 그 근방 지리를 잘 아는 아이가 있다고 말했다. 딜런은 자연을 배경으로 장난감 총을 들고 액션 영화를 찍는다고 했다. 실은 이른바 '램퍼트 산맥' 비디오라는 것을 찍으러 간 것이었다. 나는 그 비디오를 본 적도 없고 참사 뒤 4년이 지나기 전에는 그런 게 있는지도 몰랐다. 딜런, 에릭과 이들에게 권총을 판 마크 메인스가 그동안 모은 무기를 쏘는 모습을 찍은 비디오였다.

3월 11일, 내가 하루 휴가를 내고 셋이서 딜런이 합격 통보를 받은 콜로라도대학교에 가보았다. 딜런은 시큰둥했고 사막 기후 지역으로 이사 가고 싶다고 주장했지만, 다행히도 컴퓨터실을 둘러보고는 훨씬 적극적인 모습을 보였다. 딜런의 고등학교 성적이 나에게는 늘 미스터리였다. 어릴 때 그렇게 뛰어난 재능을 보였던 아이치고는 너무 평범한 성적이었다. 그런데 대학 교정에서 딜런을 보니 대학에서는 틀림없이 잘하리라는 확신이 들었다.

그날 저녁에 톰과 나는 콜럼바인고등학교의 부모-교사 모임에 갔다. 그 전주에 중간 성적표를 받았는데 딜런의 미적분과 영어 성적이 뚝 떨어졌다. 대학 합격 통지를 받은 뒤에 졸업반 아이들이 공부를 놓아버리는 '말년병장' 증상이라고 생각하긴 했지만, 그래도 선생님의 의견을 들어보고 싶었다.

미적분선생님은 딜런이 수업시간에 졸기도 하고 숙제를 몇 번 안 냈다고 했다. 전에도 딜런을 가르쳤었는데 좀 더 열심히 하면 좋을 텐데 실망스럽다고 했다. 딜런이 수업을 등한히 한다는 말을 들으니 기분이 언짢긴 했지만 놀라지는 않았다.

"혹시 선생님한테 버릇없이 구나요?" 내가 물었다.

선생님은 재미있다는 듯 대답했다. "아뇨, 딜런이 그럴 리가요. 딜런은 그럴 아이가 아니에요."

나는 다른 아이들보다 한 살 어려서 철없이 행동하는 건 아닐까, 아니면 대학에서 다시 하려고 이번에는 손을 놔버린 걸까 하는 추측을 내놓다가, 내가 딜런의 변명을 해주고 있는 것 같아 그냥 입을 다물었다.

수학선생님에게 딜런이 애리조나대학교에 합격했다고 말하자 선생님은 그랬냐면서 약간 놀란 듯한 반응을 보였다. 애리조나 주 다른 대학에도 붙었다고 하자 웃으며 이렇게 말했다. "아, 거기는 UCLA에서 쫓겨난 운동부 애들이 가는 곳이에요." 수학선생님이 한 말을 딜런에게 전하자 딜런은 그 학교를 구경 가겠다는 계획을 접었다. 선생님이 앞으로 수업에 빠지지 않고 밀린 숙제를 제출하면 낙제는 면할 것이라고 하여 면담이 마무리되었다.

다음에는 딜런의 영어선생님을 만났다. 이 선생님이 바이런도 가르친 적이 있어 특히 가깝고 편하게 느껴졌다. 중간 성적표가 나간 뒤에 딜런이 밀린 숙제를 제출해 성적이 D에서 B로 올라갔다는 말을 듣고 안심했다. 선생님은 또 딜런의 글쓰기를 칭찬했다. 톰과 나는 놀라면서도 기분이 좋았다. 우리는 늘 딜런은 수학을 잘하고 언어적 재능은 바이런에게 있다고 생각했던 것이다.

칭찬을 하고 난 다음에 대화의 톤이 바뀌었다. 선생님은 딜런이 걱정스러운 글을 제출한 적이 있다고 했다.(톰은 선생님이 "충격적"이라는 단어를 썼다고 기억한다. 그래서 성적인 내용의 글인가 생각했다고 한다.) 자세히 말해달라고 하자 선생님은 주제가 어둡고 좋지 않은 표현이 있었다고만 했다. 선생님은 딜런의 작문이 왜 부적절한지를 설명하기 위해서 에릭이 쓴 글을 예로 들었다. 에릭은 총에서 발사된 총알의 일인칭 관점에서 글을 썼다. 에릭의 글이 폭력적일 수는 있지만 교실에서 읽자 아이들이 재미있게 들었다고 한다. 하지만 딜런의 글은 그냥 암울했다. 어떤 유머도 담겨 있지 않았다.

이 글에 대한 선생님의 평가를 나는 1년 뒤에야 읽을 수 있었는데 이렇게 적혀 있었다. "비속어를 사용해서 불쾌함을 느꼈음. 수업시간에 $!?* 쓰는 방법에 대해 이야기했었지? 점수를 주기 전에 글의 내용에 대해 이야기를 하고 싶구나. 네 글이 보통 아주 좋은데 이 글에는 문제가 있어."

나는 가해자의 엄마입니다

면담 도중에 톰이 물었다. "우리가 걱정해야 할 만한 일인가요?"
선생님은 자기가 신경 써서 보고 있다고 말했다. 딜런에게 다시 써오
라고 시켰고 원본은 딜런의 상담교사에게 보여줄 생각이라고 했다.
나는 뭔가 후속 조치 없이 회의를 끝내는 일이 없는 사람이라 이렇
게 물었다. "그러니까, 문제가 있다고 생각되면 선생님이나 상담선생
님이 우리에게 알려주실 거죠?" 그럴 것이라고 했다.

영어선생님은 우리에게 말한 대로 그 글을 상담교사에게 보였고,
상담교사가 잘못된 언어 사용에 대해 딜런을 나무랐다고 한다. 참사
이후에 상담교사를 만날 기회가 있었는데 그는 자기가 위험의 씨앗
을 보고도 알아보지 못한 것에 충격을 받은 상태였다. 나는 여러 전
문가들에게 오늘날 공립학교 위협 평가 시스템이 딜런의 글에서 (혹
은 에릭의 글에서) 위험을 감지할지 물어보았는데 합치된 의견이 나오
지 않았다. 그러니 둘 다 눈에 뜨이지 않고 넘어갈 수 있다. 십대 남
자아이들은 총과 폭력에 대한 충격적인 글을 쓰기도 한다. 하지만
위협 평가가 제대로 이루어지려면 이질적인 단서들을 취합하여 전
체적인 그림을 그려야 하는데, 딜런의 체포, 3학년 때 정학, 심란한
글 모두를 합하면 붉은 깃발 신호가 만들어지기에 충분하다.

그런데 우리는 그 글을 붉은 깃발로 보지 못했다. 게다가 그 뒤
에 이어진 다른 일이 그 일의 상대적 중요성을 희석시켰다. 영어선생
님을 만나려고 기다리는 다른 사람이 없었기 때문에 우리는 계속
앉아서 이야기를 나눴다. 나는 X세대와 Y세대 아이들이 어떻게 다
른가 하는 발표에서 들은 이야기를 했다. 학구의 언어 교육 과정에

대해 이야기하고 필독서인『오언 미니를 위한 기도(*A Prayer for Owen Meany*)』에 대해서도 이야기했다.

우리 셋이 대략 비슷한 또래여서 베트남 전쟁 동안에 보낸 어린 시절이 어땠는지 담소를 나누었다. 그러다가 선생님이 어떤 이야기를 들려주었다. 선생님이 교실에 1960년대 히트곡인 포크송「포 스트롱 윈즈(*Four Strong Winds*)」레코드를 가지고 왔었다. 이 노래는 이주 농장 노동자들의 고생을 담은 노래라 들을 때마다 눈물이 난다고 했다. 그런데 노래를 들려주자 학생들이 웃음을 터뜨렸다.

톰과 나는 걱정스레 고개를 앞으로 내밀며 물었다. "딜런도 웃었어요?" 선생님이 그랬다고 했다. 무척 실망스러운 일이었다. 딜런은 우리와 고전 영화를 자주 보니 그렇게 무지하지는 않을 거라고 기대했다. 톰과 나는 아이들의 무감함에 사과했고 셋이서 공원 벤치에 앉은 늙은이처럼 요즘 젊은이들은 왜 이런지 모르겠다고 한탄했다. 우리는 따스한 악수를 나누며 헤어졌다.

집에 돌아오는 길에 톰과 나는 딜런의 글이 아니라 노래에 대한 반응을 두고 이야기를 나눴다. 선생님이 자기를 감동시킨 작품을 같이 나누고자 하는데 딜런이 웃었다는 사실이 마음에 걸렸다. 톰은 오래된 책, 과학 잡지, 자동차 부품을 버리지 못하는 사람이라 항상 집에 쓰레기가 쌓여 나는 늘 불만이었다. 하지만 그날만은 톰이 낡은 레코드를 꺼내오는 걸 보고 톰의 기벽이 고맙게 느껴졌다. 우리는 차 한 잔을 들고 거실에 앉았고 그 노래의 감상적인 후렴구에 푹 빠졌다.

나는 가해자의 엄마입니다

톰은 딜런에게 가르침도 주고 장난도 칠 기회라고 생각했다. 딜런의 차가 들어오는 소리를 듣자 톰은 레코드를 틀 준비를 해놓았다. 딜런이 들어와서 우리가 선생님들과 면담한 이야기를 했다. 톰은 작문 숙제 이야기를 기억해내고 우리에게 보여달라고 했다. 나는 그다음 날 아침이 되기 전에는 작문 이야기를 꺼내지 않은 것 같다. 이야기를 나누다가 톰이 레코드를 틀었다. 딜런이 배경에 깔리는 노래를 알아챘다. 장난에 걸려든 걸 깨닫고 딜런이 웃기 시작했다.

"왜 이 **끔찍한** 노래를 틀어요?!"

"이 노래가 왜 끔찍한데?" 내가 물었다. 딜런은 소리가 "이상하다"고 했다. 우리는 이 노래가 무슨 내용인지 말해주었다. "열린 마음으로 한번 들어봐라." 톰이 말했다. 딜런은 말없이 노래를 끝까지 들었다. 끝나고 나자 그렇게 나쁘지는 않다고 인정했다.

우리는 딜런에게 선생님이 얼마나 상처를 받으셨는지 이야기하고 다른 사람의 감정을 존중하는 게 중요하다고 말했다. 딜런은 웃은 건 잘못이었다고 시인했다. 잠시 뒤에 우리 셋은 소파에 모여 앉아 우리가 가장 좋아하는 영화 중 하나인 앨프리드 히치콕 감독의 「현기증」을 같이 봤다. 잘 시간이 되어 자러 가면서 우리는 우리가 줄 수 있는 최선의 가르침을 줬다고 생각했다. 딜런이 우리 말에 정말 귀를 기울였는지 아니면 그런 척한 건지 나는 영원히 모를 것이다.

다음 날 아침 딜런에게 영어 작문을 보여달라고 했다. 차에 있는데 지금 찾을 시간이 없다고 했다. 나는 "그래, 오늘 학교 갔다 와서 보여주렴. 언제 집에 올 거니?"라고 물었다. 딜런은 "오늘 아르바이트가 있어서 시간이 없어요." 나는 '핑계 대지 마라'는 뜻의 눈빛을 쏘아주고는 단호하게 말했다. "나는 봐야겠다. 오늘 밤 집에 와서 보여주면 되겠구나." 딜런은 그러겠다고 했다. 하지만 저녁 때에는 톰도 나도 작문에 대해 그냥 잊고 말았다.

이렇게 흐지부지 넘어가는 게 나답지 않은 일인데 사실 까닭이 있었다. 나는 딜런이 심리적으로 건강한 사람이라고 철석같이 믿었다. 그 글에 깊은 내면의 문제가 드러나 있을 것이라고는 생각하지 않았던 거다. 거친 표현과 섬뜩한 주제가 담겨 있다는 건 알았지만 영어선생님과 상담교사가 그 문제에는 적절히 대처하리라고 믿었다. 사실 걱정보다는 딜런의 글쓰기 솜씨를 보고 싶은 생각이 더 컸다.

마침내 딜런의 글을 읽게 된 것은 딜런이 죽고 1년 뒤였다. 보안관 사무소에서 우리에게 돌려준 물건 가운데 이 글을 복사한 종이가 있었다. 검은 옷을 입은 남자가 학교에서 인기 있는 아이들을 죽인다는 내용으로 불편함을 주는 건 사실이었다. 하지만 만약 딜런이 죽기 전에 내가 그걸 읽었다고 해도, 나도 예술가인데 창작물을 위험의 징후로 읽을 수 있었을지 의심스럽다. 불쾌한 예술적 표현이라 할지라도 감정을 다루는 건강한 방법일 수 있다. 십대 남자아이들이 그토록 숭앙하는 폭력을 나는 혐오하지만(나는 도무지 「펄프 픽션」을 끝까지 보고 앉아 있을 수가 없다.) 딜런이 폭력을 현실로 만들 수 있으리라고는 상상하지 못했다.

나는 가해자의 엄마입니다

＊＊＊

그해 봄, 바쁜 일이 없고 주변 세상이 천천히 돌아갈 때에는 딜런이 생각에 잠긴 듯 멍하게 있는 모습을 종종 보았다. 총격 사건 한 달쯤 전 어느 오후에 딜런이 소파에 앉아 빈 공간을 우두커니 응시하는 모습을 보고 다가갔다.

"요새 왜 이렇게 조용하니. 괜찮니?"

딜런이 일어나며 말했다. "네, 그냥 피곤하고 숙제가 많아요. 방에 올라가서 숙제하고 일찍 자야겠어요."

"그래." 내가 말했다. "간식 좀 만들어줄까?" 마지막 나날에 딜런은 많이 야위기도 했다. 집에서는 잘 먹었지만 집 밖에서도 잘 챙겨 먹는지 알 수 없어서 간식으로 프렌치토스트나 오믈렛을 만들어주곤 했다.

딜런은 고개를 젓고 위층으로 올라갔다. 나는 부엌 정리하던 일로 돌아갔다. 내가 키운 아이를 믿었고, 무슨 일이 있다면 언제라도 엄마한테 말할 수 있을 거라 확신했고, 때가 되면 스스로 입을 열 거라고 자신했다.

뭔가 문제가 있다는 걸 몰랐던 것은 아니다. 다만 그게 생사가 걸린 문제라고는 상상하지 못했다. 그냥 딜런이 울적해 보여서 걱정했을 뿐이었다.

참사 이후로 이날의 대화를 다시 떠올려보지 않는 날이 단 하루도 없다. 그럴 때마다 나는 딜런의 뒤를 따라 계단을 올라간다. 멍한 표정(자살연구가 토머스 조이너는 "1000야드 시선"이라고 부른다)은 자살이 임박했다는 경고 증상인데 놓치기가 아주 쉽다. 수백 번도 넘게 나는 딜런에게 묻고 달래고 구슬리고 매달린다. '무슨 일이 있는지 말해줘. 기분이 어떤지 말해줘. 뭐가 필요한지 말해줘. 내가 어떻게 도울 수 있을지 말해줘.' 딜런의 방에 떡 버티고 서서 딜런이 속 이야기를 할 때까지 방에서 나가지 않겠다고 하는 상상도 한다. 이런 공상들은 언제나 딜런을 내 품에 안고, 무어라고 말해야 할지 어떻게 딜런에게 필요한 도움을 줄지를 뚜렷이 알게 되며 끝이 난다.

* * *

내 쉰 살 생일날 근무를 마치고 친구와 한잔하기로 약속을 했다. 톰에게 늦어도 걱정하지 말라고 말해두었다. 다른 친구들도 올 듯한 느낌을 받았기 때문이다. 예상대로 식당에 가까운 친구와 동료들 여남은 명이 모여 있었다. 게다가 톰도 있었다. 알고 보니 톰이 꾸민 일이었다. 톰이 이렇게 마음을 써주다니 감동이었다.

친구들과 앉아서 이야기를 나누는데 톰이 귀에 대고 안주를 너무 많이 먹지 말라고 말했다. "저녁식사 예약을 해뒀거든." 톰이 작은 소리로 말했다.

딜런과 바이런이 집에서 외출 준비를 하고 기다리고 있었다. 바이런은 화분을 선물했고 딜런은 CD를 줬다. 루스와 돈이 식당으로 와서 또 한 차례 깜짝 선물이 되었다. 그날 밤 나는 말할 수 없이 행복했다. 수평선 너머에 처참한 재앙이 기다리고 있다는 사실은 전혀 모른 채로.

식당에서 나가기 전에 돈이 사진을 찍었다. 딜런은 저녁 내내 조용했다. 원래 사람들이 모인 곳에서는 대개 거북하고 불편해하지만 이날은 눈에 뜨이게 더 그랬다. 하지만 예의 발랐고 늘 그러듯 맛있는 음식에 만족스러워했다. 딜런이 죽고 난 다음에 보게 된 그 사진에서는, 딜런의 표정이 짜증난 듯 보인다.

다음 날 아침 일찍 셋이서 애리조나로 출발했다. 전날 몇 시간 못 잤지만 톰과 딜런과 같이 시간을 보낼 수 있어 기대가 컸다. 둘째 날에는 톰이 딜런에게 운전대를 넘겨주었다. 이번 기회에 딜런이 고속도로 운전에 익숙해지기를 바랐다. 처음 몇 시간 동안은 고문이었다. 딜런은 안경을 삐딱하게 쓰고 야구모자는 뒤로 둘러쓰고 운전석을 거의 눕다시피 뒤로 젖힌 다음에 왼손 검지손가락만 가지고 운전을 했다. 나는 뒷좌석에 앉아 문손잡이를 꼭 잡고 속으로 기도를 하다가 결국은 딜런에게 속도를 줄여달라고 했다. 톰은 우리 둘 다 진정하라고 말했지만 평소와 달리 자진해서 안전벨트를 맨 게 눈에 들어왔다.

딜런의 운전이 조금씩 나아져서 결국 몇 시간째 운전을 맡았다. 마침내 나도 잠이 들었다. 깨어보니 딜런이 전문가가 되어 있었다. 운전을 칭찬했더니 좋아하는 것 같았다. 내가 더 이상 잔소리를 안 해서 다행이라고 생각했던 건지도 모르지만. 딜런이 이어폰으로 테크노 음악을 듣고 있었는데 톰이 우리에게도 음악을 들려달라고 했다. 톰은 재즈를 좋아하고 나는 클래식을 좋아하는 편이지만 딜런이 튼 음악이 의외로 들을 만해서 우리 둘 다 놀랐다. 콜로라도의 산지가 사라지고 사막이 나타나자 우리 세 사람 다 들떴다. 운전을 톰과 교대하자 딜런은 카메라를 들고 차창 밖으로 경치 사진을 찍으며 사막에 있는 학교에 가게 되어 신난다고 다시 말했다.

우리 여행은 성공적이었고 여행이 끝날 무렵 딜런은 애리조나대학교에 가겠다고 결심을 굳혔다. 다른 학교도 들러볼 예정이었지만 그냥 생략하고 바로 집으로 출발하기로 했다. 주유소에 기름을 넣으러 들렀다가 키가 딜런의 세 배는 되는 사와로 선인장 옆에서 포즈를 취하고 사진을 찍었다. 딜런이 죽은 뒤에 현상한 그 사진 속에서 딜런은 어쩐지 아득하고 단정치 못하게 보인다. 두 팔을 어색하게 옆으로 펴고 있는데, 지금 내 눈에는 마치 보이지 않는 총을 쥐고 있는 듯 보인다. 호텔에 들어와 딜런은 자기 방에서 영화를 보고 톰과 나는 일찍 잠자리에 들었다.

다음날 아침, 호텔 조식을 먹으러 나가는 길에, 딜런이 가장 아끼는 낡은 야구모자를 긴 머리카락 위에 눌러 썼다. 나와 같이 만든 모자다. 딜런이 너무 낡아서 못 쓰게 된 다른 보스턴 레드삭스 모자에서 'B'를 조심스레 잘라냈고 내가 그 글자를 새 모자 뒤쪽에 꿰매주었다. 그래서 모자를 뒤로 써도 로고가 보인다. 모자가 꽤 그럴듯하게 만들어져서 딜런은 어딜 가든 이 모자를 꼭 챙겼다.

톰은 1950년대 기준의 복장을 갖추어 입고 나와서는 딜런에게 호텔 조식 식당에 갈 때는 모자를 벗으라고 했다. 딜런은 휴가 중인데 뭐 어떠냐며, 자기가 모자를 쓰든 말든 누가 신경 쓰냐고 했다. 나는 톰에게 사소한 일에 땀 빼지 말라고 눈총을 주었지만 톰의 권위를 흔들고 싶지는 않았기 때문에 짐을 쌌다.

"차에 가서 둘이 문제 해결할 때까지 기다릴게."

자동차 열쇠를 챙겨 오지 않아서 추운 겨울 아침에 후드에 기대서 있어야 했다. 톰이 일요일에 교회에 갈 때 늘 아이들한테 셔츠를 바지 안에 넣고 구두를 닦으라고 하던 게 생각났다. 정작 목사님 애들은 티셔츠에 청바지 차림으로 교회에 오는데 말이다. 나는 톰이 고작 모자 가지고 잔소리를 하는 것에 화가 났다. 지금까지도 화가 안 풀린 것 같다.

마침내 딜런이 모자를 벗고 혼자 차로 왔다. 나는 네가 맞다고 생각한다고, 모자 써도 나는 상관없다고 말하고 싶었지만, 그냥 이렇게만 말했다. "아침을 이렇게 시작해서 안됐구나. 모자를 안 쓰기로 했나 보네." 딜런은 피곤한 기색이었지만 이 일로 더 이야기하고 싶지 않은 듯했다. "싸울 만한 일도 아니에요. 별것도 아닌 걸요."

솔직히 놀랐다. 열일곱 살 아이라면 좀 더 툴툴거리고 불평을 할 법도 했다. "와, 딜런, 대단하구나." 나는 싸움에서 물러나는 태도를 성숙함으로 오해했다. 화를 잘 다스린다고 칭찬했지만, 지금은 딜런이 그때 발을 구르고 소리를 질러서 몸 안에서 끓는 분노를 나에게 드러냈더라면 얼마나 좋았을까 생각한다. 어쩌면 그때는 이미 이도 지도 아무 의미 없다고 생각하고 있었던 걸까.

집으로 돌아오는 길에 이상한 일이 한 가지 더 있었다. 그때는 톰도 나도 딜런이 빨리 친구들한테 돌아가고 싶어서 서두르는 거라고만 생각했었다. 우리 셋이 간단히 끼니를 때우려고 푸에블로에 있는 맥도날드에 들렀다. 십대 여러 명이 벽 쪽에 있는 테이블 몇 개를 차지하고 있었다. 햄버거 포장을 막 벗긴 순간 딜런이 몸을 앞으로 숙이고 속삭이듯 작은 목소리로 다급하게 말했다. "여기서 나가요. 저애들이 날 비웃어요." 나는 그쪽을 돌아보았다. 십대들이 깔깔거리고 소리를 지르며 신나게 놀고 있었지만 우리 쪽에는 신경도 쓰지 않는 것 같았다.

"걱정 마, 딜런. 아무도 안 봐." 내가 말했다. 그건 그렇고 다른 사람 시선을 끌기 싫은 사람이 왜 바닥에 끌릴 정도로 긴 가죽 코트를 입고 다니나? 그런데 딜런이 점점 더 확고하게 말하며 피해망상이라도 발동한 듯 신경도 쓰지 않는 아이들 쪽을 흘긋흘긋 돌아보았다. 딜런이 하도 불편해서 우리는 햄버거를 마구 쑤셔 넣고 서둘러 나왔다. 우리가 나올 때에도 십대들은 돌아보지도 않았다. 그 뒤 집에 오는 길에는 아무 일도 없었다.

여행에서 돌아온 뒤 딜런은 바로 친구들과 활발히 어울려 놀았다. 네이트가 와서 자고 갔다. 어느 날 저녁, 딜런이 로빈과 같이 미적분 공부를 하고 나서 나에게 프롬에 필요한 비용을 지원해줄 수 있냐고 물었다. 딜런이 프롬에 관심이 있다니 놀라운 일이었다. 나중에 친구들이 자기들도 놀랐다고 했다. 딜런 자신도 재미있어하는 것 같았다.

나는 가해자의 엄마입니다

이튿날인 3월 30일 저녁에 나는 졸업준비 부모 모임에 참석했다가 주디 브라운을 만났다. 브룩스의 차에 에릭이 눈을 던진 일 때문에 전화 통화를 한 지 벌써 1년이 넘었고 학교 연극에서 간간이 얼굴만 마주쳤기 때문에 오랜만에 수다를 떨었다. 대화는 우리 둘 다 좋아하는 그림 이야기로 흘러갔다. 내가 다니는 인체 드로잉 모임, 주디 브라운이 들은 수업 이야기 등. 내 차에 있던 그림 몇 장을 보여주고 우리는 헤어졌다. 둘 다 에릭 이야기는 꺼내지 않았다.

* * *

자살로 자식을 잃은 사람들이 흔히 받는, 가장 고통스러운 질문 가운데 하나가 자식을 안아주곤 했느냐는 것이다. 이 질문을 받으면 가슴 아픈 까닭은 너무나 당연한 것을 묻기 때문이기도 하지만(수천 번밖에 안아주지 않았지. 제 자식을 안아주지 않는 엄마도 있나?) 내 경우에는 어떤 특정한 사건, 어떤 포옹 때문에 더욱 마음이 아프다. 딜런이 죽기 2주 전에 있었던 일이다.

어느 오후에 계단 아래에서 딜런과 마주쳤다. 나는 자연스레 딜런의 몸에 팔을 둘렀다.

"사랑해." 내가 말했다. "넌 정말 멋진 사람이고 아빠도 나도 네가 자랑스럽단다." 딜런은 왼손을 내 등에 닿을락 말락 살짝 올려놓았다. 우리는 서로 우스꽝스러울 정도로 공들여 칭찬하면 장난으로 오만하게 답례하는 장난을 치곤 하는데, 딜런이 그런 식으로 응답했다. 하지만 나는 진심으로 한 칭찬을 딜런이 농담으로 여기지 않기를 바랐기 때문에 딜런의 야윈 턱을 두 손으로 잡고 눈을 똑바로 들여다보았다.

"장난 아니야. 진심이야. 정말로 사랑해. 너는 정말 멋진 사람이고 아빠와 나는 널 자랑스러워해."

딜런은 당황한 듯 고개를 숙이고 고맙다고 웅얼거렸다.

오랜 세월 동안 나는 이 장면을 되풀이해서 재생해보았다. 반복하다 보면 왜곡될까 두려워 여기에 적어놓는다. 지금은 영화의 한 장면처럼 볼 수 있다. 두 사람이 복도에 서서, 딜런의 손이 내 등허리에 있고, 나는 손을 뻗어 딜런의 얼굴을 잡고 있다. 그때의 기억, 그리고 그때 딜런이 대체 무슨 생각을 하고 있었는지 오늘날까지도 나는 전혀 모른다는 것이 나의 가장 고통스러운 상처 가운데 하나다.

* * *

4월 4일, 늦었지만 부활절과 유월절 축일을 합한 저녁 정찬을 하기로 막판 결정을 내렸다. 어릴 때 우리 집에서 종종 그랬듯 두 명절을 합해서 축하하면 되겠거니 생각했다.

딜런한테 말했더니 짜증스러운 기색으로 웃었다. 무슨 농담이라도 들은 듯 자기는 참석하고 싶지 않다고 대답했다. 내가 다시 생각

　　　　　　　　　나는 가해자의 엄마입니다

해보라고 하자 알겠다고 했다. 나는 종일 부엌에서 요리를 하며 행복한 날을 보냈고 이웃 사람이 와서 함께 저녁을 먹었다. 예배 절차를 끝까지 하지는 않았지만 그래도 좋은 시간이었다.

4월 초에 톰의 생일이 되어 가족들이 모여 퐁듀를 먹으러 갔다. 형제끼리 시간을 좀 보낼 수 있게 바이런과 딜런이 한 차를 타고 톰과 나는 다른 차를 탔다. 이때가 바이런이 동생과 단둘이 보낸 마지막 순간이었다. 바이런은 나중에 이때 딜런이 정말 아무 일도 없는 것처럼 굴었다며 울었다.

저녁을 먹는 동안 주로 바이런이 내내 이야기했다. 딜런이 하도 조용해서 나는 딜런이 충분한 관심을 못 받고 있는 것 같아 마음이 쓰였다. 한 아이가 다른 아이보다 사랑을 덜 받는다고 느끼지는 않을까 하는 것은, 많은 부모들이 늘 하는 걱정이다. 딜런도 몇 마디 농담을 던졌고 나는 딜런이 한 어떤 말이 어찌나 우스운지 저녁 내내 웃었다. 그런데 나중에 그 농담이 무엇이었는지 기억이 나지 않았다.(톰과 바이런에게도 물어보았지만 생각이 안 난다고 했다.) 더 많은 관심을 쏟았어야 했는데 그러지 않았다고 생각하니 가슴이 무너졌다.

저녁 먹고 우리 네 사람은 다시 집으로 와 집에서 구운 케이크를 먹으며 선물을 뜯어보았다. 나는 톰에게 조그만 콘크리트 벤치를 선물했다. 관절에 무리가 가지 않게 앉아서 가장 좋아하는 꽃들을 돌보라고 한 선물이었다. 두 아들이 내 차 트렁크에 실려 있던 벤치를 가볍게 정원으로 날라주었다. 바이런은 CD를 선물했고 딜런은 작은 시가 한 박스를 선물했다. 여러 해 동안 톰은 딜런의 생일마다 딜

콜럼바인 사고 3주 전
딜런과 식구들 모두 동네 식당에서 외식을 했다.
(클리볼드 가족 제공)

런을 생각하며 이 시가를 한 대씩 피웠다.

참사가 발생하기 나흘 전, 나는 친구와 덴버 미술관에서 툴루즈
로트레크 전시를 봤고 톰과 딜런은 애리조나대학교 지도를 연구하
며 캠퍼스 중심에서 가장 가까운 기숙사가 어디인지, 어느 방이 가
장 큰지 알아내려고 고심했다. 그러고 나서 딜런은 턱시도를 찾아왔
다. 딜런은 턱시도가 구겨지지 않게 가방에 든 채로 옷장 문에 걸어
놓았다. 나중에 지하실 테이프의 한 장면에서도 배경에 턱시도가 걸
려 있는 모습을 볼 수 있었다.

톰과 나는 딜런이 그 주에 좀 불안해하는 걸 느꼈다. 프롬 때문에
긴장한 거라고 생각했다. 딜런의 파트너 로빈이 교회 관련 일 때문에
다른 주에 갔다가 그날 오후에 덴버로 돌아오게 되었는데 비행기 시
간이 빠듯했다. 딜런이 꽃을 고르고 저녁 먹고 차로 이동하고 하는
계획을 스스로 세워야 했는데 그런 일에 워낙 경험이 없었다.

그 주 금요일에 딜런이 에릭이 와서 자고 가도 되냐고 물었다. 우
리는 그러라고 했다. 그런데 몇 주 전에 네이트가 와서 자고 간 뒤에
손님방을 치우지 않았고 우리 병든 고양이 로키가 그 방에 토해놨
기 때문에 톰과 내가 진공청소기를 위층으로 끌고 가서는 딜런에게
친구가 오기 전에 네 방과 화장실을 치우라고 했다.

딜런은 우리가 청소를 가지고 법석을 떠는 걸 보고 짜증을 냈다.
방이 더럽든 아니든 에릭은 신경도 안 쓴다고 했다. 나는 딜런의 항
의를 묵살했다. "에릭은 신경 안 쓸지 몰라도 우린 신경 써. 네가 네
방 치우면 아빠가 화장실 청소하고 내가 손님방을 치울게. 다 같이

하면 금방 끝나." 몇 분 뒤에 딜런이 얼른 다녀올 데가 있다며 집 밖
으로 나갔다. 나는 딜런이 늑장을 부린다고 생각하고 눈을 부라렸
다. 실은 우리에게 보이고 싶지 않은 무언가를 숨기려고 나갔을 것
이다. 딜런이 돌아온 뒤에 우리는 청소가 잘되어가나 보려고 가끔씩
딜런의 방 안을 들여다보았다. 이상한 것은 눈에 뜨이지 않았다.

밤 10시쯤 에릭이 왔을 때 나는 이미 잠자리에 든 뒤였다. 에릭이
들기 힘들 정도로 무거운 커다란 더플백을 가져 왔다. 에릭이 무거운
짐을 문지방 너머로 끌고 들어오는 걸 보고 톰이 인사를 했다. 딜런
이나 친구들이 툭하면 컴퓨터나 비디오장비 같은 것들을 서로의 집
으로 끌고 가곤 했기 때문에 톰도 그 가방을 보고 별 생각을 안 했
다고 한다. 톰은 딜런과 에릭에게 배고프면 간식 챙겨 먹으라고 말
하고 밤 인사를 하고 잠자리에 들었다.

우리는 깨지 않고 푹 잤다. 아침을 차리려고 나가보니 에릭은 벌
써 가고 없었다. 손님방을 치운다고 그렇게 법석을 했는데 침대에 누
운 흔적도 없었다.

* * *

딜런의 프롬 준비를 하는 데에 우리 모두 집중했다. 정말 재미있었
다. 앨리슨이 건너왔고 같이 사진을 찍었다. 로빈과 딜런이 6시쯤에
떠났다. 신나는 밤이 기다리고 있을 거다.

나는 가해자의 엄마입니다

4월 17일 토요일, 톰과 나는 딜런의 프롬 준비를 거들려고 대기 중이었다.

딜런은 전날보다 훨씬 침착해 보였다. 긴장하지 않았다는 걸 나한테 보여주려고 일부러 그러는 것 같았다. 로빈이 공항에 제시간에 도착하지 못할까 봐 걱정되냐고 묻자 딜런은 어깨를 으쓱하고 말했다. "별것도 아닌데요. 되면 되는 거고. 안 되면 안 되는 거고. 걱정 안 해요."

오후 늦게, 딜런이 샤워를 하고 머리가 아직 젖은 채로 턱시도를 들고 전신거울이 있는 안방으로 왔다. 정장은 처음 입어보는 거라 입는 법을 톰이 알려주어야 했다. 검은 양말과 체크무늬 사각팬티에 앞쪽에 빳빳한 주름이 잡혀 있는 눈부시게 흰 셔츠를 입고는 어색해했다. 딜런이 제 아비보다 훌쩍 커서 굽어보는 것 같았다. 실제로는 5센티미터 정도 차이가 날 뿐이지만.

톰이 어설프게 조그만 금속과 플라스틱 조각들을 무수한 단춧구멍에 끼워 넣는 동안 딜런은 인내심 있게 서 있었다. 톰이 보타이를 가지고 끙끙대자 딜런이 자기가 하겠다고 가져갔다. 두 사람이 머리를 모아 결국에는 어떻게 매는지 알아냈다.

나는 침대에 앉아 구경하면서 딜런에게 우리가 좋아하는 영화 「캣 벌루」에서 서부 멋쟁이 차림을 한 리 마빈 같다고 말했다. 딜런과 톰이 같이 웃었다.

내가 카메라를 가져왔고 딜런은 몇 장 찍고는 곧 늘 그러듯 쑥스러워하며 피했다. 딜런 몰래 거울에 비친 모습을 찍으려고 했는데 딜런이 수건을 집어던져서 가려버렸다. 딜런이 죽고 몇 달 뒤에 그 필름을 현상했다. 언론에서 사진을 빼돌릴까 익명으로 필름을 맡겼다. 그 사진에서는 수건에 가려 딜런의 모습이 일부만 보이는데, 눈은 피곤한 기색이지만 장난스러운 웃음을 띤 모습이 포착되었다.

그해 내내 우리는 딜런에게 머리를 자르라고 했는데 소용이 없었다. 하지만 프롬에 갈 때는 내 고무줄로 머리카락을 하나로 묶으라고 했다. 딜런은 안경은 주머니에 넣고 알이 작은 선글라스를 꼈다. 우리 눈에는 딜런이 아주 멋있어 보였다.

우리 세입자 앨리슨이 건너 와서 우리 셋을 찍어주겠다고 했다. 그 사진에서 딜런은 까불면서 주랜더[벤 스틸러가 동명의 영화에서 맡은 톱 모델의 이름—옮긴이]처럼 전문 모델 흉내를 내고 있다. 딜런이 입은 정장의 날카로운 선이 우리가 입은 빛바랜 셔츠와 낡은 청바지와 무척 대조적으로 보인다. 딜런은 선글라스를 낀 채로 포즈를 취했다. 딜런은 죽기 전 몇 주 동안에 색이 짙은 선글라스를 쓸 때가 많았다. 지금 생각하면 그 뒤에 무언가를 숨기고 있었던 듯하다.

톰이 마침 비디오카메라를 충전해놓아서 로빈이 오기 직전에 딜런의 모습을 잠깐 찍었다. 톰과 딜런 사이의 대화는 좀 부자연스럽다. 두 사람 다 카메라를 의식하는 게 느껴진다. 하지만 우리는 프롬 직전에 찍은 이 비디오를 수도 없이 돌려보고 다른 사람들에게도 보여주었다. 딜런이 너무나 정상적으로 보인다는 사실이 충격적이다.

4학년 프롬이 있던 날 오후
로빈이 딜런의 셔츠에 꽃을 달아주고 있다.
총격 사건 사흘 전이다.
(클리볼드 가족 제공)

딜런과 톰은 가볍게 야구 이야기를 한다. 딜런이 불편한 턱시도 차림으로 자기 영웅 랜디 존슨의 투구 동작을 흉내 낸다. 톰이 어른이 되는 것에 대해 몇 마디 하자 딜런은 자기는 아이는 낳지 않을 거라고 한다. 톰이 마음이 바뀔지도 모른다고 하자 딜런이 말한다. "알아요, 알아요. 언젠가는 이때를 돌아보면서 '내가 무슨 생각을 한 거지?!!' 하겠죠?" 가슴이 턱 막힐 정도로 예언적인 말이었다. 딜런이 성가셔하는데도 톰이 계속 카메라를 들이대자 딜런은 옆에 있는 나뭇가지에서 눈을 한 줌 쥐어서 조그만 눈덩이를 톰에게 장난스레 던진다. 둘 사이의 애정이 느껴져 그 장면을 보면 가슴이 찡하다.

로빈이 짙은 청보라색 드레스를 입은 예쁜 모습으로 시간 맞춰 도착했다. 딜런이 로빈에게 코르사주를 선물했다. 로빈이 딜런의 옷깃에 장미를 꽂아주느라 낑낑대는 모습을 미소 지으며 바라보는 딜런을 톰이 카메라에 담았다. 나는 파파라치가 어쩌구 하는 농담을 하고 뒤에 주차된 차가 안 보이게 사진을 찍을 수 있도록 조금 옆으로 움직여달라고 했다. 딜런이 자기와 로빈은 그냥 친구 사이라고 했기 때문에, 딜런이 로빈의 어깨에 팔을 두르는 걸 보고 약간 놀라기도 하고 어쩐지 간지럽기도 했다.

톰이 찍은 동영상의 마지막 장면에서는 딜런과 로빈이 같이 카메라를 보며 웃는다. 그다음에는 둘 다 쑥스러운 듯 귀엽게 웃음을 터뜨린다.

나는 가해자의 엄마입니다

＊ ＊ ＊

　새벽 4시쯤, 프롬에 갔던 딜런의 차가 집에 들어오는 소리를 듣고 나는 딜런과 이야기하고 싶어서 자리에서 일어났다. 피곤했지만 그래도 이야기를 나누고 싶었다.

　계단참에서 마주쳤다. 딜런은 신나는 밤을 보내고 온 아이답게 지쳤지만 행복해 보였다. 늘 그렇듯 제 입으로 먼저 이야기를 하지 않으려 해서 질문을 쏟아부었다. 무얼 먹었는지, 누구와 어울려 놀았는지. 춤도 추었다는 말을 들으니 기뻤다. 딜런은 입장권 사고 옷 빌릴 돈을 대줘서 고맙다고 했다. 딜런이 평생 최고의 밤을 보냈다고 열렬하게 말하는 걸 들으니 놀랍기도 하고 기분이 좋았다.

　딜런에게 잘 자라고 입을 맞추고 내 방으로 돌아가려는데 딜런이 붙들었다. "보여드릴 게 있어요." 딜런이 주머니에서 스테인리스 술통을 꺼냈다. 위쪽에 깨진 부분을 솜씨는 없고 땜납은 많은 누군가 지저분하게 때워놓은 흔적이 있었다.

　"그게 뭐니?" 내가 물었다. "어디에서 났어?"

　딜런은 주웠다고 했다. 안에 뭐가 들었냐고 묻자 딜런이 페퍼민트 슈냅스가 들어 있다고 했지만 그 술이 어디에서 났는지는 말하지 않으려 했다. 내가 늘 읊는 술의 위험에 대한 잔소리를 늘어놓으려 하자 딜런이 손을 들어 내 말을 막았다.

　"저를 믿어도 되고 로빈을 믿어도 된다고 말씀드리고 싶었던 거예요. 오늘 밤에 마시려고 술을 담아놨어요. 아수 조금밖에 안 먹은 것 보이죠." 딜런은 나에게 술통을 주면서 자세히 살펴보라고 했다. 마치 마술사가 마술을 시작하기 전에 그러듯이. "처음에 조금 마시고 그 뒤에는 안 마셨어요. 보여요? 거의 차 있잖아요." 나는 술통이 거의 차 있다는 걸 알겠다고 했다.

"절 믿어도 된다고 말씀드리고 싶었어요." 딜런이 말했다. 나는 아직 약간 충격 받은 상태였지만 말해줘서 고맙다고 말하고 이렇게 덧붙였다. "너를 **믿어**." 그러고는 안심하고 잠자리에 들었다. 사실 술 한 번도 입에 안 대고 고등학교를 졸업하리라고 생각하지는 않았으니까. 게다가 나한테 먼저 말해주었으니 걱정하지는 않았다.

조용한 한밤에 있었던 엄마와 아들 사이의 이 사적인 순간을 그 뒤에 곰곰이 되새겨보았다. 돌아보면 나에게 그 술통을 보여준 게 딜런이 나에게 한 가장 잔인한 장난이 아니었나 생각이 들 때가 있다. 딜런이, 한편에서는 학살을 계획하고 있으면서 내가 자기를 믿도록 일부러 조종한 것인가? 나를 놀린 건가? 이러나저러나 며칠 안으로 죽을 생각이었다면 왜 나의 신뢰를 더욱 북돋으려 한 걸까? 내 믿음을 확인하고 싶었던 걸까, 아니면 내가 혹여 자기 방을 뒤질까 봐 쐐기를 박은 걸까?

이런 생각들을 정신과의사에게 이야기한 적이 있는데 의사는 이렇게 말했다. "딜런이 솔직했는지 아닌지 어떻게 알 수 있지요? 어쩌면 어머니에게 인정을 받고 싶었을지도 몰라요. 그 뒤에 있었던 일과는 무관하게요." 내가 영원히 알 수 없을 여러 일 가운데 하나다.

나는 가해자의 엄마입니다

* * *

프롬 다음 날 일요일, 딜런은 늦잠을 잤고 오후에는 에릭네 집으로 갔다. 엄청 피곤해 보였다. 금요일 밤에 에릭이 와서 자고 갔고 토요일에는 프롬 때문에 늦게 귀가했으니 그럴 만도 했다. 나는 야채 수프를 잔뜩 만들었는데 바이런은 약속이 있어 못 오고 딜런은 늦게 와서 톰과 둘이서 먹어야 했다. 4월 19일은 월요일이었는데 딜런이 저녁은 밖에서 먹을 거라고 말했다. 에릭과 스테이크하우스에 가기로 했다고 했다. 두 달 전에 에릭의 가족과 만났던 그 식당이다.

"무슨 날이야?" 내가 물었다.(딜런이 친구들과 밥을 먹을 때에는 보통 패스트푸드 식당에 가기 때문이다.) 에릭한테 쿠폰이 몇 장 있다고 했다. '하긴 특별한 이유가 있어야 하는 건 아니지.' 하고 생각했다. 3주 뒤에는 졸업이고 이제 삶의 다음 단계로 나아가려는 참이니 축하하고 싶을 만도 했다. 나는 딜런에게 즐거운 시간 보내라고 인사했다.

딜런이 8시 반쯤에 귀가해서 문에서 맞았다. "어땠어?" "좋았어요." 딜런은 흙 묻은 신발을 벗으며 말했다. 늘 정보를 조금이라도 더 얻고 싶은 나는 또 물었다. "저녁에 뭐 먹었어?" 딜런은 얼굴을 들더니 고개를 갸우뚱하며 '엄마 그만'하는 눈으로 나를 쳐다보았다. 스테이크하우스에 갔다는데 뭐하러 물어보느냐는 듯이. "스테이크요?" 딜런이 말했다. 우리는 같이 웃었다.

톰이 거실에서 책을 보고 있어서 내가 딜런에게 잠깐 우리와 거실에 있자고 했는데 딜런은 할 일이 많다고 했다. 이것저것 하느라 아마 저녁 내내 자기 방에 있을 거라고. 딜런은 여느 때보다도 더 우리를 피하려는 듯했고 빨리 자기 방으로 올라가고 싶어 했다. 나는 학년 말 숙제가 남았나 보다고 생각했다. 전화가 몇 차례 울렸고 딜런이 받았다. 그날 딜런에게 입을 맞추거나 방에 가서 잘 자라고 인사를 한 기억은 없다. 그 기억이 없는 것에 대해서 아직까지도 나 자신을 용서할 수가 없다.

다음 날 아침 아직 깜깜할 때 출근 준비를 하려고 자리에서 일어났다. 볼링 갈 시간이라고 부르기도 전에 딜런이 계단을 내려와 우리 침실 앞을 지나갔다. 나는 딜런이 나가기 전에 얼굴을 보려고 방문을 열었다. 집 안이 어두컴컴했다.

현관문이 열리는 소리가 들렸다. "딜런?" 내가 어둠 속에서 불렀다. "안녕." 그 한마디만 남기고 딜런은 가버렸다.

나는 가해자의 엄마입니다

15

부수적 피해

계속 살아야 할 이유를 전혀 모르겠다. 수요일에 유방암 검진을 받았다. 치명적인 병에 걸려서 "여기에서 벗어날 수 있으려면 얼마나 더 기다려야 해요?"라고 묻는 공상에 빠지기도 한다. 나는 세상에 아무 기여도 하지 않고 세상에서 어떤 기쁨도 느끼지 않는다. 어떤 아이를 재앙에서 구하고 그러다가 죽는 꿈, 테러리스트들에게 내 목숨을 바치고 비행기 승객들 전부를 다 구하는 꿈을 꾼다.

—2001년 1월 일기

딜런이 콜럼바인고등학교 학살을 일으키고 2년 가까이 지난 2001년 발렌타인데이에 나는 유방암 진단을 받았다.

어떤 면에서 놀라운 일은 아니었다. 핼러윈 의상 중에 도끼가 가슴에 꽂힌 것처럼 도낏자루가 삐죽 튀어나와 있는 의상을 본 석이 있는지? 내내 나는 그런 심경이었다. 가슴은 아이를 안고 젖을 먹이는 곳인데, 그 안에서 말 그대로 폭탄이 터진 것이다. 내 아들이 죽었고, 다른 사람 열네 명이 내 아들 때문에 죽었다. 부수적 피해가 나타나는 건 당연한 일이었다.

어릴 때부터 나는 늘 죽음의 공포에 시달려왔다. 유방암 진단을 받은 뒤에는 안 그래도 고공으로 치솟던 불안에 강렬한 죽음의 공포까지 더해졌다. 며칠 뒤에 톰이 나를 우리가 가장 좋아하는 동네 중국 식당에 데려갔다. 식사를 마치고 포춘쿠키를 열어보았는데, 내 것에는 아무것도 들어 있지 않았다.

담당의사가 조심스럽게 말했다. 암이 초기에 발견되었고 종양 크기가 작기 때문에 방사선 치료만 하고 화학요법은 생략할 수도 있을 것 같다고 했다. 참사 이후 슬픔과 불안 때문에 끝없이 위장 문제에 시달리면서 원래도 마른 편인데 몸무게가 10킬로그램 이상 줄었다. 비탄과 죄책감 때문에 내 육체적·정서적 샘이 완전히 말라버린 상태였다. 어떤 치료를 택할지는 나에게 달린 일이었지만, 의사가 입에 올리지 않은 진실은 이런 것이었다. 내가 너무 여위고 황폐한 상태라서 힘겨운 화학 치료를 버텨낼 수 있을 것 같지 않다는 것. 나도 하지 않는 쪽을 택했다.

우리 지역에 수전 G. 코멘 암환자 지원 프로그램이 있다. 유방암 진단을 받으면, 유방암을 이겨낸 사람이 집에 찾아와 정보를 주고 격려해준다.(미국자살예방재단에도 자살 유가족을 돌보는 비슷한 방문 프로그램이 있다. 나는 지금 우리 지역 지부위원회에서 활동하며 콜로라도에 이 프로그램을 도

나는 가해자의 엄마입니다

입하려고 준비하고 있다.) 자원봉사자가 나에게 가져다준 유방암 지원 모임 정보를 보고 나는 고개 저을 수밖에 없었다. **나에게 지원 모임이 필요한 건** 사실이었다. 하지만 암 때문은 아니었다.

방사선 치료 때문에 피로하고 몸이 좋지 않았지만, 새로운 일은 아니었다. 가족과 친구들과 의료진의 도움으로 나는 치료를 끝까지 마쳤다. 마지막 방사선 치료 때 병원 직원들이 서명한 카드를 선물로 받았다. 아마 어느 환자들한테나 다 주는 선물이겠지만 그 호의에 나는 허물어지고 말았다. 얼른 차로 달려가 혼자 울었다.

왜 우는지는 몰랐다. 돌봄을 받는 느낌이 너무 좋았기 때문이었을 것이다. 아니면 치료가 끝났기 때문에 이제 다시 딜런을 생각하며 슬퍼하고 딜런의 행동을 이해하려고 애쓰는 나날로 돌아가야 했기 때문일 수도 있다.

이상한 일이지만 암을 이겨낸 것에 대해서는 더 할 말이 없다. 그 일을 겪을 당시에 남 일처럼 무심했던 것은 아니다. 암을 치료했고, 치료가 잘되어서 감사했다. 그런데 회복되고 난 뒤, 이 장 첫머리에 실은 내 일기에서 내가 한 말은 사실이 아니라는 걸 깨달았다. 나는 죽고 싶지 않았다.

톰은 '딜런이 우리도 죽였더라면 좋았을 텐데, 혹은 우리가 아예 태어나지 않았더라면.' 하는 말을 자주 했었다. 나는 자면서 죽게 해 달라고 기도했다. 잠에서 깨어나는 고통, 이 모든 일이 끔찍한 악몽이 아님을 깨닫는 고통에서 조용히 해방되고 싶었다. 차에 앉아 있다 보면 내 목숨을 학교에서 죽은 사람들 목숨 대신 내줄 기회가 있으면 얼마나 좋을까, 나 자신을 희생해서 많은 사람들을 구할 기회가 생기면 얼마나 좋을까 하는 공상을 했다. 죽으면 이 모든 것에서 벗어날 수 있을 것이고, 다른 사람을 위해 죽을 수 있다면 내 비참한 생에도 의미가 생길 테니까.

유방암을 이기고 나자 내 삶을 선물이라고 볼 수 있게 되었다.(누구나 그럴 수 있어야 할 것이다.) 내 일, 앞으로 나아가는 것은 그 선물을 의미 있게 만드는 방법을 찾는 것이었다.

16

새로운 인식

가족을 잃은 사람들이 흔히 말하길 첫 번째 해보다 두 번째 해가 더 힘들다고 한다. 첫째 해에는 낯선 고통에 적응하고 하루하루를 버텨나가야 한다. 1년이 지나고 나야 물가가 눈에 들어오지 않는다는 걸 깨닫는다. 앞쪽도 뒤쪽도 텅 빈 바다고 눈에 보이는 건 끝없는 광막함뿐이다. 영원히 이러하리라는 걸 깨닫는다. 이제는 돌아갈 수 없다.

내 아들로 인해 많은 가족들이 같은 고통을 겪으리라는 것 때문에 나의 비통함은 더욱 커졌다. 비디오에서 본 딜런의 그 모습, 증오와 분노에 가득한 모습이 내가 그토록 사랑했던 장난꾸러기 아이의 기억과 씨름을 벌였다. 어떤 때에는 내 안에서 전쟁이 벌어지는 것 같았다.

몇 가지 도움이 되는 일이 있었다. 아직 그림을 다시 그리지는 못했지만 침대에 누워 내가 그림을 그린다는 상상을 할 때가 있다. 특히 나무를 그리는 상상을 했다.

나는 항상 나무를 사랑했다. 나무의 강인함과 옹이와 흉터와 마디, 무수한 상처와 그 안에 깃든 생명, 그리고 불평 없이 그늘과 산소와 먹을 것과 집과 연료를 내어주는 관대함이 나를 북돋았다. 나무는 땅에 깊이 뿌리박고 있으면서도 하늘을 향한다. 쉬지 않고 가지를 뻗는다. 나무는 친구 같았고 나무를 그린다는 생각이 내 마음이 머물 수 있는 안전하고 편안한 곳을 마련해주었다. 하지만 아직 종이에 연필을 갖다댈 수는 없었다.

유족들에게 꼭 필요한 두 가지 양분을 찾지 못했다면, 나도 내가 찾으려 했던 통합을 결코 이루지 못했을 것이다. 첫 번째는 동지를, 두 번째는 기여할 수 있는 방법을 찾은 것이다.

* * *

C를 만났다. C의 아들 D는 열두 살 때 학교에서 힘든 날을 보내고 스스로 목숨을 끊었다. 1년 반이 지났는데 C는 아직도 날마다 운다. 나는 집으로 오는 내내 엉엉 울면서 내가 얼마나 지원 모임을 간절히 원하는지를 깨달았다. 오늘 밤은 잠을 좀 잘 수 있게 고양이들을 내보내야겠다.

—1999년 7월 일기

나는 가해자의 엄마입니다

총격 사건 뒤 석 달도 되지 않았을 때에, 상사가 나를 대규모 지역 재활 전문가 회의에 보냈다. 나는 갈지 말지를 두고 고민했다. 직장 동료들 사이에서는 조금 편안해졌지만 더 넓은 세상으로 나갈 준비가 되었는지 자신이 없었다. 결국 주최측에 내 이름표를 등록 테이블 위에 올려놓지 말고 내가 달라고 할 때까지 뒤쪽에 두어달라고 부탁했다. 그 무렵에는 이런 사전 조치들이 일상이었다.

  내가 이름표를 달라고 하자 테이블에 앉아 있던 여자 한 명이 고개를 들었다. "수 클리볼드예요?" 하고 물었다. 나는 순간 긴장했다. 그렇지만 검은 머리의 예쁜 여자가 손을 뻗어 내 손을 잡았다. "저는 실리어예요. 그냥 지금 어떠실지 이해하는 사람들이 많다는 걸 말씀 드리고 싶었어요." 실리어의 목소리는 따뜻했지만 얼굴에 웃음기는 없었다. 다음 말을 듣고 그 까닭을 알았다. "제 열두 살 아들이 작년에 자살했어요." 실리어가 말했다.

  그동안 막대한 공감과 동정을 받았고 위로의 편지도 무수히 받았다. 친구들이나 동료들도 놀라울 정도로 잘 이해해주었지만, 그래도 나는 그들의 경험과 내 경험 사이에서 괴리를 느꼈다. 실리어가 내 손을 잡으며 "지금 어떠실지 이해하는 사람들이 많아요."라고 말하는 것을 들으니 다시 세상의 품에 들어온 듯 깊고 즉각적인 위로가 내 몸을 감쌌다. 아기가 엄마 품에 안기면 바로 울음을 그치듯이 말이다. 나는 실리어에게 잠깐 이야기 나눌 시간이 있는지 물었고 실리어는 반 시간 정도 뒤에는 등록 테이블을 비울 수 있다고 말했다.

  30분 동안은 그냥 허비했다. 한참 화장실에서 울다가 나와서 명한 상태로 돌아다녔다. 아이를 자살로 잃은 다른 엄마와 이야기하고 싶은 필요가 내가 생각했던 것보다 훨씬 컸다. 실리어가 손을 뻗었을 때 나는 떨어지는 사람이 밧줄을 잡듯이 그 손을 꽉 쥐었다.

우리는 호텔 로비 소파에 거의 한 시간을 앉아 손을 붙잡고 이야기를 나누었다. 나는 실리어가 법적 문제에 휘말리지 않도록 자세한 내용까지는 털어놓지 않으려고 조심했다. 그런 한편 실리어의 이야기가 내 가슴을 찢어놓았다. 그렇게 어린 아들을 잃다니! 적어도 나는 딜런이 장성한 모습은 볼 수 있었는데.

사랑하는 자식이 어떤 상태인지 전혀 몰랐던 엄마가 나 하나만은 아니라는 건 알았지만, 나처럼 자식을 자살로 잃은 누군가와 이야기를 나누면서 유대감을 느낄 기회는 거의 없었다. 실리어가 예쁘고 씩씩하고 현명하고 똑똑하다는 것, 어떤 상황에서건 내가 우러러볼 만한 여자라는 사실도 큰 도움이 되었다. 나도 모르게 자살에 대한 무지한 믿음들을 받아들이고 있었기 때문에 실리어가 교양 있고 정상적인 사람이라는 게 위안이 되었다.

우리는 눈물을 글썽이며 포옹하고 헤어졌는데, 실리어가 세상 그 어느 누구보다도 가까운 사람처럼 여겨졌다. 사람들은 "지금 어떤 심정일지 상상도 안 가요."라고 말하며 고개를 젓곤 했는데 옳은 말이었다. 원망하는 말이 아니라 사실이 그렇다. 이런 일을 겪는다는 걸 누가 상상이라도 할 수 있겠는가? 나라면 절대 못 했을 것이다. 주변에 사랑과 지지가 많았지만 그래도 정상적인 경험과는 멀고 먼 곳으로, 그리고 나 자신에게서도 먼 곳으로 떠밀려온 느낌이었다. 아

나는 가해자의 엄마입니다

마 딜런도, 삶의 막바지에 이런 심경이었으리라는 생각이 들었다.

어떤 위로를 받을 수 있으리라고는 생각하지 않았고, 무언가가 달라지리라는 기대도 할 수 없었다. 실리어가 내 손을 잡기 전에는. 그 하나의 손짓으로 실리어는 미움이나 비판 없이 나를 받아들여줄 자살 유족들의 공동체로 이끌었다. 처음으로, 여생을 나 혼자뿐인 궤도를 돌면서 아무도 이해할 수 없는 감정과 싸우며 살지 않을지도 모른다는 한 줄기 희망을 느꼈다.

세상 어딘가에는, 나를 동지, 자매, 마음이 통하는 친구로 보는 사람들이 있을지도 모른다. 그들 무리에 끼어서 내가 무언가 기여할 수 있게 해줄 사람들이.

* * *

딜런이 죽고 나서 2년째 되는 해에 나는 마침내 내가 속할 공동체를 찾았다.

내가 집으로 삼은 동네에서 철저하게 소외된 느낌을 받는 일은 고통스러웠다. 나는 원래 스타벅스 바리스타들과도 늘 편하게 수다를 떨고 슈퍼마켓 계산대에서 일하는 여자들 이름도 전부 외우는 사람이다. 그런데 콜럼바인 이후에는 나를 알아보는지 파악하려고 늘 불안하게 사람들의 몸짓과 미묘한 얼굴 표정을 살폈다. 다행히도 내가 누군지 아는 사람 중 99.9퍼센트는 친절하게 대해주었지만, 우리 동네라고 부르던 곳에서 겁에 질린 짐승처럼 움츠리고 다녀야 한다는 사실이 자아감을 마구 흔들어놓았다.

참사 이후에 리틀턴에서 어떤 일이 있었는지에 대해서 많은 글이 나왔다. 신체에 공격을 받은 사람이 쇼크상태에 빠지듯 지역사회도 그러했다. 학살 당일 밤에 클린턴 대통령이 "리틀턴 같은 곳에서도 이런 일이 일어날 수 있다면⋯⋯."이라고 말했다. 리틀턴은 마약에 절은 시내 슬럼도 아니고, 도덕관념이 느슨하다는 뉴욕이나 로스앤젤레스 같은 대도시도 아니다. 리틀턴에 사는 사람들은 견실한 시민들이고 교외 좋은 집에 살며 아이들은 건강하고 행복하고 돌봄을 잘 받는다. 우리는, 우리 학교는 안전하다고 생각했다.

콜럼바인 이후 몇 달 동안 리틀턴 사람들은 모두 위험에 노출된 듯 두려움을 느꼈다. 이 동네 전체의 신경줄이 그대로 노출된 듯, 사람들이 온갖 예민한 반응을 표출했다. 어떤 사람들은 용서와 자비에 호소했다. 어떤 사람들은 분노를 터뜨렸다. 전에 아무 목소리를 내지 않던 사람들이 권위 있고 중요한 인물이 되어 목소리를 높였다. 어떤 사람들은 그 권위에 넘어갔다. 다른 사람들도 무언가 목소리를 내면 좋은 점이 있으리라고 믿었다.

모든 것이 비난의 대상이 되었다. 일부에서는 총이 너무 많아 문제라고 했다. 다른 쪽에서는 총이 **충분하지** 않기 때문이라고, 교사들이 무장을 해야 한다고 했다. 보수적 종교집단은 가정의 가치가 몰락한 것이 원인이라고 했다. 어떤 사람들은 보수적 종교집단이 비극을 기회로 삼아 이용하려 든다고 비난했다. 이런 와중에 사람들은

　　　　　　　　나는 가해자의 엄마입니다

망자를 애도하고 다친 사람을 치유하며 무너진 공동체, 안전, 자아를 다시 회복하려고 분투했다.

참사가 일어나면 사람들은 자연히 의미를 찾으려 한다. 어떻게 이런 일이 일어나게 되었나? 누구 책임인가? 톰과 내가 주요 용의자였다. "그런 증오는 집에서 배웠을 수밖에 없다." 신문에서 비난이 쏟아졌다. 사람들이 말하고 글로 쓰는 내용들이 우리를 힘들게 했지만, 이런 분위기가 분열을 조장한다고 느낀 사람들이 우리 말고도 있었다.

사람들은 고슴도치처럼 연약한 속을 보호하기 위해 몸을 움츠리고 가시를 바깥쪽으로 내밀었다. 이런 방어 태세는 공격을 당했을 때 자연스럽게 나타나는 반응이다. 이 무렵 리틀턴에는 이런 가시들이 참 많았다. 학교, 언론, 경찰, 관련된 모든 이들이 공격을 막아내면서 동시에 자기들도 공격의 칼날을 휘둘렀다.

보안관서가 철저한 수사를 진행하고 있었으나, 주디와 랜디 브라운이 에릭에 대해 계속 경고했는데도 보안관서에서 제대로 조치를 취하지 않았음이 알려졌다. 학살 당일 발부된 수색영장에 에릭의 웹사이트가 자세히 인용되어 있는 것으로 보아 보안관서의 누군가가 그 웹사이트에 대해 잘 알고 있었음을 알 수 있다. 수사가 진행될 뻔한 적도 있었다. 수사관이 에릭이 파이프 폭탄을 만들고 있다는 증거를 찾고 해리스네 집을 수색할 수 있는 영장까지 작성했다. 그런데 이 영장은 판사에게 제출되지 않았고, 수색은 이루어지지 않았고, 이 수사 보고서도 참사 한참 뒤에야 수면으로 떠올랐다.

사람들이 보안관서를 믿을 수 없다고 생각하게 되자 더 많은 정보를 요구하기 시작했다. 미성년자의 검시 보고서는 보통 공개하지 않지만, 가장 중요한 사실, 딜런의 몸에 약물이 없었다는 것 등은 이미 공개되었다. 딜런이 죽었을 때 배 속에 뭐가 있었는지, 딜런의 장기 무게가 얼마나 나가는지를 알아서 얻을 게 뭐가 있을지 나로서는 알 수가 없다. 변호사의 도움을 받아 싸웠지만 우리가 졌고 결국 검시 보고서가 공표되었다. 속이 뒤집어지는 일이었다. 이 일에서조차 우리는 딜런을 보호하는 데에 실패했다.

기자들이 벌떼처럼 몰려드는 일은 잦아들었지만 그래도 지역 신문 1면은 거의 날마다 콜럼바인 관련 기사가 채웠다. 어떤 기자들은 진지하게 파고들어 학교 안의 역학을 제대로 알아내려고 애쓰기도 했다. 덜 윤리적인 기자들도 있었다. 에릭과 딜런이 피 웅덩이에 쓰러져 있는 콜럼바인 범죄 현장 사진이 《내셔널 인콰이어러》에 팔려 게재되었을 때에는 이제 더 이상 넘지 못할 선이 없는 것 같았다. 하지만 나중에 나는 리틀턴에서 취재하던 기자들도 여럿 트라우마를 겪게 되었다는 걸 알게 되었다.

그러는 동안 톰과 나는 으스스하도록 고요한 태풍의 눈 안에 앉아 있었다. 가까운 사람들이 엄청나게 큰 힘이 되어주고 바깥세상의 적의를 막아주는 보호막이 되어주었지만, 우리 둘 사이의 긴장감은 커져가고 있었다. 다른 자살 유족들에게서 얻는 위로와 목적의식이 강해질수록 우리 사이는 더 나빠졌다.

나는 가해자의 엄마입니다

　내 친구 샤론도 자살로 자식을 잃은 사람이라, 내가 자살로 자식을 잃은 다른 부모들과 교감해야 한다는 사실을 알았다. 샤론은 또 내가 기획과 관리를 잘하는 조직력 있는 사람이라는 것도 알았다. 나는 회의를 기획하거나 예산을 짜거나 회의록을 작성하는 일 등을 잘 맡아서 할 유형이다. 그래서 콜럼바인 참사 1년 뒤에 샤론이 나에게 일을 시켰다. 샤론이 콜로라도 자살예방연합에서 자원봉사 활동을 하는 여성들 모임에 나를 불렀다.

　첫 번째 모임에 참석하러 가는데 너무나 두려웠다. 이 사람들이 나를 비난하지 않을까? 딜런이 한 행동이나 내 경험을 이해해주리라는 기대는 하지도 않았다. 10분 뒤, 나는 자살로 자식을 떠나보낸 다른 엄마 다섯 명과 같이 식탁에 둘러앉아 물망초 씨앗 봉지가 든 화분에 라피아 리본을 묶고 있었다. 그 방에 배척 같은 것은 전혀 없었다. 사랑, 공감, 너무나 잘 아는 슬픔뿐이었다.(그 식탁에 앉은 여자 여섯 명 중 세 명, 절반은 유방암도 겪은 이들이었다. 가슴에서 폭탄이 터지면 어떻게 되는가 하는 내 비과학적인 이론을 뒷받침해주는 듯했다.) 다른 사람 옆에 있으면 늘 느끼곤 하던 긴장감이 녹아내렸다. 딜런이 생애 마지막 순간에 무슨 짓을 저질렀든 내 아들로서 딜런을 애도할 수 있는 기회는 말할 수 없이 소중한 것이었다.

　최근에 《뉴욕타임스》에서 심리치료사 패트릭 오말리가 쓴 글을 읽었다. 사기 환자 한 명이 처음에는 거부하다가 자식을 잃은 부모들의 지원 모임에 찾아가 위안을 얻은 이야기를 들려주었다. 이 모임은 "어떤 연기도 필요 없는 곳. 사실은 마음의 정리를 하고 싶지 않다는 걸 사람들이 이해해주는 곳이었다. 정리를 한다는 건 소중한 끈을 잃는 것과 같으니까."[65] 다른 유족들과 같이 있으면 딜런은 자살로 죽은 아이일 뿐이었다. 딜런이 한 행동을 용서해주는 사람은 아무도 없었지만, 그렇다고 나의 슬픔을 경시하거나 잃은 아들을 그리워할 내 권리를 부인하는 사람도 없었다.

다음 주말에 샤론이 의장을 맡고 있는 콜로라도 자살예방연합 오찬에 참석했다. 우리가 만든 물망초가 식탁 위에 있었다. 처음으로 내 감정을 공유할 수 있는 사람들, 내가 아주 가는 끈이나마 정신줄을 놓지 않았다고 느끼게 해주는 사람들이 가득한 방에 있게 된 것이다.

그 방에 있는 사람들에게는 딜런이 무슨 생각을 하는지, 무슨 계획을 짜고 있는지 몰랐다고 말할 필요도 없었다. 이 사람들도 너무나 잘 알고 있었다. "요점은 누군가가 나에게 거짓말을 하면, 나는 그냥 바보가 된다는 거예요." 어떤 여자가 이렇게 말하는 걸 보고 나는 예기치 않게 울음을 터뜨리고 말았다.(우는 사람이 나 하나만이 아니라는 게 자살 유족 모임의 또 하나의 특징이다.) 속았다는 굴욕감, 내 아이가 나를 가장 필요로 할 때 아이를 도울 수 없었다는 수치심을 그들은 이해한다.

실리어를 만났을 때 그랬듯이 나는 만나는 사람마다 이런 악몽을 겪게 된 숨겨진 문제가 무엇일지를 찾으려고 자세히 뜯어보았다.

나는 가해자의 엄마입니다

이 엄마는 차갑고 무심해 보이지 않나? 이 아빠는 폭력적이거나 무관심하지 않았을까? 이 사람들, 그리고 나 자신을 어떤 면에서 결함이 있는 사람으로 묶을 수 있는 뚜렷한 특징이 있을까? 다른 사람들이 나를 들여다보는 시선도 그랬다.

그렇지만 그곳에서 만난 사람들은 사람 좋고 똑똑하고 재미있고 친절하고, 어느 모로 보나 **정상**이었다. 이야기들이 쏟아져나왔다. 초등학교 교사, 사회복지사, 트럭 운전사, 치과의사, 목사, 전업주부 등. 저마다 적극적이고 관심 많은 부모이자 누이이자 남편이자 아내이자 자녀였다. 잃어버린 식구를 깊이 사랑했다. 많은 사람들이 나처럼 무언가가 심각하게 잘못되었다는 징표를 제대로 읽지 못했다.

자살은 아름답지 못하다. 불명예를 쓰고 있다. 한 사람의 삶이 실패로 끝났다고 세상에 외친다. 대부분 사람들은 그런 이야기는 듣고 싶어 하지도 않는다. 우리 문화에서는 자살로 죽은 사람은 나약하고, 의지가 빈약하고, '비겁자의 길'을 택했다고 생각한다. 주위 사람들에게 상처를 주는 이기적인 사람이라고 생각한다. 가족, 배우자, 일 등을 소중히 여겼다면 소용돌이에서 빠져나올 방법을 찾아냈을 거라고 말한다. 이것들 모두 사실이 아니지만 이런 오명을 흔히 덧입고 유족들에게 짐으로 주어진다. 자살자 유족들은 당혹감, 죄책감, 후회, 자기비판과 늘 함께 살아가야 한다.

어느 날 오후, (자살과는 상관이 없는) 오래된 친구와 같이 점심을 먹었다. 친구는 이렇게 물었다. "넌 딜런이 한 일을 용서할 수 있니?" 나는 충격을 받아 할 말을 잃었다. 우리의 삶이 얼마나 크게 갈라졌는지를 알 수 있었다. 머릿속에는 영화 「보통 사람들」에서 벽의 젖은 손이 콘래드의 손에서 미끄러져 벽이 물에 빠져 죽는 장면만 떠올랐다. 나는 방어적으로 들리지 않게 내 감정을 말하려고 생각을 골랐다. "딜런을 용서한다고? **내 자신**을 용서하는 게 내 일이야." 벽처럼, 딜런은 내 손에서 미끄러졌다. 내가 딜런을 실망시킨 것이지 그 반대가 아니었다.

자살이 생각하기도 이야기하기도 어려운 것이라면, 살인-자살은 상상도 할 수 없는 것이다. 나는 딜런을 보호하지 못했을 뿐 아니라 딜런이 죽인 사람들도 지키지 못했다.

자살 유족 모임에서 몇 년을 활동하면서 교육과 예방으로 목숨을 구할 수 있다는 것을 알게 되었다. 하지만 첫 번째 모임과 그 후 수십 차례 모임에 참석하면서 위안이 되면서 동시에 두렵기도 한 깨달음을 얻었다. **누구라도 이 자리에 올 수 있다는 것.**

그곳에 있는 많은 사람들이 문제가 있다는 사실을 몰랐거나, 나처럼 위중함을 과소평가했다. 무언가가 심각하게 잘못되었다는 인식이 이미 돌이킬 수 없는 파국의 한순간에 쾅 하고 처음으로 우리 삶에 들이닥쳤다. 전문가들조차도 사느냐 죽느냐의 상황을 알아보지 못할 때가 있다. 한 심리학자가 자기 아들을 잃은 이야기를 했다. 공부도 많이 하고 존경받는 학자고 어떻게 하는 게 옳은지 전부 아는 사람인데, 자식의 자살을 감지하지 못했다.(그렇다고 해서 자살이 조짐 없이 닥친다는 결론을 내릴 수 있는 것은 아니다. 다만 위험을 암시하는 행동을 알아보지 못할 때가 있다는 말이다.)

나는 가해자의 엄마입니다

다른 사람들은 위험을 알았지만 어떻게 도움을 주어야 할지를 몰랐다. 어떤 어머니의 아들은 양극성장애 때문에 여러 차례 병원에 입원했다. 의사의 권유에 따라 퇴원한 뒤에도 계속 치료를 받았다. 아들은 목사와 정신과의사를 만나고 난 바로 그날 자기 여자친구를 총으로 쏘고 자살했다.

이런 이야기를 들으면 우리가 마주한 적이 얼마나 엄청난가 하는 생각을 하게 된다. 처음 이 모임에 참석한 날 점심 무렵이 되자 세 가지가 분명하게 눈에 들어왔다.

첫째, 자살을 막으려면 누군가를 사랑해주고 그 사랑을 표현하는 것만으로는 부족하다. 내 사랑도 무한했지만 딜런이나 딜런 손에 죽은 사람들을 구할 수는 없었다. 같은 이야기를 하는 사람들이 이곳 강당에 가득하다.

둘째, 잠재된 위험의 조짐이 있었으나 알아보지 못했을 때에도 많은 사람들이 문제가 있다는 징후가 전혀 없었다고 생각한다. 경계해야 할 이유가 있다는 것조차 모를 때가 많다.

셋째, 우울증 등 자살의 위험 요인을 효과적으로 치료하는 방법이 있기는 하지만 그 효과만 믿을 수는 없다. 이렇게 쓰기가 망설여지는데, 혹시 도움이 필요한 사람이 효과가 없다고 생각하고 도움을 찾지 않을까 봐 걱정이 되기 때문이다. 하지만 그날 만났던 많은 사람들이 병을 낫게 하려고 분투했다고 말했다. 몇 주, 몇 달, 몇 년, 수십 년 동안 꾸준히 치료를 받고, 온갖 약물, 대체 의학, 입원 치료 등을 반복했다. 그렇게 해서 나은 사람도 있지만, 그러지 못한 사람도 있다.[66] 이런 환자를 걱정하며 사는 사람, 혹은 날마다 자신의 자살 충동과 싸우며 사는 사람들도 많다.

좋은 시설이 부족한 것이 문제이건(입원이 자살 성향의 최선의 치료법이라고 보는 사람은 많지 않다. 최근 몇 연구는 그렇지 않을 수 있음을 보여주었다.), 응급실 근무자의 뇌건강 문제에 대한 인식이 부족한 탓이건, 아니면 병원에서 퇴원 후 위험 평가가 잘 이루어지지 않기 때문이건, 위험에 처한 사람이 적절하고 적확한 치료를 받게 하는 게 무척 힘들다는 걸 처음으로 알게 되었다.

첫 번째 자살예방연합 모임은 새로운 깨달음의 시작이었다. 우리가 마주한 문제는 복잡다단하고 엄청나게 어려운 문제였다. 변화를 가져오려면 해야 할 일이 무척 많았다.

* * *

자살예방연합 모임. 감정의 격랑. 마침내 내가 누구인지 밝히자 엘리베이터에서 사람들이 안아줌. 많이들 울었다. 집에 온 듯한 기분.

—2002년 5월 일기

대부분 사람들에게는 대단한 일처럼 여겨지지 않겠지만, 내가 콜로라도 자살예방연합 회의 등록 테이블에 앉아 2년 전에 실리어가 나를 맞은 것처럼 사람들을 맞으며 이름표를 찾아주게 되었다. 내가

나는 가해자의 엄마입니다

자살로 아이를 잃은 사람이라는 뜻의 색깔 스티커가 붙은 이름표를 달고 있다는 것만 달랐다. 그날 아침 테이블에 앉을 때 가슴이 마구 쿵쾅거렸다. 언론사 기자가 나를 덮치지는 않을까? 참석자들 중에 누가 나를 알아보고 얼굴에 침을 뱉지 않을까?

나는 회의 참석자들을 맞고 연사가 누구인지 물으면 알려주고 화장실이 어디인지 안내했다. 그런데 아무도 아무 말도 하지 않았다. 이따금 애도의 말을 건네는 사람이 있었을 뿐.

이날을 계기로 나는 자살과 폭력을 방지하기 위한 활동에 진지하게 참여했다. 등록 테이블을 맡았고 프로그램 안내문을 접었다. 자살 예방 기금모금을 위한 가두행진에 참여했다. 발표자들을 호텔에서 식당으로 인도했고 입찰식 경매에 내놓을 물품을 포장했고 인쇄소에서 팸플릿을 찾아왔다. 사람들과 대화를 나누고, 껴안고, 이야기를 들었다.

미국질병통제예방센터의 최근 자료에 따르면 자살이 미국 10대 사망 원인에 포함되었다고 한다. 당뇨병, 알츠하이머, 신장병 같은 치명적인 질병과 비슷한 수준이다. 하지만 연구 지원 부문에서 자살 예방은 저 바닥에 있다. 자살은 병이 아니라 선택이라는, 옳지 않지만 끈질긴 믿음 때문일 것이다. 슬픔과 무기력함의 감정을 끌어모아 자원봉사와 기금모금에 쏟는 유가족들이 자살 예방 연구재원의 많은 부분을 마련한다. 비영리 운동이 으레 그렇듯 자살 예방 조직도 자금과 인력이 부족할 때가 많다. 관리·행정 능력이 있는 나 같은 사람이 합류하면 확연한 차이가 있으리란 걸 깨달았다. 정말 오랜만에 처음으로 내가 도움이 될 수 있다고 느꼈다.

　오직 이타적인 이유로 이 일을 시작한 것은 아니었다. 집단의 일부가 되어, 다른 이들과 어깨를 겯고 같은 목표를 향해 나아간다는 것은 나에게 선물과도 같았다. 나는 지원 모임에 들어갈 수 없었지만 다른 자살 유족들과 손을 잡고 훌륭한 회의를 개최하는 데에 공헌할 수 있었다. 어떤 대의에 깊이 공감할 수 있다는 건 특권이자 축복이었다. 나는 여러 가지 일이나 취미에 관심을 쏟았고, 그걸 좋아했었다. 독서지도사로 아이들에게 글 읽기를 가르치기도 했고 장애 학생들이 대학생활을 잘할 수 있도록 편의를 돕는 일도 했다. 하지만 자살예방연합에서의 일이야 말로 진정한 소명, 어둠 밖으로 인도해 줄 길, 궤도에서 벗어난 삶을 계속 이어나갈 수 있는 방도처럼 여겨졌다.

　장애인들과 일할 때에, 막대한 상실이 비극을 모르는 사람은 알기 힘든 삶에 대한 깊은 감사, 기쁨을 느낄 수 있는 감각, 현재를 사는 능력 같은 걸 가져다준다는 생각을 했었다. 자살 유족들에게서도 그런 걸 느꼈다. 우리는 많이 울었지만, 또 웃기도 했다.

　어떤 사람은 이렇게 말했다. "웃으면서 동시에 울 수는 없어요." 나는 웃음이 마구 흔들리는 내 안의 평형계를 다시 조정하도록 도와준다는 걸 알게 되었다. 「사인펠드」나 「후즈 라인 이즈 잇 애니웨이?」 같은 코미디 드라마를 챙겨보고 우스꽝스러운 스파게티 웨스턴 패러디 영화 「내 이름은 튜니티」 같은 영화도 찾아봤다. 어마 봄벡, 데이브 배리, 빌 브라이슨 같은 유머 작가들의 글을 읽었다. 위어드

알이나 P.D.Q. 바흐 같은 패러디 음악을 듣고 출퇴근 시간에는 라디오에서 코미디를 틀었다. 코미디가 동지애를 불러일으키기도 했는데 최고의 코미디는 비극에서 나오기 때문이었다. 마리아 뱀포드나 롭 델레이니 등 내가 가장 좋아하는 코미디언들은 자기 뇌건강 문제를 터놓고 이야기한다.

그리고 다른 자살 유족들을 만나면서 나를 비난하는 사람들을 이해하는 길도 배웠다.

어느 날 나는 포도 넝쿨 너머에서 동료가 이렇게 말하는 걸 우연히 엿들었다. "아이가 그런 일을 겪는데 엄마가 모른다는 건 말도 안돼요." 그 동료와 내가 친한 사이였기 때문에 나는 상처를 받았다. 동료가 내가 딜런의 계획을 알았다고 생각한다는 것, 딜런이 자기 자신과 다른 사람들의 목숨을 끊을 계획을 세우는 데에도 수수방관하고 있었다고 생각한다는 것을 알자 딜런이 죽은 직후처럼 돌 연마기 속으로 다시 들어간 것 같았다.

그 말을 계속 곱씹지 않을 수가 없었고, 나보다 이 길에 들어선 지 더 오래된 유족 한 명에게 그 이야기를 했다. 그녀는 내 말에 고개를 끄덕였다.

"나도 이렇게 생각했었어요. '당신도 이런 일을 당해보면 그렇게 말하지 않겠지. 당신이 얼마나 어리석고 잔인한 말을 했는지 깨달을 기회가 오기를 바라.'" 그녀가 이렇게 말하는 걸 들으니 좀 충격이었다. 늘 너그럽고 친절한 모습만 보여주던 사람이었기 때문이다.

그녀가 말을 이었다. "물론 이런 소원을 빌지는 않을 거예요. 그 사람도 사실은 이런 일이 자기에게는 일어날 수 없다고 안심하고 싶은 것일 뿐이니까요." 우리는 그때 주차장에 있었는데, 그녀가 내 차 뒷좌석에 잇는 자살 예방 소책자 상자를 가리키며 말했다. "우리가 싸우려고 하는 게 그런 무지잖아요?" 그러더니 고개를 흔들었다. "누가 그걸 알겠어요. 나도 이런 일이 나한테 일어나리라는 건 몰랐어요."

그 말을 들으니 왜 자살 예방 모임에 오면 집에 온 듯한 기분이 드는지 알 수 있었다. 자살 예방 모임은 엄마, 아빠, 배우자, 아들, 딸 들로 이루어진 풀뿌리 운동이다. 사랑하는 이가 죽지 않을 수 있었다고 믿기 때문에, 무지가 치명적일 수 있음을 직접 경험으로 알기 때문에 시간을 내서 모인다. 그렇기 때문에 우리가 하는 일에 긴급성을 느낀다.

딜런이 죽은 뒤에 나는 업보를 치르듯이 내 목숨을 희생하고 딜런이 한 행동을 속죄할 수 있는 방법이 없을까 하는 상상을 수도 없이 했다. 그런데 마침내 그런 일을 찾았다. 내 목숨을 내주고 스쿨버스에 탄 아이들을 테러로부터 구하는 것 말고도 할 수 있는 일이 있었다. 웹사이트에 올릴 글을 쓰고, 스프레드시트에 데이터를 입력하고, 연회장을 돌며 접시 위에 프로그램을 올려놓고, 공항에 가서 강사를 태워 올 수 있었다. 자살 유족들의 모임에서 나는 아주 사소하고 소박한 일에 참여하는 것만으로도 목숨을 구할 수 있다는 걸 느꼈다.

구할 수 있는 책이나 글은 전부 읽었다. 내가 강연을 듣고 싶었기 때문에 회의 개최를 거들었다. 인터넷에서 찾은 학술논문을 붙들고 씨름했다. 요약문 이상은 이해하지 못했지만. 온라인 회의를 구경하고 교육 자료를 훑어보고 혹시 내가 놓친 부분이 있을까 봐 강연자들에게 파워포인트 슬라이드를 공유해달라고 부탁했다. 기회가 있을 때마다 질문을 했다.

마침내 병적이었던 것은 내 행동이 아니라 딜런의 행동이었음을 깨달을 수 있었다. 하지만 그 과정에서 활동가의 열정을 품게 되었다. 딜런에게 일어난 일은 규모나 범위나 희귀성에 있어 예외적 사건이었다. 그런데 내가 인식하지 못했던 더 큰 문제의 일부이기도 했다.

어떤 회의에 가든 가까운 사람을 잃은 사람을 만나게 된다. 그 가운데에는 여러 세대 동안 자살, 폭력 행동, 중독 등 뇌질환 병력을 보인 집안에 속한 사람도 있다. 집안에 이런 병력이 전혀 없다는 사람도 있다. 가족을 한 명만이 아니라 그 이상 잃은 사람도 많다. 자기 스스로 자살 시도를 했다가 살아남았고, 다른 사람들에게 알려주고 싶어 자기 이야기를 하는 사람도 있다. 어떤 사람들은 유족들을 돕고, 어떤 사람들은 사랑하는 이나 환자들이 목숨을 끊지 않게 하려고 날마다 분투한다. 이 모든 사람들이 하나의 기치 아래 하나로 모였다. '이미 우리 곁을 떠난 사람에게는 너무 늦었을지라도 다른 사람을 구하기에는 너무 늦지 않았다는 것.'

이 모임에서 연대감을 느꼈지만 그래도 나는 거리를 두었다. 딜런의 죽음을 자살로 생각하게 되면서 나는 어느 정도 위안을 느꼈고 마음 한구석에서는 그냥 그것으로 전부였으면 하는 생각을 하지 않은 것이 아니었다. 그렇지만 나는 딜런이 목숨을 끊은 그날 목숨을 잃은 사람이 딜런 하나뿐이라는 듯 스스로를 속일 만큼 어리석지는 않았다.

딜런의 우울과 자살 충동을 알고 받아들이고 나서도 한참 동안 나는 딜런의 폭력을 받아들이는 데에는 여전히 어려움을 겪었다. 지하실 테이프에서 분노를 터뜨리던 사람은 내가 모르는 사람이었다. 내 아들 몸 안에 낯선 사람이 깃든 것 같았다. 내 집에서 기르고, 내가 내 가치관을 심어주었다고 생각한 아이, '부탁합니다.', '고맙습니다.'라고 말하라고 가르치고 손을 꼭 쥐며 악수하라고 가르친 아이가 다른 사람들을 죽였고, 그 이상의 파괴를 계획했다니.

딜런의 죽음을 자살로 이해하는 게 중대한 첫걸음이었다. 그러나 그건 시작일 뿐이었다.

17

선서증언

조금이라도 평화로움을 느낄 수 있을 무언가를 찾으려고 하는데 아무것도 없다. 글쓰기도, 그림도, 자연도. 항상 재앙의 가장자리에 있는 느낌이다. 아직도 딜런을 생각하며 울고 딜런의 행동에 대해 나 자신을 원망한다. 동영상 속 딜런의 이미지가 내 뇌 속에 각인되었다. 딜런의 삶과 죽음 전체가 아직 마무리되지 않은 것 같고 내가 아직 제대로 애도하지 못한 것 같고 전혀 객관적으로 보지 못하는 것 같다. 나 자신을 달래려고 떠올리는 것들은 모두 양날의 검이다.

—2003년 8월 일기

콜럼바인 4년 뒤, 우리 선서증언 날짜가 정해졌다. 마침내 4년 동안 우리의 슬픔 위에 드리웠던 이름 없는 두려움이 달력 위의 한 날

짜로 결정되었다.

변호사가 선서증언이란 법정 밖에서 선서를 하고 진술을 하는 것으로, 우리에 대한 소송이 배심원 재판으로 진행되었을 때 원고가 정보를 모으기 위해 사용할 수 있는 진술이라고 설명해주었다. 톰과 나와 해리스 부부가 한 명씩 긴밀하게 맺어진 유족들 앞에서 하루 동안 질문에 답해야 했다. 우리는 딜런과 에릭이 살해한 아이들의 부모들과 마주 앉아야 한다. 그들 눈에 어린 슬픔을 볼 것이며, 내 아들이 그 슬픔을 초래했다는 것을 알 것이다. 그 생각을 하니 공포에 휩싸였다.

재정적 재앙에 대해서는 이미 포기한 상태였다. 언론에서는 우리를 부유한 집으로 묘사했다. 우리 할아버지가 성공적인 사업가였기 때문이기도 할 것이다. 하지만 할아버지는 유산을 자선단체에 기증했고 텔레비전 항공사진으로 보기에는 거대 저택처럼 보이는 우리 집은 사실 다 망가져서 헐값에 산 집이었다. 그러니 집을 잃고 파산 선고를 하게 될 것이다. 하지만 우리가 겪은 일에 비하면 그런 건 아무것도 아니었다.

선서증언은 힘겨울 테지만, 일단 마치고 나면 결과야 어떻든 적어도 끝은 끝이었다.

나는 가해자의 엄마입니다

* * *

일하러 가는 내내 꿈 때문에 울었다. 꿈에서 딜런이 인형 크기의 아주 작은 아기였다. 딜런을 눕히려고 하는데 안전하게 뉘일 만한 곳이 없었다. 나는 기숙사에 있었는데 시체안치소나 납골당처럼 서랍이 줄줄이 있는 방을 찾았다. 그 방에 있는 여자들 모두 아기를 놓을 자리가 있는데, 나만 서랍에 딜런의 이름을 적어놓지 않아서 딜런을 눕힐 자리가 없었다. 딜런이 피곤해서 쉬고 싶어 하는데 나는 딜런이 안전하게 쉴 자리를 마련하지 못했다.

—2003년 4월 일기

우리는 이미 사방에서 비난받고 있었지만 선서증언이 부모로서 우리의 능력을 결정적으로 평가하는 자리가 될 것이었다. 결국 우리 운명은 우리 아들을 몰랐던 사람들, 우리 가족을 만나본 적이 없는 사람들의 손에 의해 결정될 것이다. 외부인들이 끼어들어 말해주지 않아도 나는 내가 딜런을 저버렸다는 걸 알았다. 날이면 날마다 그렇게 하지 말았더라면 하는 것들 수백 가지를 되새기며 지냈다.

우리에게 책임이 부과될 가능성이 매우 높았다. 지하실 테이프에 비추어진 딜런과 에릭은 노골적으로 살인과 자살을 떠벌리며 무기를 장난감처럼 휘둘렀다. 어떤 장면은 배경이 딜런의 방이었다. 그러니 적어도 하룻밤은 우리 집에 그 무기들이 있었다는 말이다. 영상에서 우리 아들이 드러내는 강렬한 분노를 보면 가족 전체에 잘못이 있는 것처럼 보였다. 그 사건 전에는 딜런의 폭력적 성향이 드러나지 않았음을 어떻게 증명할 수 있을까? 그게 사실이었지만, 아무도 믿을 것 같지 않았다. 나 자신도 믿을 수가 없는데.

이즈음에 고졸 학력 인증을 받으려고 공부하는 고위험군 청소년들을 가르칠 때 만났던 한 여자아이가 종종 생각났다. 아이와 같이 점심을 먹으면서 이야기를 나누었는데 아이가 어린 시절에 있었던 일을 들려주었다. 같은 반 아이가 점심값을 계속 훔쳐갔다고 한다. 계속 밥을 굶기 싫어서 결국 아버지한테 이야기했는데, 아버지가 빈 욕조에 던져 넣고 더 못 버틸 때까지 허리띠로 때렸다고 한다.

아버지는 "네 문제를 네가 해결 못 하고 나한테 들고 오지 마라!"라고 했다. 여자아이는 다음 날 갈퀴 손잡이를 들고 학교에 가서 자기 돈을 훔쳐가던 아이를 때렸다. 그 뒤에는 아무도 건드리지 않았다고 한다.

"아버지가 저한테 준 최대의 도움이에요." 내가 충격 받은 얼굴로 샌드위치를 내려놓는 걸 보고 여자아이는 재미있다는 듯이 말했다.

나는 그 이야기에 충격을 받았다. 머리에서 잊히지 않았다. 그런데 선서증언을 하러 가면서 좋은 부모라는 게 어떤 것인가에 대해 많은 생각을 했다. 그 이야기를 들었을 때에 나는 아버지가 아이를 학대했다고 생각했지만 그 아이는 사랑과 존경이 담긴 말투로 이야기를 했다. 아이는 아빠가 자기를 잘 키웠다고 생각했고 실제로 아버지는 아이가 그들이 사는 거친 환경에 잘 대처할 수 있게끔 가르쳤다. 내가 핵심을 놓친 걸까? 나에게 그런 판단을 내릴 자격이 없는

나는 가해자의 엄마입니다

건 분명하다. 아마 누구나 지식과 자원의 한계 내에서 최선을 다하는 건지도 모른다.

내가 아는 유일한 사실은 우리가 그렇게 키웠기 때문이 아니라, 그렇게 키웠음에도 **불구하고** 딜런이 그 학살에 가담했다는 것이다. 내가 모르는 것은 이 사실을 딜런이 죽인 이들의 가족에게 과연 어떻게 전달하느냐 하는 것이었다. 설령 전달할 수 있다고 하더라도 그들의 고통을 덜어줄 수는 없을 것이었다. 그 어떤 것도 그러지는 못할 것이다.

* * *

우리의 첫 번째 사과문은 신문에 발표되었고, 학살 1주기에도 사과문을 내놓았다. 하지만 우리가 아는 누군가가 언론에 무어라고 말을 하면 그 말은 항상 왜곡되어 보도되었다. 그래서 위협을 받았고 두려움에 시달릴 때도 많았다. 안타까운 일이지만 우리가 꽁꽁 숨었고 변명을 하지 않으려 했기 때문에 사람들은 우리가 무언가 비밀을 감추고 있다고 생각했다.

나는 희생자 가족 각각에게 힘겨운 편지를 썼다. 그런 다음에는, 세상 그 무엇보다도 그들과의 교감을 원했지만 내가 불쑥불쑥 나타나면 고통만 안겨줄 것 같아서 안으로 침잠했다. 날마다 희생자들의 이름을 주문처럼 외웠지만 그들과의 접촉은 변호사를 통해서만, 아니면 신문 기사를 통해서만 이루어질 수 있었다.

나는 그 거리를 극복하고 싶었다. 다른 폭력적 사건들에 대해 공부하면서 가해자 가족이 희생자 가족에게 직접 사과하고 울고 안고 이야기할 수 있다면 트라우마를 상당히 줄일 수 있다는 걸 알게 되었다. 상상도 하기 어려운 일인 것 같았지만 서로 인간 대 인간으로 만날 수만 있다면 가장 좋은 일이라고 생각했다. 그 만남이 고통스러울 테지만, 그래도 나는 그럴 수 있기를 갈망했다.

마침내는 포기해야 했다. 나는 만남을 요청할 수 있는 입장이 아니었다. 내 모습을 드러내서 다른 사람에게 다시 상처를 주는 위험을 감수할 수도 없었다. 희생자 가족들의 회복은 그들 몫이니까. 다만 나를 만나는 게 희생자 가족들에게 도움이 된다면 나는 언제나 기꺼이 달려가리라고 말하고 싶을 뿐이다.

그동안 몇몇 희생자 가족들과 약간의 교류가 있었고, 양쪽 모두에게 치유의 경험이었다고 생각한다. 아들을 잃은 아버지가 비극 1년쯤 뒤에 연락을 한 일이 있었다. 우리는 그 아버지를 2001년 12월에 집으로 초대했다. 그분의 관대한 마음에 놀랐고 딜런이 한 짓에 대해 직접 사과하고 애도하고 슬픔을 표할 수 있어서 얼마나 다행이었는지 모른다. 우리는 울고, 서로 사진을 보여주고, 우리 아이들 이야기를 했다. 헤어질 때에 그분은 우리 책임이 아니라고 생각한다고 말해주었다. 내가 감히 바랄 수 있는 가장 고마운 말이었다.

그 무렵에 딸을 잃은 어머니 한 분이 만나자고 했다. 솔직담백하고 인정이 있는 분이라 바로 호감이 갔다. 우리는 그날 엄청난 눈물을 쏟았지만 그래도 짬을 내서 사과하고 딸에 대해 물어볼 수 있었다. 그 어머니가 딜런에 대해 묻고 어떤 아이인지 알고 싶어 해서 감동을 받았다. 이 어머니는 신앙이 깊은 사람으로 딸의 죽음을 운명으로 받아들였고 피할 수 없는 일이었다고 느낀다고 했다. 나는 나도 그렇게 생각할 수 있으면 좋겠다고 말했다. 그분을 만날 수 있어 큰 위안이 되었고 그분도 위로를 받았으리라고 믿는다.

살해된 여자아이의 여동생에게서도 다정한 쪽지를 받았다. 그 아이는 자식의 행동이 부모 책임은 아니라고 생각한다고 썼다. 또 데이브 샌더스 선생님의 손녀도 다정하고도 슬픈 편지를 보내줬다. 그 아이는 우리를 미워하거나 원망하지 않는다고 했다. 나는 이 편지 두 통을 모두 소중하게 간직하고 틈날 때마다 들여다보며 위로를 받는다.

선서증언 4년, 학살 8년 뒤에 아들이 학교에서 살해당한 다른 아버지 한 명을 또 만날 수 있었다. 하지만 선서증언 시점에는 학교에서 아이를 잃은 부모 가운데 만나본 사람은 두 명밖에 없었고, 서른여섯 가족이 우리에게 보상을 청구했다. 그날이 점점 다가오는데 나는 법원에서 우리가 마주했을 때 어떤 일이 일어날지, 누가 그 자리에 있을지 전혀 모르는 깜깜한 상태였다.

여전히 두려움, 불안, 미칠 것 같은 감정에 시달린다. 짓눌리듯 무거운 마음을 내려놓을 안전한 곳이 없다. 무섭고, 지치고, 광기의 경계를 넘어서 다시 돌아오지 못할 것 같다. 내가 계속 내 정신상태에 대해, 죽음에 대해 생각하고 있다는 걸 의식한다. 이 고통스러운 공황이 시작되기 전에는 그래도 괜찮았다. 억지로 괜찮으려고했다. 지금은 다시는 정상이 될 수 없을 것 같은 두려움이 든다.

—2003년 7월 일기

선서증언일이 다가오며 압박감이 점점 커졌다. 어느 날에는 저녁을 먹다가 톰과 내세에 대해 긴 대화를 나누었다.

딜런이 이미 죽었는데도 나는 딜런 걱정을 많이 했다. 딜런이 저지른 죄 때문에 딜런의 영혼이 편히 쉬지 못할까 두려웠다. 딜런이 살면서 고통받았다는 것만으로도 괴로운데, 죽어서도 계속 고통받으리라는 생각을 견딜 수가 없었다.

잠자리에 들려는데 심각한 공황발작이 찾아왔다.

이런 공황발작이 닥친 게 처음은 아니었다. 나는 어릴 때에도 긴장을 잘하고 겁이 많아 늦은 밤이면 불안이 찾아오곤 했다. 그렇지만 그날 밤 공황발작은 평생 겪어보지 못한 최악의 것이었다. 생각의 고삐가 풀려 마구 달려나갔고 공포 속에서 정신이 마구 휘둘리면서 덜덜 떨며 울었다.

공황발작이 선서증언 기간 내내 지속되다가 그 뒤로도 계속 찾아왔다. 예상 못 한 때에 느닷없이 닥쳤다. 철물점에서, 직장에서 회의를 하다가, 운전을 하다가 덮치기도 했다. 마치 쓰나미처럼 급작스럽게 정신을 못 차릴 정도로 압도적인 두려움이 솟아나서 나를 덮쳤다. 마구 밀려와 속수무책으로 덮치는 공포가 슬픔보다 훨씬 더 힘들었다. 때로는 공황발작이 몇 시간 동안 꼬리에 꼬리를 물고 이어져 오후 내내 아무것도 못 할 때도 있었다. 카밀러 차를 통으로 마시고 건강식품 가게에서 찾을 수 있는 불안 동종요법 치료제란 치료제는 다 시도해보았다. 선서증언을 버텨내지 못할까 봐 겁이 났다. 증언을 하는 동안 공황발작이 일어나면 어떻게 될까 생각하니 고통스러웠다.

그 시기의 일기를 지금 읽어보면 새로운 사실을 알게 된다. 어딜 보든 내가 가는 실낱 하나를 붙들고 매달려 있음이 절절하게 느껴진다.

* * *

선서증언 동안에 있었던 일은 공개할 수 없다. 매우 고통스러웠고, 그 자리에 있던 사람들 모두에게 만족스럽지 않았으리라는 점만 밝혀둔다.

후회는 남았다. 선서증언에서 유가족들에게 직접 사과하고 싶었지만, 변호사가 반대했다. "시기도 장소도 적당하지 않아요."라고 했다. 사죄하겠다고 더 강력하게 주장했다면 좋았을 것이다. 그곳에 있던 사람들 모두 사죄하는 말이 없음을 깊이 느꼈을 것이고 오늘날까지도 유감으로 남았으리라고 생각한다. 이 책을 쓰게 된 이유 중 하나가 깊은 사과의 말을 하고 싶었던 것이기도 하다.

신경과학자들은 사람의 행동이 유전과 양육의 복잡한 상호작용의 결과라고 흔히 말한다. 미래 언젠가는 차마 입에 올릴 수 없는 끔찍한 폭력을 저지르게 만드는 신경전달물질의 구체적 조합이 무엇인지 말할 수 있을 것이다. 신경학자들이 뇌 안에서 공감과 양심을 관장하는 정확한 메커니즘을 밝혀내는 날이 오면 나는 자축할 것이다. 말할 필요도 없지만 아직은 요원하다. 하지만 빅토리아 아랑고 박사 등의 연구를 통해 자살로 죽는 사람과 아닌 사람의 뇌에 분명한 차이가 있음은 밝혀졌다.[67] 켄트 키엘 박사 등은 살인을 저지르는 사람과 그렇지 않은 사람의 뇌도 뚜렷한 차이를 보임을 입증했다.

나는 딜런에게 생물학적으로 폭력적 성향이 있었는지,[68] 만약 그렇다면 그게 우리 책임인지에 한참 골몰했다. 나는 딜런을 임신했을 때 술을 마시지 않았다. 우리 집에서 딜런을 신체적·언어적·정서적으로 학대하거나, 다른 사람이 학대당하는 것을 딜런이 옆에서 겪은 적도 없다. 가난 속에서 성장하지도 않았고, (내가 아는 바로는) 폭력적 행동을 유발한다고 알려진 중금속 같은 독성물질에 노출된 적도 없다. 나도 톰도 알코올이나 약물 중독이 아니다. 영양도 잘 공급받았다.

설령 딜런이 정말 생물학적으로 폭력적 성향을 **타고났다**고 하더라도, 그게 운명은 아니다. 딜런의 이런 경향을 악화한 영향은 무엇이었을까? 콜로라도 주지사는 총격 사건 이후 처음 공식석상에 나왔을 때 양육 방식을 원인으로 꼽았다. 하지만 딜런이 성장하는 동안 우리 집에서 무슨 일이 있었는지 정확하게 아는 톰이나 나나 답은 거기에 없다고 확신한다.

선서증언에서 내가 하고 싶었던 말이 그것이었다. 우리의 오명을 씻고 싶어서, 기록을 분명히 하고 싶어서가 아니라, 이 일이 콜럼바인 같은 참사가 어떻게 일어나는지에 대한 이해를 넓힐 중대한 기회였기 때문이었다. 딜런은 우리 집에서 폭력을 배우지 않았다. 소외, 분노, 인종주의도 우리 집에서 배운 것은 아니었다. 사람의 생명에 대한 냉담한 무관심도 배우지 않았다. 이건 내가 아는 사실이다.

나는 딜런이 사랑을 받았다고 말하고 싶었다. 유치원 끝나고 통통한 손을 잡고 프로즌 요거트를 사러 가며 딜런을 사랑했다. 닥터 수스 그림책 『내 주머니에 워킷이 있어!』를 수천 번 읽어주면서 사랑했다. 딜런의 앙증맞은 야구 유니폼 무릎에 묻은 풀 얼룩을 내일 입을 수 있게 문질러 빨면서 사랑했다. 딜런이 죽기 한 달 전, 팝콘을 나눠 먹으며 같이 「피닉스」를 보면서도 사랑했다. 선서증언 당시에도 여전히 사랑했다. 딜런이 한 행동은 증오하지만, 그래도 나는 내 아들을 사랑했다.

도덕성, 공감, 윤리, 이런 건 한 번으로 가르칠 수 있는 게 아니라 아이와 함께하는 모든 것에 깃들어 있다. 나는 아이들에게 내 신념을 가르쳤다. 다른 사람을 대할 때에는 우리가 대접받고 싶은 대로 대해야 한다고. 딜런에게는 딱히 용돈벌이 때문이 아니더라도 이웃 집 마당일을 도와주어야 한다고 했다. 이웃이니까. 또 문을 열며 나 갈 때 뒤에 누가 따라오면 문을 잡아주어야 한다고 가르쳤다. 그게 신사다운 행동이니까.

나는 기질적으로 가르치는 사람이다. 내가 알고 신경 쓰고 소중 히 여기는 것들은 모두 아이들에게 쏟아부었다. 슈퍼마켓에 갈 때 도 그냥 냉장고를 채울 식품들을 사는 게 목적이 아니라 아들들에 게 신선한 사과를 고르는 법을 가르치고 사과를 기르느라 고생했을 농부들을 생각하고 과일과 채소가 건강하고 튼튼한 몸을 만든다는 것을 일깨우는 기회로 삼았다. '암적색', '선홍색' 같은 단어들을 알 려주는 기회이기도 했다. 나는 딜런에게 과일을 살살 바구니에 담는 법을 보여주고, 계산할 물건이 한두 개밖에 없는 할머니에게 계산대 순서를 양보하고, 계산원과 눈을 맞추고 예의 바르게 "고맙습니다." 라고 인사하는 것을 보여주었다. 주차장에서는 다른 차를 조심하면 서 딜런의 손을 잡고 쇼핑카트를 제자리로 가져가 밀어 넣었다. 그래 야 쇼핑카트가 굴러다니다 다른 사람 차에 부딪히는 일이 없을 테 니까.

아이들이 크면서 방법은 좀 달라졌지만 아이들에게 하는 말은 달 라지지 않았다. 야구 시합 끝나고 집으로 오는 길에는 공감에 대해 이야기하며 스포츠의 근본적 메시지인 경쟁심을 상쇄하려고 했다. 상대 팀의 아이들도 너와 똑같은 아이들이라고. 딜런은 기회가 될 때마다 내 직장에 와서 같이 일했다. 내가 내 학생들을 '교훈감'이라고 생각한 적은 없지만 딜런은 뇌성마비나 수족장애가 그 사람의 전부가 아니라는 걸 자연스럽게 배웠다. 또 딜런은 처절한 역경 속에서도 의미 있고 생산적인 삶을 살 수 있다는 것도 느꼈다.

톰도 마찬가지로 아들이 훌륭한 남자로 성장하도록 애썼다. 같이 운동하면서 페어플레이, 진정한 노력의 중요성, 팀워크가 주는 즐거움을 가르쳤다. 같이 기계를 수리하면서 과학과 기술, 구조를 가르쳤고 어려운 문제를 해결하는 데서 오는 만족감, 망가진 것을 버리는 대신에 고쳐서 쓰는 알뜰함과 보람도 알게 했다. 톰은 아이들이 불평 없이 집안일을 하도록 독려하고 어머니날 같은 특별한 날에 나를 챙겨주라고 일렀다.

모든 걸 잘한 건 아니다. 공부를 할수록 딜런에게 어떻게 했더라면 더 좋았을 걸 하는 것들을 배워간다. 설교하는 대신 귀를 더 많이 기울였더라면 좋았을 것이다. 할 말이 없을 때 내 생각과 말로 빈 공간을 채우는 대신 말없이 같이 앉아 있었더라면 좋았을 것이다. 딜런의 감정을 달래려고 하는 대신 인정해주었더라면, 뭔가 느껴질 때에 '피곤해요. 숙제가 있어요.' 같은 핑계로 대화를 피하더라도 받아들이지 않았더라면 좋았을 것이다. 어둠 속에 딜런과 같이 앉아서 딜런이 걱정하지 말라고 해도 걱정이 된다고 끈덕지게 말했더라면 좋았을 것이다. 다른 모든 걸 다 버리고 딜런에게 집중하고, 캐묻고 다그쳤더라면, 내가 보지 못했던 것을 볼 수 있을 정도로 밀착했더라면 좋았을 것이다.

이런 후회를 하지만 딜런이 파괴적인 계획을 세우고 있었다는 뚜렷한 징조는 전혀 없었다. 병세가 심각한 난폭한 아이를 키우느라 고생하는 부모의 이야기는 많이 들었다.[69] 딱하다는 생각뿐이고 이 사람들을 배려하지 않는 건강 관리 체제를 정비해야 한다고 본다. 어떤 엄마가 열 살짜리 아들이 분노가 폭발해 주방가위로 엄마를 찌르려다가 빗나가자 여동생 방으로 잠긴 문을 뚫고 들어가려고 해 경찰을 부를 수밖에 없었다고 이야기하는 걸 들으면 속이 뒤집어지는 기분일 것이다. 정신적 문제가 심한 아이들의 부모가 경찰에 의존할 수밖에 없을 때가 종종 있다. 경찰이 뇌질환 문제를 다루는 데에는 말도 안 되게 부적합하지만 도움을 청할 다른 곳이 없기 때문이다. 개인 병원을 이용할 여유가 없는 가족이라면 문제의 심각성을 부인하거나 아니면 경찰을 부르는 것 말고는 다른 방법이 없다. 보호자의 책임이라는 문제가 이 엄마들에게는 현실이다.

이들 부모들에게 내가 큰 공감을 느끼기는 하지만 내 상황은 이와는 매우 달랐다. 딜런은 뚜렷한 위험을 전혀 보이지 않았다. 학교에 가고, 저녁에는 아르바이트를 하고, 대학에 지원했다. 학살 전 며칠 동안에도 평상시처럼 우리와 같이 저녁을 먹으며 가벼운 대화를 하고 다 먹은 접시를 개수대에 가져다놓았다.

방에 틀어박혀 있긴 했지만, 친구들을 피하거나 하지는 않았다. 우리 집에서는 무기를 접해본 적이 없고 무기에 지나친 관심을 보인 적도 없다. 가끔 십대다운 반항이나 까칠한 모습을 보이기도 했지만, 지하실 테이프에서 본 것과 같은 분노는 터럭만큼도 보인 적이 없었다. 우리를 위협한 적도 외모를 바꾼 적도 다른 사람을 다치게

나는 가해자의 엄마입니다

하겠다는 말을 입에 올린 적도 없었다. 톰도 나도 단 한 번도 딜런을 무섭다고 느낀 적은 없었다.

우리는 우리 양육 방식이 결실을 맺고 있다고 생각했다. 딜런은 착하고 충실한 친구이자 사랑하는 아들이었고 책임감 있는 성인으로 성장하는 듯 보였다. 딜런의 글을 보면 우리가 딜런에게 심어준 것들을 잘 받아들였다는 증거가 충분히 있다. 딜런의 일기에는 양심과 싸운 흔적이 가득하다. 그런데도 삶의 막바지에 이르러서는 무언가가 우리가 가르친 교훈을 덮어버렸다.

사람은 가정에서만 영향을 받는 것은 아니다. 십대의 경우에는 더더군다나 그렇다. '양육'이란 한 사람이 접하는 모든 환경적 요소를 가리킨다. 딜런은 「저수지의 개들」이나 「내추럴 본 킬러」 같은 무의미하게 폭력적인 영화를 좋아했다. 하지만 우리가 아는 다른 남자아이들도 다들 그랬다. 우리가 이런 비디오를 사주거나 영화관에 데려가 보여주지는 않았다. 하지만 열일곱 살이 넘은 뒤에는 못 보게 하지도 않았다. 딜런이 일을 해서 자기 용돈을 벌어 쓰고 있으니 원한다면 어디에서든 볼 수 있으리라는 걸 알기 때문이었다. 걱정스럽다고 입 밖에 내어 말하지는 않았다.

딜런은 또 1인칭 슈팅 게임인 「둠」도 했다. 나는 그 게임이 마음에 들지 않았지만, 게임 자체보다는 딜런이 컴퓨터만 하고 친구들과 어울리지 않을까 봐 더 걱정했는데, 딜런은 그러지는 않았다. 내가 비디오게임에 대해 가진 불만은 주로 바보 같은 시간 낭비라는 것이었다. 하지만 딜런의 선량함에 대한 근원적 믿음이 있었기 때문에 비디오게임에 대한 걱정도 옅어졌다. 화면 속의 사람을 쏘는 것에서 현실의 사람을 쏘는 것으로 비약할 수 있으리라는 생각은 단 한 차례도 해보지 못했다.

생각해보면 그게 착각이었다. 「둠」 같은 폭력적 게임이 공감력을 떨어뜨리고 공격적 행동을 증가시킨다는 연구가 나와 있다. 이런 의견에 반대하는 사람은 이 게임을 한 사람 수백만(「둠」을 한 사람이 대략 1000만 명에 달한다고 한다.) 가운데 폭력을 저지르는 사람은 극소수에 지나지 않는다는 점을 지적한다. 하지만 법의학 임상심리학자이자 심리학과 교육 분야에서 청소년 살인, 학교 안전, 괴롭힘, 위협 평가 등에 관해 200편이 넘는 논문을 발표한 듀이 코넬 박사는 폭력적 오락에 대해 이렇게 말했다.

"담배 한 대 피운다고 폐암에 걸리지는 않지요. 또 평생 흡연을 해도 폐암에 안 걸리는 사람도 있습니다. 그렇다고 해서 상관관계가 없다는 의미는 아닙니다. 폭력적 오락이 난동의 충분조건은 되지 않겠지만 그래도 유해한 요인입니다. 소수의 취약한 사람이 흡연을 하면 다른 요인과 상호작용을 하여 폐암이 발생할 수 있습니다. 폭력적 오락과 폭력 행위에 대해서도 같은 이야기를 할 수 있습니다. 취약한 사람에게는 위험한 겁니다."[70] 하지만 톰과 나는 딜런이 취약하다고 생각하지 않았다. 다른 사람들도 그렇게 보지는 않았다.

딜런의 취약성이 아마 딜런이 또 다른 유해한 영향이었을 에릭에게 약했던 까닭이기도 했을 것 같다. 나는 딜런이 다른 사람을 추종하는 타입이라고 생각하지 않았기 때문에 전혀 몰랐다. 딜런은 워낙 다른 사람에게 잘 맞춰주는 성격이다. 전형적인 둘째로 어릴 때에는 형을 따라서 놀았고 톰이나 내가 시키는 대로 저항 없이 잘 따랐다. 하지만 딜런이 친구들하고 같이 노는 모습을 종종 보면 동등한 관계로 보였다. 잭이나 네이트가 딜런보다 우위에 있다고 느낀 적은 없었다. 네이트는 피자를 먹고 싶은데 딜런은 햄버거를 먹고 싶다면, 둘이 잘 타협했다.

나는 아직도 딜런이 수동적 추종자에 불과했다는 생각은 거부한다. 에릭이 매력 있고 카리스마가 있는 건 분명한 사실이고 에릭은 상담사와 정신과의사 등 전문가들을 능란하게 속이기도 했다. 그렇지만 나는 딜런이 공감과 양심을 지니고 살아온 17년의 삶을 어떻게 저버릴 수 있었는지를 그렇게 쉽사리 설명할 수는 없다. 살상에 몰두했던 것이 에릭일지는 모르나 그래도 딜런도 함께했다. 싫다고 말하지 않았다. 그 계획에 대해 우리에게 말하거나, 선생님이나 친구들에게 말하지도 않았다. 대신 좋다고 말했고, 입에 올릴 수 없을 정도로 사악한 계획에 발을 넣었다.

에릭이 제안한 폭력에 딜런이 왜 가담했는지 나는 영영 모를 것이다. 일기를 보면 딜런의 정신상태가 매우 불안하고 처절한 무력감에 시달렸음을 알 수 있다. 어쩌면 에릭은 딜런을 전에 느껴보지 못한 방식으로 정당화해주고 받아들여주고 강한 존재로 느끼게 해주었을 것이다. 또 그들이 얼마나 막강한지를 세상에 보여줄 기회를 딜런에게 제공한 것이다.

애덤 랭크포드 박사는 "명성, 영광 또는 관심에 대한 욕구"가 총기 난사범의 동기라고 한다. 랠프 라킨은 "악명을 떨치기 위해 죽인다."고 표현한다. 종교적 테러를 연구한 마크 위르겐스마이어는 "공적인 폭력 행사"[71]라고 하며 이런 행동은 전략적 목표뿐 아니라 상징적 목적도 띤다고 주장한다. 『난동(Rampage)』의 저자 사회학자 캐서린 뉴먼 박사는 학교 총기 난사범은 "사람들에게 비치는 '샌님', '아웃사이더' 같은 이미지를 벗어던지고 더 매력적인 이미지, 위험하고 과격한 반영웅이 될 방법을 찾는 것"[72]이라며 이미지 변신과 연결시킨다.

선서증언에서 우리가 훈육, 영화, 비디오게임, 친구관계, 약물, 알코올, 복장, 폭죽 등에 어떤 입장이었는지 자세한 질문이 나오지 않아 나는 놀랐었다. 하지만 재앙의 근원적 원인을 깊이 있게 살피는 것은 그 자리의 목적 밖의 일이었다. 선서증언은 괴롭힘, 총기 안전, 학교 분위기, 청소년기의 정신적 미성숙[73] 등을 논하는 곳이 아니었다. 나 자신도 이때는 아직 이 문제에 대해 잘 몰랐다. 그렇지만 그때에도 한 가지만은 분명하게 알았다. 나는 내가 딜런을 살인자로 만든 것이 아니라고 생각한다.

딜런에게 심각한 문제가 있다고 생각했다면 산을 움직여서라도 고치려 했을 것이다. 에릭의 웹사이트나 총기에 대해 알았다면, 딜런의 우울증에 대해 알았다면 다르게 대응했을 것이다. 하지만 나는 내가 아는 아이를 기르기 위해 내가 아는 최선의 방식으로 길렀고, 내가 모르는 존재가 되어버린 그 아이를 기르는 최선의 방식은 알지 못했다.

나는 가해자의 엄마입니다

＊＊＊

　예상했던 대로 선서증언 이후 언론보도는 극히 선동적이었다. 증언 내용을 공개하지 않아 우리가 무언가를 또 숨기고 있다는 인상을 주었다.

　나는 그 내용을 공개하고 싶었다. 안 될 게 뭔가? 나 자신도 날마다 해답을 찾으려고 매달리는데 무언가를 숨긴다는 오해를 받는 것도 지겨웠다. 내용을 공개하면 이 참사에 단 하나의 원인이 있다는 생각을 마침내 잠재울 수 있을지 모른다는 순진한 생각도 했다. 게다가 지하실 테이프와 다르게 선서증언은 공개하더라도 위험한 영향을 전파할 위험이 없었다.

　하지만 내가 내린 결정은 아니었다. 범인의 부모 네 명이 모두 증언을 했는데 모든 사람의 최선의 이익이 무엇일지 변호사들 사이에 의견이 합치되지 않았다. 결국 판사가 20년 동안 공개하지 않기로 결정을 내렸다.

　그 자리에서 내가 하고 싶은 말을 다 하지는 않았지만, 유가족들이 나를 보고 내 말을 들으면 딜런이 저지른 범죄의 동력이 무엇이었건 간에 그게 우리 집에서 시작된 것은 아니라는 걸 알 수 있으리라고 생각했다. 이튿날 신문을 보고 나는 나의 어리석음을 자각했다. 다시 그 말이었다. 제대로 된 부모라면 아들이 무슨 꿍꿍이인지 알았을 것이다. 몰랐다는 건 책임이 있다는 말이다. 어떻게 하더라도 사람들의 생각은 달라지지 않을 것이었다.

나는 신문을 손으로 갈기갈기 찢고 주먹으로 침대를 탕탕 내리치며 울었다. 상처를 받았지만, 한편 이해도 되었다. 나라도 좋은 부모라면 아이가 무슨 생각을 하는지 알아야 한다고 생각했으니. 반대 상황이었다면, 딜런이 학교 도서실에서 숙제를 하는데 누군가의 아들이 딜런을 죽였다면, 나라도 그 가족을 원망했을 것이다.

* * *

선서증언 이후에 스트레스가 계속 높았고 잠을 잘 못 잤고 집중도 못 했다. 열흘 뒤에 원고들이 합의하겠다는 소식을 들었다. 변호사는 크게 안도할 일인 것처럼 말했지만 내 기분은 조금도 나아지지 않았다. 어떤 법적 해결도 내 가슴 한가운데에 들어앉은 두려움, 내가 감당할 수 있는 능력의 한계에 다다랐다는 절망감을 달래줄 수는 없었다.

약과 치료의 도움으로 공황발작이 드디어 가라앉았다. 우리는 다시 우리 삶으로 돌아가서, 딜런 없이 사는 법을, 딜런이 저지른 일을 알고도 사는 법을 배워나갔다.

나는 가해자의 엄마입니다

18

뇌건강과 폭력의 교차점

슬픔에도 수명이 있다.

7년 정도 지나자 안개 속에서 조금씩 나올 수 있었다고 나에게 말해준 사람들이 많았는데, 나도 그랬다. 2006년이 되자 조금씩 나아졌다. 딜런이 그리운 것은 여전했지만, 단 한 시간도 딜런의 손에 죽은 이들과 가족들을 고통스럽고 슬프게 떠올리지 않고 보낼 수는 없었지만, 날마다 울지는 않았고 좀비처럼 넋을 잃고 떠돌아다니지도 않았다. 법적 제약이 사라지자 이제 내가 입을 열어 자살에 대한 이해를 높이는 데 기여할 수 있지 않을까 하는 생각이 들었다.

자살 예방 모임에서 일하면서 나는 살인-자살 유족 두 명을 더 만났다. 공통점 때문에 편하게 이야기를 나눌 수 있었다. 자살 유족들 대부분이 슬픔, 죄책감, 수치와 싸우지만, 가족이 생애 마지막 순간에 살인을 저지른다면, 마음속에서 그 사람이 다른 사람이 되고 애도하는 방식도 달라진다. 내 행동이 원인이 되지는 않았을까 하는 질문을 떨쳐버릴 수가 없다. 언론의 관심도 충격으로 남는다.

살인-자살 유족은 비극의 동인이 자살이라고 생각하지만 대중은 그런 행동을 오직 살인으로 바라본다. 우리가 살인-자살이 자살의 한 형태라고 보고자 하는 까닭은 자살 방지가 살인-자살 방지이기도 하다는 걸 알리고 싶기 때문이다. 그래서 콜로라도대학교 볼더 캠퍼스에서 '대학으로 간 폭력'이라는 주제로 회의가 열렸을 때 나는 살인-자살에 대한 패널 토론 자리를 마련하기로 했다.

톰은 내가 자살 예방과 유족 모임에 몰두하는 게 너무 우울한 일이라고 생각했고 살인-자살 연구에 대해서는 더 강한 거부감을 느꼈다.(톰은 우리 패널을 애덤스 패밀리라고 불렀다.) 톰은 내가 이 일을 딛고 일어서기를 거부한다고 생각했고, 나도 가끔은 톰이 옳을지도 모른다는 생각을 했다. 나는 청소년의 뇌, 자살, 살인-자살, 폭력의 생물학적 연구 등에 대한 책을 잔뜩 모았고 불편한 진실과 거북한 현실을 파고들었다.

일부는, 어쩌면 속죄였을 것이고, 일부는 자기 보호였을 것이다. 최악의 것을 미리 알고 나면 무심코 당하는 일이 없으리라고 생각했다. 하지만 이 모든 일의 근저에는 그저 알고자 하는 욕구가 있었다. 어떻게 딜런이, 우리가 키운 딜런이 그럴 수가 있었는가?

　　　　　　　　　　　　　나는 가해자의 엄마입니다

나는 딜런을 내 아들로 다시 되찾고 싶었다. 일어서서 사람들에게 말하고 싶었다. 딜런이 다치게 하고 죽인 사람들에 대해 내가 무한한 슬픔과 회한을 느끼지만, 그래도 딜런을 사랑한다고 말하고 싶었다. 안타깝게도 나는 아직 그럴 준비가 되어 있지 않았다.

패널 토론에 참석하기 얼마 전에 친구와 같이 친구 딸이 다니는 대학에 딸이 출연하는 연극을 보러 갔다. 즐거운 주말이었을 법도 한데 젊은이들이 넘쳐나는 대학 교정을 돌아다니다 보니 내 안에 무언가가 건드려졌다. 이때가 딜런과 같이 애리조나대학교 구경을 간 뒤에 처음으로 대학 교정에 들어온 때였다. 키가 크고 호리호리한 남자아이가 대학생활을 즐기는 모습을 볼 때마다 가슴이 조여들었다.

아름다운 교정을 걷다가 심한 공황발작이 찾아왔다. 선서증언 동안 심하게 시달리고 난 뒤 꽤 오랜만에 들이닥친 공황발작의 시작이었다. 연극을 보는 도중에 한 번 더 일어났고, 저녁식사 도중에 한번 더 있었다. 이튿날 오전 호텔방에서 친구들을 기다리며 텔레비전 채널을 돌리다가 우연히 릴리언 로스의 삶을 그린 1955년 영화 「나는 내일 울련다」를 보게 되었다. 로스 역을 맡은 수전 헤이워드가 알코올 섭취로 인한 신경쇠약을 연기하는 모습을 보다가 죽을 것 같다고 느껴질 정도로 심한 공황발작을 다시 일으켰다.

그 주말을 시작으로 끔찍한 시기가 이어졌다. 마치 내 뇌에 가속

장치가 눌린 채로 고정되어버린 것 같았다. 전에 공황이 닥칠 때는 머릿속에 죽음밖에 없었는데, 이번에는 두려움을 생각했다. 나는 두려움을 두려워하게 되었다.

어떤 일이라도 발작을 유발할 수 있었다. 딜런의 시신을 수습해 간 검시관 사무실 옆을 지나가다가, 펑. 카우보이가 헛간에 다이너마이트를 던지는 옛날 영화를 보다가, 펑. 수풀에 핀 붉은 꽃을 보고, 펑. 내 소화기는 늘 내 아킬레스건이었지만 공황과 함께 찾아오는 지속적인 장 증세 때문에 아예 먹기가 겁났다.

딜런의 죽음을 떠올리게 하는 어떤 것도 발작을 일으킬 수 있었기 때문에 내 심리치료사는 외상후스트레스장애가 나타나는 것이라고 했다. 치료사는 의사가 처방한 신경안정제를 복용해야 한다고 확고하게 말했다. 하지만 나는 약에 중독될까 봐 겁이 나서 알약을 절반, 때로는 4분의 1 정도로 쪼개 먹었다. 최악의 불안은 달래줄 정도지만 나아졌다고 느끼거나 걷잡을 수 없이 달려가는 생각을 가라앉힐 수 있을 정도는 아니었다. 그런 한편 마음 깊은 곳에는 내 고통이 성격적 결함 때문이라는 생각이 있었다. '그만해.' 나는 나 스스로를 무섭게 나무랐다. '정신 좀 추슬러. 합리적으로 생각할 줄 안다면 여기에서 벗어날 수 있어야지.'

내 심리치료사는 내가 패널 토론 자리에 앉기에는 아직 이르다고 했다. 하지만 나는 어떤 대가를 치르는 한이 있더라도 내가 헌신하기로 마음먹은 길을 가야한다고 생각했다. 게다가 사람들 앞에 '정상'으로 비쳐야 한다는 강박 때문에 압박감은 더 심했다. 나는 내가

나는 가해자의 엄마입니다

두려움에 지배되지 않는 사람임을 보여주고 싶었다. 그걸 입증하기 위해서 나 스스로 덫을 놓은 셈이다.

패널 토론일이 다가올수록 공황발작이 더 심하고 잦아졌다. 어느 날은 운전을 하며 집에 돌아오는데 공황이 너무 심해서 사고를 낼 것만 같았다. 전에는 정말 구체적으로 자살을 생각해본 적이 없었는데 그때는 조수석을 보며 이렇게 생각했다. '저기 총이 있다면 그걸 써서 이 모든 걸 끝내고 싶어.' 나는 핸들을 꽉 붙들고 이런 생각을 했다. '더 이상은 못 하겠어.'

나는 패널 발표를 무사히 마쳤다. 약간의 도움을 얻어서. 치료사의 조언을 따라 친구에게 내가 할 말을 녹음해달라고 했다. 내가 말을 할 수 없을 때에는 테이프를 틀기만 하면 되도록. 결국 내 발언의 절반은 녹음 테이프를 가지고 했다. 패널에 참석한 모든 사람들에게 힘든 날이었지만, 그래도 의미 있는 날이었다. 사람들이 살인-자살을 생각하는 방식을 확연히 바꾸어놓았다고 평가받았다. 어떤 사람은 완전히 새로운 깨달음이었다고 했다. 어떤 사람은 지금까지는 이런 케이스를 오해했다며 사과하기까지 했다.

나는 처방받은 대로 안정제를 복용하기 시작했다. 약, 심리치료, 장시간 산책 덕에 심한 공황발작이 점차 가라앉았다.

지금 나는 불안은 내가 평생 함께 살며 관리해야 할 뇌의 이상이라는 걸 안다. 위기를 겪고 있지 않을 때에도 언제든 불안이 닥칠 가능성이 있다. 이런 취약성이 있기 때문에 나는 내 스트레스 반응을 세심하게 살핀다. 뇌졸중 고위험군이 혈압을 신중히 관리하는 것과 마찬가지다. 명상, 요가, 심호흡을 하고 날마다 운동을 한다. 심리치료를 받고 그걸로 부족할 때에는 항우울제를 먹는다.

시간이 흐르면서 나는 내 불안에 귀를 기울이고 무언가가 잘못되었음을 일러주는 지표로 인식하게 되었다. 해가 지나며 톰과 나 사이의 거리는 점점 넓어져 공통점은 거의 남지 않았고 다시 서로에게 다가갈 수 있는 다리를 놓을 방법도 보이지 않았다. 2014년, 결혼한 지 43년 만에 우리는 헤어지기로 했다. 결혼 상태를 유지한다는 생각이 그만둔다는 생각보다 더 큰 스트레스를 준다는 걸 깨달았을 때에 이 결정을 내릴 수 있었다. 우리는 우리 사이의 우정을 유지하기 위해 이혼했다. 아마 우리는 평생 좋은 관계로 남을 수 있을 것이다. 그 점에 대해 감사한다.

공황발작이 계속되던 암울하고 끔찍한 시기에서 벗어날 때에는 마치 총천연색으로 재현된 오즈의 땅에 조심스레 들어서는 도로시가 된 기분이었다. 안전한 다른 편에 들어서자 이전의 위치가 어떤 깨달음의 계기였던 것처럼 다가왔다. 그 시기가 딜런의 삶, 그리고 죽음을 더 잘 이해하기 위해 알아야만 했던 것들을 가르쳐주었다.

* * *

세계보건기구는 정신건강을 "모든 개인이 자신의 잠재력을 인식하고, 삶의 일상적 스트레스를 이겨내고, 생산적이고 의미 있게 일

나는 가해자의 엄마입니다

할 수 있고, 공동체에 기여할 수 있는 상태"[74]로 정의한다.

불안장애에 시달리며 나는 망가진 정신 속에 갇힌다는 게 어떤 것인지를 알게 되었다. 뇌에 이상이 있을 때에는 자신의 생각을 통제하지 못한다. 생각의 균형을 잡기 위해 아무리 애를 써보아야, 사용할 만한 도구가 없다. 내 뇌를 통제하지 못한다는 게 어떤 의미인지, 그때 처음으로 알게 되었다.

이걸 알게 되면서 고통에 시달리는 다른 사람들에 대한 공감이 크게 자라났다. 나는 여러 해 동안 어떻게 딜런이 그런 행동을 했는지를 이해해보려고 애썼다. 그러다가 나 자신의 정신이 고삐가 풀려 거울나라 저편으로 들어가버렸다. 원하지 않는 생각이 고삐를 틀어쥐고 명령을 내리는, 나만의 살아 들끓는 지옥이었다.

슬프고도 무서운 진실은 언제 우리가(혹은 우리가 사랑하는 이들이) 심각한 뇌건강 문제를 일으킬지 알 수가 없다는 것이다.

상태가 좀 회복되고 나면 방금 전까지의 내 생각이 얼마나 엉망진창으로 왜곡되어 있었는지 믿기지 않을 정도였다. 어떻게 딜런이 터무니없는 길로 가고 있으면서도 자기가 옳은 길을 간다고 생각할 수 있었는지, 비로소 알 수가 있었다.

지금도 딜런과 에릭의 행동을 헤아릴 수는 없다. 내 아들이 아니더라도 사람이 세상에 어떻게 그런 짓을 저지를 수 있는지, 여전히 이해할 수 없다. 자살로 죽은 사람에게는 고통스러워도 더 쉽게 공감할 수 있지만, 딜런은 사람을 **죽였다.** 그것만은 익숙해지지도 극복할 수도 없을 것이다.

딜런이 악한 사람이었던 걸까? 이 질문을 붙들고 얼마나 씨름했는지 모른다. 마침내, 그렇지 않다고 생각한다는 결론을 내렸다. 대부분 사람들이 자살은 선택이고, 폭력도 선택이라고 생각한다. 인력으로 다룰 수 있는 일이라고. 하지만 자살 시도에서 살아난 사람들의 말을 들어보면 우리가 완전히는 이해할 수 없는 방식으로 의사결정 능력이 변화한다는 이야기를 한다. 하버드대학교 심리학자이자 자살연구가 매슈 녹 박사는 '의사결정기능장애'라는 내 마음에 쏙 드는 표현을 썼다. 자살이 견디기 어려울 정도로 고통스러운 삶에서 벗어날 유일한 방법이라고 여겨진다면, 그게 진정한 자유의지의 실천이라고 할 수 있을까?

물론 딜런이 그냥 자살로 생을 끝낸 것은 아니다. 살인을 저질렀다. 사람을 죽였다. 누구나 누군가를 죽이고 싶다는 생각을 할 정도의 분노를 느껴본 적이 있을 것이다. 그런데 대부분 사람들은 그런 충동을 느꼈던 것 자체에 놀라고 질겁하는 반면, 왜 어떤 사람은 그것을 실행에 옮기게 되는 걸까? 누군가가 다른 사람을 일부러 해친다면, 그런 결정을 내릴 수 있는 능력은 무엇의 지배를 받을까? '악'이란 양심의 부재라고 생각한다면 이런 질문을 던지게 된다. 어떻게 사람이 양심을 잊게 되는가?

나는 스스로 그 고통을 겪으면서 사고가 망가졌을 때에는 그 사고에 휘둘릴 수밖에 없음을 뼈저리게 경험했다. 딜런은 삶의 마지막 순간에 이르러 평생 동안의 도덕 교육, 공감력, 양심을 저버렸다. 내가 그 뒤로 공부하며 알게 된 사실들이 딜런의 정신상태가 온전하지 않았다는 내 믿음을 뒷받침해주었다.

뇌질환이 면죄부는 아니다. 딜런이 저지른 범죄는 딜런의 책임이다. 나는 딜런이 생의 마지막 순간에도 옳고 그름은 분별할 수 있었고 자기가 하는 일이 철저히 옳지 않은 일임을 알았으리라고 믿는다. 그렇지만 우울증과 뇌의 이상이 폭력을 저지르겠다는 결정에 미치는 영향을 고려하지 않고는 폭력을 예방하는 데 전력을 기울일 수 없을 것이다.

매우 위험한 발언인 것은 안다. 뇌 장애가 있는 사람이 위험하다는 것은 오늘날 가장 흔하면서도 파괴적인, 옳지 않은 믿음 가운데 하나다. 뇌 이상이 있는 사람 대부분은 폭력적이지 않다. 아주 일부가 그러할 뿐이다. 뇌건강과 폭력이 교차하는 지점을 편견 없이 터놓고 논할 방법이 필요하다. 그러려면 일단 사회의 낙인에 대해 이야기해야 한다.

올림픽 금메달리스트나 스타 쿼터백 가운데 무릎이 깨진 사람이나 메이저리그 투수 중 팔꿈치 인대 접합 수술을 받은 사람은 여럿 떠올릴 수 있다. 하지만 우울증 등 기분장애로 고통 받는 유명인의 이름은 쉽게 대지 못한다. 유명인들도 일을 잃을까 봐, 혹은 아이들을 잘 키울 수 없다고 간주될까 봐 겁낸다. 부, 권력, 인기조차도 오명을 막아주지 못한다.

나도 불안장애를 겪으면서 내 고통을 다른 사람에게 드러낼 때의 위험과 수치심을 알게 되었다. 나는 스스로를 아주 솔직한 사람, 때로는 지나칠 정도로 솔직한 사람이라고 생각한다. 하지만 공황이 덮

처올 때에는 내 상태가 너무나 수치스러웠고 내가 문제를 극복하지 못하는 것에 굴욕감을 느껴 내 상태를 숨기려고 갖은 노력을 다했다. 나약하고 불안정한 사람으로 비치는 게 두려워서 내면의 폭풍을 직장동료나 친구들에게 감추려고 최선을 다했다.

내 정신이 나를 죽이려 한다고 생각하는 와중에도 나는 내 상태를 어렵지 않게 숨길 수 있었다. 아마 동료들이나 지인들이 뭔가 이상하다는 걸 눈치는 챘을 것이다. '수가 말라보이지, 떠는 것 같지, 창백하지, 정신이 산만한 것 같지?' 하지만 내가 힘들어 보이는 건 당연한 일이기도 했다. '요즘 겪는 일들을 생각하면 힘들 수밖에 없겠지.' 나도 톰에게 이렇게 말하곤 했었다. '딜런이 듣는 수업이 너무 힘든가 봐. 피곤해 보여. 당연히 엄마 아빠와 같이 있는 것보다 게임하는 게 더 재미있겠지. 십대잖아!'

나 스스로 위기를 겪다가 회복되고 나니 병을 감추는 일이 나를 얼마나 소외시켰는지를 알 수 있었다. 하지만 그 경험 덕에 엄청난 고통을 감추고 사는 다른 사람들에 공감할 수 있게 되었다. 이런 병들 대부분은, 적당한 도움을 받으면 어느 정도 치료가 가능하다. 그런데도 필요한 치료를 받지 않으려는 사람이 많은 까닭은 부정적 인식 때문이다.

무릎을 다치면 걸을 수 없을 지경이 될 때까지 병원을 찾지 않고 내버려두지는 않을 것이다. 관절에 얼음찜질을 하고, 다리를 높이 괴고, 운동을 쉬다가 며칠 지나도 차도가 없으면 정형외과에 간다. 그런데 안타깝게도 정신건강 문제에 있어서는 진짜 위기가 닥치기 전에는 병원을 찾지 않는다. 아무도 다친 무릎을 의지와 용기로 낫게 할 수 있으리라고 생각하지 않는다. 하지만 정신의 고통에 대해서는, 낙인을 피하려고 스스로 벗어날 방법을 찾으려고만 한다.

내 불안장애를 어느 정도 다스릴 수 있게 되어 수렁에서 벗어나기 시작하자, 뇌건강 문제는 심장병이나 인대가 끊긴 것이나 다름없는 건강 문제라는 사실이 갑자기 한낮처럼 또렷하게 떠올랐다. 이런 건강 문제와 다를 바 없이 치료할 수 있다는 것도. 하지만 먼저 병을 깨닫고 진단을 받아야 한다. 오늘날에는 유방 엑스선 검사와 촉진으로 50년 전에는 놓쳤을 암을 조기 발견해 치료한다. 덕분에 나도 암을 이겨낼 수 있었다. 언젠가는 뇌건강 문제에 대해서도 그만큼 효과적인 진단과 개입이 이루어지기를 바랄 뿐이다.

반드시 필요한 일이기도 하다. 뇌의 병을 제대로 인지하고 치료하지 않으면 다른 어떤 병 못지않게 위험하다. 파괴적 충동은 그 충동을 느끼는 사람에게 가장 큰 고통을 준다. 일부 예외적인 사례에서는 다른 사람에 대한 폭력으로 나타날 수도 있다. 반드시 그런 것은 아니고, 그럴 가능성도 낮지만, 그래도 그런 일이 일어난다. 병을 치료하지 않으면 그 병을 앓는 사람뿐 아니라 주위에 있는 사람도 위험해질 수 있다.

고통에 시달리는 사람이 반드시 필요한 치료를 받지 못하면 자기 자신에게나 다른 사람에게 해를 가할 위험이 더 높아진다. 제대로 된 치료와 지원을 받지 못하는 사람은 마약이나 알코올로 자가 치료를 하게 되고, 이런 약물을 남용하다 보면 폭력의 위험성은 비약적으로 증가한다.

이 책을 쓰기 위해 자료를 얻으러 전문가를 만날 때마다 나는 이렇게 물었다. 부정적 인식을 높이지 않으면서 뇌 장애 혹은 정신병과 폭력의 연관에 대해 이야기하려면 어떻게 해야 할까요? 켄트 키엘 박사는 이렇게 깔끔하게 요약했다. "정신건강 문제가 있는 사람이 폭력적이라는 생각을 몰아내는 가장 좋은 방법은 폭력적인 면을 드러내지 않게끔 이들을 돕는 겁니다."

* * *

누가 폭력을 행사할지 미리 알기는 어렵다. 프로파일링도 소용이 없다. 하지만 폭력은 예방할 수 있다. 사실 위협 평가 전문가들은 이렇게 말한다. '예방에는 예측이 필요 없다.' 그렇지만 뇌건강 관리의 저변을 넓히는 일은 꼭 필요하다.

이 분야 선구자인 리드 멜로이 박사는 이런 비유를 들었다. 심장 전문의가 어떤 환자가 심장마비를 일으킬지 예측할 수 없을지는 몰라도, 모든 환자들의 콜레스테롤 수치 등 알려진 위험 요인에 대처하면 심장 문제가 일어날 확률이 낮아진다. 고위험군에 속하는 환자들, 흡연자나 과체중인 사람들을 더 세심하게 살피면 확률이 더 낮아질 수 있고, 또 예전에 심장발작을 일으킨 적이 있는 환자들이 심장기능 강화 프로그램을 따르고 약을 꾸준히 먹도록 하면 더 낮아진다.

일부 학교에서 비슷한 단계적 시스템이 가동되고 있다. 첫 번째 단계에서는 모든 사람이 뇌건강 진단과 응급처치, 갈등 해소 프로그램, 자살 예방 교육 등을 받을 수 있도록 한다. 친구 중재 프로그램에서는 후환을 두려워하지 않고 걱정되는 친구가 전문적인 도움을 받을 수 있도록 거들라고 교육한다.

두 번째 단계에서는 힘든 시기를 겪고 있는 아이들에게 관심을 쏟는다. 부모를 잃은 학생, 괴롭힘을 당하는 학생, 고위험군에 속하는 학생 등. 예를 들어 게이, 레즈비언, 바이섹슈얼, 트랜스젠더 아이들은 괴롭힘을 당할 위험이 상대적으로 높기 때문에 이 아이들이 쉽게 도움을 받을 수 있도록 노력을 기울여야 한다.

세 번째 단계는 특별한 우려가 나타났을 때 가동된다. 아이가 정서장애를 겪고 있거나, 자살을 입에 올리거나, 아니면 딜런처럼 폭력적이고 걱정스러운 주제의 글을 썼을 경우다. 그러면 특수 훈련을 받은 교사나 전문가들이 그 학생을 만나보고, 학생의 소셜미디어 등을 살펴보고, 친구, 부모, 경찰, 상담사, 교사와 이야기를 나누어본다.

이 시스템의 훌륭한 점은 잠재적 총기 난사범을 잡아낸다는 것이 아니라 온갖 종류의 문제로 힘들어하는 아이들을 학교가 알아볼 수 있게 해준다는 것이다. 괴롭힘, 섭식장애, 자해, 진단 범위 밖의 학습장애, 중독, 가정에서의 학대, 데이트 폭력 등. 드물게는 자기 자신이나 다른 사람을 해칠 구체적인 계획이 발견되기도 한다. 이때에는 경찰이 개입할 수 있다. 그렇지만 대다수의 케이스는 아이가 도움을 받을 수 있게 하는 것만으로도 충분하다.

"공격 행위를 하는 사람은 대개 배후에 어떤 문제가 있기 때문에 그런 행동을 합니다." 란다조 박사가 나에게 말했다. "정신적 문제일 때가 많지요. 이런 정신건강 문제는 대개는 미리 발견하여 잘 치료하면 해결될 수가 있습니다. 정신건강 관련 지원이 많아질수록 폭력이 줄어든다는 것은 **의문의 여지가 없습니다.**"

정말로 폭력을 막고 싶다면, 무기를 쉽게 손에 넣을 수 있기 때문에 발생하는 사회적 비용을 인식해야 한다. 딜런이 총을 살 수 있었기 때문에 그런 행동을 한 것은 아니었지만, 사람이 가장 취약한 순간에 이렇게 위험한 무기를 쉽게 얻을 수 있다면 엄청난 위험이 된다. 우리 사회를 건강하고 안전하게 만드는 법을 논의할 때에는 이런 위험을 반드시 고려해야 한다.

* * *

콜럼바인이나 버지니아테크, 샌디훅 같은 참사가 일어났을 때 사람들이 가장 먼저 던지는 질문은 '왜?'이다. 이 질문은 잘못된 질문일 수 있다. 나는 '어떻게?'라고 묻는 게 더 낫다고 생각하게 되었다.

어떤 일이 왜 일어났는지 설명하다 보면 실행에 옮길 수 있는 해결책 없이 단순한 해답에 안주하고 만다. 이미 고통에 시달리고 있고 자살에 대한 취약성이 있는 사람만이 죽음을 삶의 고통을 끝낼

나는 가해자의 엄마입니다

논리적 해결책으로 떠올린다. 자살은 병의 결과물인데, 마치 좌절에 대한 자연스러운 반응으로 바라보게끔 만드는 것은 위험한 일이다.

콜럼바인에서 일어난 일도 마찬가지라고 나는 생각한다. 딜런은 여러 면에서 취약했다. 정서적으로 미숙하고, 우울했고, 더 심각한 기분장애나 인격장애에 시달리고 있었을 수도 있다. 톰과 나는 이런 취약점을 알아보고 폭력적 오락, 에릭과 어울리는 것 등 문제를 악화시키는 나쁜 영향을 차단하는 데 실패했다.

'왜' 대신에 '어떻게'라고 물으면 자기 파괴적인 행동에 빠져드는 과정을 그 자체로 규명할 수 있다. 어떻게 자신이나 다른 사람을 해치는 길에 접어들게 되는가? 어떻게 해서 뇌에서 자기통제, 자기보존, 양심 등의 도구를 사용할 수 없게 되는가? 어떻게 왜곡된 사고를 확인하고 조기에 교정할 수 있을까? 연속체의 여러 지점에서 가장 효과적인 치료방법이 무엇인지 어떻게 알 수 있을까? 어떻게 하면 어떤 환경에서든 효과적인 치료를 받을 수 있게끔 할 수 있을까?

뇌건강을 건강 문제로 바라보고 건강을 유지하기 위해 할 수 있는 일들을 밝혀나가지 못하는 상태가 언제까지 계속되어야 할까?

이런 문제들은 긴급한 관심을 요하는 문제들이다. '왜'만 물으면 무기력한 상태로 남는다. '어떻게'라고 물으면 앞으로 나아갈 길이 보이고 어떻게 해야 할지 알 수 있다.

내가 직접 경험을 통해 너무나 잘 알게 되었듯이 뇌건강 문제는 '그들 대 우리'의 상황이 아니다. 누구나 이 병에 걸릴 가능성이 있고, 많은 사람들이 살면서 한 번은 그런 일을 겪는다. 우리는 아이들에게 치아 관리, 영양 균형, 용돈 관리의 중요성 등을 가르친다. 아이들에게 자기 뇌의 건강을 잘 살피라고 가르치는 사람은 얼마나 될까? 자기 뇌건강을 건사하는 방법을 아는 사람은 얼마나 될까?

나는 몰랐다. 내 삶에서 가장 큰 후회는 딜런에게 그걸 가르치지 않았다는 것이다.

결론

모든 이에게 더 안전한 세상

수 클리볼드. 콜로라도 지부. 상실과 사별 위원회. 1999년 콜럼바인
고등학교에서 내 아들 딜런을 살인-자살로 잃음. 여전히 이유를 묻
고 있음. 연구를 지원함.

—2015년 미국자살방지재단 지부장 회의에서 쓴

트위트 길이의 내 소개

단 하루도 격한 죄책감에 휩싸이지 않고 지나가는 날이 없다. 내
가 딜런에게 잘못한 무수한 것들과 딜런이 남긴 파괴 둘 다에 대해.

16년이 지난 지금도 날마다 딜런과 에릭이 죽인 사람들을 생각한
다. 그들 삶의 마지막 순간을 생각한다. 그들이 느꼈을 공포와 고통
을. 그들을 사랑했던 사람들을 생각한다. 죽은 아이들의 부모들, 데
이브 샌더스의 아내, 아이들, 손자들, 이들의 형제자매, 사촌, 반 친

구들을 생각한다. 다친 사람들, 영구 장애를 갖게 된 사람들을 생각한다. 콜럼바인 희생자의 삶과 맞닿은 모든 사람들을 생각한다. 초등학교 때 가르쳤던 선생님, 아기 때 돌보아주었던 베이비시터, 이웃들, 딜런이 한 행동 때문에 세상을 더욱 두렵고 알 수 없는 곳으로 느끼게 되었을 사람들.

딜런이 죽인 사람들의 희생은 가늠할 수가 없을 것이다. 하지만 나는 그들이 꾸렸을 가족, 이들이 이끌었을 어린이 야구팀, 이들이 만들었을 노래 같은 것도 생각한다.

딜런이 무슨 계획을 세우고 있었는지 알았더라면 얼마나 좋았을까. 내가 막을 수 있었다면 얼마나 좋았을까. 내 목숨을 죽은 사람들 대신 내줄 수 있었다면 얼마나 좋았을까. 수천 개의 열렬한 소망에도 불구하고 그때로 돌아갈 수 없다는 걸 안다. 나는 내 아들 때문에 망가지거나 스러진 삶을 기리며 살려고 애쓴다. 내가 하는 일은 그들을 기억하기 위한 것이다. 나는 또 내가 아직도 딜런에게 느끼는 사랑에 매달리기 위해서 일한다. 아무리 끔찍한 일을 저질렀더라도, 딜런은 언제까지나 내 아이다.

딜런이 종이접기하는 모습을 보던 일을 종종 생각한다. 종이접기 전문가들은 모서리를 정확하게 맞추어가며 접지만 4학년이었던 딜런은 좀 대충대충 했고 아직 손끝이 어설펐다. 그래도 복잡한 패턴을 한 번만 보면 그대로 만들어낼 수 있었다.

나는 차를 한 잔 끓여서 딜런 곁에 말없이 앉아 딜런의 손이 벌새처럼 날래게 움직이는 걸 구경하기를 좋아했다. 딜런이 정사각형 종이를 개구리나 곰이나 가재로 만드는 걸 보면 신기했다. 종잇장처럼 평범한 것이 몇 번 접는 것만으로 어떻게 저렇게 다른 모양이 되는지, 어떻게 한순간에 새로운 의미를 띠게 되는지 보면서 나는 늘 경탄했다. 또 완성된 형태를 보면서, 나는 알 수 없는 감춰진 복잡한 주름들에 탄복했다.

이 경험이 콜럼바인 이후에 내가 겪은 일들과 여러모로 닮았다. 나는 나 자신, 내 아들, 내 가족에 대해 안다고 생각했던 모든 것을 뒤집어, 아이가 괴물이 되고, 다시 아이가 되는 것을 보아야 했다.

종이접기는 마술이 아니다. 가장 복잡한 패턴이라도 그림으로 그리고 이해해서 알 수 있다. 뇌의 병과 폭력도 마찬가지다. 이걸 그리는 일이 지금 우리가 해야 하는 일이다. 우울증 등의 뇌의 병이 반드시 도덕적 방향타를 망가뜨리지는 않지만, 판단을 흐리게 하고 현실 감각을 왜곡하여 목숨마저 위험하게 할 수 있는 병인 것은 사실이다. 이 병을 연구하고 인식을 높이는 데에, 그리고 가장 도움이 필요한 사람이 도움을 받지 못하게 막는 잘못된 믿음을 없애는 데에 관심을 쏟아야 한다. 병에 시달리는 사람을 위하는 것일 뿐 아니라, 우리가 모르면 계속 피해자가 될 무고한 사람들을 위해서도 그렇게 해야 한다.

한 가지는 분명하다. 사람들의 삶이 위기에 처하기 **전**에 도울 수 있다면, 세상이 모든 이에게 더 안전한 곳이 될 수 있다는 것이다.

로라 터커가 없었다면 이 책을 완성할 수가 없었을 것이다. 로라가 원고를 책으로 낼 수 있게 다듬어 주지 않았으면 수백 쪽의 글과 수천 시간의 고통이 그냥 사라지고 말았을 것이다. 함께 일한 여러 해 동안 로라는 나에게 그냥 작가가 아니었다. 산파이자 치료사이자 의사이자 연구자이자 건축가이자 항해사이자 동력이자 영혼의 길잡이이자 친구였다. 로라는 회반죽이자 동시에 석수가 되어 깨진 벽돌 더미를 견고한 건축물로 바꾸는 일을 해주었다. 로라와 함께하기 전에 나는 풀리지 않는 문제들 속에 빠져 있었다. 독자들이 이미 결말을 알고 있는 이야기를 어떻게 풀어야 할까? 사실에 대한 중요한 정보는 뒤늦게 알았는데 당시의 내 실제 경험을 어떻게 전달할 수 있을까? 내가 어떤 사람으로 시작해서 다른 사람으로 바뀌었는데 어떤 어조로 말해야 할까? 로라가 이 문제들을 비롯해 무수한 문제들을 풀어주었다. 로라에게는 서로 다른 사건들을 논리의 끈으로 엮는 탁월한 능력이 있다. 언제 세부적으로 파고들고 언제 버려야 할지 안다. 암시를 민감하게 파악하고 말 사이 침묵에 숨은 것을 듣는 로라의 능력에 내내 감탄했다. 로라와 같이 일할 수 있어 내 삶이 풍요로웠다. 이렇게 고통스러운 주제의 책을 맡아 힘든 여정을 나와 함께 해준 용기에 언제까지고 감사할 것이다. 로라의 능력에 경외하며 신세 진 것을 영원히 기억할 것이다.

내 책에 걸맞은 에이전트를 찾으려던 차에 마침 에이전트 로리 번스타인이 나를 찾아주었다. 로리의 출현은 운명적이었다. 처음 만났을 때 로리가 내 이해를 지켜주고 내 계획을 실현해줄 사람임을 알았다. 그러기 위해 로리는 이루 말할 수 없이 많은 역할을 해주었다. 특히 출간 제안서를 만드는 데에 많은 식견과 지원을 더해준 데에 감사하고, 로라와 크라운출판사로 인도한 것에 대해서도 감사한다. 로리가 나를 옹호하고 지지해주고 집필과 출간 과정에 많은 노력과 능란한 솜씨를 보인 것에 감사한다.

앤드루 솔로몬에게 여러모로 감사한다. 개인적으로 만나기 전에 앤드루 솔로몬이 덴버에서 진행한 정신건강 관련 강연을 들었는데, 큰 감명을 받아 바로 『한낮의 우울: 내면의 어두운 그림자 우울의 모든 것』을 사서 읽었다. 나중에 앤드루가 『부모와 다른 아이들』을 쓰기 위해 톰과 나를 인터뷰하고 싶다고 요청했을 때에 나는 조금도 망설이지 않고 받아들였다.(톰도 같이 하도록 설득했다.) 그 뒤 여러 해 동안 앤드루와 함께 보낼 수 있었던 모든 순간이 소중하다. 앤드루가 재치 있고 영민하고 민감하고 탁월한 사람이기 때문이기도 하지만 처음 만난 순간부터 책을 내고자 하는 내 생각을 지지하고 격려해주었기 때문이기도 하다. 원고를 완성해가는 단계에서 요약문뿐 아니라 전체 원고까지 읽고 소중한 조언을 해주었다. 게다가 이 책의 해설을 써주어 종착점까지 같이 해준 것에 감사한다. 앤드루를 알게 되어 매우 영광으로 생각하고 그의 관대함에 영원히 감사할 것이다.

크라운출판사 직원들을 향한 감사로는 몇 장이라도 채울 수 있을 것 같다. 출간까지의 길을 인도해준 이 특별한 분들에게 감사한다. 모든 사람의 이름을 다 열거하기에는 자리가 부족하지만 능력과 지지를 보태준 모든 이들에게 진심으로 감사한다. 무엇보다도 편집자 로저 스콜의 뛰어난 편집의 눈, 감수성, 첫날부터 이 책에 보내준 열렬한 지지에 감사한다. 훌륭한 비서 대닐리 디아스에게도 감사한다. 몰리 스턴 대표의 지성과 진심 어린 열정 또한 경탄스럽다. 홍보팀은 내 기대를 넘어서고도 남았다. 부대표 데이비드 드레이크, 홍보부장 카리사 헤이스, 준대표 앤슬리 로스너와 함께 일한 경험은 선물이자 기쁨이었다. 조언과 우정에 얼마나 감사하는지 알아주기를 바란다. 영업부 차장 세라 펙데미르에게도 감사한다. 크라운출판사 제작편집자 테리 딜, 카피편집자 로런스 크라우저, 내지디자이너 엘리자베스 렌드플라이시, 아름다운 표지를 디자인해준 미술부장 크리스 브랜드, 또 이 책이 전 세계에 가닿을 수 있게 해준 저작권 담당자 랜스 피츠제럴드에게 감사한다. 마지막이지만 중요한 사람인 크라운출

나는 가해자의 엄마입니다

판그룹 회장 마야 매브지가 보여준 신뢰와 이 책의 메시지를 독자들에게 전할 수 있도록 도와준 것에 진심으로 감사한다.

콜럼바인 참사에 대한 연구를 공유하고 사건의 세부적 내용 전달을 도와준 데이브 컬런에게 감사한다. 정확한 사실관계 확인을 위해 감사하게도 산더미 같은 자료를 뒤져주었다.

내가 연구를 시작했을 때 바른 방향을 가르쳐주고 완성 원고를 읽고 조언을 해준 미국자살예방재단(AFSP) 크리스틴 무티어 박사, 로버트 게비아에게 감사한다. 이분들이 자살과 정신건강에 대한 전문 지식을 나누어주어 막대한 도움이 되었다.

기꺼이 면담 요청을 받아주고, 자료를 공유해주고, 특정 질문에 답할 수 있는 다른 전문가들에게 연결해준 여러 다른 분야 전문가들에 감사한다. 콜럼바인 참사와 직접 관련 있는 연구를 했든 아니든 모두 뇌건강과 폭력 방지라는 문제의 복잡성을 이해하는 데 도움을 주었다. 이들 덕에 내가 여러 해 동안 알아내려고 애썼던 의문에 대한 대답 일부를 찾을 수 있었다. 빅토리아 아랑고 박사, 브래드 부시먼 박사, 듀이 코넬 박사, 드웨인 퓨질리어 박사, 시드라 골드먼멜러 박사, 제임스 호든 박사, 토머스 조이너 박사, 켄트 키엘 박사, 피터 랭먼 박사, 애덤 랭크포드 박사, J. 리드 멜로이 박사, 테리 모피트 박사, 캐서린 뉴먼 박사, 데브라 니호프 박사, 매슈 녹 박사, 프랭크 옥버그 박사, 메리 엘런 오툴 박사, 에이드리언 레인 박사, 머리사 란다조 박사, 제러미 리치먼 박사, 또 유명 폭력 범죄에 대한 언론의 적절한 반응의 중요성을 일러준 마거리트 모리츠 박사와 체이네프 투페키 박사에게도 감사한다.

변호사 게리 로조와 프랭크 패터슨에게도 감사한다. 참사 이후 힘든 시기에 지속적인 도움을 주었을 뿐 아니라 이 책을 위한 면담에도 응해주었다. 이들이 우리가 함께 겪은 일의 법적인 면을 기록하는 데 도움을 주었다.

딜런의 좋은 친구가 되어주었고 딜런이 죽은 뒤에도 계속 우리와 딜런의 친구로 남아준 네이트에게 깊은 감사를 보낸다. 둘이 보낸 많은 행복한 순간을 들려주어 나도 함께 누릴 수 있었다. 나와 함께 과거를 되새겨주고, 책에 힘닿는 한 도움이 되어준 네이트가 정말 고맙다.

여러 소중한 친구, 이웃, 직장 동료, 자살 유족들의 끝없는 친절과 지지에 겸허한 감사를 보낸다. 너무나 많아서 일일이 열거할 수는 없지만, 내가 도저히 해나갈 수 없을 것 같다고 생각할 때에 계속 살아갈 수 있도록 무수히 많은 방식으로 지탱해주었다.

길고 힘든 여정 동안 수호천사처럼 나를 떠받쳐주고 지켜봐준 언니와 동생에게 감사한다. 내 날개 아래 순풍과도 같이 꾸준한 헌신을 아끼지 않았다.

마지막으로, 가장 중요한 사람, 바이런과 톰에게 감사한다. 책을 낸다는 것을 불편하게 생각하면서도 반대하거나 막지 않아줘서 고맙다. 두 사람 다 힘든 기억을 다시 휘젓고 싶지 않고 사생활이 노출되는 것도 원하지 않고 잊고 싶은 순간에 매달리고 싶지 않다고 했지만, 필요하다고 생각하는 것을 하겠다는 내 결심을 존중해주었다.

나는 가해자의 엄마입니다

이 일에 대해 늘 감사할 것이다. 또 두 사람의 사랑, 용기, 이해에 감사한다.

바이런, 네 사랑과 지지가 내 삶 최대의 축복이야. 그게 없었다면 이 책을 쓸 힘을 얻지 못했을 거야. 톰, 정말 많은 고난을 함께 견뎌오고 앞으로도 계속 그러할 우리의 우정을 언제까지고 소중히 여길 거예요.

주

7장

1. 이 사실이나 이 책에 담긴 여러 사실은 제퍼슨 카운티 경찰 보고서의 내용이다. 이 문서는 http://www.columbineonline.com/etc./columbine-faq.htm (2015년 5월 접속) 등 온라인 여러 곳에서 볼 수 있다.

10장

2. 나는 그날 케이트와 랜디가 한 말의 많은 부분을 기억하지 못하고 메모도 하지 못했다. 그래서 경찰 보고서 등을 사용해 그때 일을 재구성했다. 세부적인 정보까지 꼼꼼히 수집하고 이 부분이 정확한지 확인하는 데 도움을 준 데이브 컬런에게 깊이 감사한다. 어떤 오류가 있다면 모두 내 실수다.

3. 2015년 2월 12일 체이네프 투페키 박사와의 대화.

4. P. Thomas, M. Levine, J. Cloherty, and J. Date, "Columbine Shootings' Grim Legacy: More Than 50 School Attacks, Plots" (October 7, 2014), www.abcnews. go.com/US/columbine-shootings-grim-legacy-50-school-attacks-plots/ story?id=26007119 (2015년 5월 접속) ABC뉴스에서 한 달 동안 조사하여 콜럼바인고등학교 공격 이후 이 학살과 연관성이 있는 폭력 열일곱 건과 서른여섯 건의 계획이나 위협을 확인했다.

5. 이 연구 요약문을 reportingonsuicide.org에서 볼 수 있다. 언론에서 자살을 보도할 때 이 지침을 충실히 따를 것을 강력히 권한다. (reportingonsuicide.org/wp-content/themes/ros2015/assets/images/Recommendations-eng.pdf) 이 지침은 미국자살학회, 미국자살예방재단, 애넌버그 공공정책센터, 연합통신사 편집국장 모임, 캔터베리 자살 프로젝트—뉴질랜드 크라이스트처치 오타고대학교, 콜럼비아대학교 정신의학과, ConnectSafely.org, 이모션테크놀로지, 국제자살예방협회 미디어와 자살 태스크포스, 비엔나국립의대, 전국정신질환자협회, 국립정신건강

연구소, 전국사진기자연합, 뉴욕 주 정신의학회, 미국 약물남용 및 정신건강청, 자
살인식교육의 목소리, 자살예방자원센터, 미국질병통제예방센터(CDC), UCLA
공공보건대학 공동체건강학의 협업으로 만들어졌다.

6. Zeynep Tufekci, "The Media Needs to Stop Inspiring Copycat Murders. Here'
   s How," *The Atlantic*, December 19, 2012, www.theatlantic.com/national/
   archive/2012/12/the-media-needs-to-stop-inspiring-copycat-murders-
   heres-how/266439 (2015년 5월 접속) Christopher H. Cantor, et al., "Media
   and Mass Homicides," *Archives of Suicide Research*, vol. 5, no. 4 (1999), doi:
   10.1080/13811119908258339.

7. 모리츠는 「콜럼바인 보도(*Covering Columbine*)」라는 다큐멘터리를 감독했다.
   이 다큐멘터리는 참사의 언론보도가 지역사회와 보도를 담당한 기자들 양쪽에 어
   떤 영향을 미쳤는지를 탐구한다.

8. 2015년 2월 2일 옥버그 박사와의 대화.

9. 퍼블릭 라디오 인터내셔널의 보도. www.pri.org/stories/2014-06-10/canadian-
   news-network-refuses-broadcast-mass-shooters-name (2015년 5월 접속)

11장

10. Jeffrey Swanson, et al., "Violence and Psychiatric Disorder in the Community:
    Evidence from the Epidemiologic Catchment Area Surveys," *Psychiatric
    Services*, vol. 41, no. 7 (1990): 761~770, dx.doi.org/10.1176/ps.41.7.761

11. Bryan Vossekuil, et al., "The Final Report and Findings of the Safe School Ini-
    tiative: Implications for the Prevention of School Attacks in the United States,"
    www2.ed.gov/admins/lead/safety/preventingattacksreport.pdf, p. 21 (2015년 5
    월 접속)

12. 2015년 3월 13일에 리치먼 박사와 이야기를 나누었다. 더 많은 정보를 원하거나
    '연구와 공동체 교육을 통한 폭력 예방'을 위한 아비엘 재단을 지원하고자 하는
    사람은 www.aviellefoundation.org을 방문하면 된다.

13. 이 책들 중에 내가 자살 유족들에게 늘 권하는 것들이 있었다. Kay Redfield

Jamison, *Night Falls Fast* (New York: Vintage, 2000); Carla Fine, *No Time to Say Goodbye: Surviving the Suicide of a Loved One* (New York: Harmony, 1999); Iris Bolton and Curtis Mitchell, *My Son...... My Son.......: A Guide to Healing After Death, Loss, or Suicide* (Atlanta: Bolton Press, 1983).

14. www.afsp.org/understanding-suicide/facts-and-figures (2015년 5월 접속) 사실 자살 문제나 얼마나 많은 사람들이 자살로 목숨을 잃느냐 하는 문제는 우리 생각 보다 훨씬 심각할 수 있다. 사고로 분류되는 죽음 가운데 상당수가 사실은 자살이 라고 보는 연구자들이 많다.

자살로 죽는 사람 가운데 유서를 남기는 사람은 소수다(18~37퍼센트). (Valerie J. Callanan and Mark S. Davis, "A Comparison of Suicide Note Writers with Suicides Who Did Not Leave Notes," *Suicide and Life-Threatening Behavior*, vol. 39, no. 5 [October 2009]: 558~568, doi: 10.1521/suli.2009.39.5.558). 충돌 현장에 브레이크 흔적이 없다거나, 숙련된 하이커가 초보적 실수로 죽음을 당하 는 등 의심스러운 일이 발생하더라도 경찰 인력과 예산 부족 때문에 철저한 조사 가 이루어지지 않는다.

15. "Suicide Prevention," http://www.cdc.gov/violenceprevention/pub/youth_ suicide.html (2015년 5월 접속)

16. M. K. Nock, J. Green, I. Hwang, et al., "Prevalence, Correlates, and Treatment of Lifetime Suicidal Behavior Among Adolescents: Results from the National Comorbidity Survey Replication Adolescent Supplement," JAMA Psychiatry, vol. 70, no. 3 (2013): 300~310, doi: 10.1001/2013.jamapsychiatry.55.

17. "Understanding Suicide: Key Research Findings," www.afsp.org/understanding-suicide/-key-research-findings (2015년 5월 접속)

18. 2015년 3월 12일 빅토리아 아랑고 박사와의 대화.

19. Thomas Joiner, *Why People Die by Suicide* (Cambridge, MA: Harvard University Press, 2005).

20. 피터 랭먼 박사가 보낸 편지를 허락하에 실음.

21. 랭먼 박사의 웹사이트 www.schoolshooters.info에 이 주제에 관련된 자료가 많다.

나는 가해자의 엄마입니다

딜런의 글 일부에 주석을 단 것도 있다. schoolshooters.info/sites/default/files/klebold_journal_1.1_2.pdf

22. 2015년 1월 21일 랭먼 박사와의 대화.

23. Peter Langman, PhD, *Why Kids Kill: Inside the Minds of School Shooters* (New York: St. Martin's Press, 2009), Kindle locations 259~260.

24. Langman, Kindle locations 259~260.

25. Kay Redfield Jamison, *Night Falls Fast: Understanding Suicide* (New York: Knopf, 1999).

26. 미국질병통제예방센터는 청소년들의 위험 요인으로 아래와 같은 것들을 열거한다. 이전 자살 기도 이력, 자살 가족력, 우울증이나 정신질환 이력, 알코올 또는 약물 남용, 막대한 스트레스를 겪거나 가까운 사람을 잃음, 치명적 방법을 접하기 쉬움, 다른 사람의 자살 행동에 노출됨, 감금. 누군가가 자살을 생각하고 있다는 위험 징후 목록은 미국자살예방재단 웹사이트에서 찾아볼 수 있다. 더 많은 징후가 있을수록 위험이 높은 것이다. www.afsp.org/preventing-suicide/suicide-warning-signs (2015년 5월 접속)

27. C. Edward Coffey, "Building a System of Perfect Depression Care in Behavioral Health," *The Joint Commission Journal on Quality and Patient Safety*, vol. 33, no. 4 (April 2007): 193~199.

12장

28. 반사회적인격장애에 관심이 있는 사람은 Robert Hare, *Without Conscience: The Disturbing World of the Psychopaths Among Us* (New York: Guilford Press, 1999, 2011)를 읽어보라.

29. J. R. Meloy, A. G. Hempel, K. Mohandie, A. A. Shiva, and B. T. Gray, "Offender and Offense Characteristics of a Nonrandom Sample of Adolescent Mass Murderers," *Journal of the American Academy of Child and Adolescent Psychiatry*, vol. 40, no. 6 (2001): 719~728, forensis.org/PDF/published/2001_OffenderandOffe.pdf

법정심리학자이고 캘리포니아대학교 샌디에이고 캠퍼스 정신의학과 임상교수인 멜로이 박사는 정신병질, 범죄성, 정신질환, 폭력 등에 대해 200편이 넘는 논문과 11권이 넘는 책(공저 포함)을 집필했다. 멜로이 박사는 버시니아 콴티코 FBI 행동분석부서 자문이다. 멜로이 박사의 웹사이트 forensis.org는 폭력 예방, 위협 평가, 테러리즘과 대량살상의 동기 등 관련 주제에 대한 학술논문을 풍부하게 제공한다.

30. 2015년 1월 26일 리드 멜로이 박사와의 대화.

31. 2015년 2월 5일 랭크포드 박사와의 대화.

32. Adam Lankford, *The Myth of Martyrdom: What Really Drives Suicide Bombers, Rampage Shooters, and Other Self-Destructive Killers* (New York: St. Martin's Press, 2013).

33. 48퍼센트 가운데 38퍼센트는 제 손으로 목숨을 끊고 10퍼센트는 "경찰의 손에 의해 자살"한다. "A Comparative Analysis of Suicide Terrorists and Rampage, Workplace, and School Shooters in the United States from 1990~2010," *Homicide Studies*, vol. 17, no. 3 (2013): 255~274, doi: 10.1177/1088767912462033.

34. Bryan Vossekuil, et al., "The Final Report and Findings of the Safe School Initiative: Implications for the Prevention of School Attacks in the United States," www2.ed.gov/admins/lead/safety/preventingattacksreport.pdf, p. 21 (2015년 5월 접속)

35. Thomas Joiner, The Perversion of Virtue: *Understanding Murder-Suicide* (New York: Oxford University Press, 2014), p. 11.

36. 2014년 12월 3일 토머스 조이너와의 대화.

37. Langman, Kindle locations 947~949.

38. 2015년 2월 19일 마리사 란다조 박사와의 대화.

39. 2015년 1월 29일 드웨인 퓨질리어 박사와의 대화.

13장

40. K. R. Merikangas, J. He, M. Burstein, et al., "Lifetime Prevalence of Mental Disorders in US Adolescents: Results from the National Comorbidity Study-Adolescent Supplement(NCS- A)," *Journal of the American Academy of Child and Adolescent Psychiatry*, vol. 49, no. 10 (2010): 980~989, doi: 10.1016/j .jaac.2010.05.017.

41. US Public Health Service, "Report of the Surgeon General's Conference on Children's Mental Health: A National Action Agenda," US Department of Health and Human Services, Washington, DC (2000).

    US Department of Health and Human Services, "Mental Health: A Report of the Surgeon General," US Department of Health and Human Services, Substance Abuse and Mental Health Services Administration, Center for Mental Health Services, National Institutes of Health, National Institute of Mental Health, Rockville, MD (1999).

42. B. Maughan, S. Collishaw, and A. Stringaris, "Depression in Childhood and Adolescence," *Journal of the Canadian Academy of Child and Adolescent Psychiatry*, vol. 22, no. 1 (2013): 35~40.

43. US Preventive Services Task Force, "Screening and Treatment for Major Depressive Disorder in Children and Adolescents," *Pediatrics*, vol. 123, no. 4 (April 2009): 1223~1228.

44. Centers for Disease Control and Prevention, "Youth Risk Behavior Surveillance United States, 2011," *Morbidity and Mortality Weekly Report, Surveillance Summaries*, vol. 61, no. SS-4 (2012), www.cdc.gov/mmwr/pdf/ss/ss6104.pdf

45. National Institute of Mental Health Depression in Children and Adolescents (fact sheet), www.nimh.nih.gov/health/topics/depression/depression-in-children-and-adolescents.html (2015년 5월 접속)

46. www.suicidology.org/ncpys/warning-signs-risk-factors (2015년 5월 접속)

47. 존 캠포 박사와 동료들은 2001년 원인을 알 수 없는 복통이 계속 나타나는 아이들을 연구해서 논문으로 발표했다. 이 아이늘 가운데 44.4퍼센트가 주요우울장애

(MDD) 진단 조건을 충족시켰다. 이 연구에서는 반복되는 복통을 느끼는 아이들은 일상적 스트레스에 신체적 증상으로 반응하는 것일 수 있다고 했다. John V. Campo, et al., "Recurrent Abdominal Pain, Anxiety, and Depression in Primary Care," *Pediatrics*, vol. 113, no. 4 (2004): 817~824.

48. Dave Cullen, *Columbine* (New York: Grand Central Publishing, 2010), p. 200.

49. 이 보고서는 발표되지 않았지만, 데이브 컬런이 가지고 있던 복사본을 나에게 보여주었다. 콜럼바인재검위원회에서 후에르터가 한 증언은 언론에 많이 보도되었다. extras.denverpost.com/news/col1202.htm (2015년 5월 접속)

50. Ralph W. Larkin, *Comprehending Columbine* (Philadelphia: Temple University Press, 2007).

51. Peter Langman, *School Shooters: Understanding High School, College, and Adult Perpetrators* (Lanham, MD: Rowman & Littlefield, 2015).

52. Larkin, p. 90.

53. Larkin, p. 91.

54. Centers for Disease Control and Prevention, "Youth Risk Behavior Surveillance-United States, 2011," *Morbidity and Mortality Weekly Report, Surveillance Summaries,* vol. 61, no. SS-4 (2012), www.cdc.gov/mmwr/pdf/ss/ss6104.pdf

55 National Center for Education Statistics and Bureau of Justice Statistics, "Indicators of School Crime and Safety" (2011), nces.ed.gov/pubsearch/pubsinfo.asp?pubid=2012002rev

56. W. E. Copeland, D. Wolke, A. Angold, and E. Costello, "Adult Psychiatric Outcomes of Bullying and Being Bullied by Peers in Childhood and Adolescence," *JAMA Psychiatry,* vol. 70, no. 4 (2013): 419~426, doi: 10.1001/jamapsychiatry.2013.504. 듀크대학교 연구에서는 괴롭힘을 당하지 않은 아이와 비교했을 때 당한 아이가 성인기에 광장공포증, 범불안장애, 공황장애를 겪을 위험이 네 배 높게 나타났다. 괴롭힘 가해자는 반사회적인격장애를 나타낼 위험이 네 배 높았다.

57. B. Klomek, F. Marrocco, M. Kleinman, I. S. Schonfeld, and M. S. Gould,

"Bullying, Depression, and Suicidality in Adolescents," *Journal of the American Academy of Child and Adolescent Psychiatry,* vol. 46, no. 1 (2007): 40~49. Y. S. Kim and B. Leventhal, "Bullying and Suicide," *International Journal of Adolescent Medicine and Health*, vol. 20, no. 2 (April June 2008): 133~154.

58. T. R. Nansel, M. D. Overpeck, D. L. Haynie, W. J. Ruan, and P. C. Scheidt, "Relationships Between Bullying and Violence Among US Youth," *Archives of Pediatric and Adolescent Medicine*, vol. 157, no. 4 (2003): 348~353, doi: 10.1001/ archpedi.157.4.348.

59. T. E. Moffitt, A. Caspi, H. Harrington, and B. J. Milne, "Males on the Life-Course-Persistent and Adolescence-Limited Antisocial Pathways: Follow-Up at Age 26 Years," *Development and Psychopathology*, vol. 14 (2002): 179~207. D. Pepler, D. Jiang, W. Craig, and J. Connolly, "Developing Trajectories of Bullying and Associated Factors," *Child Development*, vol. 79, no. 2 (2008): 325~338. M. K. Holt, et al., "Bullying and Suicidal Ideation and Behaviors: A Meta-Analysis," *Journal of the American Academy of Pediatrics*, (January 2015), doi: 10.1542 peds.20141864. W. E. Copeland, D. Wolke, A. Angold, and E. Costello, "Adult Psychiatric Outcomes of Bullying and Being Bullied by Peers in Childhood and Adolescence," *JAMA Psychiatry*, vol. 70, no. 4 (2013): 419~426, doi: 10.1001 /jamapsychiatry.2013.504. P. R. Smokowski and K. H. Kopasz, "Bullying in School: An Overview of Types, Effects, Family Characteristics, and Intervention Strategies, *Children and Schools*, vol. 27 (2005): 101~109.

60. J. Pirkis and P. Burgess, "Suicide and Recency of Health Care Contacts: A Systematic Review," *The British Journal of Psychiatry: The Journal of Mental Science*, vol. 173, no. 6 (December 1998): 462~474.

61. 체포되어 감금된 지 얼마 안 된 사람은 자살 위험이 더 높다. Thomas B. Cook, "Recent Criminal Offending and Suicide Attempts: A National Sample," *Social Psychiatry and Psychiatric Epidemiology*, vol. 48, no. 5 (May 2013): 767~774.

62. Mary Ellen O'Toole, "The School Shooter: A Threat Assessment Perspective"

(Quantico, VA: FBI Academy, 2000), www.fbi.gov/stats-services/publications/
school-shooter (2015년 5월 접속)

63. 2015년 2월 23일 메리 엘런 오툴과의 대화.

14장

64. Adrian Raine, *The Anatomy of Violence: The Biological Roots of Crime* (New
York: Knopf, 2013), p. 171.

16장

65. Patrick O'Malley, "Getting Grief Right," *New York Times*, January 10, 2015,
opinionator.blogs.nytimes.com/2015/01/10/getting-grief-right/?_r=0 (2015년
5월 접속)

66. 정신병원에서 퇴원한 직후 몇 주 동안에 자살 위험이 높은 것으로 나타난다. A.
Owen-Smith, et al., "'When you're in the hospital, you're in a sort of bubble':
Understanding the High Risk of Self-Harm and Suicide Following Psychiatric
Discharge: A Qualitative Study," *Crisis: The Journal of Crisis Intervention and
Suicide Prevention*, vol. 35, no. 3 (2014): 154~160, dx.doi.org/10.1027/0227-
5910/a000246H. Bickley, et al., "Suicide Within Two Weeks of Discharge from
Psychiatric Inpatient Care: A Case-Control Study," *Psychiatric Services*, vol. 64,
no. 7 (July 1, 2013): 653~659, doi: 10.1176/appi.ps.201200026.

17장

67. K. Kiehl, et al., "Abnormal Brain Structure in Youth Who Commit Homicide,"
NeuroImage: Clinical vol. 4 (May 2014): 800~807.

68. 『폭력의 해부(*The Anatomy of Violence*)』(New York: Knopf, 2013)에서 에이드
리언 레인 박사는 이런 것들을 생물학적으로 폭력적 기질을 갖게 되는 원인으로
열거했다. 2015년 3월 24일 나와 직접 대화를 나누었을 때 레인 박사가 생선을 얼
마나 자주 먹는지 묻기도 했다. 오메가3 부족과 폭력 사이에 상관관계가 나타났기

때문이다. 하지만 우리 집은 생선을 일주일에 적어도 한 번은 먹었다.

69. 리자 롱의 아들은 양극성장애를 앓고 있다. 2012년 「나는 애덤 란자의 어머니다」라는 도발적인 블로그 글을 써서 널리 회자되었다. 그 이후에 나온 책 『침묵의 대가: 엄마의 관점에서 본 정신질환(*The Price of Silence: A Mom's Perspective on Mental Illness*)』(New York: Hudson Street Press, 2014)은 우리의 교육, 청소년 사법제도, 정신건강 제도가 아이들의 뇌질환을 어떻게 다루는지를 신랄하게 고발한다.

70. 2015년 3월 5일 듀이 코넬 박사와의 대화.

71. Mark Juergensmeyer, *Terror in the Mind of God: The Global Rise of Religious Violence*, third edition (Berkeley, CA: University of California Press, 2003).

72. 2015년 3월 16일 캐서린 뉴먼 박사와의 대화.

73. 프랜시스 젠슨은 청소년기 뇌의 미성숙한 신경연결에 대해 탁월한 책을 썼다. *The Teenage Brain: A Neuroscientist's Survival Guide to Raising Adolescents and Young Adults* (New York: HarperCollins, 2015).

18장

74. World Health Organization, "Mental Health: A State of Well-Being" (2014), www.who.int/features/factfiles/mental _health/en/

자료

도움과 자료를 구할 수 있는 곳이 매우 많아서 수천 쪽이라도 열거할 수 있을 것 같다. 내가 특히 강력하게 추천하는 곳을 추려서 여기 적는다.

자살 예방

국립자살예방 생명줄 1800273-TALK (8255)

www.suicidepreventionlifeline.org

당신 자신이나 사랑하는 사람이 위기에 처해 있다면(당장 자살 생각을 하고 있건 아니건) 국립자살예방 생명줄에 전화를 걸어 도움을 청하라. 이곳으로 전화하면 숙련된 위기 전문가에게 연결되고, 전문가가 상황을 듣고 가까운 곳에 있는 정신건강 관련 기관을 알려준다. 무료이고 비밀이 보장되고 매일 24시간 연결 가능하다. 이 전화번호를 잘 알아두는 게 좋겠다.

미국자살예방재단: www.afsp.org

자살예방자원센터: www.sprc.org/Suicide

이 두 조직은 다양한 주제에 대해 엄청나게 방대한 자료를 제공한다. 자살 위험 조짐을 어떻게 파악할 것인가, 누가 고위험군인가, 자살 유족을 돕기 위해 무엇을 할 수 있는가, 가족 내 자살에 대해 아이들에게 어떻게 이야기할 것인가 등등. 유가족, 교육자, 활동가, 위험에 처한 사람 등 이 문제와 관련이 있는 모든 사람에게 큰 도움이 된다.

www.sprc.org/bpr

자살 방지와 정신건강에 대한 프로그램이 이렇게 많다면 어떤 걸 택할지

나는 가해자의 엄마입니다

어떻게 정할 수 있을까? 일단 자살예방자원센터(SPRC) 웹사이트에 있는 우수운영명부(Best Practices Registry)에서부터 시작하는 것도 좋겠다. '우수운영' 기준을 충족시키는 프로그램만 나열한다.

www.mentalhealthfirstaid.org/cs

정신건강응급치료는 국가 기관으로 중독과 정신건강 문제의 징후를 판별하는 방법을 실제 훈련으로 교육하는 곳이다. 나는 이 교육을 세 번 받았는데 누구나 다 받아야 한다고 생각한다. 토요일 하루를 들여서 목숨을 구할 수 있다는 걸 알면 큰 힘이 된다.

괴롭힘

www.stopbullying.gov

괴롭힘은 어떤 나이대에서나 문제가 된다. 가정과 학교에서 도움을 줄 수 있다.

친구를 통해

www.nasponline.org/resources/crisis_safety/savefriend_general.aspx

아이들은 어른보다는 친구들에게 더 많은 이야기를 할 가능성이 높기 때문에 친구가 자살 생각과 싸우고 있을 때 어떻게 해야 하는지 아이들이 알고 있어야 한다. 미국전국학교심리학자협회(National Association of School Psychologists)에서 나오는 「친구를 구하자」 전단에 모든 아이들이 알고 있어야 할 내용이 간략히 소개되어 있다.(적당한 어른이나 적절히 대응하도록 훈련받은 위기 관리자를 쉽게 접할 수 있는 게 매우 중요하다.)

자살에 대한 학교의 대응

www.sprc.org/library_resources/items/after-suicide-toolkit-schools

자살 사건이 발생했을 때 학교가 이 비극에 어떻게 대처하느냐에 따라 다른 학생들의 안전이 달려 있다. (미국자살예방재단과 자살예방자원센터에서 발행한) 이 소책자가 힘든 시기를 헤쳐나가게 해줄 실용적인 길잡이가 된다. 자살예방 생명줄과 더불어 내가 가장 많이 추천하는 자료 출처다.

폭력 예방

www.cdc.gov/violenceprevention/nvdrs

미국질병통제예방센터 폭력예방 부서에서는 아주 중요한 일을 한다. 특히 전국 폭력적 죽음 보고 시스템(National Violent Death Reporting System)은 폭력 예방에 매우 유용하게 쓰이는 도구다. 이 데이터베이스는 폭력적 죽음을 포괄적으로 익명으로 보고하는 시스템이다. 폭력적 죽음에 관련된 데이터에서 '누가, 무엇을, 언제, 어디에서, 어떻게'에 대한 정보를 연결하여 왜 이런 일이 일어났는지 이해하는 데 도움을 얻을 수 있다. 시간이 지나면 이 데이터베이스를 통해 폭력을 방지하기 위한 여러 노력들이 효과가 있는지도 드러날 것이다. 현재는 서른두 개 주만이 여기에 참여할 자금을 확보했다.

총기 안전

www.hsph.harvard.edu/means-matter/means-matter

총기 규제와 소유에 대해 어떤 입장이건 간에, 총기의 접근성과 자살 위험 사이의 관계는 명백하다. 하버드대학교 공중보건대학원 '민즈 매터(Means Matter)' 프로그램은 총기 안전 문제를 홍보하는 유용하고도 독특한 접근 방식을 택한다. 뉴햄프셔 총포점 프로젝트는 갈등 없이 협력하며 이루어낸 캠페인의 모델이다.

언론 지침

www.afsp.org/news-events/for-the-media/reporting-on-suicide

www.sprc.org/sites/sprc.org/files/library/sreporting.pdf

자살에 관한 언론보도가 참사 이후 대중의 안전과 건강에 어떤 영향을 미칠 수 있는지 다루고 있다. 자살-살인에 대해서도 비슷한 보도지침이 나오면 좋겠다고 생각한다. 지식을 키우고 잘못된 생각은 타파하고 트라우마를 최소화하기 위해 노력할수록 더 안전한 사회를 만들 수 있다.

위협 평가

curry.virginia.edu/research/projects/threat-assessment

버지니아 학생위협평가지침(Virginia Student Threat Assessment Guidelines)은 학교가 학생들의 폭력 위협에 안전하고 체계적이고 효율적으로 대처할 수 있도록 도와준다. 괴롭힘, 놀림 등 학생들 사이의 갈등이 폭력적 행동으로 번지기 전에 조기에 관심을 기울이는 위협 평가 방식이다. 현재 열여덟 개 주 3000개 이상의 학교에서 사용하고 있는 프로그램으로 하루 동안 여러 분야의 사람들을 교육한다. 이런 프로그램은 학생 폭력 발생을 낮출 뿐 아니라 자살, 가정 폭력, 아동 학대 등 여러 종류의 위험에 처해 있는 아이들을 찾아내는 데에도 도움을 준다.

불안을 억누르기 위해 할 수 있는 일

'육아'라고 부르는 지식과 경험의 체계는 대체로 (아주 많은) 질문과 (부족하게 느껴지는) 대답으로 이루어진다. "아이 열이 몇 도가 되면 응급실에 가야 하나요?" 혹은 "아이가 식구가 아닌 사람 앞에서는 노래를 부르지 않는데 왜 그럴까요?" 우리는 이런 질문을 지식과 노련함으로 충분히 답할 수 있는 것처럼 취급하고 당연히 답이 있을 것이라고 생각한다. 하지만 어떤 어른이 사람들 앞에서 노래를 부르지 않는다고 해서 그걸 심각한 문제로 생각하고 걱정하는 일은 아마 없을 것이다. 그런데 왜 어린아이에 대해서는 그런 걱정을 할까?

내가 아이를 키워온 과정을 되돌아보면, 정말 많은 걱정과 불안이 있었다. 성격 탓이기도 하지만, 부모가 어떻게 하느냐에 따라 아이를 잘 키울 수도 있고 못 키울 수도 있다고 생각하는 문화 속에서 당연한 것이기도 했다. 정보가 많아질수록 오히려 확신하지 못하고 자신 감을 잃었다. 첫 아이 때에는, 누구는 안 그렇겠냐마는 아이를 키워 본 경험이 없었기 때문에 자꾸 '아이'의 표준적인 이미지를 떠올리 고 그것과 견주어보았다. 내가 생각하는 '아이'의 이미지와 맞지 않 는 모습이 보이면 덜컥 겁이 났다. '무슨 문제가 있는 것 아니야?' 그 럴 때면 육아책도 읽고 경험 많은 이웃이나 친구에게 묻기도 했다. 대개의 경우 "괜찮다.", "아이들은 자꾸 변하니까 좋아질 거다."라는 말을 들었고 어느 정도 안심했다.(물론 전문가를 찾아가보라고 심각하게 조언 한 사람들도 여럿 있었다.) 이런 경험들이 육아를 일반화할 수 있다는 관 념을 강화했는데, 지금 생각하면 거대한 착각이었던 것 같다. 사실 걱정거리라는 것도 아무것도 아닌 일들이었다. 어린이집에서 늘 하 는 제자리뛰기를 못 한다거나 그림을 안 그린다거나 그런 일로 걱정 했다.(나는 아이들은 다 종일 폴짝폴짝 뛰고 조잘조잘 떠들고 하루에도 수십 장씩 그려댄다고 생각했었나 보다.) 나만한 덩치로 자란 지금은, 제자리뛰기는 할 이유가 없고 그림도 안 그리지만 조금도 이상하게 보이지 않는다.

아이를 아직 완성되지 않은 존재로 보고 만들어가야 할 대상으 로 생각했기 때문에 이런 조바심들이 생겨났던 게 아닌가 싶다. 그 런데 '아이를 만들어간다.'는 전제를 바탕으로 인과관계를 수립하려 고 하면 생각만큼 쉽지 않다는 것을 알게 된다. 아이를 키우다 보면 어떤 때에는 내가 너무 물렁해서 아이가 거세어지는 것 같고, 반대 로 내가 너무 엄해서 아이도 거세어지는 것 같다. 어떤 때에는 내가 너무 물렁해서 아이도 예민해지는 것 같다. 어떤 때에는 내가 너무 엄해서 아이가 소심해지는 것 같다. 육아전문가들은 자신 있게 "아이는 이러저러합니다. 그러니까 이런 때에는 이렇게 해야 합니다."라고 말하지만, 실제론 그렇게 간단하지 않고 뭐가 맞는 답인지 알 수가 없어 불안하다. 아이를 제대로 키우고 있는지 불안한 나 같은 사람의 약점을 노린 공격적 마케팅이 육아를 '레이스'로 만들며 무언가 할 일을 안 하고 있다는 불안감을 더욱 조장한다.

불안에 대해서 이야기하자니, 미안한 일이지만 아마 이 책만큼 독자들을 불편하고·불안하게 할 책은 찾기 힘들 것이다. 나도 이 책을 번역하면서 험한 꿈에 시달리기도 했고, 어떤 육아책을 읽을 때보다도 열심히 나의 양육 태도를 되돌아보고 고민하기도 했다. 육아책과 다른 점은, 이 책은 절대 불안을 다독이거나 답을 주지 않는다는 사실이다. 그리고 이 책이 불러일으키는 불안은 육아책이나 육아 산업이 조장하는 불안과 전혀 다른 종류다.

충격적인 사건이 일어나면 사람들은 어떻게든 설명하려 한다. 사회학적으로, 심리학적으로, 개인사적으로, 병리적으로…… 어떻게든. 설명하고 원인을 찾고 나름의 해법을 제시하기 전에는 불안을 가라앉힐 수 없기 때문이다. 1999년 미국 콜로라도 주 콜럼바인고등학교에서 일어난 학교 총격 사건은 아직까지도 사상 최악의 총기 사건으로 기억된다. 그런데 이 책은, 그 사건을 설명할 수 없다고 말함으로써 오래전 가라앉은 수면에 다시 파문을 일으킨다. 쉽게 설명하

나는 가해자의 엄마입니다

려 했을 때에 치러야 하는 엄청난 대가를 알기 때문이다.

육아책 등에서 당연하게 '보통 아이'를 상정하고 이야기하기 때문에 우리는 아이들은 모두 다르다는 것을 잊고 아이를 바라볼 때가 많다. 아이들은 이 세상에 존재하는 다양한 어른들만큼이나, 아니 아직 사회화가 덜 되었으므로 그 이상으로 다양하고 개성 있는 존재들일 것이다. 그런데 아이를 키우면서 우리는 '아이들은 다 그래.', '십대들이 그렇지.', '남자/여자아이들은 원래 그래.' 이런 말을 수도 없이 듣는다. 그런 식으로 불안을 잠재우며 아이를 설명하여 얼추 비슷한 존재로 그려나가기 때문에, 아이를 '보통 아이'의 틀에 맞추어 바라보고 잘 크고 있는지 판단한다. 예를 들어 아이가 좋은 고등학교에 잘 다니고, 친구들과 잘 어울리고, 대학에 합격하는 등의 '트랙' 위에 있다면 아이에게 어떤 문제가 있다고 생각하기는 쉽지 않다. 그런데 이 책은 안심하지 말라고 말한다. 콜럼바인고등학교 총격 범인 중 한 명 딜런 클리볼드의 어머니인 수 클리볼드가 평범하기 그지없는 일상의 순간순간을 삶과 죽음의 기로로 복기하는 것을 듣고 있으면 우리 삶도 그렇게 위태롭게 느껴질 수가 없다. 그러면서 불안의 진동 속에서 부모라는 정체성을 다시 생각하게 된다.

부모가 되는 일은 세상 최대의 축복인 동시에 부모가 되는 순간 세상 최대의 약점을 갖게 되는 천형이다. 2년 전에 수학여행을 떠난 아이들이 바다에서 죽은 뒤에 나는 아킬레스건이 노출된 것처럼 약해져서 툭하면 울었다. 이 책이 일깨우는 것도 모든 부모들이 운명

공동체라는 인식이다. 아이가 어릴 때 '내가 잘 키우고 있나?' 걱정했던 것과는 전혀 다른 종류의 불안을 일깨운다. 내가 어떻게 해야 하느냐 하는 고민 때문이 아니라, 아이가 행복한지 안녕한지에 나의 존재가 위태로이 직결되어 있음을 깨달았기 때문에 닥쳐오는 실존적 불안이다. 불안을 억누르기 위해 할 수 있는 일은 아이의 '놀랍도록 다른' 모습을 한순간이라도 놓칠 새라 사랑하는 것뿐인 것 같았다. 그래서 갑자기 멀쩡히 학교에 가 있는 아이들이 사무치게 보고 싶어 원고를 놓고 허둥지둥 하굣길로 달려간 일도 있었다. 한때 아이를 '이상적' 모습과 비교하며 걱정한 것이 얼마나 어리석은 일이었는가 하는 생각도 했다. 부모 되기에 대한 어떤 책도 읽는 사람에게 이런 영향을 미치지는 못할 것이다.

착하고 예쁜 자식도 사랑하기 버겁다고 느낄 때가 있는데, 수 클리볼드는 극악한 범죄를 저지른 아들도, 그 아들이 저지른 죄의 업보까지 지면서 사랑하기를 한순간도 포기하지 않았다. 참으로 크고 슬픈 사랑이다. 사건 직후에 한 목수가 학교에서 죽은 아이들을 위해 십자가를 세웠는데, 딜런과 에릭의 십자가는 쪼개져 쓰러졌다는 이야기가 나온다. 수 클리볼드가 그 부서진 십자가를 지고 걷고 있는 것 같다. 한 걸음 한 걸음이 기적이다. 자기 삶의 모든 순간을 뼈를 깎듯이 되새기고 후회하는 영원한 림보 속에 갇혀 있던 수 클리볼드가, 다시 삶을 살아가고 고통스러운 경험을 긍정적 에너지로 바꾸어 사회에 기여하게 된 것이다.

육아의 모든 책임을 부모에게 돌리는 문화 속에서 아이를 키우면서 불안하고 답답할 때 가장 도움이 되었던 책이 주디스 리치 해리스의 『양육 가설(*The Nurture Assumption: Why Children Turn Out the Way They Do*)』이다. 부모는 아이의 성격이 결정되는 데 (유전적 영향을 제외하면) 별 영향을 미치지 않으며, 아이들은 집 밖에서 또래들과 함께하는 환경 속에서 사회화되고 성격을 형성한다고 주장하는 책이다. 이 책은 육아의 책임을 가정에서 학교, 사회로 확장시켰다는 점에서 특히 훌륭하다고 생각한다. 아이는 혼자 키우는 게 아니라 사회가 다같이 키운다고 생각하면 불안과 경쟁을 조장하는 사회 속에서 이기적인 육아에 빠지지 않고 숨을 쉴 수 있을 것 같았다. 사실 고통과 상처를 삼켜 흡수하여 버틸 수 있게 해주는 공동체가 없다면 우리의 실존은 너나 할 것 없이 위태롭다. 육체적·정신적으로 죽은 것이나 다름없었던 수 클리볼드가 다시 살아나 다른 사람을 살리는 일을 할 수 있게 된 것도 놀라운 공동체의 복원력 덕분이었다. 세월호 유가족들에게 등을 돌린다고 상처를 덮을 수는 없다. 불편하고 듣기 싫은 이야기일 수도 있지만, 불행과 고통에 대한 공감을 넓힐수록 아이들의 삶은 안전해질 것이다.

2016년 6월

홍한별

나는 가해자의 엄마입니다

1판 1쇄 펴냄 2016년 7월 15일
1판 22쇄 펴냄 2024년 7월 19일

지은이 수 클리볼드
옮긴이 홍한별
펴낸이 박상준
책임편집 김희진
편집 최예원, 박아름, 최고은
펴낸곳 반비

출판등록 1997. 3. 24.(제16-1444호)
(06027) 서울특별시 강남구 도산대로1길 62
대표전화 515-2000, 팩시밀리 515-2007
편집부 517-4263, 팩시밀리 514-2329

한국어판 ⓒ (주)사이언스북스, 2016. Printed in Seoul, Korea.

ISBN 978-89-8371-786-3 (03180)

반비는 민음사출판그룹의 인문 · 교양 브랜드입니다.
블로그 http://blog.naver.com/banbibooks
페이스북 http://www.facebook.com/Banbibooks
트위터 http://twitter.com/banbibooks